Beschränkungen der Verkäuferhaftung für Sachmängel im Kunst- und Kunstauktionshandel

Europäische Hochschulschriften

European University Studies

Publications Universitaires Européennes

Reihe II **Rechtswissenschaft**

Series II Law

Série II Droit

Band/Volume **5461**

Joris Nikolaus Großgerge

Beschränkungen der Verkäuferhaftung für Sachmängel im Kunst- und Kunstauktionshandel

PL ACADEMIC RESEARCH

Bibliografische Information der Deutschen Nationalbibliothek
Die Deutsche Nationalbibliothek verzeichnet diese Publikation in der Deutschen Nationalbibliografie; detaillierte bibliografische Daten sind im Internet über http://dnb.d-nb.de abrufbar.

Zugl.: Leipzig, Univ., Diss., 2012

15
ISSN 0531-7312
ISBN 978-3-631-62954-3

www.peterlang.de

Meinen Eltern

Vorwort

Die vorliegende Arbeit wurde im Wintersemester 2012 von der Juristenfakultät der Universität Leipzig als Dissertation angenommen.

Meinem Doktorvater, Herrn Prof. Dr. Christian *Berger*, danke ich herzlich für die Betreuung und die zügige Durchsicht der Arbeit, Herrn Prof. Dr. Justus *Mayer* für die rasche Erstellung des Zweitgutachtens.

Sehr herzlich danken möchte ich meinen Eltern Dr. Helmut und Brigitte *Großgerge* für die Ermöglichung der Arbeit und ihre liebevolle Unterstützung, Herrn Prof. Dr. Dr. h.c. mult. Erik *Jayme*, Frau Dr. Astrid *Müller-Katzenburg* und Herrn Prof. Dr. Gero *Himmelsbach* für konstruktive Anregungen sowie meinem Patenonkel Prof. Dr. Georg und seiner Frau Dr. Elisabeth *Bornkamm* für ihre hilfsbereite und menschliche Art.

Für die Druckfassung sind Gesetzgebung, Rechtsprechung und Literatur bis Ende 2012 berücksichtigt worden.

München, im Februar 2013 Joris Nikolaus Großgerge

Inhaltsverzeichnis

Einleitung

Das Thema der Arbeit liegt an der Schnittstelle von Kunst, Recht und Wirtschaft. Es sind Systeme, die der Soziologe *Niklas Luhmann* als *autopoietisch* bezeichnet, Systeme, die sich aus sich selbst heraus erschaffen, operativ geschlossen sind und sich nur bedingt gegenseitig beeinflussen.[1] Die Arbeit befasst sich mit Beschränkungen der Verkäuferhaftung für Sachmängel im Kunst- und Kunstauktionshandel. Sie zeigt den Käuferschutz im Spannungsfeld von Risiko und Vertrauen und untersucht die Möglichkeiten, auf bestehende Risiken und Probleme zu reagieren.

Ein zentrales Problem der Praxis ist, dass Zuschreibungen die Gewissheit fehlt und Unechtheit schwer beweisbar ist. Gerade im Kunsthandel werden rechtliche Aspekte jedoch oft ausgespart. Schriftliche Verträge sind unüblich und Absprachen i.d.R. wenig konkret. Die Verwendung Allgemeiner Geschäftsbedingungen (AGB) ist nur im Auktionshandel Standard. Der Erwerb von Kunstwerken ist gleichwohl immer in das Recht eingebunden. Für alle ab dem 1.1.2002 geschlossenen Kaufverträge gilt generell das Kaufrecht in seiner durch das Gesetz zur Reformierung des Schuldrechts erlangten Fassung.[2] Das Gesetz ist in bestimmten Grenzen dispositiv. Die Parteien können Rechtskonzepte entwickeln, die den spezifischen Problemen im Zusammenhang mit der gehandelten Ware nach ihrem Dafürhalten besser entsprechen. Die Ausgestaltung des Typus „Kaufvertrag"[3] ist private Normsetzung und Bestätigung der verfassungsrechtlich (Art. 2 I GG) geschützten Privatautonomie. Die Arbeit betont die zentrale Bedeutung der Beschaffenheitsvereinbarung.

Käufer können eine Grundaufklärung erwarten, müssen sich aber weitgehend eigenverantwortlich mit den Charakteristika zu erwerbender Kunstwerke vertraut machen. Für die Beurteilung der Rechtswirksamkeit von Haftungsfreizeichnungen bestehen allerdings grundlegende Unterschiede zwischen Kunsteinzel- und Kunstauktionshandel. Für den Verkauf gebrauchter Sachen in einer öffentlichen Versteigerung gelten die Regeln des Verbrauchsgüterkaufs nicht (§ 474 I 2 BGB).

---

1 Vgl. Luhmann, S. 62, 161, 434 ff.; ders. in Werber, S. 139 ff.; vgl. Röhl/Röhl, S. 446 ff. Es gibt Vernetzungen; Luhmann, S. 440 ff., 482, spricht von struktureller Kopplung; kritisch Röhl/Röhl, S. 450. „Notwendig ist der Dialog zwischen den Disziplinen", Jayme, Wiener Vorträge (2001), S. 223, 240.

2 Gemäß Art. 229 § 5 EGBGB i.d.F. des am 1.1.2002 in Kraft getretenen Reformgesetzes.

3 Vgl. Larenz, Methodenlehre, S. 302, 465 f.

Was eine solche Versteigerung ist und wie sich Kunstwerke in gebrauchte und neu hergestellte Sachen einordnen lassen, ist eines der untersuchten Einzelthemen. Auch die Vertragsgestaltung wird berücksichtigt.

Gang der Untersuchung

Im ersten Kapitel sind Ausführungen zum Sinn und Zweck des Gewährleistungsrechts vorangestellt. Skizziert werden sodann die Besonderheiten der Kunst als Kaufgegenstand sowie die Strukturen des Kunstmarktes und seine Entwicklung. Nach einer Einführung in die Schuldrechtsreform und den Verbrauchsgüterkauf folgt eine kurze Rechtsprechungsübersicht. In einer Phänomenologie werden Begriffe erläutert, die für den Kunsthandel von überragender Bedeutung sind. Im zweiten Kapitel geht es um den Sachmangel und um Haftungserweiterungen mit Garantien. Gegenstand des dritten Kapitels sind Gewährleistungsausschlüsse und die Minimierbarkeit von Haftungsrisiken. Schließlich folgt eine Zusammenfassung wesentlicher Ergebnisse.

Kapitel 1: Grundlagen und Begriffe

§ 1 Grundlagen

A. Sinn und Zweck des Gewährleistungsrechts

Das Sachmängelgewährleistungsrecht der §§ 433 I 2 ff. BGB ist Teil des Leistungsstörungsrechts und dient dem privatrechtlichen Vertrauensschutz.[4] Sein für die Normauslegung richtungsweisender Sinn und Zweck ist auch beim Erwerb von Kunstwerken die Wahrung der Vertragsgerechtigkeit durch den Ausgleich des mangelbedingten Missverhältnisses zwischen Leistung und Gegenleistung, einer sog. Äquivalenzstörung.[5] Die synallagmatische Hauptleistungspflicht zur Sachverschaffung frei von Mängeln (§ 433 I 2 BGB) ist aufgrund ihrer hohen Bedeutung weitreichend vor Parteiabreden geschützt (§§ 475, 309 Nr. 7 und 8 b, 307 I, 1, II Nr. 1 und 2 BGB). Der Käufer kann die Annahme mangelhafter Sachen selbst im Falle eines wirksamen vollständigen Gewährleistungsausschlusses verweigern und gegen den Kaufpreisanspruch die Einrede des nicht erfüllten Vertrags nach § 320 BGB geltend machen.[6] Mit dem in § 433 I 2 BGB neu geschaffenen Anspruch auf Sachverschaffung frei von Mängeln begründen Sachmängel die Vertragswidrigkeit – nicht mehr nur Gewährleistungsrechte (§§ 459–478 BGB a.F.).[7] Der Käufer soll bekommen, wofür er sein Geld bezahlt hat: *pacta sunt servanda*.[8] Das Preisbildungsrisiko bleibt unberührt, sofern nur der Verkäufer irrtumsfrei handelte und der Käufer die wertbildenden Faktoren kannte, sie zumindest nicht grob fahrlässig verkannte (vgl. § 442 I BGB).[9]

Für die Mangelfolgen kann § 437 BGB weitgehend auf das allgemeine Leistungsstörungsrecht verweisen, weil Äquivalenzstörungen wegen § 433 I 2 BGB eine Pflichtverletzung begründen. Die Äquivalenz legen die Parteien vertrags-

4 v. Graffenried in Schwander/Studer, S. 53, 71.

5 Vgl. Hoeren/Martinek/Malzer, Teil 1, Rn. 355, v. §§ 434 ff. Rn. 1; Reinicke/Tiedke, Rn. 310, 323; Weiler, ZGS 2002, 249, 254; vgl. auch Schlegelberger/Hefermehl, § 377 Rn. 19 f.; Herberger, S. 15, 72; Soergel, 12. Aufl. – Huber, § 459 Rn. 19 f.; Köhler, JuS 1979, 267, 268; Müller, JZ 1988, 381, 387; vgl. auch Raape, AcP 150 (1949), 481, 483 f.

6 Vgl. BGH, NJW 1995, 1737 (Brandschaden); BGH, NJW 1997, 652 (Grundstücksaltlasten).

7 Palandt/Weidenkaff, § 433 Rn. 1 f.

8 Vgl. Oechsler, Rn. 134.

9 Musielak, GK BGB, Rn. 581; vgl. Esser/Weyers, § 5 II, S. 35 f.; Larenz, SchuldR BT, § 41 I, S. 40; vgl. zudem Honsell, JZ 1989, 41, 44, zur Anfechtung nach § 119 II BGB.

autonom in der Bestimmung von Kaufgegenstand und Kaufpreis fest. Der Kaufpreis richtet sich typischerweise nach der Beschaffenheitsvereinbarung und dem Maß der Haftung. Je enger und uneindeutiger die Beschaffenheitsvereinbarung, je geringer das Maß der Haftung, desto geringer ist grundsätzlich der Kaufpreis.[10] Im Idealfall stimmen die Erwartungen des Käufers mit den tatsächlichen Gegebenheiten überein. Oft ist es anders. Die Bedeutung des Äquivalenzausgleichs ist beim Erwerb von Kunstwerken besonders sinnfällig, denn Äquivalenzstörungen sind hier zum Teil frappierend. Für Kunstwerke werden hohe Summen gezahlt, die in ihren extremen Spitzen sowohl im Kunstauktionshandel als auch im Kunsteinzelhandel die 100-Millionen-Dollar-Grenze bereits mehrfach überschritten haben.[11] Gerade die Echtheit ist ein derart wertbestimmender Faktor, dass im Falle einer sich erweisenden Unechtheit der Wert äußerst drastisch abfallen kann.

Insofern die Bestimmung des Kaufgegenstandes über die Beschaffenheitsvereinbarung geschieht, geht es bei der Gewährleistung um die Gewähr einer informationellen Richtigkeit. Der Verkäufer muss in dem Maße, in dem er den Vertragsinhalten entsprechend Vertrauen in Anspruch nimmt, dafür einstehen.[12] Mit seinen Rechtsfolgenandrohungen wirkt das Gewährleistungsrecht zugleich disziplinierend und als Ausgleich dafür, dass die GewO für den Kunst- und Auktionshandel Ausbildungen nicht voraussetzt.[13]

Käufer und Verkäufer haben regelmäßig gegenläufige Interessen. Das Gesetz betrachtet den Käufer als schutzwürdig. §§ 433 I 2ff. BGB und die verdrängten §§ 119 II, 142 I BGB (Anfechtung) und §§ 280 I, 311 II Nr. 1, 241 II BGB (c.i.c.) mit hohem Gerechtigkeitsgehalt belegen, dass ein Mangel weniger Sache des Käufers als des Verkäufers ist.[14] Der Käufer verliert seine Mängelrechte grundsätzlich erst ab grob fahrlässiger Mangelunkenntnis (§ 442 I BGB). Der Verkäufer haftet grundsätzlich verschuldensunabhängig. Die in die Beschaffenheitsvereinbarung

---

10 Schack, KuR, Rn. 398.

11 Die höchste jemals für ein versteigertes Kunstwerk bezahlte Summe beläuft sich auf 119,9 Millionen Dollar für das *Munch*-Gemälde „Der Schrei" 2012 bei Sotheby's in New York (Crow, WSJ v. 3.5.2012, http://online.wsj.com/article/SB100014240527023047437045773 80681484724806.html; abgerufen am 18.12.2012). Außerhalb der Auktionen soll der Rekord sogar bei mindestens 250 Millionen Dollar liegen für den Verkauf des *Cézanne*-Gemäldes „Die Kartenspieler" im Jahr 2011 (Blinda, Spiegel Online v. 4.2.2012, http://www.spiegel.de/kultur/gesellschaft/teuerstes-kunstwerk-der-welt-katar-kaufte-cezanne-bild-fuer-250-millionen-dollar-a-813339.html; abgerufen am 18.12.2012) gefolgt von 140 Millionen Dollar für den Verkauf des *Pollock*-Gemäldes „No. 5, 1948" im Jahr 2006, Herchenröder, Weltkunst 2007, S. 11, 17. Der deutsche Auktionsrekord liegt bei 3,9 Millionen Euro für das *Beckmann*-Gemälde „Anni (Mädchen mit Fächer)" 2005 bei der Villa Grisebach in Berlin, Baumer, SZ v. 23/24.7.2005, S. 18.

12 Vgl. § 442 I 2 BGB.

13 Kunsthändler werden gewerberechtlich nicht besonders überprüft, vgl. § 38 I Nr. 1 GewO.

14 Vgl. schon zu §§ 459ff. a.F.: Peters, JZ 1991, 385, 387.

einfließende Information muss, jedenfalls sofern es nicht um Schadensersatz- und Aufwendungsersatzansprüche geht (vgl. § 437 Nr. 3 BGB und § 276 I 1 BGB), nicht verschuldet falsch sein; es genügt, dass sie falsch ist. Das Risiko einer Irreführung wird nach dem Risikoprinzip dem Verkäufer zugerechnet, weil dieser angesichts seines tendenziell besseren Informationszugangs[15] dem Risiko näher steht als der vertrauende Käufer.[16] Ein hohes Maß werbender Information führt daher zu einem tendenziellen Preisanstieg, birgt jedoch ein Haftungsrisiko.

Gerade im Kunsthandel ist der Schutz des Vertrauens des Käufers als der grundsätzlich schwächeren Partei immanent wichtig.[17] Obzwar Kunstwerke vor dem Kauf generell überprüfbar sind, sind es Vertrauensgüter. Die Echtheit ist selbst nach dem Kauf nur bedingt feststellbar. Oft besteht eine Informationsasymmetrie und der eigentliche pekuniäre Wert von Unikaten ist weder vor noch nach dem Kauf taxierbar. Er widerspiegelt sich nicht in Katalogwerten, die den Michelwerten von Briefmarken entsprechen.[18] Maßgeblich sind schwer fassbare immaterielle Gesichtspunkte und nur äußerst selten der leicht ermittelbare Materialwert oder funktional-technische, rein körperliche Eigenschaften.[19] Auktionsergebnisse vergleichbarer Objekte sind nur bedingt aussagestark.[20]

Während Werkbesteller Kunstwerke nach spezifischen Vorgaben fertigen lassen, nehmen Käufer auf die Werkentstehung so gut wie keinen Einfluss. Sie erwerben i.d.R. nicht vom Künstler direkt. Damit stehen sie Kunstwerken weniger nahe als Händler. Zudem besteht im Kunsthandel die Verkehrssitte, dass Kommis-

---

15 Posner in Assmann/Kirchner/Schanze, S. 184, 194.

16 Zum Risikoprinzip: Larenz, Methodenlehre, S. 476.

17 Vgl. Renold in Mosimann/Renold/Raschèr, Kap. 8 Rn. 18, 35.

18 Vgl. hierzu OLG Stuttgart, NJW 1969, 610, 611 – „*Briefmarkensammlung*"; OLG Karlsruhe, NJW-RR 2007, 1210, 1211 – „*Briefmarkenstempel*"; G. Schmidt, NJW 1969, 1118, 1119.

19 Vgl. BGH, NJW 1980, 1619, 1621 – „*Bodensee-Kunstauktion*"; OLG Köln, NJW 2006, 625, 626 zur Bewertung von Kunstwerken durch Auktionshäuser; OLG Saarbrücken, OLG-Report Saarbrücken 2001, 145, 146 – „*Jacque*"; vgl. auch *Furstenberg v. United States*, 595 F.2d 603 (Ct. Cl. 1979) (Merryman/Elsen/Urice, S. 1121 ff.); Braunfels, S. 122 Fn. 459, S. 133 f.; Dechow, 47; Kappus (Stand: 1998), Rn. 15; Müller-Katzenburg, Weltkunst 2004, Heft 4, S. 102 f.; Picker, Kunstrecht, 80 f.; Schack, KuR, Rn. 556 ff.; v. Westerholt/Graupner, NJW 1978, 794, 795; Wrede, S. 85 ff., 136.

20 Schon angesichts schwieriger Vergleichbarkeit (OLG Köln, NJW 2006, 625 ff.; Herchenröder, Die neuen Kunstmärkte, S. 36; Schrader, FS Kirchner, S. 343, 347), zudem wegen eventueller Preisabsprachen, Scheingebote, Scheinzuschläge, Rückkäufe (Beckmann/Kräkel/Schauenberg, ZfB, 1997, 41, 57 f.; Bonus/Ronte, S. 150 f.; Herchenröder, Kunstmärkte im Wandel, S. 140 f.; MünchVertrHdb, Bd. 3/Vinck, XI. 64, Anm. 5), besonderer Bieterkonstellationen sowie Moden und rahmensprengender Liebhaberinteressen (OLG Saarbrücken, OLG-Report Saarbrücken 2001, 145, 146 – „*Jacque*"; Braunfels, S. 134 f.; Fackler/Konermann, S. 61; Kappus (Stand: 1998), Rn. 15; Schrader, FS Kirchner, S. 343, 351 f.; vgl. Beckmann/Kräkel/Schauenberg, ZfB, 1997, 41, 46, 54 ff., 58 ff., Tab. 5, 6; Herchenröder, Kunstmärkte im Wandel, S. 325; Merryman/Elsen/Urice, S. 1118).

sionäre die Eigentümer geheim halten.[21] Käufer müssen sich wegen der Intransparenz weitgehend auf Angaben verlassen, die ihnen die Händler vermitteln.

Das Prinzip des Einstehens für Unzulänglichkeiten des eigenen Geschäftskreises ist ebenso wie das Generalprinzip des Vertrauensschutzes rechtsethischer Natur.[22] Im Sinne des Käufer- und Vertrauensschutzes ging der BGH in einer neueren Entscheidung davon aus, ein pauschaler Ausschluss der Sachmängelhaftung sei regelmäßig so auszulegen, dass er nicht für das Fehlen einer vereinbarten Beschaffenheit (§ 434 I 1 BGB) gelte. Sie sei sonst für den Käufer „ohne Sinn und Wert".[23] Verkäufer sind also nicht davon befreit, die Richtigkeit ihrer Angaben zu prüfen. Dies gilt insbesondere beim Verbrauchsgüterkauf, weil die entsprechenden Regeln den Verbraucher noch deutlich mehr schützen. Vertrauensprinzip und materielles Äquivalenzprinzip sind dort stark zu Lasten der Privatautonomie betont.

Das Gewährleistungsrecht soll den sorglosen Käufer nicht allgemein von seinen Entscheidungen freistellen. Zum Zwecke einer gerechten Güterverteilung soll aber grundsätzlich nur das bindend sein, was die Parteien irrtumsfrei für wahr hielten. Insofern sich der Käufer über Eigenschaften des Kaufgegenstandes irrte, tritt das Gewährleistungsrecht an die Stelle eines Anfechtungs- und Irrtumsrechtrechts. Tatsächlich ist ein Irrtum oder zumindest ein Nichtwissen des Käufers Voraussetzung für die Mängelhaftung. Kennt nämlich der Käufer bei Vertragsschluss den Mangel, sind diesbezügliche Mängelrechte nach § 442 I 1 BGB ausgeschlossen. Auch der Verkäufer steht im Falle eines Irrtums nicht rechtlos. Bei einem Eigenschaftsirrtums hat er grundsätzlich ein Anfechtungsrecht nach § 119 II BGB. Wer eine „Kopie von Rembrandt" kauft, soll keinen *Rembrandt* behalten dürfen (umgekehrte Äquivalenzstörung).[24] Der Verkäufer darf sich nur nicht von seiner Gewährleistungspflicht befreien[25] oder anfechten, wenn er in Kenntnis einer Informationsunsicherheit (Zuschreibungsunsicherheit etc.) das Risiko einer Fehlbeurteilung bewusst eingegangen ist.[26] Es besteht schon kein Irrtum,[27] jedenfalls ist die Echtheit nicht verkehrs- bzw. geschäftswesentlich.[28]

---

21 Braun, WM 1992, 893, 896.

22 Larenz, Methodenlehre, S. 336.

23 BGH, NJW 2007, 1346, 1349 (Krad) = BGHZ 170, 86.

24 Flume, S. 91; vgl. ders. AT, S. 488; vgl. RGZ 124, 115 ff. – „*Chinesische Vasen*" (hierzu Braun, Kunstprozesse, S. 109 ff.).

25 BGH, NJW 1988, 2597, 2598 – „*Leibl-Duveneck*"; Honsell, JZ 1989, 44; zum neuen Recht: Jauernig/Chr. Berger, § 437 Rn. 32; Schack, KuR, Rn. 417; Wertenbruch, NJW 2004, 1977, 1979; vgl. Reischl, JuS 2003, 1076, 1078.

26 Mankowski, S. 383; vgl. S. 394; Schack, KuR, Rn. 412, 418. Das gilt umgekehrt auch für den Käufer, Schack, KuR, Rn. 412.

27 Mankowski, S. 383.

28 Schack, KuR, Rn. 412, 418. Trouvaillen bleiben also möglich; vgl. LG München, SeuffArch. (1910) Bd. 65, Nr. 90, S. 181 ff. – „*Cranach*"; Flume, JZ 1991, 633 f.; Schack, KuR, Rn. 412, 418 f.

Das Gewährleistungsrecht übernimmt auch eine Funktion der c.i.c. Eine c.i.c.-Haftung setzt jedoch anders als die Inanspruchnahme aus Gewährleistungsrechten immer ein Vertretenmüssen voraus. Unter Annahme einer Sperrwirkung des Gewährleistungsrechts gegenüber der c.i.c. liegen die Voraussetzungen einer Haftung des Verkäufers um so eher vor, je weiter der Raum für Beschaffenheitsvereinbarungen ist. Je weiter der Beschaffenheitsbegriff, desto eher haftet der Verkäufer verschuldensunabhängig und desto schmaler ist der c.i.c-Anwendungsbereich.

B. Kunst als Kaufgegenstand

Sofern nicht rein immaterieller Natur und sich den Marktgegebenheiten gänzlich entziehend, ist die Kunst als verkörperte künstlerische Leistung auch Handelsware; jedoch keine gewöhnliche.[29] Sie ist ein vielschichtiges Kulturgut, das in rechtlicher Hinsicht viele Sonderprobleme aufwirft. Angesichts ihrer Singularität, Heterogenität, Komplexität und Maßstabslosigkeit und der damit verbundenen mangelnden Objektivierbarkeit von Käufererwartungen i.S. einer Normalbeschaffenheit[30] sind Beschaffenheitsvereinbarungen sinnvoll, mit denen die Parteien vertragsautonom den Kaufgegenstand entsprechend ihren Erwartungen konkretisieren. Eine Mangelbegründung ist ansonsten gerade bei Kunstwerken, die als Sachindividualitäten keiner eindeutigen Gattung zugehören,[31] nahezu ausgeschlossen. Beschaffenheitsvereinbarungen sind damit nicht nur Instrument der Haftungsbeschränkung, sondern gerade bei Unikaten Kernvoraussetzung eines Käuferschutzes.

Der Kaufgegenstand „Kunst" ist komplex und betrifft im Falle der ethisch problematischen BioArt sogar Lebewesen.[32] Die Definition von Kunst ist unmög-

---

29 Vgl. Bonus/Ronte.

30 Zu den Nachteilen eines objektiven Fehlerbegriffs vgl. RegE, BT-Drucks. 14/6040, S. 211; RGZ 135, 339, 342 – „*Ruisdael*"; Esser/Weyers, 8. Aufl., § 5 II, S. 39; Flume, S. 110 f., 125; Schlegelberger/Hefermehl, § 377 Rn. 18; Staudinger (1995) – Honsell, § 459 Rn. 27; Immenga, AcP 171 (1971), 1, 7 f.; Rust, S. 72, 75; Schlechtriem, SchR BT, Rn. 40; Westermann/Baltes, JuS 1983, 691, 693; Wrede, S. 71 f. Einen allgemeinen Versuch unternehmen Fabricius, JuS 1964, 1, 2 und Knöpfle, S. 279 ff.; ders., JZ 1978, 121 ff.; 127; ders., AcP 180 (1980), S. 462, 485 ff.; Rust, S. 72, spricht von einem „Zugeständnis an den subjektiven Fehlerbegriff".

31 Vgl. Flume, S. 117; Emmerich, § 4 Rn. 10.

32 Wie im Falle der transgenen Kunst von *Eduardo Kac*, bei der ein natürliches oder synthetisches Gen in einen Organismus überführt wird, um ein neuartiges Lebewesen zu erschaffen. Im Falle des „GFP Bunny" ein grün floureszierendes Kaninchen.

lich. Grenzüberschreitungen sind ihr wesenseigen.[33] Der Kunsthandel bedarf keiner Definition. Die Parteien können festlegen, ob sie einen Gegenstand als Kunst ansehen oder nicht.[34] Wichtiger ist es, die konkreten Erwartungen an den Einzelgegenstand festzuschreiben. Das Hauptaugenmerk der vorliegenden Arbeit richtet sich auf den Erwerb von Kunstwerken in traditionellen Werkmaterialien. Bereits hier ist die Kunst als Kaufgegenstand weitgehend unvergleichbar. Readymades und Pop Art haben ihren Gegenstand formal und inhaltlich extrem erweitert. Längst existiert kein maßgebliches Avantgardekonzept mehr. Sogar das ‚Open Source'-Projekt *„Linux"* wird vom Kunstsystem als schöpferische Hervorbringung erkannt.[35]

Die moderne Kunstentwicklung zeigt eine Tendenz zunehmender Entmaterialisierung.[36] Ausgehend von Situationismus, Happening und Fluxus nähern sich Kunst und Leben an.[37] Viele Kunstwerke sind in ihrem eigentlichen Gehalt bereits gänzlich unverkäuflich oder bewegen sich an der Grenze zur Unverkäuflichkeit.[38] Doch hat der Kunstmarkt selbst scheinbar unverkäufliche Arbeiten absorbiert. Hier spielen neben Fotodokumentationen Zertifikate eine Rolle. Sie dienen beim Erwerb immaterieller Kunstwerke als materielles Substrat und Stellvertreter.[39] Beim Erwerb materieller Kunstwerke, denen die klassische Anmutung von Kunstwerken fehlt, bezeugen sie die Kunstwerkeigenschaft und sind notwendiger Begleiter.

---

33 Vgl. BVerfG, NJW 1985, 261, 262 – *„Anachronistischer Zug"*; BVerfG, NJW 1987, 2661 – *„Strauß-Karikatur"*; BGH, ZUM 1991, 83, 84 – *„Opus Pistorum"*; Jarass/Pieroth/Jarass, Art. 5 Rn. 106; Bernsdorff/Kleine-Tebbe/Kleine-Tebbe, Teil A, § 1 Rn. 12; Locher, S. 17 ff., 58 ff.; vgl. Brockhaus, Enzyklopädie, Band 16, S. 93 f.

34 Vgl. Luhmann in Werber, S. 407; je nachdem kann eine für den Erwerb von Kunstwerken im Einzelfall geltende spezifische Verkehrsanschauung zum Tragen kommen.

35 Mit der Verleihung der Goldenen Nica, dem Hauptpreis der Ars Electronica, an *Linus Torvalds*, dem Initiator von Linux, im Jahr 1999, Strang, S. 186.

36 Für sie stand insb. *Sol LeWitt* Pate.

37 Hogrebe in Gamm/Schürmann, S. 157, 173.

38 Vgl. zur Netzkunst: Huber, netz.kunst, S. 134 ff. Nach dem Erwerb kann die Netzkunstarbeit innerhalb einer Datenbank vorgehalten werden, indem sie z.B. mit der URL des erwerbenden Museums verknüpft wird, Strang, S. 232, vgl. S. 222. Ökonomische Knappheit und Exklusivität lassen sich jedoch nur künstlich herstellen, Strang, S. 237; vgl. zu Digitaldateien: Bullinger, KUR 2006, 106, 111. Der Erwerb von Land Art ist über den Erwerb des Grundstücks möglich.

39 Eichhorn, Interview with Daniel Buren, in: Fietzek, S. 87, 91 ff. Für die performativen Arbeiten *Tino Seghals* erwirbt der Käufer ein Zertifikat, das ihm erlaubt, sie instruktionsgemäß aufführen zu dürfen, Yilmaz Dziewior, o.T., Magazin für Kunst, Architektur, Design, S. 3. Beim Kauf von *Ian Wilsons* „Discussions" bekommt der Sammler ein die Diskussion bestätigendes Zertifikat, Crawford, S. 117.

Ein Teil der Gegenwartskunst basiert auf modernsten Technologien.[40] Sie machen das Kunstwerk fehleranfällig. Um Mängel auszuschließen, sollte die Handhabung und Pflege zum Vertragsinhalt gemacht werden. Netzkunstarbeiten sind von technischen Inkompatibilitäten existentiell bedroht.[41] Was die digitalen Künste anbelangt, ist eine langfristige Erhaltung und Konservierung nach derzeitigem Kenntnisstand unmöglich.[42] Bestimmte Investitionen des Käufers zum Erhalt seines Kunstwerkes können im Falle eines Mangels als Aufwendungen zu ersetzen sein. Für die Skulpturen *Marc Quinns* aus gefrorenem Eigenblut etwa können Notstromaggregate erforderlich sein, sollte die Kühlung ausfallen.[43]

Auf dem Kunstmarkt werden nicht ausschließlich Werke der reinen bildenden Kunst gehandelt. Die Grenzen zur angewandten Kunst sind fließend und auch Gegenstand der Kunst.[44] Design mit künstlerischer Anmutung ist Segment des Kunsthandels und wird von Kunstinstitutionen ausgestellt.[45] Schon der Begriff des Kunstwerks beschränkt sich nicht auf Werke der reinen bildenden Kunst vorwiegend ästhetischen Gepräges,[46] sondern ist offen für zweckdienliche Werke des Kunsthandwerks, des Kunstgewerbes, der Volkskunst und der Bau- und Gartenkunst.[47] Antiquitäten sind kunsthandwerkliche und kunstgewerbliche Gegenstände, die mindestens 100 Jahre alt sind.[48]

Der hohe Preis von Kunstwerken, der Beschaffenheitsvereinbarungen zur Absicherung besonders ratsam macht, hängt mit ihrer den Besitz intensivierenden Seltenheit und Rivalität zusammen. Sie sind der Inbegriff der Seltenheits- und Luxusgüter.[49] Sie lassen sich nicht auf ihre Materialität als Sachen reduzieren.

Im Falle der Wandbilder von *Lawrence Weiner* und *Sol LeWitt* ist Kaufgegenstand schon überhaupt keine Sache (§ 90 BGB), dem Sammler wird ein Recht

---

40 Diese Komplexität zeigt sich in der Computerinstallation von *Christa Sommerer* und *Laurent Mignonneau* „Interactive Plant Growing“, wo über Berührungen realer Pflanzen ihr virtueller Gegenpart wächst.

41 Strang, S. 221. Dem Künstler könnte das Recht zugestanden werden, sein Werk weiter verändern und ausbauen zu dürfen, Strang, S. 221.

42 Strang, S. 162.

43 Vgl. Kegel, FAZ v. 17.6.2005, S. B 2.

44 Etwa in Arbeiten von *Jorge Pardo*, *Gerwald Rockenschaub* und *Tobias Rehberger*. Abgrenzungsschwierigkeiten bestehen z.B. bei *Benvenuto Cellinis* Saliera.

45 Vgl. Partsch, S. 11; Schmidt, Art 4/07, S. 60 f.; G. Schulze in Loewenheim, § 70 Rn. 97, 99.

46 So aber Bullinger, S. 17.

47 Vgl. Odendahl, S. 398.

48 Vgl. Tarifposition 99.06 des Gemeinsamen Zolltarifs; Brockhaus Enzyklopädie, Bd. 2, S. 168, 151 Stichworte: Antiquitäten, antik; Fackler/Konermann, S. 64.

49 Beckmann/Kräkel/Schauenberg, ZfB, 1997, 41, 45; Herchenröder, Die Kunstmärkte, S. 12; Kunstmärkte im Wandel, S. 333 f.; Kappus (Stand: 1998), Rn. 2; Klein, S. 152; Ulrich, S. 119; Wrede, S. 25 ff.; vgl. Jaquet, DU – Kulturelle Monatsschrift 1959, Nr. 224, S. 38, 84.

übertragen, das ihm erlaubt, bestimmte Motive nach bestimmten Kriterien zu vervielfältigen.[50]

C. Entstehung und Entwicklung des Kunsthandels

Nicht nur die Kunst blickt auf eine lange Geschichte,[51] auch der Kunsthandel als deren durch professionelle Kunsthändler betriebene Vermittlung und wirtschaftliche Verwertung, bei der sich durch den Abstand zum Kunstproduzenten das Mangelrisiko erhöht. Die ersten Vorläufer der Berufskunsthändler sind phönizische Wanderhändler, gefolgt von hellenischen und römischen Kaufleuten. Auf Kunstwerke spezialisierte Händler waren in der griechischen und römischen Antike noch eine Ausnahme. Es gab jedoch Künstler, die über die eigene Produktion hinaus auch mit Werken ihrer Kollegen Handel trieben.[52] Im Mittelalter war ein Kunsthandel kaum existent, Künstler waren in erster Linie Auftragskünstler der Kirche. Ein auf Kunst spezialisiertes Berufshändlertum begann erst zur Zeit der späteren Renaissance in der ersten Hälfte des 16. Jahrhunderts.[53]

In den Niederlanden entwickelte sich gegen Ende des 16. Jahrhunderts die Kunstauktion als eigene Handelsform, die seit dem 20. Jahrhundert wirtschaftlich an der Spitze des Kunstmarktes steht.[54] Sie hat ihre Vorläufer in den Versteigerungen des alten Ägypten und der römischen Hochantike.[55] Im 18. Jahrhundert beginnt sich die Kunstauktion in England zu etablieren mit den in London gegründeten großen Auktionshäusern Sotheby's und Christie's, die noch heute den Markt beherrschen.[56] In die Zeit des 18. Jahrhunderts reicht auch der deutsche Kunstauktionshandel zurück, der sich derzeit besonders mit deutscher Kunst des 19. und 20. Jahrhunderts

---

50 Zu *Lawrence Weiner*: Eichhorn, Interview with Lawrence Weiner, in: Fietzek, S. 131, 141 ff.

51 Sie ist entstanden im Aurignacien des Jungpaläolithikum, Eggers, S. 73. Eine Zeittafel zur Ur- und Frühgeschichte zeigt Bielfeldt in Martin/Krautzberger, S. 657 f. Rn. 54.

52 Thurn, S. 11 ff.

53 Vgl. Almeroth, S. 10; Boll, S. 12 ff.; Christophersen, S. 8 f.; Hauser, Soziologie der Kunst, S. 540 ff.; Kemp, S. 69, 196, 201, 207; Kornfeld, DU – Kulturelle Monatsschrift 1959, Nr. 224, S. 43, 44; Strauss, Bd. IV, S. 134 Stichwort: Kunsthandel; Rebel, S. 52, 236; Tattersall in Turner, S. 557 ff. Stichwort: Art market; Thurn, S. 24 ff.; Würtenberger, S. 65 ff., 74 ff.; ders., NJW 1985, 1586, 1587.

54 Drinkuth, S. 45; Thorncroft in Turner, S. 706 Stichwort: Auction; E. Schneider, DB 1981, 199. Der erste erhaltene Auktionskatalog stammt von 1616, Jahn/Lieb, S. 474 Stichwort: Kunstauktion.

55 Thurn, S. 21; Wilhelm, S. 18 ff.

56 Boll S. 40; Drinkuth, S. 12; N.N., DU – Kulturelle Monatsschrift 1959, Nr. 224, S. 73; Roditi, DU - Kulturelle Monatsschrift 1959, Nr. 224, S. 57 ff.; vgl. Tattersall in Turner, S. 559 Stichwort: Art market; Thorncroft in Turner, S. 706 Stichwort: Auction.

behauptet.[57] Seit Ende des Zweiten Weltkriegs sind auch die Kunstmessen gängige Handelsformen.[58] Entwicklungspotential bietet der Internethandel.

Der internationale Kunsthandel ist von der Weltwirtschaftssituation und den nationalen Wirtschaftszyklen abhängig.[59] Charakteristische Gegenstände erzielen selbst in Wirtschaftskrisen Höchstpreise. Das Gesamtverkaufsvolumen des internationalen Kunstmarktes belief sich im Jahr 2008 auf geschätzte 42,2 Milliarden Euro. Die USA und Großbritannien haben zusammen einen Marktanteil von etwa 59 %.[60] Der Weltmarktanteil Deutschlands liegt bei rund 3 %.[61] Das umsatzstärkste deutsche Auktionshaus Lempertz machte 2009 einen Umsatz von 36 Millionen Euro.[62]

D. Die Struktur des Kunstmarktes

Der internationale Kunstmarkt teilt sich in Händler und Auktionshäuser mit gegenseitiger Abhängigkeit und Rivalität.[63] Der Marktanteil der Händler beträgt etwa 55 %, jener der Auktionshäuser 45 %.[64] Kunsthändler ist, wer mit Kunst handelt. Galerist ist primär Erstaussteller, vertritt zeitgenössische Künstler, handelt überwiegend mit Kunst des 20. und 21. Jahrhunderts und verfügt über eigene Ausstellungsräume.[65] Galerien bestimmen den Primärmarkt. Erstgalerien übernehmen Exklusivvertretungen und können Zweitgalerien gestatten, von Zeit zu Zeit Verkäufe und Ausstellungen durchzuführen.[66] Beim selteneren Direkterwerb verkauft der Künstler sein Kunstwerk unmittelbar selbst (Atelierverkauf).

Der Sekundärmarkt umfasst jeden Weiterverkauf, insbesondere über Auktionshäuser.[67] Zum Schutze des Einzelhandels dürfen grundsätzlich[68] keine „ungebrauchten" Kunstwerke versteigert werden (§ 34 b VI Nr. 5 b, X GewO sowie

57 Herchenröder, Kunstmärkte im Wandel, S. 18; vgl. Die neuen Kunstmärkte, S. 98 ff. Zur Geschichte des deutschen Kunstauktionswesens: Wilhelm, S. 41 ff.

58 Der Brockhaus Kunst, Stichwort: Kunsthandel; Picker, S. 55; Schack, KuR, Rn. 105.

59 Herchenröder, Die Kunstmärkte, S. 15; ders. Kunstmärkte im Wandel, S. 42, 323, 334.

60 TEFAF, The Internation Art Market 2007–2009, S. 13.

61 Senatsverwaltung Berlin: Zweiter Kulturwirtschaftsbericht Berlin 2008, S. 54.

62 Kunsthaus Lempertz, Pressenachbericht vom 14.12.2009, http://www.lempertz.com/pm0+M56ba-ef4925-c.html; abgerufen am 6.6.2011.

63 Hierzu Boll, Der Kampf um die Kunst; Braunfels, S. 136; Herchenröder, Weltkunst 2007, 11, 12 f.; Hollein, S. 110 f.

64 TEFAF, The International Art Market 2007–2009, S. 13.

65 Mues, S. 15, 17; Boll, S. 36 f.; vgl. § 2 I 1 Satzung des BVDG, Stand: 26.6.2007.

66 Mues in Berger/Wündisch, § 31 Rn. 28.

67 Klein, S. 5.

68 Fackler/Konermann, S. 6, 16 ff.; Marx/Arens, § 34 b GewO Rn. 122 ff.; dies., 6. Teil Rn. 61.

§ 6 VerstV basierend auf § 34 b VIII Nr. 2 GewO).[69] Dabei dient die Bezeichnung Einzelhandel der Abgrenzung vom Auktionshandel. Einen eigentlichen Großhandel kennt der Kunstmarkt nicht.[70] In jüngerer Zeit zeigen sich Marktverschiebungen. Vermehrt werden Kunstwerke versteigert, die noch keine fünf Jahre alt sind.[71] *Damien Hirst* brachte viele seiner neuen Werke direkt bei Sotheby's auf den Markt.[72] Vergleichbare Fälle gibt es kaum.[73] In Deutschland sind sie unzulässig.[74] Künstler sind oft vertragsgebunden und gefährden mit schlecht laufenden Auktionen ihren Wert.[75]

E. Begriff und Besonderheit der Kunstauktion

Eine Versteigerung ist eine örtlich und zeitlich begrenzte Veranstaltung, in der eine Mehrzahl von Kaufinteressenten auf ein Mindestgebot hin aufgefordert wird, im gegenseitigen Wettbewerb sich überbietend dem Versteigerer gegenüber Vertragsangebote abzugeben, der das höchste Gebot im eigenen oder fremden Namen durch Zuschlag annimmt, was nach § 156 S. 1 BGB zu einem Kaufvertrag über den betreffenden Gegenstand führt.[76] Keine Versteigerungen sind die für den Kunsthandel relativ unbedeutenden sog. Internetauktionen (Online-Auktionen), bei denen der Vertrag ohne Zuschlag durch das Höchstgebot des Bieters am Ende der Bietzeit zustande kommt.[77] Von Auktionen sollte man nur bei freiwilligen privatrechtlichen Versteigerungen sprechen. Die Begriffe Versteige-

69 § 34 b VI Nr. 5 b GewO spricht von Waren, die in offenen Verkaufsstellen angeboten werden und die ungebraucht sind. Zum Sinn und Zweck: BGH, NJW 1973, 246; Marx/Arens, § 34 b GewO Rn. 113; vgl. Schneider, S. 39 Fn. 159. Zum Kunstwerk als ungebrauchte Sache i.S.d. § 34 b VI Nr. 5 b GewO s.u. S. 197.

70 Vgl. Braunfels, S. 134; Drey, S. 229.

71 Vgl. Thon, Art 7/04, S. 121. Boll, S. 373 behauptet eine Zunahme des Direktverkaufs.

72 Reuther, Art, 16.9.2008, http://www.art-magazin.de/kunstmarkt/10454/damien_hirst_sotheby_s; abgerufen am 1.4.2012.

73 Drinkuth, S. 42f., 51f.; Leslie Prouty in Drinkuth, S. 211; Schneider, S. 163; G. Schulze in Loewenheim, § 70 Rn. 20; vgl. Marx/Arens, § 34 b GewO Rn. 116.

74 S. die obigen Normen; vgl. Locher, S. 207; Schack, KuR, Rn. 108.

75 Leslie Prouty in Drinkuth, S. 211; vgl. Herchenröder, Kunstmärkte im Wandel, S. 189.

76 Vgl. Dorff, S. 3f.; Landmann/Rohmer/Bleutge, § 34 b GewO Rn. 6 a, 9; Fackler/Konermann, S. 9f. Zum Zuschlag vgl. § 7 VerstV. Er kann verweigert werden (vgl. §§ 146 I, 156 S. 2 BGB).

77 BGH, BB 2005, 235, 236 – „*eBay*"; Landmann/Rohmer/Bleutge, § 34 b GewO Rn. 6 a; Marx/Arens, § 34 b GewO Rn. 43, 7. Teil Rn. 1. Zum Vertragsschluss bei Internetauktionen s. Palandt/Ellenberger, § 156 Rn. 3. Zur Bedeutung der Internetauktionen für den Kunsthandel: Drinkuth, S. 126ff.; Herchenröder, Kunstmärkte im Wandel, S. 32, 34, 332; Schack, KuR, Rn. 121; Trinks, S. 4, 55; Mitgliederbefragung des Deutschen Kunsthandelsverband (DK), Weltkunst 2006, Heft 9, S. 70; Kunstmarkt Kompakt in Weltkunst 2006, Heft 10, S. 78. Skeptisch: Boll, S. 368.

rer und Auktionator können synonym verwandt werden. Auktionen sind abzugrenzen von privatrechtlichen öffentlichen Versteigerungen aufgrund besonderer gesetzlicher Vorschriften und von öffentlichen Versteigerungen im Wege der Zwangsvollstreckung (notwendige Versteigerung[78], §§ 814 ff. ZPO).[79] Bei Letzteren kommt kein privatrechtlicher Vertrag zustande und die Gewährleistung ist nach § 806 ZPO ebenso ausgeschlossen wie nach § 445 BGB bei der öffentlichen Versteigerung einer Sache auf Grund eines Pfandrechts, wenn die Regeln des Verbrauchsgüterkaufs unanwendbar sind (vgl. § 474 II 2 BGB).[80]

Kunstauktionen sind ein guter Allokationsmechanismus für Kunstwerke, deren Marktwert sich schwer einschätzen lässt. Von den Kunsthändlern unterscheiden sich die Auktionshäuser insbesondere durch den Absatz hoher Umschlagsmengen in dichter Zeitfolge.[81]

Der BGH nutzte diese Besonderheit als Argument für die grundsätzliche Zulässigkeit vollständiger Gewährleistungsausschlüsse der Auktionshäuser, die den Kauf in Auktionen für den Käufer je nach Ausgestaltung der Versteigerungsbedingungen zu einem gewissen Risiko macht.

Die sich aus dieser Rechtsprechung ergebende Haftungsprivilegierung ist nach vorliegender Ansicht nicht auf Kunsthändler übertragbar. So gesehen bietet der Kauf bei spezialisierten Kunsthändlern grundsätzlich eine höhere Sicherheit. Der Käufer hat beim Erwerb im Auktionshandel die Hoffnung auf eine Trouvaille und einen entsprechenden Gewinn, geht aber ein größeres Eigenwagnis ein als beim Kunsthändler seines Vertrauens zum höheren Preis. Eine stärkere Eigenhaftung kann der Kunsthändler im Konkurrenzkampf werbend herausstellen.

F. Vertragsbeziehungen

Die Vertragsbeziehungen bestimmen, gegen wen der Käufer ihm zustehende Mängelrechte geltend machen kann. Die Vertragsbeziehungen richten sich zunächst danach, ob Eigenware oder Fremdware verkauft wird.

I. Verkauf von Eigenware

Beim Verkauf von Eigenware handelt der Verkäufer im eigenen Namen und wird selbst Vertragspartner des Käufers (Eigengeschäft). Wegen des wirtschaftlichen Risikos hat dieser Verkauf sowohl im Einzel- als auch im Auktionshandel eine

78 Dechange, S. 7.

79 Vgl. Staudinger/Beckmann, v. §§ 433 ff. Rn. 150, Palandt/Weidenkaff, Einf. v. § 433 Rn. 12.

80 Schack, KuR, Rn. 109. Zu § 806 ZPO und § 445 BGB s.u. S. 133.

81 Vgl. Chr. Berger, KUR 2003, 137, 139, 142.

eher geringe Bedeutung.[82] Versteigerern ist es nach § 34 b VI Nr. 4 GewO nicht grundsätzlich verboten, neben dem Versteigerergewerbe gewerbsmäßig Waren zum Zwecke der Versteigerung anzukaufen. Die Versteigerung eigener Ware ist bei Kunstauktionen in gewissem Maße üblich.[83] Eigenware ist als solche zu kennzeichnen (§ 2 I 3 VerstV).

II. Verkauf von Fremdware

Der Verkauf von Fremdware ist die Regel. Hinter den Kunsthändlern und Versteigerern stehen dann die Eigentümer, die sog. Einlieferer. Zu unterscheiden sind Agentur- und Kommissionsgeschäft. Welches von ihnen vorliegt, indizieren im Auktionshandel die Einlieferungs- bzw. Versteigerungsbedingungen. Sie regeln den Geschäftsverkehr mit den Einlieferern bzw. Ersteigerern. Zumindest die Versteigerungsbedingungen sind in den Auktionskatalogen abgedruckt.

1. Agenturgeschäft

Beim Agenturgeschäft handeln die Händler und Versteigerer entsprechend der §§ 164 ff. BGB als Vertreter (Agenten) der Einlieferer, die dadurch gegenüber dem Käufer grundsätzlich allein berechtigt und verpflichtet werden und bei Gewährleistungsansprüchen Anspruchsgegner sind.[84] Händler und Versteigerer sind keine Geschäftsbesorger nach §§ 675, 611 BGB oder §§ 675, 631 BGB.[85] Sie werden nicht für eine Tätigkeit, sondern im Erfolgsfall vergütet. Die Provision steht selbst bei einer aus dem Versteigerungsvertrag sich ergebenden Pflicht zur Tätigkeit hierzu nicht im Gegenseitigkeitsverhältnis. Händler und Versteigerer, die gewerbsmäßig für andere Personen die Vermittlung von Verträgen über Waren des Handelsverkehrs – auch Kunstwerken – übernehmen, sind Handelsmakler (§ 93 I HGB).[86] Beim Agenturgeschäft hat der Käufer einen Anspruch auf

82 Vgl. schon Drey, S. 234 ff. zum Kunsteinzelhandel.

83 Fackler/Konermann, S. 18; D. Löhr, KUR 2006, 154, 155; Marx/Arens, § 34 b GewO Rn. 110; Schütte, FS Hartung, S. 117, 122 f.

84 Z.B. „Der Künstler verkauft dem Sammler – unter Einschaltung der Galerie – sein Werk mit dem Titel."/„Die Auktion erfolgt (...) im Namen und für Rechnung der Auftraggeber". Als Vertreter versteigern laut Versteigerungsbedingungen z.B. Auktionshaus Fine Art (Ziff. 2 S. 1); Kastern (Ziff. 1.1 S. 2); Leo Spik (Ziff. 1 S. 1); Ursula Nusser (Ziff. 1 S. 2); Schopmann (Ziff. 1 S. 1) [seit 2010 insolvent]; Zengen (Ziff. 1 S. 1); grundsätzlich auch Hampel (Ziff. 1.1).

85 Von einem auf Geschäftsbesorgung gerichteten Dienstvertrag gehen aus: Landmann/Rohmer/Bleutge, § 34 b GewO Rn. 9 a; Dechange, S. 36 ff.; MünchVertrHdb, Bd. 4,1(1998)/Locher, VI. 13, Anm. 3; ders., Aktuelle Fragen, S. 40.

86 Braunfels, S. 4; Dorff, S. 40 f.; v. Hoyningen-Huene, NJW 1973, 1473, 1474 f., 1478; Marx/Arens, § 1 VerstV Rn. 3.; Trinks, S. 30 ff.

Nennung von Namen und Anschrift des Einlieferers. Nur so kann er Mängelrechte geltend machen und bei einem Weiterverkauf unkompliziert seine Berechtigung nachweisen.[87]

2. *Kommissionsgeschäft*

Beim Kommissionsgeschäft gem. §§ 383 ff. HGB, der sog. mittelbaren Stellvertretung, handeln Händler und Versteigerer als Kommissionäre im eigenen Namen, aber auf Rechnung der Einlieferer (§§ 383, 406 I 2 HGB). Der Kaufvertrag besteht zwischen Kommissionär (§ 383 I HGB) und Käufer. Den Kommissionär treffen die vollen Verkäuferpflichten; er haftet grundsätzlich auch für Mängel des Kommissionsgutes. Einlieferer und Käufer haben unmittelbar nichts miteinander zu tun. Händler und Versteigerer handeln für die Einlieferer aufgrund eines gegenseitigen Vertrages über eine Geschäftsbesorgung nach § 675 BGB. Auf diesen ist Dienstvertragsrecht anwendbar, weil zwar die Provision erfolgsabhängig ist (§ 396 I 1 HGB), doch nicht mehr als die Bereitschaft besteht, sich mit den üblichen Mitteln für den Verkauf einzusetzen (vgl. § 384 I HGB).[88] Im Falle ständiger Betrauung durch einen Künstler ist der Händler Kommissionsagent. Im Außenverhältnis greift Kommissionsrecht, im Innenverhältnis sind Normen des Handelsvertreterrechts entsprechend anwendbar.[89]

Im Kunsthandel ist das Kommissionsgeschäft verbreitet.[90] Den größeren Auktionshäusern geht es dabei vor allem darum, die Identität der Einlieferer und

---

87 OLG Köln, VuR 2002, 34, 35 (Violine); Braun, WM 1992, 893, 896; ders. JZ 1993, 855; Braunfels, S. 5; Kappus (Stand: 1998), Rn. 4 Fn. 13.

88 Braunfels, S. 4; Dorff, S. 42; Canaris, Handelsrecht, § 30 Rn. 5, 12; MünchKommHGB/Häuser, § 383 Rn. 29; v. Hoyningen-Huene, NJW 1973, 1473, 1475 f., 1479; Schlegelberger/Hefermehl, § 383 Rn. 37; G. Schulze in Loewenheim, § 70 Rn. 16, 20; Staub/Koller, § 383 Rn. 59 (jedenfalls für den Versteigerer); MünchVertrHdb, Bd. 3/Vinck, XI. 63, Anm. 1, XI. 64, Anm. 1; vgl. Schack, KuR, Rn. 657; aA bei längerer Verbindung Dienstvertragsrecht, bei Einzelgeschäften Werkvertragsrecht: Baumbach/Hopt, 30. Aufl., § 383 Rn. 6; Brox/Henssler, Rn. 430; Mues, S. 73; vgl. Stelzl, S. 27.

89 Mues, S. 46 f., 73 ff.

90 Als Kommissionäre versteigern z.B. Bassenge (Versteigerungsbedingungen Ziff. 1 S. 1); Kunstauktionshaus Chiemgau (Versteigerungsbedingungen Ziff. I S. 1); Hauswedell & Nolte (Versteigerungsbedingungen Ziff. 1 S. 2); Versteigerungshaus Hugo Ruef (Versteigerungsbedingungen Ziff. 1 S. 2); Auktionshaus Dr. Jürgen Fischer (Versteigerungsbedingungen Ziff. 1.1 S. 1); Karl & Faber (Versteigerungsbedingungen Ziff. 2 S. 2; Ketterer (Versteigerungsbedingungen Ziff. 1.1 S. 1); Lempertz (Versteigerungsbedingungen Ziff. 1 S. 1); Metz (Versteigerungsbedingungen § 1.2 S. 1); Nagel (Versteigerungsbedingungen Ziff. 1 a); Quittenbaum (Versteigerungsbedingungen Ziff. 1 S. 2); Kunstauktionshaus Schlosser (Versteigerungsbedingungen Ziff. I S. 1); Van Ham (Versteigerungsbedingungen Ziff. 1.1); Villa Grisebach (Versteigerungsbedingungen § 1 I S. 3); Winterberg (Versteigerungsbedingungen Ziff. 1); Auktionshaus Michael Zeller (Versteigerungsbedingungen Ziff. 2 a S. 2).

Käufer geheim zu halten, um bei künftigen Geschäften nicht umgangen zu werden.[91] Beim Kommissionsgeschäft hat grundsätzlich weder der Käufer gegen den Kommissionär einen Anspruch auf Nennung von Namen und Anschrift des Einlieferers noch der Einlieferer ein Recht darauf, den Käufer genannt zu bekommen.[92] Die Namensnennungspflicht des Kommissionärs gegenüber dem Kommittenten nach § 384 II HGB ist abdingbar.[93] Das LG Hamburg hat jedoch zu Recht einen Auskunftsanspruch des Künstlers gegen den Galeristen auf Nennung des Käufers bejaht.[94]

G. Schuldrechtsreform und Verbrauchsgüterkauf

Die Schuldrechtsreform, als deren Vorbild das UN-Kaufrecht (CISG) diente, erfolgte anlässlich dreier umsetzungsbedürftiger EU-Richtlinien.[95] Sie ging über deren Umsetzung hinaus und hat zu erheblichen Veränderungen in der Dogmatik und Systematik des zivilrechtlichen Kernbestandes geführt.

Das neue Kaufrecht betont den Verbraucherschutz. Dies zeigt sich insbesondere in den speziellen Regeln des Verbrauchsgüterkaufs (§§ 474 ff. BGB), die in besonderer Weise auf die Verbrauchsgüterkaufrichtlinie (VerbrGKRL) zurückgehen. Sie zielt auf ein einheitliches Verbraucherschutz-Mindestniveau im Binnenmarkt (Art. 1 I VerbrGKRL).

Sind die Regeln des Verbrauchsgüterkaufs anwendbar, erklärt § 475 I BGB einige Vorschriften des Kaufrechts zu zwingendem Recht. Sonderregeln bestehen vor allem zu Haftungsbeschränkungen (§ 475 I, III BGB), Verjährungsabreden (§ 475 II BGB) und zur Beweislast (§ 476 BGB).

Ein Verbrauchsgüterkauf liegt vor, wenn ein Verbraucher von einem Unternehmer eine bewegliche Sache kauft (§ 474 I 1 BGB). Auch der Verkauf von Kunstwerken kann den Regeln des Verbrauchsgüterkaufs unterfallen, weil der

91 Vgl. OLG Köln, VuR 2002, 34, 35 (Violine); Braun, WM 1992, 893, 896; Braunfels, S. 5; Kappus (Stand: 1998), Rn. 4 Fn. 13; Locher, S. 84; MünchVertrHdb, Bd. 3/Vinck, XI. 63, Anm. 1; Wertenbruch, NJW 2004, 1977, 1981.

92 Braun, WM 1992, 893, 896; Picker, S. 76.

93 Braun, WM 1992, 893, 896; Baumbach/Hopt/Hopt, § 384 Rn. 14; Kappus (Stand: 1998), Rn. 21; Staub/Koller, § 384 Rn. 31.

94 LG Hamburg, ZUM-RD 2008, 27 ff. (wegen urheberpersönlichkeitsrechtlicher Ansprüche wie dem Zugangsrecht); zustimmend: Schack, KuR, Rn. 657; B. Raue, KUR 2007, 16 f.; vgl. Pfennig in Weller/Kemle/Lynen, S. 157, 163.

95 Verbrauchsgüterkaufrichtlinie (Richtlinie 1999/44/EG, Abl. EG L 171/12 ff.), Zahlungsverzugsrichtlinie (Richtlinie 2000/35/EG, Abl. EG L 200/35 ff.) und E-Commerce-Richtlinie (Richtlinie 2000/31/EG, Abl. EG L 178/1 ff.).

Verbrauchsgüterkauf sich nicht nur auf verbrauchbare Sachen (§ 92 BGB) bezieht (vgl. Art. 1 II b VerbrGKRL, Legaldefinition „Verbrauchsgüter").[96]

Verbraucher ist nach § 13 BGB jede natürliche Person, die ein Rechtsgeschäft zu einem Zweck abschließt, der weder ihrer gewerblichen noch ihrer selbständigen beruflichen Tätigkeit zugerechnet werden kann. Unternehmer ist nach § 14 I BGB eine natürliche oder juristische Person oder eine rechtsfähige Personengesellschaft, die bei Abschluss eines Rechtsgeschäfts in Ausübung ihrer gewerblichen oder selbständigen beruflichen Tätigkeit handelt.

Ein Verbrauchsgüterkauf („B2C"-Vertrag[97]) liegt also insbesondere vor, wenn ein Sammler von einem Kunsthändler erwirbt; nicht jedoch, wenn ein Kunsthändler, Museum oder Freiberufler in Ausübung seiner Tätigkeit von einem Kunsthändler („B2B"), ein Sammler von einem Sammler („C2C") oder ein Kunsthändler von einem Sammler („C2B") erwirbt.

Die Schwelle zur Gewerbsmäßigkeit kann überschritten sein, wenn Sammler eine Vielzahl von Kunstgegenständen planmäßig und dauerhaft erwerben und wieder verkaufen.[98] Das Auftreten professioneller Kunstberater (Art Consulter) für den Käufer beim Erwerb begründet auch bei Stellvertretung (§§ 164 ff. BGB) keine Unternehmereigenschaft. Entscheidend ist der Erwerbszweck des Käufers. Der Rechtsgedanke des § 166 I BGB ist unanwendbar. Er kann die Eröffnung des Verbraucherschutzes nach §§ 474 ff. BGB nicht verhindern (vgl. Art. 1 II a VerbrGKRL, § 474 I 1 BGB).[99]

Von den Regeln des Verbrauchsgüterkaufs ausgenommen ist der Verkauf gebrauchter Sachen in einer öffentlichen Versteigerung, an der der Verbraucher persönlich teilnehmen kann (§ 474 I 2 BGB). Diese Ausnahme betrifft auch Kunstauktionen.[100]

H. Rechtsprechungsübersicht

Die Lebenssachverhalte mit ihren spezifischen Problemen, denen das Recht gerecht werden muss, sind nach der Schuldrechtsreform unverändert. Die bisherige Rechtsprechung gibt einen Überblick:[101]

96 Chr. Berger, KUR 2003, 137; Wertenbruch, NJW 2004, 1977, 1980.

97 B2C (business to consumer); B2B (business to business); C2C (consumer to consumer); C2B (consumer to business); zu dieser Begrifflichkeit Palandt/Grüneberg, Überbl. v. § 311 Rn. 9.

98 Froehlich, ZUM 2003, 453, 459; Müller-Katzenburg, Weltkunst 2004, Heft 5, S. 68; Soergel/Wertenbruch, § 474 Rn. 8 f.

99 Mangold, S. 122 f.; vgl. LG Rostock, NZM 2007, 370; Palandt/Ellenberger, § 13 Rn. 5.

100 S.u. S. 169 ff.

101 Eine Reihe unveröffentlichter Fälle erwähnt Picker, S. 75 ff.

Im Vordergrund stehen Echtheitsprobleme.[102] In frühen Gerichtsentscheidungen wurde zum Teil angenommen, der Erwerb alter Kunstwerke sei stets ein Spekulationskauf.[103] Auch die Anwendung des entschieden abzulehnenden objektiven Mangelbegriffs[104] machte den Erwerb von Kunstwerken ohne Zusicherung faktisch zu einem Spekulationskauf und missachtete den Käuferwunsch, ein echtes Kunstwerk zu erwerben. Wegen der angenommenen Verdrängung des Anfechtungsrechts nach § 119 II BGB durch im konkreten Fall nicht bestehende Gewährleistungsrechte war der Käufer quasi rechtlos gestellt.[105]

Die Frage, was zur Beschaffenheit gemacht werden kann, taucht in Entscheidungen auf, in denen es um die Mangelbedeutung falscher Provenienzangaben und in Wahrheit nicht erfolgter Begutachtungen durch Kunstsachverständige geht.[106]

Eine starke Zurückhaltung ist im Hinblick auf die Annahme konkludenter Beschaffenheitsgarantien berechtigt, die damals in Gestalt der Eigenschaftszusicherungen die Gerichte beschäftigten.[107] In der *„Paul Dresler“*-Entscheidung

102 Exemplarisch: RGZ 135, 339 ff. = JW 1932, 1862 ff. – *„Ruisdael“*; BGHZ 63, 369 ff. – *„Jawlensky“*; hierzu Braun, Kunstprozesse, S. 123 ff.; BGH, NJW 1980, 1619 ff. – *„Bodensee-Kunstauktion“* = JuS 1980, 678.

103 OLG München, SeuffArch. (1910) Bd. 65, Nr. 90, S. 181 ff. – *„Cranach“*; vgl. dazu Goepfert, S. 34 f.; OLG Hamburg, HansGZ, Beibl. Zivilrecht, 39. Jg. 1918, S. 115 ff. – *„Provenienz und Gutachten“*; OLG München, HRR 1940, 505 f. – *„Spitzweg“*; HansOLG Hamburg, MDR 1967, 124 f. – *„A. Cuyp“*; OLG Stuttgart, NJW 1983, 1200. – *„Heinrich von Zügel“*. Hierzu s.u. S. 75 f.

104 Zu § 459 I 1 BGB a.F. vertreten von Bernheimer, S. 46; Fabricius, JuS 1964, 1 ff. 11; ders., JZ 1970, 29 f.; Haymann, RG-Festgabe 1929, Bd. 3, S. 317 ff.; ders., JW 1932, 1862 ff.; Knöpfle, S. 1 ff., 265 ff.; ders., JZ 1978, 121 ff., 126 ff.; ders., JZ 1979, 11 ff.; ders., AcP 180 (1980), S. 462 ff., 484; ders., NJW 1987, 801 ff.; ders, JuS 1988, 767, 770 f.; Kühn, S. 2 ff., 8, 38; Krückmann, LZ 1929, 986 ff.; Raape, AcP 150 (1949), 481, 490; R. Schmidt, NJW 1962, 710 ff.; Tengelmann, NJW 1966, 2195.

105 RGZ 97, 351 f. – *„Sologeigen“;* OLG Stuttgart, DJZ 1904, 511 – *„Sèvres-Vasen“*.

106 Zu Provenienzangaben: RG, DJ 1935, 268 f. = WarnRspr., 26. Jg., 1934, Nr. 175, 358 ff. – *„Provenienz“*; OLG Düsseldorf, NJW-RR 1993, 1522 ff. – *„Barockschrank“*; OLG Hamburg, HansGZ, Beibl. Zivilrecht, 39. Jg. 1918, S. 115 ff. – *„Provenienz und Gutachten“*; OLG Hamburg, MDR 1948, 253 f. – *„Schelfhout“*. Zur Begutachtung: BGH, NJW 1972, 1658 = LM, § 463, Nr. 18 = GRUR 1973, 152 f. (m. Anm. Bielenberg, S. 153 f.) – *„Rubens“*; vgl. OLG Hamburg, HansGZ, Beibl. Zivilrecht, 39. Jg. 1918, S. 115 ff. – *„Provenienz und Gutachten“* zur Anfechtung; vgl. auch OLG Hamm, Urt. v. 13.1.2009 – 19 U 85/08, beck-online – BeckRS 2009 07370 – *„Feininger“*.

107 RGZ 114 (1927), 239 ff. – *„Thoma“;* hierzu Braun, Kunstprozesse, 1. Aufl., S. 95 ff.; BGHZ 63, 369 ff. – *„Jawlensky“*; hierzu ders., Kunstprozesse, S. 123 ff.; BGH, NJW 1980, 1619 ff. – *„Bodensee-Kunstauktion“* = JuS 1980, 678; BGH, NJW 1993, 2103 f. – *„Burra I“;* BGH, NJW 1995, 1673 f. = JZ 1995, 1015 ff. – *„Burra II“;* KG, Urt. v. 17.6.2003 – 15 U 103/02 – „Vuillard“ (n.v.); OLG Frankfurt a.M., DR 1908, 261 Nr. 1527 – *„Menzel“;* OLG Frankfurt, NJW 1982, 651 f. – *„Biedermeierzimmer“;* OLG Hamm, NJW 1995, 2640 f. – *„Guercino“;* OLG Ham-

hielt das LG München I die Schutzklausel, Katalogbeschreibungen seien keine Zusicherungen, zu Recht für unbeachtlich.[108]

Es zeigt sich die Schwierigkeit, die Unechtheit zu beweisen. Erleichterungen ergeben sich, wenn schon der Mangelverdacht einen Mangel darstellt.[109]

Haftungsausschlüsse im Kunsteinzelhandel spielten in der Rechtsprechung soweit ersichtlich kaum eine Rolle. Haftungsausschlüsse bei Kunstauktionen indessen beschäftigen sie schon lange.[110] Besonders bekannt ist die *„Jawlensky“*-Entscheidung des BGH, der dort den Haftungsausschluss eines als Kommissionär handelnden Auktionators vor Inkrafttreten des AGBG in Bezug auf das Wandlungsrecht für wirksam erachtete, weil der Auktionator eine angemessen lange Vorbesichtigung ermöglichte und nicht grob fahrlässig handelte.[111] Der BGH bestätigte diese Rechtsprechung nach Inkrafttreten des AGBG in der Entscheidung *„Bodensee-Kunstauktion“*, verneinte jedoch eine Berufung auf den Haftungsausschluss für den Fall leichter Fahrlässigkeit. Die Notwendigkeit eines Durchgriffs auf den Einlieferer blieb erneut offen.[112] Die unterinstanzliche Rechtsprechung folgte den BGH-Grundsätzen,[113] übertrug sie auf den Haftungsausschluss beim Nachverkauf eines als Vertreter handelnden Auktionators und dessen Vertreter-Eigenhaftung aus c.i.c.[114] und wendete sie auch auf die Versteigerung von Eigenware des Versteigerers an[115].

Von Bedeutung waren weiterhin Rückzahlungsansprüche des Auktionators gegen den Einlieferer entweder aufgrund gewährleistungsrechtlicher Bestim-

---

burg, HansGZ, Beibl. Zivilrecht, 39. Jg. 1918, S. 115 ff. – *„Provenienz und Gutachten“*; OLG Hamburg, MDR 1948, 253 f. – *„Schelfhout“*; OLG Koblenz, MDR 1987, 322 f. – *„Perser-Teppich“*; LG München I, NJW 1990, 1999 – *„Paul Dresler“*.

108 LG München I, NJW 1990, 1999.

109 Vgl. KG, Urt. v. 17.6.2003 – 15 U 103/02 – *„Vuillard“* (n.v.); zuvor LG Berlin, Urt. v. 22.2.2002 – 5 O 391/00 (n.v.); LG Baden-Baden, NJW 2003, 3714 f. – *„Kupka“*; OLG Hamm, Urt. v.13.1.2009 – 19 U 85/08, beck-online – BeckRS 2009 07370 – *„Feininger“*; vgl. OLG Düsseldorf, NJW 1992, 1326 f. – *„Warhol“* zur Anfechtung.

110 So schon 1921 das OLG Kiel in LZ, XV. Jg. 1921, S. 464 f. – *„Kupferstich“*.

111 BGHZ 63, 369 ff.; Braun, Kunstprozesse, S. 123 ff.

112 BGH, NJW 1980, 1619 ff. = JuS 1980, 678.

113 LG München I, Urt. v. 13.5.1991 – 33 O 25230/88, S. 11 ff. – *„Gustave de Smet“* (n.v.); OLG Hamm, NJW 1994, 1967 f. – *„Carl Schuch“*; i.E. auch OLG München NJW 2012, 2891, 2893 f. – *„Buddha-Skulptur“*; abweichend jedoch offenbar LG Köln, GRUR-RR 2012, 444 ff. – *„Campendonk“*; vgl. u. F.n. 1544.

114 OLG Düsseldorf, OLGZ 78, 317 ff. – *„Artz und de Klerk“* (vor der Entscheidung „Bodensee-Kunstauktion“).

115 OLG Düsseldorf, NJW-RR 1993, 1522 ff. – *„Barockschrank“*.

mungen in den Einlieferungsbedingungen[116] oder als kommissionsrechtlicher Aufwendungsersatz[117].

In einer Reihe von Fällen waren die Gewährleistungsrechte bereits verjährt.[118] Die Verjährung war anders als heute (§ 438 I Nr. 3, II BGB) deutlich zu kurz bemessen.[119] Zwar befand das RG in der *„Ruisdael"*-Entscheidung, die „rechtspolitisch wünschenswerte" Verjährungsfrist des § 477 BGB a.F. von sechs Monaten ab Übergabe sei auf den Kunsthandel nicht schlechterdings unanwendbar.[120] Doch war sie gerade für den Käufer von Kunstwerken verheerend.[121] Der Zentralmangel „Unechtheit" wird oft erst nach Jahren erkannt.[122]

Die Rechtsänderungen der Schuldrechtsreform und ihre Bedeutung für Kunsthandel und Entscheidungspraxis werden nachfolgend erläutert. Die Rechtsprechung zu Haftungsausschlüssen im Kunstauktionshandel und die besondere Auslegung einzelner Vorschriften des allgemeinen Privatrechts für Rechtsfragen des Kunsthandels verdeutlichen, dass der Kunsthandel trotz fehlender gesetzlicher Sonderregeln eine gewisse Sonderbehandlung erfährt.[123]

---

116 OLG Frankfurt, NJW 1993, S. 1477 ff. – *„Marcel Leprin";* OLG Zweibrücken, NJW 1998, 1409 ff. = JZ 1998, 196 f., m. Anm. Braun, S. 197 ff. – *„Purrmann"*; KG, Urt. v. 17.6.2003 – 15 U 103/02 – *„Vuillard"* (n.v.); zuvor LG Berlin, Urt. v. 22.2.2002 – 5 O 391/00 (n.v.); LG Berlin, Urt. v. 31.10.1989 – 31 O 252/88 – *„Apostelkrug"* (n.v.); LG Bielefeld, NJW 1990, 1999 – *„Alexander Koester"*.

117 LG Baden-Baden, NJW 2003, 3714 f. – *„Kupka"*.

118 RG, Gruch. 66 (1923), 452 ff. – *„Spitzweg";* RGZ 135, 339 ff. = JW 1932, 1862 ff. – *„Ruisdael";* OLG Düsseldorf, NJW 1992, 1326 f. – *„Warhol"*.

119 RegE, BT-Drucks. 14/6040, S. 228; vgl. Heinbuch, NJW 1984, 15, 20; R. Schmidt, NJW 1962, 710, 711 ff.; Singer, FS 50 Jahre BGH, S. 381 spricht von einem „Hauptübel des alten Kaufrechts".

120 RGZ 135, 339, 343 f. – *„Ruisdael"*.

121 Honsell, FS Heini, S. 218; Locher, Aktuelle Fragen, S. 26 f.; Schubert, JR 1975, 373 f.; vgl. Flume, JZ 1991, 633, 634; R. Schmidt, NJW 1962, 710, 713. Viele Klagen scheiterten, z.B. in: RG, Gruch. 66 (1923), 452, 454 – *„Spitzweg"*; RGZ 135, 339 ff., *„Ruisdael"*; OLG München, HRR 1940, 505, 506 – *„Spitzweg"*; vgl. auch OLG Düsseldorf, NJW 1992, 1326 f. – *„Warhol"*.

122 Vgl. Boochs/Ganteführer, S. 35 f.; Goepfert, S. 99; Heinbuch, Aktuelle Rechtsfragen, S. 207; Schubert, JR 1975, 373 f.; v. Westerholt/Graupner, NJW 1978, 794, 795.

123 Von einem *„Kryptoprivatrecht"* spricht Jayme, Nationales Kunstwerk, S. 163 f. (sowie Vorwort) = Zeitschrift für Vergleichende Rechtswissenschaft 95 (1996), 158–169; ders. Wiener Vorträge (2001), S. 223, 224; ders., FS Rehbinder (2002), S. 539, 543. Ihm folgend: Wrede, S. 281 ff.

§ 2 Begriffsbestimmungen

Zweckdienlicherweise werden zunächst einige Begriffe von wesentlicher, oft wertbildender Bedeutung geklärt, deren Definitionen u.a. für die Erfüllung entsprechender Beschaffenheitsvereinbarungen entscheidend sind:

A. Echtheit

Der Kauf von Kunstwerken birgt vor allem ein Grundrisiko, das mal schwächer, mal stärker in Erscheinung tritt: das der wertvernichtenden Unechtheit; das zentrale Erwerbs- und Haftungsrisiko.

Unecht sind Kunstgegenstände, die von anderen Künstlern/Künstlerkreisen oder aus anderen Zeiten/Epochen[124] oder von anderen Herstellungsorten/Kunstlandschaften stammen oder aus anderem Material sind[125] als angenommen.[126] Echt sind sie, wenn getroffene Zuweisungen zutreffen.

B. Kunstfälschung

Kunstfälschungen[127] sind ein Sonderfall der Unechtheit, für den die Täuschungsabsicht über die tatsächliche Entstehungsgeschichte des Kunstwerks im Hinblick auf Herkunft, Material oder Alter konstitutiv ist.[128] Auch der Originalurheber selbst kann sein Werk fälschen.[129] Fälle, in denen Kunstwerke ohne Täuschungsabsicht erstellt und erst beim Verkauf bewusst wahrheitswidrig zugeordnet werden, kann man gleichsetzen[130] oder von einem Kunstbetrug im untechni-

---

124 Bloch, S. 62; Dechow, S. 57; Goepfert, S. 27; Heinbuch, NJW 1984, 15, 16 Fn. 7; v. Westerholt/Graupner, NJW 1978, 794; vgl. OLG Hamm, NJW 1987, 1028 – „*Standuhr*"; allein auf das Herrühren von einem bestimmten Urheber scheint abzustellen: Heinbuch, Aktuelle Rechtsfragen, S. 200.

125 Braunfels, S. 19 f. Fn. 69. Damit handelt es sich auch um einen Fall der Unechtheit, wenn ein Gegenstand aus einer anderen Manufaktur stammt als angenommen; aA Marx/Arens, 6. Teil Rn. 6.

126 I.S. dieses weiten Begriffsverständnisses auch Radnóti in Knaller/Müller, S. 209, 225.

127 Locher, S. 173, bevorzugt „Kunstwerkfälschung", weil das Abstraktum Kunst unfälschbar ist.

128 Vgl. Bullinger, S. 8; Schmücker in Moulines/Niebergall, S. 357, 359 f.

129 Eco, S. 236; Schmücker in Moulines/Niebergall, S. 357, 361 Fn. 15.

130 Almeroth, S. 2; Bullinger, S. 10; Wrede, S. 50 f.

schen Sinne sprechen.[131] Der spezifische Unwert liegt auch hier darin, dass der Anspruch auf Authentizität und Wahrheit besonders stark verletzt wird.[132]

Man unterscheidet die eigentlichen Kunstfälschungen von Kunstverfälschungen.[133] Die eigentlichen Kunstfälschungen sind Objekte, die zum Zwecke der Täuschung angefertigt wurden. Man unterscheidet im Grundsatz Kopien (Werkfälschungen[134], „Fälschung *ex concreto*"[135]) und Neuschöpfungen (Imitatfälschungen[136], „Fälschung *ex nihilo*"[137]).[138]

Kunstverfälschungen umfassen nachträgliche Substanzveränderungen (Signaturänderungen,[139] ideologiebedingte Übermalungen,[140] übermäßige „Restaurierungen"[141] etc.) an bestehenden authentischen Kunstwerken durch fremde Hand (objektive Verfälschung) sowie irreführende Umfeldangaben zu Werken, die dadurch unecht werden (subjektive Verfälschung).[142] Die Umfeldangaben bei den subjektiven Verfälschungen betreffen insbesondere Provenienzen und Expertisen. Irreführende Umfeldangaben zu Werken, die bereits in Täuschungsabsicht erstellt wurden, sind ein Sonderfall der subjektiven Verfälschung.[143] So im Falle *John Drewes*, der Museumsarchive manipulierte, um Fälschungen dokumentierte Provenienzen zu verschaffen und Authentizitätsbestätigungen zu erschleichen.[144]

Das Geschäft mit Kunstfälschungen gilt heute als zweitgrößter krimineller Markt nach dem Drogenhandel,[145] geschätzte 20 bis 60 % aller Kunstgegenstände auf dem Markt sollen gefälscht sein.[146] Werke mancher Künstler sind besonders betroffen. Jüngster Fälschungsskandal ist der um die frei erfundene Sammlung „*Werner Jägers*", aus der Fälschungen des Kunstfälschers *Wolfgang Beltrac-*

---

131 Locher, S. 174 ff.; Würtenberger, S. 30 ff., 37 f.; vgl. Parnes in Reulecke, S. 216, 233.

132 Vgl. Würtenberger in Hürlimann, S. 737, 749.

133 Almeroth, S. 124, Bloch, S. 62; v. Brühl, S. 14; Fackler/Konermann, S. 64; Löffler, NJW 1993, 1421, 1422; Würtenberger, S. 35 ff.

134 Den Begriff verwendet Schmücker in Moulines/Niebergall, S. 357, 360.

135 v. Brühl, S. 14.

136 Den Begriff verwendet Schmücker in Moulines/Niebergall, S. 357, 360.

137 Eco, S. 234, 236; v. Brühl, S. 14.

138 Zu den Techniken der Kunstfälschung s. Almeroth, S. 140 ff.

139 Im „*Knaus*"-*Fall* des RG (WarnRspr., 19. Jg., 1927, Nr. 140, 245 f.) entfernte der Verkäufer die Signatur eines wenig bekannten Malers „Werner".

140 Vgl. Dechow, S. 66; Dittmar, Weltkunst 2002, 1725 ff.

141 Almeroth, S. 132; Friedländer, Kunst und Kennerschaft, S. 177 f.; Kühn, S. 35 f.; Locher, S. 174; Würtenberger, S. 37; s.u. S. 49 f.

142 Vgl. Bloch, S. 68 f.; v. Brühl, S. 14 f.; Bullinger, S. 14; Dittmar, Weltkunst 2002, 1725 ff.; Löffler, NJW 1993, 1421, 1422.

143 Vgl. v. Brühl, S. 15 Fn. 53.

144 Vgl. Bossmann, Die Zeit v. 15.10.1998, S. 77; Knöfel, Der Spiegel 8/1999, S. 198 f.

145 Boll, S. 221; Dorff, S. 2; Koldehoff/Koldehoff, S. 7.

146 Vgl. Boll, S. 221, Schack, KuR, Rn. 38.

chi über Auktionshäuser abgesetzt wurden.[147] Gefälscht werden zum Teil schon Werke lebender Künstler.[148]

C. Zuschreibung

Bei der Zuordnung von Kunstwerken zu einem bestimmten Künstler, Zeit oder Herkunftsort spricht man von Attribution oder Zuschreibung. Für eine Authentifizierung ist hierbei grundsätzlich eine an Sicherheit grenzende Wahrscheinlichkeit erforderlich, es wird die Überzeugung geäußert, dass eine bestimmte Zuordnung zutrifft.[149] Wenn beim Verkauf im Handel der volle Name eines Künstlers genannt und vielleicht sogar noch in einer Expertise bestätigt wird, bedeutet dies die Überzeugung, dass es sich um ein authentisches Werk des betreffenden Meisters handelt.[150]

Bei der Zuschreibung im engeren Sinne sprechen gewichtige Erwägungen für die Richtigkeit der Zuordnung, es verbleiben aber Zweifel.[151] Ein Werk, das als einem Künstler zugeschrieben bezeichnet wird, gilt nur unter dem Vorbehalt der Zuschreibung durch einen bestimmten Autor als Original. Es genügt auch, wenn die Fachwelt ein Werk als eigenhändig vorschlägt.[152] In Expertisen bedient man sich Relativierungen wie „wohl", „dürfte" oder „meines Erachtens".[153] Das entsprechende Werk muss in jedem Fall mindestens aus der Zeit des genann-

---

147 Vgl. LG Köln, GRUR-RR 2012, 444 ff. – „*Campendonk*"; Ackermann, Die Welt v. 8.12.2012, S. 25; Maak, FAS v. 12.9.2010, S. 25; Meinhof, SZ v. 10.5.2011, S. 3; Redaktion beck-aktuell, becklink 1016871, Meldung v. 27.10.2011; dies., becklink 1022721, Meldung v. 1.10.2012.

148 Zu Lebzeiten gefälscht wurden z.B. Werke *Oskar Kokoschkas* (Kokoschka, Der Spiegel 44/1966, S. 170 ff.) und *Jörg Immendorffs* (Koldehoff, SZ v. 14.6.2008, S. 16); vgl. Picker, S. 108 f.

149 v. Brühl, S. 17.

150 Vgl. The New York Arts and Cultural Affairs Law § 13.01 subsection 3 a; Code der Berufspflichten des Galeristen zusammengestellt von der F.E.A.G.A. (FEAGA), Punkt 3.1. (http://www.bvdg.de/sites/default/files/-FEAGA_Code_10102005.pdf; abgerufen am 1.4.2012) (Dem Code sind u.a. die Mitglieder des Bundesverbands deutscher Galerien und Editionen (BVDG) verpflichtet; vgl. § 2 II Satzung des BVDG, Stand 29.6.2010 (http://www.galerien-verband.de/pdf/BVDG_Satzung.pdf; abgerufen am 1.4.2012)); AG Hamburg, Urt. v. 8.9.2005 – 35 A C 140/04, S. 12 – „*Sergel*" (n.v.); v. Brühl, S. 17 f.

151 v. Brühl, S. 18.

152 Vgl. Harten in Harten/Martin, S. 19.

153 Vgl. LG München I, MDR 2005, 561 f. – „*Bogdany*" = NJW-RR 2005, 643 f.; v. Brühl, S. 18; Wolf, S. 105, 285.

ten Künstlers stammen.[154] Überwiegen die Zweifel an der in Bezug genommen Zuordnung, kommt es zu einer Abschreibung, einer negativen Zuschreibung.[155]

Einige Bezeichnungen benennen zwar nicht einen konkreten Künstler, kommen jedoch ohne den Vorbehalt der Bezeichnung „zugeschrieben“ aus: Ein Kunstgegenstand „aus der Werkstatt von“ muss vom Meister weder eigenhändig noch unter dessen Aufsicht erstellt sein, sondern nur aus seiner Werkstatt stammen.[156]

Die Wendung „nach“ deutet auf eine Kopie aus jüngerer Zeit,[157] „Schule des“ bedeutet, dass der Schöpfer des Werkes ein Schüler des genannten Meisters war, unter dessen Einfluss stand oder aus dessen Technik Vorteile gezogen hat. Dabei muss das Werk zeitnahe entstanden sein.[158] „Umkreis“ bezeichnet ein Werk, das unter dem Einfluss eines bestimmten Künstlers zu dessen Lebzeiten oder jedenfalls in dessen Epoche entstand.[159]

„Im Stil des“, „in der Manier des“, „im Genre des“ oder „in der Art des“ bedeutet, dass der Kunstgegenstand trotz Ähnlichkeiten zu Werken des benannten Künstlers auch aus jüngerer Zeit stammen kann.[160]

I. Endgültigkeitsdefizit

Die Echtheit ist zwar ein unabänderliches Merkmal, das an sich keinen Schwankungen unterworfen ist.[161] Doch was Zuschreibungen anbelangt, gibt es kunsthistorische Gewissheiten nur bedingt. Der kunsthistorische Forschungsstand ist zeitgebunden und hypothetisch, es besteht ein Endgültigkeitsdefizit.[162] Zwar ist die Echtheit eines Kunstwerkes eine Tatsache, doch sind Zuschreibungen lediglich Wahrscheinlichkeitsurteile und oft eher Meinungs- als Tatsachen-

154 Vgl. The New York Arts and Cultural Affairs Law § 13.01 subsection 3 b; Code der Berufspflichten des Galeristen zusammengestellt von der FEAGA, Punkt 3.1.2.

155 v. Brühl, S. 18.

156 Boll, S. 316; Picker, S. 97; Schack, KuR, Rn. 382.

157 Schrader, FS Kirchner, S. 343, 353.

158 Vgl. The New York Arts and Cultural Affairs Law § 13.01 subsection 3 c; Code der Berufspflichten des Galeristen zusammengestellt von der FEAGA, Punkt 3.1.3; Chr. Berger, KUR 2003, 137, 141; Schack, KuR, Rn. 143, 382.

159 Boll, S. 316; Braun, Kunstprozesse, S. 125.

160 Boll, S. 316; Braun, Kunstprozesse, S. 125; Schrader, FS Kirchner, S. 343, 353.

161 v. Hoyningen-Huene, NJW 1975, 962, 963; Schubert, JR 1975, 371, 373; Thomsen, S. 98; Chr. Berger, KUR 2003, 137, 140, der allerdings darauf hinweist, dass zwischenzeitlich ein Dritter den Kunstgegenstand verändert haben kann; dazu s.u. S. 49 f.

162 Vgl. OLG München, SeuffArch. (1910) Bd. 65, Nr. 90, S. 181 f. – „*Cranach*“; Bonus/Ronte, S. 173 f.; v. Brühl, S. 147 ff.

äußerungen.[163] Die Parteien sind weitgehend von Expertenansichten abhängig, die von unterschiedlichem Überzeugungsgrad sind.[164]

Es gibt die Möglichkeit, dass alle Fachleute, deren Mehrheit oder nur Einzelne von der Echtheit überzeugt sind, oder, dass eine Echtheit erst seit Kurzem in Betracht gezogen wird.[165] Es gibt Fälle, in denen alte Kunstwerke aufgrund ihrer Provenienz nach Dokumenten, Archivlisten und modernsten diagnostischen Techniken eindeutig als Originale identifiziert werden können. Es gibt jedoch keine Instanz, die Echtheitsfragen objektiv und unanfechtbar klärt. Auf Zuschreibungen folgen oft Abschreibungen. Dies kann Generationen dauern, geschieht aber bisweilen schon binnen weniger Jahre.[166] In 100 Jahren werden geschätzte 20% aller Museumsarbeiten anderen Künstlern zugeordnet sein.[167] Von rund 3000 Gemälden, die *Jan Brueghel d.Ä.* zugeschrieben sind, sollen nur etwa 500 eigenhändig sein.[168] Besonders bekannt ist die schwankende Zuordnung von *Rembrandt*-Gemälden.[169]

II. Zuordnungsschwierigkeiten

Die Gründe für Zuordnungsschwierigkeiten sind vielfältig. Oft fehlen verlässliche Signaturen, also von Künstlern selbst den Werken beigefügte Hinweise, den Betrachter über den Werkautoren zu informieren.[170]

In der weitgehend anonymen Kunst des Mittelalters ging es nicht um die Herstellung von Originalen, es war keineswegs ungewöhnlich, Bestandteile fremder Kunstgegenstände zu übernehmen.[171] Zwar trat in der Renaissance die Künst-

---

163 „Educated guesses", Merryman/Elsen/Urice, S. 1029; vgl. LG Berlin, Urt. v. 17.8.2006 – 23 O 201/06, beck-online – BeckRS 2007 04796 (Negativexpertise als von der Meinungsfreiheit umfasste Meinungsäußerung); so auch der *Cour d'Appel de Paris* zu Äußerungen des Werkverzeichnisherstellers zur Echtheit: CA Paris, 2.2.2007, 25ème ch., sect. A, RG no. 02–6812, *Shaltiel Gracian c/Wildenstein Institute, Marc Restellini*, n.v. Zu dieser Entscheidung: v. Brühl, S. 68 ff.

164 S. bereits o. S. 41 f.

165 Vgl. Hartje u.a. in Harten/Martin, S. 204 ff., zur *Caravaggio*-Forschung.

166 v. Brühl, S. 147 f.

167 Kishtwari, The Observer, 18.4.2010, S. 34.

168 Vgl. Herchenröder, Die Kunstmärkte, S. 103.

169 Hierzu Kelch, Rembrandt, S. 203, 208 ff.; Boll, Fn. 1218. Dem Vorbild des *„Rembrandt Research Projects"* folgend beschäftigt sich auch das *„Van Gogh Research Project"* mit Fragen der Echtheit, vgl. Ekkart, Kunst und Antiquitäten 9/1991, S. 17 ff.; Herchenröder, Die Kunstmärkte, S. 123 ff., 315.

170 Vgl. zu diesem Signaturverständnis: Burg, S. 13.

171 „Anonym zur höheren Ehre Gottes", Schack, Urheberrecht, Rn. 104; Aulinger, S. 56; Barbanera in Junker/Stähli, S. 35, 58; Friedländer, Kunst und Kennerschaft, S. 165; Hamann, S. 8; Heydenreich, S. 311 ff.; Würtenberger, NJW 1985, 1586, 1591.

lerperson ins Licht und seit dem 16. Jahrhundert wird das authentische Werk bevorzugt.[172] Doch ließen sich die Meister in ihren Werkstätten von Gesellen und Schülern zuarbeiten.[173] Selbst die vertragliche Vereinbarung „eigenhändig“ war im Grundsatz eher eine Absicherung gegen die Übertragung wesentlicher Arbeiten.[174] Künstlerpartnerschaften und Werkstattkooperationen waren verbreitet.[175] Werke aus der Werkstatt eines Meisters in dessen Manier galten grundsätzlich als seine und Signaturen waren weniger das Zeichen eigenhändiger Arbeit als eine Qualitätsmarke im Konkurrenzkampf.[176] Kopien wurden im 16./17. Jahrhundert oft und nicht selten unter Beteiligung des Meisters direkt im Atelier erstellt und im Einklang mit entsprechenden Gildevorschriften unter dessen Namen verkauft.[177]

Insbesondere eine Händescheidung, der Nachweis, wer die einzelnen Teile eines Kunstwerkes angefertigt hat, ist ein schwieriges Unterfangen[178] und war in Werkstätten, die eine Synthese des Zusammenwirkens erstrebten, ebenso wenig intendiert[179] wie bei vielen heutigen Arbeitsteilungen[180]. Bei *Rembrandt* unterscheidet man heute eigenständige Werke, Werke von Schülern, Schülerarbeiten, die der Meister selbst retuschierte, Werkstattkopien und Arbeiten nach Rembrandt.[181]

Eine weitere Zuordnungsschwierigkeit entsteht durch die massenhafte Verbreitung von Fälschungen. Zeitnahe Fälschungen sind naturwissenschaftlich-technisch schwer enttarnbar und zeigen oft kaum Stilbrüche. Manchem Künstler fällt es schwer, Fälschungen seiner Werke zu entdecken.[182] Die Zuordnungs- und Echtheitsrisiken steigen mit seinem Ableben, dem Zeitlauf sowie den Eigentums- und Besitzwechseln.[183]

---

172 Muller in Preciado, S. 141 ff.

173 Almeroth, S. 8f.; Barbanera in Junker/Stähli, S. 35, 58; Goepfert, S. 43; Strauss, Bd. VII, S. 769f. Stichwort: Werkstattbild; Würtenberger, NJW 1985, 1586, 1590. Friedländer, Kunst und Kennerschaft, S. 167f., vergleicht Meister wie *Lucas Cranach*, *Frans Floris* und *Peter Paul Rubens* mit „Geschäftsinhabern und Fabrikleitern“; zu *Cranach*: Heydenreich, S. 280 ff.

174 Kemp, S. 76f.

175 Kemp, S. 72 ff. *Joachim Patinier* etwa wirkte zusammen mit dem Figurenmaler *Quinten Massys*, Almeroth, S. 9; Goepfert, S. 42f.; Würtenberger, S. 101; zu Cranach: Heydenreich, S. 289 ff.

176 Würtenberger, NJW 1985, 1586, 1589; vgl. Burg, S. 146, 164f.; Heydenreich, S. 269, 293.

177 Kelch, Rembrandt, S. 203, 208 ff.; Martin in Harten/Martin, S. 10, 13.

178 Heinbuch, Aktuelle Rechtsfragen, S. 200; Heydenreich, S. 14, 289 ff.

179 Vgl. Heydenreich, S. 298; Pohlmann, sehepunkte 9 (2009), Nr. 4 [15.04.2009], http://www.sehepunkte.-de/2009/04/14247.html; abgerufen am 1.4.2012.

180 Dazu vgl. Dittmar, Die Welt v. 1.9.2007, S. 31.

181 Franken, Rembrandt, S. 145, 148.

182 Goepfert, S. 41.

183 Chr. Berger, KUR 2003, 137, 140; Staudinger (1998) – Coester-Waltjen, § 11 Nr. 10 AGBG Rn. 8; Dietlein, Die Weltkunst 1978, 2867, 2869; Goepfert, S. 117; Feißel/Fesel, BVDG Info 8;

Sicher geglaubte Zuschreibungen sind oft zu großzügig. Ist nicht eine Zuschreibung an einen vom Markt höher bewerteten Künstler möglich, sind betroffene Kunstwerke schwerer verkäuflich als authentifizierte bzw. korrekt und hinreichend präzise zuordenbare. Besonders dem Kauf alter Kunstwerke haftet ein spekulatives Element an.[184] Käufer spekulieren darauf, dass Zuordnungen Bestand haben.

III. Zuschreibungsmethoden

Die Zuschreibungsmethoden unterscheidet man in subjektive (stilkritische Analysen unter Einbeziehung der Ikonografie), objektive (naturwissenschaftlich-technische Verfahren) und historische (Provenienzermittlung).[185]

Selbst kumulativ machen sie Zuschreibungen kaum zu absoluten Gewissheiten.[186] Stilkritische Untersuchungen sind zur Ermittlung der Urheberschaft unerlässlich.[187] Die Provenienzfeststellung hat Indizcharakter. Naturwissenschaftlich-technische Verfahren stellen allein materielle Beschaffenheit und Entstehungszeit fest.[188]

D. Original

Der Originalbegriff (lat. origo (Ursprung)[189]) ist für den Kunsthandel nicht einheitlich definiert. Es ist denen zuzustimmen, die bezweifeln, dass die Bezeichnung „Original“ bereits für sich gesehen für Beschaffenheitsvereinbarungen

---

vgl. u. S. 216. Zu Verwechslungen können schließlich Namensübereinstimmungen führen, wie zwischen *Julius Schnorr von Carolsfeld* mit seinem Bruder *Ludwig Ferdinand von Carolsfeld* oder dem Darmstädter Landschaftsmaler *August Becker* mit einem wenig bedeutenden Namensvetter; Selke, Weltkunst 2003, 1109 ff.; M. Teichmann, Weltkunst 2003, 1433, 1434.

184 Boochs/Ganteführer, S. 19; Flume, S. 116 Fn. 18; Erman, 10. Aufl. – B. Grunewald § 459 Rn. 58; Heinbuch, Aktuelle Rechtsfragen, S. 200; ders., NJW 1984, 15, 16; Ohly, FS Schricker, S. 427, 432; v. Westerholt/Graupner, NJW 1978, 794 Fn. 2; vgl. RGZ 114 (1927), 239 ff. – „*Thoma*“; RGZ 115 (1926), 286 ff. – „*Ostade-Teniers*“.

185 Vgl. v. Brühl, S. 33 ff.

186 Vgl. v Brühl, S. 46.

187 Almeroth, S. 223 Fn. 877; Blume Huttenlauch, KUR 2004, 120; v. Brühl, S. 44 f.; Chevalier/Viehweger, Weltkunst 2002, 560; Herms Drath, Handelsblatt v. 7./8.1984, S. 20.

188 Chevalier/Viehweger, Weltkunst 2002, 560; Friedländer, Kunst und Kennerschaft, S. 129; Herchenröder, Die Kunstmärkte, S. 316. Die Verfahren werden z.B. vom Münchener *Doerner Institut* durchgeführt. Für einen technischen Überblick der Flächen- und Materialuntersuchungen: v. Brühl, S. 38 ff.; vgl. Picker, S. 109 f., 310 ff., 398 f. Zur Echtheitsprüfung auch Almeroth, S. 208 ff.

189 Bloch, S. 42.

hinreichend klar umrissen ist.[190] Fraglich sind die Grenzen sowohl der Fremdbeteiligung bei der Herstellung eines Kunstwerkes (Problem der Eigenhändigkeit) als auch die Grenzen der Fremdeingriffe während seiner Existenz (Problem der Fremdeingriffe).[191] Fraglich ist außerdem, wie weit es von vorbestehenden Werken gelöst sein muss (Problem der Eigenständigkeit). Entscheidend ist letztlich, wie der Käufer im Einzelfall die Erklärung „Originalkunstwerk“ nach Treu und Glauben verstehen musste (§§ 133, 157, 242 BGB).[192] Eine Verkehrssitte hat sich nicht gebildet.[193] Eine Allgemeinverbindlichkeit und Engfassung ist nur mit Gesetzesnormen erreichbar. Gesetzliche Angabepflichten sind sinnvoll.[194]

I. Werkentstehung

Immerhin hat der Originalbegriff einen klar umrissenen, Minimalvoraussetzungen begründenden Begriffskern. Die Reproduktion reduziert das Original auf seine äußere Erscheinung.[195] Sie kann echt sein, aber nicht original.[196] Auch posthum erstellte Kunstwerke sind nach überzeugender Auffassung selbst dann keine Originale, wenn ihre Erstellung legal ist.[197] Ein Original erfordert als Rückanbin-

---

190 Thomsen, S. 43 f.; vgl. D. Löhr, Weltkunst 2003, 1439, 1440; P. Raue, FS Krämer, S. 651, 658; MünchKomm/H.P. Westermann, § 434 Rn. 72; vgl. Merryman/Elsen/Urice, S. 1037.

191 Goepfert, S. 42; vgl. Flume, S. 116 Fn. 18; Heinbuch, NJW 1984, 15, 19; wie hier als Unterfall der Unechtheit eingeordnet von Flume, S. 116 Fn. 18; Locher, S. 129; Schneider, S. 137. Andere meinen, die Echtheit sei nicht tangiert, sofern der Künstler an der Herstellung des Kunstgegenstandes zumindest mitgewirkt habe, vgl. Heinbuch, NJW 1984, 15, 19; Marx/Arens, 6. Teil Rn. 6.

192 Braunfels, S. 22; Goepfert, S. 57 f., 65; Heinbuch, NJW 1984, 15, 19; vgl. BGH, GRUR 1963, 142, 146 („Original-Ersatzteile“). Kritisch: Chevalier/Viehweger, Weltkunst 2002, 191 f.

193 Braunfels, S. 23; Goepfert, S. 65.

194 Aufklärungspflichten befürwortet die *College Art Association*, Standards for Sculptural Reproduction and Preventative Measures against Unethical Casting, http://www.collegeart.org/guidelines/sculpture.html; abgerufen am 1.4.2012. Zu entsprechenden US-Gesetzen: Crawford, S. 120 ff.; kritisch: Darraby, Los Angeles Lawyer, October 1989, S. 28 ff.; Merryman/Elsen/Urice, S. 1040, 1049 ff.

195 Bloch, S. 48, 58; Goepfert, S. 66.

196 Vgl. Schack, KuR, Rn. 22.

197 Bischoff, Weltkunst 2001, 439, 441; Locher, Aktuelle Fragen, S. 6; Picker, S. 392; Schack, KuR, Rn. 24; vgl. Barlach/Beaucamp, FAZ v. 22.5.1984, S. 23; Bernsdorff/Kleine-Tebbe/Kleine-Tebbe, Teil A, § 1 Rn. 19; auf den Einzelfall abstellend und Aufklärungspflichten konstatierend: *College Art Association*, Standards for Sculptural Reproduction and Preventative Measures against Unethical Casting, 27.4.1974. Von einer Fülle posthumer Güsse betroffen ist z.B. das Oeuvre *Rodins*, *Dégas* und *Barlachs*, vgl. Berger, Pantheon 1982, S. 184, 186; Dürr, Art 12/1982, S. 68 ff.; Herchenröder, Die Kunstmärkte, S. 200; ders., Kunstmärkte im Wandel, S. 237. Unerlaubt sind postmortale Exemplare, wenn der Künstler sie, wie *Henry Moore*, testamentarisch verboten hat, vgl. Herchenröder, Die neuen Kunstmärkte, S. 167. Ansonsten sind sie grundsätzlich zulässig, vgl. Berger, Pantheon 1982, S. 184, 188, 190; Goepfert, S. 72 Fn. 80.

dung zumindest die Abnahme durch den Künstler. Die bloße Zustimmung zur Herstellung durch Dritte genügt nicht.[198] Dies gilt auch, wenn eine Modellausführung nur des Todes wegen unterblieb[199] und selbst dann, wenn der Künstler präzise Anweisungen hinterließ.[200] Die in der Abnahme zum Ausdruck kommende tatsächliche Akzeptanz kann nicht antizipiert werden.[201]

Ein Gegenstand wird andererseits nicht durch Erklärung oder Signatur des Künstlers zum Original.[202] Sie ist für die Originaleigenschaft auch keine Voraussetzung.[203] Sie dokumentiert lediglich, dass das Werk mit Einverständnis und Billigung des Künstlers entstanden ist und entfaltet deklaratorische Wirkung.[204] Bei Gemeinschaftsarbeiten kommt es darauf an, wer die charakterprägenden wesentlichen Teile schuf.[205]

Bei Unikaten gilt der Grundsatz der Werkeigenständigkeit uneingeschränkt; hier wahrt der Originalbegriff Unikatcharakter und Wert. Repliken (Wiederholungen von Sujet und formaler Gestaltung des Originals durch seinen Schöpfer[206]) sind wegen der ihnen grundsätzlich fehlenden Ursprünglichkeit, Frische und Lebendigkeit keine Originale.[207] Es fehlen Merkmale, die bei Werken in typischer Unikattechnik in höherem Maße erwartet werden als bei solchen der seriellen Kunst, zwischen deren Exemplaren eine große Übereinstimmung zu erwarten ist. Variationen (Abwandlungen mit hinreichend deutlichen Unterschieden zum

---

198 So aber Gertz, Weltkunst 1981, 2376 f.; wie hier: Schack, KuR, Rn. 24 Fn. 6, der eine Herstellung unter Aufsicht verlangt.

199 Zum Fall *Ernst Barlachs*: Barlach/Beaucamp, FAZ, v. 22. 5.1984, S. 23; Dürr, Art 12/1982, S. 68, 72; Kinkel, FAZ v. 25.4.1984, S. 28. Zum Fall *Hans Arps*: Barlach/Beaucamp, FAZ, v. 22.5.1984, S. 23; Dürr, Art 12/1982, S. 68, 72; Koldehoff, Weltkunst 1998, 795 ff.

200 Insofern aA: Dechow, S. 61; Goepfert, S. 72 f.

201 Vgl. Berger, Pantheon 1982, S. 184, 188.

202 Anders zur seriellen Kunst: Behrens/de Lazzer, S. 152; Boochs/Ganteführer, S. 22; Gerstenberg, § 44 Rn. 2. Wie hier: Bischoff, Weltkunst 2001, 439, 440; Locher, Aktuelle Fragen, S. 5; Schack, KuR, Rn. 24. Schricker/Loewenheim/Vogel, § 44 Rn. 25; zudem Hamann, S. 196 f. Da ein signierter Gegenstände aber den Anschein erweckt, er sei ein Original, wird es scharf kritisiert, wenn Künstler ihre Signatur auf Reproduktionen ihrer Kunstgegenstände setzen, die Dritte erstellt haben, ohne sie ihrerseits auch mit ihrem Namen versehen zu haben, vgl. Zigrosser in Cahn, S. 21.

203 Bischoff, Weltkunst 2001, 439 f.; Chevalier/Viehweger, Weltkunst 2002, 191; Goepfert, S. 69.

204 Dechow, S. 60 f.; Goepfert, S. 69; Heinbuch, NJW 1984, 15, 19; Schack, KuR, Rn. 24; vgl. Hamann, S. 131 ff., 139.

205 Goepfert, S. 44.

206 Seipel in Reichelt, S. 5, 11.

207 Almeroth, S. 127; Goepfert, S. 44; Locher, S. 193; Stelzl, S. 58; vgl. Hamann, S. 127 ff.; Friedländer, Kunst und Kennerschaft, S. 158; aA Behrens/de Lazzer, S. 240 f.; Bischoff, Weltkunst 2001, 439; Chevalier/Viehweger, Weltkunst 2002, 191; D. Löhr, Weltkunst 2003, 1439; Wrede, S. 46; vgl. Koschatzky, S. 27.

Original[208]) sind Originale.[209] Das gilt auch für „Fälschungen *ex nihilo*".[210] Sie dürfen im Kunsthandel jedoch nicht als solche bezeichnet werden, wenn damit eine Zuordnung zum stilistischen Vorbild einhergeht.

Bei seriellen Kunstwerken, bei denen von einem Zwischenträger mehr oder weniger identische Exemplare angefertigt werden können, stellt sich die Frage nach der Originaleigenschaft in besonderer Weise.[211] Die technische Reproduzierbarkeit[212] rückt die Abgrenzung zur bloßen Reproduktion in den Vordergrund.[213] In den Standesrichtlinien der FEAGA, dem Dachverband der Europäischen Galerieverbände, heißt es schlicht: „Im allgemeinen wird ein Werk als Originalwerk betrachtet, wenn es vom Künstler selbst entworfen und ausgeführt wurde oder unter seiner ständigen Autorität und Verantwortung ausgeführt worden ist."[214]

Entscheidend ist nach der hier vertretenen Auffassung, dass der Künstler die seriellen Kunstwerke als Produkt eines eigenständigen einheitlich-zielgerichteten Schöpfungsprozesses eigenverantwortlich gestaltet und zumindest konkludent autorisiert.[215] Die Ausgestaltung einer künstlerischen Idee in werkgerechter Form spricht für die Originaleigenschaft.[216] Es kommt auf den Einzelfall an.[217] Es widerspricht jedoch der Verkehrsauffassung, bei seriellen Werken nur ein Exemplar oder gar nur die Druckplatte als Original anzusehen. Original meint nicht Unikat; der Originalcharakter verflüchtigt sich nicht.[218]

Dem Originalbegriff als Wertbemessung entziehen sich Objekte, für die die eigenhändige Herstellung unerheblich ist. So bei *Donald Judd*, der Werke wie Industrieprodukte herstellen ließ, *Sol LeWitt,* der die Ausführung seiner Entwürfe seinen Assistenten überließ und Anweisungen nur aus der Ferne gab oder *Lawrence Weiner*, der die Ausführung gleich ganz dem Erwerber überlässt. Ein Hybrid aus Original und Kopie sind die Werke der Aneignungs- und Reproduktionskunst ab der zweiten Hälfte des 20. Jahrhunderts. Sie haben den Begriff

---

208 Seipel in Reichelt, S. 5, 11.

209 Almeroth, S. 127; Goepfert, S. 44; vgl. Hamann, S. 129 f.; vgl. Marini in Harten/Martin, S. 44, 50.

210 Vgl. Bischoff, Weltkunst 2001, 439, 440; Schmücker in Moulines/Niebergall, S. 357, 360.

211 Goepfert, S. 56; Schneider, S. 137; vgl. Heinbuch, NJW 1984, 15, 18; Locher, S. 69. Es handelt sich um einen Unterfall der Unechtheit, Braunfels, S. 21.

212 Zu deren kunstsoziologischen Auswirkungen: W. Benjamin.

213 Goepfert, S. 56, 60, 66; Hamann, S. 7; Heinbuch, Aktuelle Rechtsfragen, S. 204; Koschatzky, S. 27.

214 Code der Berufspflichten des Galeristen zusammengestellt von der FEAGA, Punkt 3.1.7.

215 Braunfels, S. 26; vgl. Boll, S. 94; Schneider, S. 138; Wrede, S. 40 f.

216 Vgl. Mayer, S. 46 Fn. 9.

217 Dies verkennt Goepfert, S. 67 f.; wie hier Braunfels, S. 25; Schneider, S. 138; vgl. Hamann, S. 149 f., 170 ff.

218 Sturm, Weltkunst 2003, 2122; vgl. Schack, KuR, Rn. 23; Zigrosser in Cahn, S. 16.

des Originals mit gezielt unauthentischen Objekten unterwandert.[219] Die Frage nach Original und Kopie ist hier nicht klar entscheidbar.[220] Die Originaleigenschaft ist zwar ein bedeutendes Wertkriterium, aber kein konstitutives Merkmal der Kunst.[221]

II. Spätere Fremdeingriffe

Fremdeingriffe im Verlaufe der Existenz des Kunstwerkes, welche die Originaleigenschaft beenden können,[222] sind in erster Linie übermäßige Restaurierungen. Die Restaurierung (lat. restaurare = wiederherstellen) soll das originale Erscheinungsbild beschädigter und verunstalteter Kunstwerke unter Wahrung der Originalsubstanz wieder sichtbar machen.[223] Sie führt gewissermaßen immer zu Verfälschungen, weil eine Annäherung an den ursprünglichen Zustand nur interpretierend möglich ist.[224] Im Sonderfall solcher Kunstwerke, die dem künstlerischen Konzept nach verfallen sollen,[225] sind – jedenfalls, sofern das Werk öffentlich gezeigt wird – selbst Konservierungen, d.h. direkte materialerhaltende Maßnahmen, unzulässig (vgl. § 14 UrhG, Werkbeeinträchtigung).[226] Der Urheber hat ein die Echtheit beendendes Lossagungsrecht.[227]

In den Standardfällen muss die Grenze zur Renovierung gewahrt sein.[228] Das ist die bei Kunst- und Antiquitäten unerwünschte Erneuerung, bei der eine neu-

---

219 Vgl. Reck in Knaller Müller, S. 249 ff.; Römer in Butin, S. 78 ff. Zur geschichtlichen Entwicklung s. Rebbelmund, S. 74 ff.

220 Bunz in Fehrmann/Linz/Schumacher/Weingart, S. 304 ff.

221 Vgl. Schmalenbach, S. 28.

222 Vgl. Goepfert, S. 44 ff.; Locher, S. 69; Schack, KuR, Rn. 462.

223 Strauss, Bd. VI, S. 126 Stichwort: Restaurierung; Rauch, Weltkunst 2003, 1908 f.; Bernsdorff/Kleine-Tebbe/Kleine-Tebbe, Teil C, Überblick, Rn. 10; vgl. Friedländer, Echt und Unecht, S. 11 f.

224 Strauss, Bd. VI, S. 126 Stichwort: Restaurierung; Kühn, S. 35 f. Wind, S. 76 f.; weniger weitgehend: Goepfert, S. 44 f.

225 Z.B. vergängliche Kunst von *Dieter Roth*; vgl. Brenken, Art, 2/94, S. 34, 35; Bullinger, S. 100 f., 103; vgl. Strauss, Bd. VI, S. 127 Stichwort: Restaurierung.

226 Vgl. Bullinger, S. 104; ders. in Wandtke/Bullinger, § 14 Rn. 44; Strauss, Bd. VI, S. 126 Stichwort: Restaurierung; Rauch, Weltkunst 2003, 1908. Dreier, FS Beier, S. 365, 376, fragt nach der Erkennbarkeit des Verfalls beim Eigentumserwerb. Einer Reproduktion (vorgeschlagen von Schack, KuR, Rn. 463) steht entgegen, dass sie eine dem Urheber vorbehaltene Vervielfältigung ist, die zum privaten Gebrauch hergestellt, aber nicht öffentlich verwertet werden darf, § 53 I, VI 1 UrhG (ders., KuR, Rn. 461, 464).

227 Allgemeines Persönlichkeitsrecht der Nichturheberschaft, Schack, KuR, Rn. 465.

228 Vgl. Kügler, Weltkunst 2003, 1913; Picker, S. 99 f.; Rauch, Weltkunst 2003, 1908 ff. Rein konservatorische Maßnahmen sind aber immer zulässig, Braunfels, S. 27; vgl. Almeroth, S. 132; Strauss, Bd. VI, S. 127 Stichwort: Restaurierung.

wirkende Erscheinung erzielt wird[229] und die Originaleigenschaft aufgehoben ist.[230] Orientierung bieten ursprüngliches Erscheinungsbild und damit zusammenhängender Aussagegehalt.[231] Wenig sinnvoll ist es, allein auf die Größe von Gegenstands- und Eingriffsfläche abzustellen, ohne die Eingriffsbedeutung einzubeziehen.[232] Bei substanziellen Veränderungen spielt es keine Rolle, dass die Künstler einverstanden sind.[233]

Neben übermäßigen Restaurierungen können je nach Ausmaß und Bedeutung grundsätzlich alle weiteren objektiven Verfälschungen die Originaleigenschaft aufheben. Im *„Standuhren"*-Fall verneinte das OLG Hamm sie zutreffend bei einer aus vielen, teilweise neueren Teilen zusammengesetzten, angeblich antiken Standuhr.[234]

E. Provenienz

Die Provenienz eines Kunstwerkes meint seine Herkunft in Hinsicht auf seine Vorbesitzer (lat. provenire = hervorkommen).[235] Das Interesse an Provenienzen sowie damit verbunden die Feststellung der Eigentumsverhältnisse[236] und der Echtheit sind nicht rein kunsthistorischer Natur. Echtheitsrisiken sind gering, wenn das Kunstwerk nachweislich direkt vom Künstler oder aus Künstlernach-

229 Bernsdorff/Kleine-Tebbe/Kleine-Tebbe, Teil C, Überblick, Rn. 10; Rauch, Weltkunst 2003, 1908, 1909. Ein krasses Beispiel für eine derartige Maßnahme bietet das mit synthetischer Farbe und einem Farbroller „restaurierte" *Barnet Newman* Gemälde „Who's Afraid of Red, Yellow and Blue III", vgl. Dechow, S. 66.

230 OLG Düsseldorf, NJW-RR 1993, 1522, 1523 – *„Barockschrank"*; Bischoff, Weltkunst 2001, 439, 440; Dechow, S. 64.

231 Vgl. Goepfert, S. 45 f.; Locher, Aktuelle Fragen, S. 28; Schneider, S. 138. Auf den Aussagegehalt abstellend: Kühn, S. 35 f., 133. Den Begriff des Aussagegehaltes ablehnend und allein auf das äußere Erscheinungsbild abstellend: Braunfels, S. 26 f. („substanzverändernde ‚Restaurierungen'").

232 Braunfels, S. 27; Dechow, S. 64; Goepfert, S. 45 f., 43; Kühn, S. 133; Wrede, S. 42; vgl. Kühn, S. 133.

233 Vgl. zum Videoenvironment „Il nuotatore (va troppo spesso ad Heidelberg)" (1984) von *Studio Azzuro*: imai, case study 1, http://www.imaionline.de/content/view/39/15/lang,/; abgerufen am 1.4.2012.

234 OLG Hamm, NJW 1987, 1028 – *„Standuhr"*; zustimmend Goepfert, S. 45.

235 Vgl. v. Brühl, S. 44.

236 Zur musealen Provenienzforschung mit dem Ziel, von den Nationalsozialisten entzogene Kunstwerke aufzuspüren: Haug in Schneede, S. 20 ff. Zum Forschungsprojekt des *Getty Provenance Index* und der Hamburger Kunsthalle zur Frühgeschichte des deutschen Kunsthandels: Schneede in Schneede, S. 24 f. Im *„Schelfhout"*-Fall des OLG Hamburg, MDR 1948, 253 f., ging es um den Erwerb eines Bildes, das beschlagnahmt wurde, weil es während der deutschen Besatzung aus Holland rechtswidrig entführt worden sei.

lässen stammt.[237] Lückenlos dokumentierte Provenienzketten sind daher gerade bei alten Kunstwerken von hohem Wert.[238] Besonders wertsteigernd ist es, wenn Kunstwerke aus bekannten Museen oder berühmten Privatsammlungen stammen.[239] Auch die Nennung von Ausstellungen kann rangverdeutlichend[240] und preiserhöhend[241] wirken. Diesem Zweck dienen ebenfalls Provenienzangaben zu gleichartigen Kunstwerken bzw. anderen Werken des Künstlers[242] sowie Angaben zu Versteigerungen in angesehenen Auktionshäusern.[243]

Bestimmte Provenienzen schaffen Gegenständen eine geradezu historische Aura.[244] Bei sog. *Single-Owner-Sales* werden ausschließlich Objekte aus dem Besitz einer Person oder Familie versteigert.[245] Dann kann selbst eine falsche Perlenkette über 200.000 Dollar erbringen.[246]

Schließlich ist die Hoffnung auf Trouvaillen beim Kauf von Werken aus Privatbesitz höher als bei solchen aus dem Fachhandel.[247] Kunstwerke mit schnell wechselnden Eigentumsverhältnissen haben schlechtere Absatzchancen, als

---

237 Vgl. OLG Hamm, NJW-RR 1993, 628 f. – *„Schmidt Rottluff“*.

238 In einer Expertise heißt es beispielsweise, die Herkunft des Bildes sei bis zum Atelier des Malers bekannt; vgl. BGHZ 63, 369 f., 375 – *„Jawlensky“*. Zur Bedeutung der Provenienzketten: Boll, S. 162 ff.; Braunfels, S. 28 f.; Drinkuth, S. 94 ff.; Herchenröder, Die Kunstmärkte, S. 76, 296 f.; ders., Die neuen Kunstmärkte, S. 36, 207; ders., Kunstmärkte im Wandel, S. 42, 46, 174, 243; Koschatzky, S. 18; Schrader, FS Kirchner, S. 343, 356; Wrede, S. 52, 55; vgl. Christophersen, S. 49.

239 Vgl. OLG Hamburg, HansGZ, Beibl. Zivilrecht, 39. Jg. 1918, S. 115 ff. – *„Provenienz und Gutachten“*: „durch die Würdigung eines Sammlers aus dem Mittelmaß namenloser Handwerkskunst herausgehoben“.

240 Vgl. Drinkuth, S. 98 f.; Boll, S. 166 ff.

241 Vgl. Herchenröder, Die Kunstmärkte, S. 221 f.; ders. Die neuen Kunstmärkte, S. 36; ders. Kunstmärkte im Wandel, S. 147.

242 Chr. Berger, JZ 2004, 276, 277; Herchenröder, Die neuen Kunstmärkte, S. 34. Hinweise auf Vergleichsstücke in wissenschaftlichen Sammlungen haben bei kunstgewerblichen Gegenständen überdies den Sinn, ihnen die Qualifikation „Sammlungsstück“ und damit die ermäßigte Umsatzsteuer nach § 12 II Nr. 1 UstG zu vermitteln, Goepfert, S. 121 Fn. 68.

243 Goepfert, S. 122 Fn. 72.

244 Vgl. Herchenröder, Kunstmärkte im Wandel, S. 263.

245 Drinkuth, S. 26; vgl. Herchenröder, Kunstmärkte im Wandel, S. 31, 46. Bekannt ist Sotheby's Versteigerung von *Andy Warhols* Nachlass im Jahre 1988, Drinkuth, S. 103; Herchenröder, Die neuen Kunstmärkte, S. 306; ders., Kunstmärkte im Wandel, S. 14. Im Oktober 1995 versteigerte Sotheby's in Baden-Baden die Sammlung der Markgrafen von Baden mit Material aus den Kunstsammlungen sowie aus dem Schlossinventar, Herchenröder, Kunstmärkte im Wandel, S. 10; im Mai 2000 versteigerte Christie's in Monaco die Möbelsammlung *Karl Lagerfelds*, Herchenröder, Kunstmärkte im Wandel, S. 243 ff.

246 211.500 Dollar bei der Nachlassversteigerung von *Jacqueline Kennedy-Onassis* 1996 bei Sotheby's; Drinkuth, S. 95; Herchenröder, Kunstmärkte im Wandel, S. 11, 14.

247 RG, DJ 1935, 268 f. – *„Provenienz“*; LG Nürnberg-Fürth, Urt. v. 26.1.2009 – 6 O 3325/08, S. 12 – *„JP Hackert“* (n.v.; nicht rechtskräftig).

wären sie dem Kunstmarkt lange entzogen gewesen (Marktfrische).[248] Provenienzangaben sind jedoch oft bewusst oder unbewusst falsch und wichtige Dokumente gefälscht.[249]

F. Expertise

Unter einer Expertise versteht man die meist schriftliche und gegen Entgelt erstellte Stellungnahme eines Experten, mit welcher dieser anhand stilkritischer Untersuchungen unter Berücksichtigung von Ikonografie, Provenienz und ihm bekannter naturwissenschaftlich-technischer Gutachten ein Kunstwerk einem bestimmten Künstler/Künstlerkreis, einer bestimmten Zeit/Epoche oder einem bestimmten Herkunftsort bzw. einer Kunstlandschaft zu- oder abschreibt (Positiv- oder Negativexpertise).[250]

Mit „Experte" meinen Kunstfachleute Personen, Zuschreibungskomitees oder Institutionen, die auf einem Spezialgebiet besondere Kennerschaft erworben haben und gemäß stillschweigender Marktübereinkünfte als qualifiziert gelten,

---

248 RG, DJ 1935, 268 f. – „*Provenienz*"; Boll, S. 160 ff.; Dechow, S. 64 f.; Herchenrröder, Die Kunstmärkte, S. 150 ff., 220 ff.; ders., Die neuen Kunstmärkte, S. 36; ders., Kunstmärkte im Wandel, S. 42, 265 f.; Jaquet, DU – Kulturelle Monatsschrift 1959, Nr. 224, S. 38, 86.

249 Vgl. BGH, WM 1969, 36 ff. – „*Beratungsvertrag*" (Verkauf von Gemälden angeblich aus altem Familienbesitz und vormals Hohenzollernbesitz für 315 000 DM, Wert 50 000 DM und aus Kunsthandlungen stammend); OLG Düsseldorf, NJW 2002, 612 f. – „*Schlossauflösung*" (Künstlich gealterte Nachbildungen alter Möbel als „Antiquitäten aus einer Schlossauflösung"); OLG Düsseldorf, NJW-RR 1993, 1522 ff. – „*Barockschrank*" (Versteigerung eines tatsächlich nicht originalen angeblich aus herrschaftlichen Haushalt stammenden Holländischen Barockschrankes); OLG Hamm, NJW-RR 1993, 628 f. – „*Schmidt Rottluff*" (Angeblich günstiger Bilderverkauf, weil vorgeblich direkt aus Nachlässen *Heckels* und *Kirchners* stammend, in Wahrheit im Kunsthandel erworben); OLG Hamburg, HansGZ, Beibl. Zivilrecht, 39. Jg. 1918, S. 115 ff. – „*Provenienz und Gutachten*" (Vorspiegelung, die tatsächlich gefälschten Gemälde würden aus liebevoll erstellter, sehr gepflegter Sammlung eines Kenners und ernsthaften Privatsammlers stammen); Herchenröder, Kunstmärkte im Wandel, S. 223, 335. Zum Teil sind Angaben älterer Inventare ohne böse Absicht unstimmig, Friedländer, Kunst und Kennerschaft, S. 108 f. Mitunter finden sich Adlige, die bereit sind, Kunstwerke als „alten Familienbesitz" zu deklarieren und womöglich noch in ihrem Schloss besichtigen zu lassen, vgl. Almeroth, S. 111; Herchenröder, Die Kunstmärkte, S. 302. Vor allem Fälscher arbeiten mit konstruierten Provenienzen, Almeroth, S. 188; vgl. Herchenröder, Die Kunstmärkte, S. 324; Würtenberger, S. 131 f. Zum Fall des *John Drewe* bereits o. S. 40. Auch Sammlerzeichen werden gefälscht, Almeroth, S. 140; Würtenberger, S. 132.

250 Vgl. v. Brühl, S. 20 sowie Blume Huttenlauch, KUR 2004, 119; Wolf, S. 16 ff.; Braunfels, S. 98; Paschke, MittHV, S. 166 f.; Goepfert, S. 76; Schack, KuR, Rn. 142.

die Echtheit eines Kunstwerkes nach den oben genannten Kriterien stilkritisch zu beurteilen.[251]

Für viele Fachgebiete und Künstler gibt es absolute Zuschreibungsautoritäten,[252] deren Einschätzungen im Kunsthandel als geradezu unwiderlegbar gelten.[253] In einigen Fällen gelten Experten als gleichrangig, oft sind es nicht mehr als zwei; ihre Einschätzungen können divergieren.[254]

Expertisen werden i.d.R. nur individuell zugänglich gemacht. Sie begleiten hochpreisige Kunstwerke i.d.R. bei Weiterverkäufen, werden mitverkauft[255] und mit dem Kunstwerk übergeben.[256] Sie sind Nebensache des Kaufvertrages i.S.d. § 470 BGB a.F.[257], weil sie nicht ohne das Kunstwerk gekauft worden wären.[258] Auktionshäuser rechnen bei im Inland in Auftrag gegebenen Expertisen mit Rückläufen binnen einer Woche.[259] Käufer verfügen selten über entsprechende Kontakte und müssen oft mindestens einen Monat warten. Einige Experten äußern sich zudem erst nach Vorlage naturwissenschaftlich-technischer Gutachten, die die Übergabe an ein Speziallabor voraussetzen und i.d.R. mehrere Wochen in Anspruch nehmen.[260]

Expertisen sind wegen Zuschreibungsschwierigkeiten derzeit so bedeutend, dass viele Kunstwerke ohne Einschätzung des maßgeblichen Experten kaum veräußerbar sind.[261] Der BGH stellte für den Kunstauktionator fest: Dieser bleibe für Zuordnungen weitgehend auf sie angewiesen.[262] Die Tatsache der Positivbegutachtung ist laut BGH ein Umstand, der das Werk „kennzeichnet, aus der Reihe

---

251 Vgl. Blume Huttenlauch, KUR 2004, 118f.; Boll, S. 158f.; Kirchmaier in Ebling/Schulze, 4. Teil C, Rn. 266; Mercker/Mues, FAZ v. 27.10.04, S. B 2; Merryman/Elsen/Urice, S. 1078f.

252 v. Brühl, S. 3f., 47ff. mit entsprechenden Beispielen.

253 v. Brühl, S. 50, 54ff.

254 Vgl. v. Brühl, S. 50ff.

255 Der Code der Berufspflichten des Galeristen FEAGA, Punkt 3.2.1. verlangt, dass Echtheitsnachweise, die von Dritten stammen, dem Erwerber gleichzeitig mit dem Werk ausgehändigt werden. Sie werden Bestandteil des Kaufvertrages, vgl. Braunfels, S. 42; Dietlein, Weltkunst 1978, 2867, 2869; M. Löhr, GRUR 1976, 411, 412; MünchVertrHdb, Bd. 3/Vinck, XI. 61, Anm. 3.

256 So z.B. in OLG München Urt. v. 9.12.1987 – 7 U 5000/87, S. 4 – „*Nolde*“ (n.v.). Bei Bildern sind Expertisen mitunter auf der rückseitigen Leinwand befestigt, Paschke, MittHV, S. 166.

257 Hierzu Palandt, 61. Aufl. – Putzo, § 470 Rn. 1ff.

258 Braunfels, S. 42f.

259 Vgl. Wolf, S. 115.

260 Vgl. Wolf, S. 113ff.

261 Blume Huttenlauch, KUR 2004, 118; Braunfels, S. 40, 98; Dietlein, Weltkunst 1978, 2867, 2869; Flume, JZ 1991, 633, 635; Friedländer, Echt und Unecht, S. 1; Frohlich-Bume, DU – Kulturelle Monatsschrift 1959, Nr. 224, S. 62, 65; Mercker/Mues, FAZ v. 27.10.04, S. B 2; Paschke, MittHV, S. 166; Schack, KuR, Rn. 142; Schneider, S. 140; vgl. Kodehoff/Koldehoff, S. 138.

262 BGHZ 63, 369, 374f. – „*Jawlensky*“; bestätigt in BGH, NJW 1980, 1619, 1621 – „*Bodensee-Kunstauktion*“.

der namenlosen Bilder einer Zeitepoche heraushebt und in seinem Wert beeinflusst."[263]

Der Wert der Angaben richtet sich jedoch nach wahrer Kennerschaft.[264] Sie müssen den anerkannten Regeln des Fachs entsprechen, ihren Wahrscheinlichkeitsgrad offen legen[265] sowie eine schlüssige Begründung und wissenschaftlich nachprüfbare Einordnung in das Gesamtwerk des Künstlers enthalten[266].[267]

Selbst bekannte Fachleute arbeiten aber partiell unsorgfältig.[268] Vorsicht ist geboten, wenn sie ihr Spezialgebiet verlassen.[269] Aussagen wie, „die gleiche Wildente kommt wiederholt auf anderen Gemälden des Meisters vor", sind allein nicht verlässlich, gerade Stil- und Motivnachahmungen sind Fälschungsmerkmale.[270] Mancher Experte kennt sein Kunstwerk nur vom Diapositiv[271] und ist gar Spießgeselle des Verkäufers.[272] Fälschungen finden sich[273] und Expertisen, die

---

263 BGH, NJW 1972, 1658 – „*Rubens*".

264 Vgl. Strauss, Bd. II, S. 404 Stichwort: Expertise.

265 Blume Huttenlauch, KUR 2004, 118, 122; v. Brühl, S. 138; Friedländer, Kunst und Kennerschaft, S. 113 f.; vgl. Herchenröder, Die Kunstmärkte, S. 311; Müller-Mehlis, Handelsblatt v. 14./15.9.1973, S. 31.

266 v. Brühl, S. 139; Wolf, S. 110; ders. S. 99 f. mit Beispiel.

267 Wolf, S. 103, mit einer Auflistung ideal enthaltener Bestandteile.

268 Zumindest geirrt hat sich unlängst der *Max-Ernst*-Experte *Werner Spies* in seiner Einschätzung zur Echtheit des gefäschten *Ernst* Gemäldes „Tremblement de terre" aus der fingierten Sammlung „*Werner Jägers*", vgl. Meinhof, SZ v. 15.6.2011, S. 11. In scharfe Kritik geraten waren Expertisen von *Heinrich Zimmermann* und *Wilhelm von Bode*, Herchenröder, Die Kunstmärkte, S. 304 ff., 315; Strauss, Bd. II, S. 404 Stichwort: Expertise; vgl. Almeroth, S. 186; Braunfels, S. 99; Dechow, S. 62.

269 *Max J. Friedländer,* Spezialist für die altniederländischen Schulen, schrieb nach dem Zweiten Weltkrieg zuletzt vor allem Expertisen zur niederländischen Malerei des 17. Jahrhunderts, Strauss, Bd. II, S. 404 Stichwort: Expertise; Herchenröder, Die Kunstmärkte, S. 307; vgl. Goepfert, S. 77 f.

270 So zu Recht OLG Hamm, NJW 1994, 1967 f. „*Carl Schuch*".

271 Dies ist unzureichend, vgl. v. Brühl, S. 137. Zu Recht eine Kenntlichmachung in der Expertise fordernd: Wolf, S. 166, 168 sowie Blume Huttenlauch, KUR 2004, 118, 123. Vgl. i.Ü. Almeroth, S. 186; Braunfels, S. 99; Mercker/Mues, FAZ v. 27.10.04, S. B 2; Schack, KuR, Rn. 142; vgl. Herchenröder, Die Kunstmärkte, S. 314; Müller-Mehlis, Handelsblatt v. 14./15.9.1973, S. 31; ders., Handelsblatt v. 22.12.1970, S. 12.

272 Vgl. Herchenröder, Die Kunstmärkte, S. 305 f., am Beispiel des berühmten Kunstwissenschaftlers *Bernard Berenson.* Positivexpertisen basierend auf Einschätzungen von kaum mehr als einer Minute sind unseriös, vgl. OLG Hamburg, HansGZ, Beibl. Zivilrecht, 39. Jg. 1918, S. 115 ff. – „*Provenienz und Gutachten*"; Fackler/Konermann, S. 50; vgl. i.Ü.: Almeroth, S. 186 f.; Behrens/de Lazzer, S. 265; Bonus/Ronte, S. 206; Braunfels, S. 99; Fackler/Konermann, S. 50; Goepfert, S. 77; Locher, S. 164; Mercker/Mues, FAZ v. 27.10.04, S. B 2.

273 Sie tragen nur die Namen anerkannter Experten; Almeroth, S. 187; Braunfels, S. 40, 99; Dechow, 55; vgl. Herchenröder, Die neuen Kunstmärkte, S. 291. Im „*Provenienz und Gutachten*"-Fall des OLG Hamburg (HansGZ, Beibl. Zivilrecht, 39. Jg. 1918, S. 115 ff.) war der

längst überholt sind[274], nicht selten mit ihnen untergeschobenen Werken[275]. Sind Expertenauskünfte falsch,[276] ist das Kunstwerk i.d.R. unecht mit entsprechend drastischen Werteinbußen.

G. Werkverzeichnis

Ein Werkverzeichnis (Catalogue raisonné, Œuvrekatalog) ist eine meist in Buchform an die Allgemeinheit gerichtete wissenschaftlich fundierte Expertenmeinung über die Zugehörigkeit von Werken zum Künstlerœuvre.[277] Es will hiervon sämtliche, zumindest jedoch einen klar umrissenen Teil, vollständig erfassen und enthält neben den authentifizierten i.d.R. auch die zugeschriebenen, einschließlich hierzu relevanter Fakten.[278] Ersteller sind meist kunsthistorisch geschulte Experten.[279]

Aufgrund der besonders hohen wissenschaftlichen Durchdringung ist es oft verlässlicher als Einzelexpertisen,[280] deren Nutzen für verzeichnete Werke in der konkretisierenden Feststellung liegt. Der Verweis auf unbeendete Verzeichnisse ist üblich.[281]

Die Nichtaufnahme oder Herausnahme des Werkes kann für dessen pekuniären Wert trotz denkbarer Irrtümer verheerend sein.[282] Zum Teil existieren mehrere einander widersprechende Verzeichnisse. Referenzquelle für Echtheits-, Prove-

---

Bildergutachter unrichtig als Assistent des Generaldirektors der königlichen Museen in Berlin benannt.

274 Expertisen sind nie endgültig, Kunth in Reichelt, S. 129, 131 Fn. 6; vgl. Dietlein, Weltkunst 1978, 2867, 2868; Flume, JZ 1991, 633, 635; Herchenröder, Die Kunstmärkte, S. 307, 314, 316; Kappus (Stand: 1998), Rn. 39; Mercker/Mues, FAZ v. 27.10.04, S. B 2; Picker, Kunstrecht, S. 142.

275 Vgl. Almeroth, S. 187, Herchenröder, Die Kunstmärkte, S. 314.

276 Dazu Blume Huttenlauch, KUR 2004, 121 f.; Mercker/Mues, FAZ v. 27.10.04, S. B 2.

277 Vgl. Dechow, S. 64.

278 Vgl. Braunfels, S. 104; v. Brühl, S. 23; Chevalier, Weltkunst 2002, 1753.

279 Herausgeber mehrer Werkverzeichnisse ist das *Wildenstein-Institut* in Paris, vgl. v. Brühl, S. 3 f.

280 Braunfels, S. 104 f.; Drinkuth, S. 99; Ekkart, Kunst und Antiquitäten 9/1991, S. 19; Thomsen, S. 78.

281 Vgl. LG Hamburg Urt. v. 11.1.2001, 310 O 400/00; Hans OLG, Urt. v. 30.5.2002, 6 U 38 /01 310 O 400/00 (Berufung zurückgewiesen) (n.v.): Auktionsverkauf eines angeblichen *Jawlensky* Bildes mit Hinweis: „Wird in den von Maria Jawlensky vorbereiteten Catalogue Raisonné aufgenommen"; vgl. Ekkart, Kunst und Antiquitäten 9/1991, S. 28, zum Problem einer späteren Aufnahmeverweigerung. I.Ü.: Braunfels, S. 105 Fn. 389; Drinkuth, S. 99, 107.

282 Vgl. Braunfels, S. 105; Chevalier, Weltkunst 2002, 1753 f.; Ekkart, Kunst und Antiquitäten 9/1991, S. 20; vgl. LG Berlin, Urt. v. 22.2.2002 – 5 O 391/00, S. 11 – „*Vuillard*" (n.v.).

nienz- und Datierungsfragen ist dann das von größter Aktualität und Ansehen.[283] Vom Künstler selbst erstellte Verzeichnisse können verlässlicher sein.[284]

H. Sammelpräferenzen

Sammler haben bestimmte Präferenzen, die sich oft an Marktbewertungen orientieren. Schon genannt wurden: Echtheit, Unverfälschtheit und bevorzugte Provenienz. Auch ein guter Erhaltungszustand und die Seltenheit[285] sind bedeutende Wertkriterien. Serielle Kunstwerke erhalten ihre Seltenheit i.d.R. erst durch Auflagenlimitierungen.[286] Grenzüberschreitungen und insbesondere Nachauflagen wirken wertmindernd.[287] Exemplare nach der eigentlichen Auflage müssen so signifikant abweichen, dass eine Wertminderung ausgeschlossen ist.[288]

Grundsätzlich werden alle positiven Abweichungen präferiert: Was bei Fotografien die Vintage Prints sind,[289] sind bei Druckgrafiken die Vorzugsstücke wie z.B. Zustandsdrucke, die einen Zwischenzustand vor Weiterbearbeitung der Druckform zeigen (épreuve d'etat). Meist handelt es sich um Unikate.[290]

---

283 v. Brühl, S. 23; vgl. Braunfels, S. 104 f., 49; Ekkart, Kunst und Antiquitäten 9/1991, S. 17; vgl. Herchenröder, Die Kunstmärkte, S. 124 f.

284 *Claude Lorrain* z.B. führte Buch über seine Gemälde („Liber Veritatis"); vgl. BGHZ 63, 369 ff – „*Jawlensky*" („Werkstattverzeichnis"); Braunfels, S. 105 Fn. 389.

285 Vgl. Braunfels, S. 34 f.; Schneider, S. 138 f.

286 Berger, Pantheon 1982, S. 184, 192; Braunfels, S. 34; Heinbuch, NJW 1984, 15, 20; Rosen, Art 11/1980, S. 81, 82; Schneider, S. 138; vgl. Koschatzky, S. 12. Bei Videokunst sind Auflagen zwischen 3 und 10 Exemplaren üblich.

287 Heinbuch, NJW 1984, 15, 20; ders., Aktuelle Rechtsfragen, S. 205; Locher, S. 193 f.; Mercker/Mues, FAZ v. 21.8.2004, S. 47.

288 So ist es z.B. unproblematisch, dass der amerikanische Videokünstler *Matthew Barney* einiges Material von nur 31 Minuten Spielzeit aus seiner teuren, limitierten Videoarbeit „Cremaster"-Zyklus in einer DVD- Massenauflage mit dem Titel „The Order" für nur 20 Dollar das Stück auf den US-amerikanischen Markt brachte, vgl. dazu Claus, Kunstzeitung, Nr. 103, März 2005, S. 9. Der Käufer von Videoarbeiten kann versuchen, den Künstler vertraglich zu verpflichten, Änderungen an dem Werk zu unterlassen und das Künstler-Master ebenso wie die Art der Installation und Vorführung, abgesehen von ortsspezifischen notwendigen Anpassungen, unverändert zu belassen.

289 Herchenröder, Die Kunstmärkte, S. 86. Der Begriff bezieht sich auf Fotografien vor etwa 1970 und meint den oder die frühesten Abzüge, die der Fotograf vom Originalnegativ kurz nach Entstehung, jedenfalls aber vor Ablauf von fünf Jahren, abgezogen und je nach persönlicher Vorliebe signiert hat, vgl. Boll, S. 195; Goepfert, S. 74; Mercker in Reichelt, S. 61, 65 ff.

290 Besonders bekannt sind Zustandsdrucke bei *Rembrandt*-Radierungen, vgl. Koschatzky, S. 14. Rebel, S. 63 f.; Rosen, Art 11/1980, S. 81, 85. Zu Verkürzungen der Druckplatte, vgl. Herchenröder, Die Kunstmärkte, S. 299 f. und Bildmaterial nach S. 128.

Wichtig sind auch die Werktechnik, das Sujet und die Entstehungszeit. Schaffensperioden werden i.d.R. unterschiedlich bewertet.[291] Manches Gesamtwerk präsentiert sich als stilistische Einheit,[292] oft liegen zwischen Früh- und Spätwerk jedoch Welten. Sucht ein Sammler ein Investitionsobjekt und versprechen Verkäufer, Werke günstig zu beschaffen,[293] besteht Schutz nur bei hohen Wertabweichungen.[294]

§ 3 Zusammenfassung

Kunst ist ein komplexer Kaufgegenstand und das Gewährleistungsrecht angesichts möglicher Äquivalenzstörungen von hoher Bedeutung. Der Kunsthandel birgt Risiken. Sie sind im Sekundärmarkt höher als im Primärmarkt und am höchsten in Auktionen. Diese werden von der Rechtsprechung privilegiert. Das neue Kaufrecht betont den Verbraucherschutz. Die Echtheit als zentrales Kriterium ist mit fundamentalen Zuordnungsschwierigkeiten belastet. Hilfskriterien wie Provenienz, Expertise und Werkverzeichnis vermitteln kaum Gewissheit.

291 Vgl. nur Herchenröder, Kunstmärkte im Wandel, S. 128, 157, 209, zu *Van Gogh*, *Picasso*, *Erich Heckel* und *Max Beckmann*.

292 Z.B. das Gesamtwerk von *Emil Nolde* vgl. Herchenröder, Kunstmärkte im Wandel, S. 158

293 Vgl. OLG Hamm, NJW-RR 1993, 628 f. – *„Schmidt Rottluff"*.

294 S.u. S. 96.

Kapitel 2: Der Sachmangel beim Erwerb von Kunstwerken

Wann bestehen beim Erwerb von Kunstwerken Sachmängel? Was ist, wenn das Werk unecht, nicht original, schlecht erhalten, restauriert oder anderweitig verfälscht ist, Provenienzen nicht stimmen, Werkverzeichniseinträge und Expertisen fehlen oder falsch sind, das Werk nicht selten und ohne positive Besonderheiten ist, Werktechnik, Sujet, Entstehungszeit oder Wertangaben nicht stimmen oder ein Mangelverdacht besteht?

§ 1 Die Beschaffenheitsweite in § 434 I 1 BGB

§ 434 I 1 BGB bestimmt zunächst, dass die Sache von Sachmängeln frei ist, „wenn sie bei Gefahrübergang die *vereinbarte Beschaffenheit* hat" (subjektiver Mangelbegriff). Die Parteien haben es in der Hand, festzulegen, unter welchen Umständen Mängel vorliegen. Der Reformgesetzgeber hat den Begriff der Beschaffenheit nicht definiert.[295] Die Reichweite ist umstritten. Würde ein Mangel wegen eines engen Beschaffenheitsbegriffs verneint, bliebe neben einer deliktischen Haftung nur eine Haftung aus §§ 280 I, 311 II Nr. 1, 241 II BGB (c.i.c.).[296] Sie ist bei einem nur fahrlässigen Verkäuferverhalten vom Gewährleistungsrecht grundsätzlich verdrängt, weil ein Ersatzgewährleistungsrecht das Nacherfüllungsrecht, § 442 BGB und § 438 I, II BGB unterwandern würde.[297] Nur bei vorsätzlichen Falschangaben und Auskunftspflichtverletzungen konkurrieren c.i.c. und Gewährleistung.[298]

---

295 Vgl. RegE, BT-Drucks. 14/6040, S. 213.

296 JurisPK-BGB/Alpmann, § 280 Rn. 36. Auch im früheren Recht kam dann nur eine c.i.c.-Haftung in Betracht, Looschelders in Dauner-Lieb/Konzen/Schmidt, S. 397.

297 AA Bamberger/Roth/Faust, § 437 Rn. 190; Häublein, NJW 2002, 388, 391 ff.; wie hier statt aller: BGHZ 180, 205, 212 ff.; Chr. Berger, JZ 2004, 276, 282; ders., KUR 2003, 137, 140; Gursky, S. 44; AnwKomm/Krebs, § 311 Rn. 33, 35, 76 ff.; Lorenz/Riehm, Rn. 576 f.; Hoeren/Martinek/Malzer, v. §§ 434 ff. Rn. 24; Staudinger/Matusche-Beckmann, § 437 Rn. 66 f.; Mertens, AcP, 2003, 818, 823 ff.; Oechsler, Rn. 81, 298; Singer, FS 50 Jahre BGH, S. 381, 398 ff.; Weiler, ZGS 2002, 249, 253 ff.; zum Verhältnis der c.i.c. zu den §§ 459 ff.: RGZ 135, 339, 346 f. – „*Ruisdael*"; RG, DJ 1935, 268 f. = WarnRspr., 26. Jg., 1934, Nr. 175, 358 ff. – „*Provenienz*"; BGHZ 60, 319 ff. (Seegrundstück); Braunfels, S. 172; Knott, NZG 2002, 249, 250; vgl. Huber, AcP 202 (2002), 179, 186 f.; aA Diederichsen, BB 1965, 401, 402 f.; Schaumburg, MDR 1975, 105, 107 ff.; Singer, FS 50 Jahre BGH, S. 381, 397 ff., 404 f.

298 BGHZ 180, 205, 212 ff.; Chr. Berger, § 434 Rn. 34; ders., JZ 2004, 276, 282 Fn. 77; Brüggemeier, WM 2002, 1376, 1378; Gursky, S. 45; Häublein, NJW, 2003, 388 ff.; Huber, AcP 202 (2002), 179, 182, 228 Fn. 165; Oechsler, Rn. 81, 298; Schellhammer, Rn. 129.

A. Terminologie des früheren Rechts

Die Terminologie des früheren Rechts unterschied für den Sachmangel zwischen Qualitätsabweichungen, Art- und Individualabweichungen sowie Umstandsabweichungen.[299] Die Abgrenzung ist schwierig, unpräzise und verzichtbar.[300] Immerhin schematisiert sie den Nähegrad zur Sache. Sachnahe sind Qualitätsabweichungen sowie Art- und Individualabweichungen, weiter entfernt sind Umstandsabweichungen. Für sie stellt sich die Frage, ob sie dem Beschaffenheitsbegriff unterfallen.

I. Qualitätsabweichungen

Bei den Qualitätsabweichungen geht es um die rein physische Beschaffenheit des Kunstwerkes, in erster Linie um den Erhaltungszustand.

II. Art- und Individualabweichungen

Bei einer Art- (bzw. Gattungs)abweichung gehört das verkaufte, einer bestimmten Art angehörende Einzelstück nicht der vertraglich geschuldeten Gattung[301] an, etwa wenn die Sologeige nur Orchestergeige ist.[302] Eine Individualabweichung ist gegeben, wenn dem verkauften Einzelstück, das nach der Verkehrsanschauung keiner Gattung angehört, ein vertraglich geschuldetes individualisierendes Merkmal fehlt.[303] Die Unechtheit von Kunstgegenständen wird uneinheitlich entweder als Individualabweichung oder als Artabweichung eingeordnet.[304] Festhalten lässt sich, dass z.B. die Entstehungszeit noch ähnlich unmittelbar mit der Sache

299 Fikentscher/Heinemann, Rn. 837 ff.; vgl. Braunfels, S. 17; Fabricius, JuS 1964, 1, 3 f.; Staudinger (1995) – Honsell, § 459 Rn. 21; Jauernig, 9. Aufl. – Vollkommer, § 459 Rn. 9.

300 Vgl. Braunfels, S. 19.

301 Voraussetzung ist kein Gattungskauf, sondern gattungsmäßige Bestimmbarkeit, Braunfels, S. 19.

302 Braunfels, S. 19; Fabricius, JuS 1964, 1, 3; Fikentscher/Heinemann, Rn. 838; Fikentscher, 9. Aufl., Rn. 705; Gursky, 3. Aufl., S. 25; Marburger, JuS 1983, 1, 2 Fn. 21; Staudinger (1995) – Honsell, § 459 Rn. 21 (spricht von Gattungsabweichung); Jauernig, 9. Aufl. – Vollkommer, § 459 Rn. 10; MünchKomm, 3. Aufl. – H.P. Westermann, § 459 Rn. 14.

303 Braunfels, S. 19; Fikentscher/Heinemann Rn. 838; Fabricius, JuS 1964, 1, 3 f.; Staudinger (1995) – Honsell, § 459 Rn. 21; Jauernig, 9. Aufl. – Vollkommer, § 459 Rn. 11; MünchKomm, 3. Aufl. – H.P. Westermann, § 459 Rn. 14.

304 Individualabweichung: Fabricius, JuS 1964, 1, 3; Fikentscher, 9.Aufl., Rn. 705; Staudinger (1995) – Honsell, § 459 Rn. 21; Jauernig, 9. Aufl. – Vollkommer, § 459 Rn. 11; Artabweichung: Fabricius, JuS 1964, 1, 3; Gursky, 3. Aufl., S. 25, 27; MünchKomm, 3. Aufl. – H. P. Westermann, § 459 Rn. 14 Fn. 56.

verbunden ist wie deren physische Beschaffenheit[305] und ihr zudem dauerhaft anhaftet.[306]

III. Umstandsabweichungen

Umstandsabweichungen bestehen, wenn die Angaben des Verkäufers zu den sog. Umweltbeziehungen der Sache, d.h. zu deren tatsächlichen, sozialen wirtschaftlichen und rechtlichen Beziehungen zur Umwelt, von der Realität abweichen.[307] Es geht insbesondere um Angaben zu Provenienzen, Expertisen, Werkverzeichnissen und Auflagenzahlen.

B. Meinungsstand

Nach verbreiteter Ansicht kann jeder nach der Parteivereinbarung mit der Sache selbst in Verbindung zu bringende Umstand ohne weitere Einschränkungen unabhängig von seiner Dauerhaftigkeit zu einem Beschaffenheitsmerkmal werden (uneingeschränkt subjektiver Mangelbegriff).[308]

Manche wollen das Kriterium der Unmittelbarkeit der Rechtsprechung zu § 459 II BGB a.F. beibehalten, teils auf das Kriterium der Dauerhaftigkeit verzichtend,[309] teils dabei verbleibend[310]. Zum Teil wird für die Beschaffenheit des § 434 I 1 BGB die restriktive Rechtsprechung zum Fehlerbegriff i.S.d. § 459 I BGB a.F. herangezogen.[311] Andere sind für eine noch restriktivere Interpretation

---

305 Vgl. Chr. Berger, JZ 2004, 276, 277; Esser/Weyers, § 5 II, S. 35; Gursky, 3. Aufl., S. 25.

306 Becker-Eberhard, JuS 1992, 461, 464; Chr. Berger, JZ 2004, 276, 277.

307 Braunfels, S. 28; Fabricius, JuS 1964, 1, 4; Fikentscher, 9. Aufl., Rn. 705; Staudinger (1995) – Honsell, § 459 Rn. 21; Jauernig, 9. Aufl. – Vollkommer, § 459 Rn. 12.

308 Statt aller: Chr. Berger, JZ 2004, S. 276, 278 ff.; Emmerich, § 4 Rn. 15; Haedicke, § 10, S. 137 f., 148; AnwKomm/Krebs, § 311 Rn. 77 f.; Kunkel, S. 6 ff., 67 f.; Looschelders in Dauner-Lieb/Konzen/Schmidt, 397 ff.; Hoeren/Martinek/Malzer, § 434 Rn. 11 ff., 20; Mangold, S. 157 ff.; Mertens, AcP 203 (2003), S. 818, 835 ff.; Oechsler, § 2 Rn. 80 ff.; Henssler/v. Westphalen/v. Westphalen § 434 Rn. 11 ff.

309 Eidenmüller, ZGS 2002, 290, 294 ff.; Bamberger/Roth/Faust, § 434 Rn. 23 f.; Fikentscher/Heinemann, Rn. 841; Gaul, ZHR 166 (2002), 35, 45 ff., 51.

310 Vgl. AG Hamburg, Urt. v. 8.9.2005 – 35 A C 140/04, S. 13 – „*Sergel*" (n.v.); Canaris, Karlsruher Forum 2002, S. 5, 59 ff., 65; Huber in Huber/Faust, Kap. 12 Rn. 23; Musielak, EK BGB, Rn. 56; Oetker/Maultzsch, § 2 Rn. 53; Schack, KuR, Rn. 381; Stöber, S. 123 ff.; Kompaktkomm/Tonner/Echtermeyer, § 434 Rn. 11; Palandt/Weidenkaff, § 434 Rn. 12; Weitnauer, NJW 2002, 2511, 2513 f.; Wrede, S. 217 f.

311 OLG Hamm, ZGS 2003, 394 ff. (Importfahrzeug); Huber, AcP 202 (2002), 179, 224 ff.

des neuen Beschaffenheitsbegriffs, dem nur „physische Merkmale von Sachen" unterfallen sollen.[312]

Nach der früheren Rechtsprechung umfasste die Beschaffenheit im Rahmen der damaligen Fehlerdefinition neben den physischen Merkmalen der Kaufsache auch Beziehungen zur Umwelt tatsächlicher, wirtschaftlicher, sozialer oder rechtlicher Art. Sie mussten aber der Sache unmittelbar, gegenwärtig und auf gewisse Dauer anhaften und durften sich nicht erst durch die Heranziehung von außerhalb des Kaufgegenstandes liegenden Umständen ergeben.[313] Die Begriffsdefinition der nach § 459 II BGB a.F. zusicherungsfähigen Eigenschaft entsprach dem an sich.[314] Bei § 459 I BGB a.F. allerdings sollte es immer nur um Umstände gehen, die der Kaufsache unmittelbar „ohne weiteres anhaften".[315] Bei § 459 II BGB a.F. wurde regelmäßig eine lockerere Verbindung zur Sache für ausreichend erachtet, als sei die Rechtsprechung davon ausgegangen, die Zusicherung intensiviere die Verknüpfung eines Umstandes mit der Kaufsache.[316] Bereits das RG entschied im „*Provenienz*"-Fall, Eigenschaften seien alle Beziehungen der Kaufsache zur Umwelt, die für den Käufer von Interesse sein können.[317]

In der Literatur wurde auf eine Unterscheidung zur Eigenschaft i.S.d. § 459 II BGB a.F. weitgehend verzichtet. Umweltbeziehungen seien nur insofern erfasst, als sie ihren Grund in der Sache selbst haben, es dürfe sich nicht um sog. äußere Umstände handeln (einheitlich enger Beschaffenheitsbegriff).[318]

Nach anderer Ansicht erfasste die Beschaffenheit auch alle Beziehungen der Sache zur Umwelt, die ihren Grund nicht in der tatsächlichen Beschaffenheit

312 Grigoleit/Herresthal, JZ 2003, 118, 123 ff., dies. JZ 2003, 233.

313 BGHZ 70, 47, 49 (Erbbaurecht); Bamberger/Roth/Faust, § 434 Rn. 14, 17 f.; Looschelders in Dauner-Lieb/Konzen/Schmidt, S. 396; Reinicke/Tiedke, Rn. 302.

314 Becker-Eberhard, JuS 1992, 461, 466; Bamberger/Roth/Faust, § 434 Rn. 14; vgl. Kompaktkomm/Tonner/Echtermeyer, § 434 Rn. 11.

315 Becker-Eberhard, JuS 1992, 461, 466; Esser/Weyers, 8. Aufl., § 5 II, S. 37 f.; Schlegelberger/Hefermehl, § 377 Rn. 34; Hilgard/Kraayvanger, MDR 2002, 678, 679; Huber in Huber/Faust, Kap. 12 Rn. 20; Looschelders in Dauner-Lieb/Konzen/Schmidt, S. 396; Müller, JZ 1988, 381, 384; Schack, AcP 185 (1985), 333, 339; Henssler/v. Westphalen/v. Westphalen, § 434 Rn. 12.

316 Vgl. Esser/Weyers, 8. Aufl., § 5 II, S. 37 f.; Bamberger/Roth/Faust § 434 Rn. 16; Erman, 10. Aufl. – B. Grunewald, § 459 Rn. 34; Picker, Weltkunst 1982, 3117; Schmidt-Räntsch, AnwBl 2003, 529; Henssler/v. Westphalen/v. Westphalen, § 434 Rn. 12.

317 RG, DJ 1935, 268, 269 = WarnRspr., 26. Jg., 1934, Nr. 175, 358 ff. – „*Provenienz*".

318 Becker-Eberhard, JuS 1992, 461, 464 ff.; Braunfels, S. 30 ff.; Dechow, S. 63; Soergel, 12. Aufl. – Huber § 459 Rn. 40 f.; Köhler, JuS 1979, 267, 270; Palandt, 61. Aufl. – Putzo, § 459 Rn. 20; Schack, AcP 185 (1985), 333, 340; Schlegelberger/Hefermehl, § 377 Rn. 22; Schneider, S. 138; Jauernig, 9. Aufl. – Vollkommer, § 459 Rn. 12; vgl. Schubert, JR 1975, 371, 374. Besonders streng Koller, NJW 1981, 1768, allein körperliche Eigenschaften einbeziehend.

der Sache selbst haben (einheitlich weiter Beschaffenheitsbegriff).[319] Besonders deutlich wird dieser Ansatz in der Formulierung, es gehe nicht um den Grad der Unmittelbarkeit, sondern allein darum, ob sich die Parteivereinbarung auf die Sache selbst beziehe.[320] Sie entspricht dem uneingeschränkt subjektiven Mangelbegriff.

C. Stellungnahme

I. Wortlaut

§ 459 I 1 BGB a.F. hob noch darauf ab, ob die Sache mit „Fehlern *behaftet*“ ist. § 434 I 1 BGB stellt nur auf die „*vereinbarte Beschaffenheit*“ ab, § 434 I 2 Nr. 2 BGB darauf, ob die Sache eine bestimmte Beschaffenheit „*aufweist*“. Dieser Wortlaut verzichtet auf ein Anhaften. Auch der Begriff „Beschaffenheit“ spricht nicht für einen spezifischen Zusammenhang zwischen Mangel und tatsächlichem Zustand.[321] Der Begriff ist im für den juristischen Beschaffenheitsbegriff untergeordneten[322] allgemeinen Sprachgebrauch unklar umrissen. Der Begriff steht dem der Eigenschaft nahe. Aber wenngleich § 434 I 3 BGB formuliert, „zu der Beschaffenheit (...) gehören auch Eigenschaften (...)“, bedeutet dies keine begriffliche Gleichstellung. Die Beschaffenheit ist ein typologischer Begriff[323] mit der Besonderheit, dass es die Parteien sind, die ihn ausfüllen, worauf schon § 434 I 1 BGB, „die *vereinbarte* Beschaffenheit“, hindeutet.[324] Mit der Vereinbarung scheinen auch von der Sache weit entfernte Umstände einbeziehbar, ähnlich wie dies die Rechtsprechung im Ansatz für die Zusicherung von Eigenschaften annahm. Nur im Rahmen des § 434 I 2 Nr. 2 BGB, der von einer Beschaffenheit spricht, die „bei Sachen der gleichen Art üblich ist und die der Käufer nach der

319 Goepfert, S. 78 f.; Staudinger (1995) – Honsell, § 459 Rn. 33 ff.; Immenga, AcP 171 (1971), 1, 12 ff., 17; Singer, FS 50 Jahre BGH, S. 381, 389 f., 394 ff.; MünchKomm, 3. Aufl. – H. P. Westermann, § 459 Rn. 18; Willemsen, AcP 182 (1982), 515, 543 ff.; vgl. Esser/Weyers, § 5 II 1 b, S. 35 f. Den Begriff der zugesicherten Eigenschaft sehr weit fassend auch RG, DJ 1935, 268 f. – „*Provenienz*“. Recht weit zu § 459 II BGB a.F. auch Knöpfle, AcP 180 (1980), S. 462, 502, als Vertreter eines objektiven Fehlerbegriffs.

320 Singer, FS 50 Jahre BGH, S. 381, 390; MünchKomm, 3. Aufl. – H.P. Westermann, § 459 Rn. 18; Willemsen, AcP 182 (1982), 515, 544 f.

321 So aber Canaris, Karlsruher Forum 2002, S. 5, 61; Grigoleit/Herresthal, JZ 2003, 118, 123; Huber, AcP 202 (2002), 179, 224, 227 f.

322 Hoeren/Martinek/Malzer, § 434 Rn. 19; vgl. Larenz, Methodenlehre, S. 440.

323 Zur Denkform des Typus s. Larenz, Methodenlehre, S. 461 ff.

324 Vgl. Kunkel, S. 45 f.

Art der Sache erwarten kann“, sind es nicht die Parteien, die den Begriff prägen, sondern Üblichkeit und Erwartung. Dies kann dort zu Verengungen führen.

II. Gesetzesentstehung

Der Gesetzgeber wollte laut Gesetzesbegründung weder die Dispositionsfreiheit der Parteien noch die Haftung für Sachmängel einschränken. Er wollte maßgeblich auf die Parteivereinbarung abstellen und nicht auf außerhalb des Willens der Vertragsparteien liegende „objektive“ Merkmale.[325] Was schon als Fehler i.S.d. § 459 I BGB a.F. galt, muss deshalb auch als Mangel i.S.d. § 434 I 1 BGB gelten,[326] auch was dem Begriff der zusicherungsfähigen Eigenschaft unterfiel, muss beschaffenheitstauglich sein.[327] Für eine darüber hinaus gehende Auslegung des Beschaffenheitsbegriffs spricht, dass der Gesetzgeber einen gespaltenen Mangelbegriff vermeiden wollte. Die Frage des Sachmangels solle eine Rechtsordnung allgemein beantworten.[328]

III. Richtlinienkonformität

Art. 2 I VerbrGKRL bestimmt, „der Verkäufer ist verpflichtet, dem Verbraucher *dem Kaufvertrag gemäße* Güter zu liefern“ und Art. 2 II a VerbrGKRL besagt, „es wird *vermutet*, dass Verbrauchsgüter vertragsgemäß sind, wenn sie mit der vom Verkäufer gegebenen Beschreibung übereinstimmen (...).“ Umweltbeziehungen sind danach nicht ausgeschlossen.[329] Der Gesetzgeber setzte die VerbrGKRL mit der einheitlichen Regelung des § 434 I BGB überschießend um.[330] Der Beschaffenheitsbegriff ist einheitlich richtlinienkonform auszulegen, ohne dass es darauf ankommt, ob ein Verbrauchsgüterkauf vorliegt.[331] Ein enger Beschaffenheitsbegriff würde die in § 475 I BGB verankerten und gem. Art. 7 I VerbrGKRL unabdingbaren, auf ein hohes Schutzniveau abzielenden Verbraucherrechte unterlaufen.[332] Ein Verweis des Käufers auf Beschaffenheitsgaran-

---

325 Vgl. RegE, BT-Drucks. 14/6040, S. 210 ff.; Bamberger/Roth/Faust, § 434 Rn. 20.

326 Vgl. zu § 459: Palandt, 61. Aufl. – Putzo, § 459 Rn. 8.

327 Eidenmüller, ZGS 2002, 290, 295; Bamberger/Roth/Faust, § 434 Rn. 20; Häublein, NJW 2003, 388, 390; Huber in Huber/Faust, Kap. 12 Rn. 23; Henssler/v. Westphalen/v. Westphalen, § 434 Rn. 13; Wolf/Kaiser, DB 2002, 411, 412.

328 RegE, BT-Drucks. 14/6040, S. 211.

329 Kunkel, S. 52 ff.

330 Reg. Begr. BT-Drucks. 14/6040, S. 211; Grigoleit/Herresthal, JZ 2003, 118, 119.

331 Grigoleit/Herresthal, JZ 2003, 118, 119; Looschelders in Dauner-Lieb/Konzen/Schmidt, S. 398; Mertens, AcP (203) 2003, 818, 837.

332 Chr. Berger, JZ 2004, 276, 279; Kunkel, S. 52 ff.; Mertens, AcP (203) 2003, 818, 837.

tien[333] ist unzureichend.[334] Auch das spricht dafür, den Beschaffenheitsbegriff weiter auszulegen als den der zusicherungsfähigen Eigenschaft.[335]

IV. Systematik

Nur ein uneingeschränkter Beschaffenheitsbegriff ist problemlos für Rechtskäufe und sonstige Kaufgegenstände nach § 453 BGB geeignet.[336] Das vom Gesetzgeber erstrebte möglichst einheitliche Haftungsregime zeigt sich auch in der Gleichsetzung von Falsch- und Zuweniglieferungen mit Sachmängeln in § 434 III BGB.[337] Die Rechtsfolgen des Gewährleistungsrechts schienen dem Gesetzgeber ausdrücklich als sachgerecht.[338] Dies gilt offenbar auch für Rechtsmängel, für deren Vorliegen es auf ein Anhaften nicht ankommen kann.[339] Auch eine Montageanleitung haftet der Sache nicht an und soll doch ausweislich des § 434 II 2 BGB im Falle ihrer Mangelhaftigkeit zu einem Sachmangel führen.[340]

Weder § 434 II BGB noch § 434 III BGB betreffen die Beschaffenheit unmittelbar. Es überzeugt nicht, die Beschaffenheit eng auszulegen und dennoch sehr weit entfernte Umstände in § 434 II und III BGB anderen gegenüber herausgehoben als Sachmangel zu behandeln. Abgrenzungsschwierigkeiten sind hierfür kein sachlicher Grund,[341] weil sie bei allen Umstandsabweichungen bestehen. Ebenfalls ungenügend sind Verweise auf die Rechtsprechungstradition, wonach Falsch- und Zuweniglieferung beim beiderseitigen Handelskauf jedenfalls beim Gattungskauf auch dem Gewährleistungsrecht unterstellt werden.[342] Schließlich können auch nach § 434 I 2 Nr. 1 BGB selbst entfernteste Umstände zum Sachmangel führen. Nach § 434 I 2 Nr. 1 BGB sind weitläufige Verwendungsvereinbarungen für einen Sachmangel möglich und hinreichend.[343] Es geht um Abreden, die sich nicht auf ein konkretes Merkmal der Kaufsache beziehen,

333 Vgl. Musielak, EK, Rn. 57.

334 Canaris, Karlsruher Forum 2002, S. 5, 60.

335 Häublein, NJW 2003, 388, 390.

336 Kunkel, S. 47 ff.

337 Chr. Berger, JZ 2004, 276, 281; AnwKomm/Krebs, § 311 Rn. 78; Schmidt-Räntsch, AnwBl 2003, 529, 531.

338 RegE, BT-Drucks. 14/6040, S. 216.

339 Barnert, WM 2003, 416, 419; Kunkel, S. 49 ff.; Mangold, S. 159.

340 AnwKomm/Krebs, § 311 Rn. 78.

341 Auf Abgrenzungsschwierigkeiten bei der Falsch- und Zuweniglieferung Bezug nehmend: RegE, BT-Drucks. 14/6040, S. 211.

342 Vgl. RegE, BT-Drucks. 14/6040, S. 211 mit Verweis auf RGZ 86, 90 ff. (Seide); BGHZ 115, 286, 294 ff. (Granulat).

343 Chr. Berger, JZ 2004, 276, 279; Wolf/Kaiser; DB 2002, 411, 412.

sondern auf deren Wirkungsweise.[344] Für eine Begrenzung auf – wie weit auch immer verstandene – Beschaffenheiten spräche es, wenn § 434 I 2 Nr. 1 BGB nur Auslegungskriterium für Beschaffenheitsvereinbarungen wäre.[345] Zu diesem Verständnis könnte man gelangen, wenn man die Wendung des § 434 I 2 BGB „nicht vereinbart“ betont, weil es dann scheint, als würde die vorausgesetzte Verwendung allein die Vereinbarung und nicht die Beschaffenheit substituieren. Das überzeugt jedoch nicht, weil der Gesetzeswortlaut vom Beschaffenheits- zum generellen Sachmangelbegriff wechselt und § 434 I 2 BGB von § 434 I 1 BGB separiert ist. Es ist daher anzunehmen, dass die nach dem Vertrag vorausgesetzte Verwendung von der Beschaffenheit gelöst ist.[346]

V. Sinn und Zweck

Das Äquivalenzinteresse, um dessen Schutz es §§ 433 I 2 ff. BGB geht, ist auch gestört, wenn von Vereinbarungen über Umstände abgewichen wird, die der Sache nicht körperlich anhaften.[347] Damit sind zunächst die Einbeziehungen in § 434 II BGB und § 434 III BGB zu begrüßen. Aber auch darüber hinaus entspricht nur ein weiter Beschaffenheitsbegriff voll dem im Stufenverhältnis des § 434 BGB ausgedrückten Vorrang der Parteivereinbarung, dem streng subjektiven Mangelbegriff und der Privatautonomie.[348] Verengungen des Beschaffenheitsbegriffs tragen der maßgebenden Parteivereinbarung nicht voll Rechnung und bleiben dem objektiven Fehlerbegriff verhaftet.[349]

---

344 RegE, BT-Drucks. 14/6040, S. 213; Jauernig/Chr. Berger, § 434 Rn. 6, 13; Bamberger/Roth/Faust, § 434 Rn. 46; Grigoleit/Herresthal, JZ 2003, 233, 234 f.; Haas in Haas/Medicus/Rolland/Schäfer/Wendtland, Kap. 5 Rn. 101; Oetker/Maultzsch, § 2 Rn. 60; Henssler/v. Westphalen/v. Westphalen, § 434 Rn. 26; vgl. schon zum früheren Recht: Herberger, S. 63.

345 So Canaris, Karlsruher Forum 2002, S. 5, 57; Coester-Waltjen, Jura 2002, 534, 540; Grigoleit/Herrestahal, JZ 2003, 233, 235; vgl. schon zum früheren Recht: Herberger, S. 51 ff, 62 ff.

346 Vertreter eines weiten Beschaffenheitsbegriffs: Reinicke/Tiedke, Rn. 320; Wolf/Kaiser, DB 2002, 411, 412; vgl. MünchKomm/S. Lorenz, § 476 Rn. 20. Vertreter eines engen Beschaffenheitsbegriffs: Bamberger/Roth/Faust, § 434 Rn. 29; a.A. Canaris, Karlsruher Forum 2002, S. 5, 57 ff.; Coester-Waltjen, Jura 2002, 534, 540; Grigoleit/Herresthal, JZ 2003, 233, 234 f.; Erman/B. Grunewald, § 434 Rn. 16; Staudinger/Matusche-Beckmann, § 434 Rn. 65; Oetker/Maultzsch, § 2 Rn. 61; Palandt/Weidenkaff, § 434 Rn. 22 f.: Die Eignung der Sache für die vorausgesetzte Verwendung ist nur in deren Beschaffenheit zu suchen.

347 Kunkel, S. 59 ff.; Reinicke/Tiedke, Rn. 310.

348 Chr. Berger, KUR 2003, 137, 138; Emmerich, § 4 Rn. 15; Haedicke, § 10, S. 138; Hoeren/Martinek/Malzer, § 434 Rn. 15; Henssler/v. Westphalen/v. Westphalen, § 434 Rn. 13; Looschelders in Dauner-Lieb/Konzen/Schmidt, S. 397 f.; Mertens, AcP (203) 2003, 818, 836 f.; Schulze/Ebers, JuS 2004, 462, 463; Wolf/Kaiser, DB 2002, 411, 412.

349 Chr. Berger, JZ 2004, 276, 277.

Die c.i.c. ist oft nicht in der Lage, Äquivalenzstörungen so hinreichend und angemessen differenziert auszugleichen, wie das teilweise – insbesondere auch mit seiner Haftung nach §§ 437 Nr. 3, 280, 281, 283 oder 311 a BGB – schärfere[350] Gewährleistungsrecht.[351] Zwar würde bei der c.i.c.-Haftung die recht lange Regelverjährung nach §§ 195, 199 BGB gelten.[352] Aber es gäbe bei den hier fraglichen Pflichtverletzungen nur einen Schadensersatzanspruch auf das negative Interesse.[353] Zwar wären c.i.c.-Ansprüche nicht nach der Spezialregelung des § 442 I 2 BGB bei grob fahrlässiger Mangelunkenntnis grundsätzlich ausgeschlossen.[354] Der Käufer hätte aber überhaupt nur dann einen Anspruch, wenn der Verkäufer seine vorvertragliche Pflichtverletzung zu vertreten hat (§ 280 I 2 i.V.m. § 276 I BGB); ein Entlastungsbeweis bleibt möglich. Ein enger Beschaffenheitsbegriff kann mithin zur Rechtlosstellung führen. Die Mängelrechte sind demgegenüber mit Ausnahme der Ansprüche auf Schadens- und Aufwendungsersatz von einem Vertretenmüssen unabhängig.

Für eine hinreichende und angemessen differenzierte Ausgleichung von Äquivalenzstörungen fehlen der c.i.c. insbesondere auch Nacherfüllungsanspruch und Minderungsrecht.[355] Ein c.i.c-Schadensersatzanspruch auf das negative Interesse würde zwar grundsätzlich auch einen Anspruch auf Herabsetzung des Kaufpreises[356] und einen Anspruch auf Vertragsaufhebung[357] umfassen.[358] Die Qualität eines Minderungsrechtes wird dabei jedoch nicht erreicht, die Geschäftsvorteile kommen dem Käufer nicht zu Gute.[359]

Die wichtigsten Gründe für eine Engfassung des Mangelbegriffs und für ein c.i.c.-Ersatzgewährleistungsrecht sind mit angemessener Verjährungsfristverlängerung in § 438 I Nr. 3 BGB und einem von Zusicherungen unabhängigen

350 Canaris, Karlsruher Forum 2002, S. 5, 60 f., 63; Grigoleit/Herresthal, JZ 2003, 118, 124; Looschelders in Dauner-Lieb/Konzen/Schmidt, 400.

351 Chr. Berger, JZ, 2004, 276, 280 f.; Roth, NJW 2004, 330, 331.

352 Palandt/Ellenberger, § 195 Rn. 4.

353 Staudinger/Matusche-Beckmann, § 434 Rn. 43; Bamberger/Roth/Faust § 434 Rn. 19; Looschelders in Dauner-Lieb/Konzen/Schmidt, S. 400; Mertens, AcP 203 (2003), 818, 827; Weiler, ZGS 2002, 249, 250.

354 Palandt/Weidenkaff, § 442 Rn. 5.

355 Chr. Berger, JZ, 2004, 276, 280 f.; Roth, NJW 2004, 330, 331.

356 Wenn der Kaufvertrag ansonsten zu einem geringeren Kaufpreis zustande gekommen wäre, Reinicke/Tiedtke, Rn. 850.

357 Wenn der Kaufvertrag nicht zustande gekommen wäre, Reinicke/Tiedtke, Rn. 850.

358 Dabei müsste immerhin der Verkäufer entsprechende Behauptungen des Käufers widerlegen, Reinicke/Tiedtke, Rn. 852.

359 Die Wertung des § 441 BGB greift nicht, vgl. BGH, WM 1988, 1685, 1688 (Bauherrengemeinschaft); Reinicke/Tiedtke, Rn. 855.

Schadensersatzanspruch entfallen.[360] Insbesondere die als zu kurz empfundene Verjährung bewegte die Rechtsprechung in mannigfachen Gerichtsentscheidungen zum Rückgriff auf die c.i.c.[361] Die gegenüber der c.i.c.-Verjährung nach wie vor kürzere Mangelverjährung ist auch für nicht eng anhaftende Umstände angemessen.

Umweltbezogene Mängel sind auch nicht wesentlich schwerer feststellbar als sonstige,[362] die Rechtsfolgen der Gewährleistung also nicht etwa nur in sachnahen Fällen oder solchen des § 434 III BGB angemessen.[363] Eine sichere Trennung der Haftungsregime danach, aus wessen Sphäre die Leistungsstörung stammt,[364] ist undurchführbar.[365]

Nur ein weiter Beschaffenheitsbegriff vermeidet ein vom Gesetzgeber unerwünschtes gespaltenes Leistungsstörungsrecht.[366] Es übergeht den Willen der Parteien, wenn ihre Vereinbarungen aufgespalten und verschiedenen Haftungsregimes unterstellt werden, obgleich Risiken mit Verträgen anerkanntermaßen abweichend von vorgefundenen Sach- oder Rechtslagen zugewiesen und schärferen Haftungsregimes unterstellt werden können.[367]

Viele Gerichtsentscheidungen zeigen zudem, dass eine sinnvolle Unterscheidung von (dauerhaft) anhaftenden und sonstigen Umständen scheitert.[368] Wirklich anhaftend sind nur physische Beschaffenheiten. Schon die Echtheit ist „streng genommen nur eine von außen (...) herangetragene Überzeugung, die sich im Laufe der Zeit auch ändern kann".[369] Ein weiter Beschaffenheitsbegriff gibt Rechtssicherheit, weil er Prognosen zu gerichtlichen Entscheidungen erleich-

---

360 Chr. Berger, JZ 2004, 276, 282; ders. KUR 2003, 137, 140; Ehmann/Sutschet, S. 196; Gronstedt/Jörgens, ZIP 2002, 52, 54f.; Haas in Haas/Medicus/Rolland/Schäfer/Wendtland, Kap. 5 Rn. 98; Häublein, NJW 2003, 388, 391; Looschelders in Dauner-Lieb/Konzen/Schmidt, S. 398; Lorenz/Riehm Rn. 578; Mertens, AcP (203) 2003, 818, 836 Fn. 54; HK-BGB/Schulze, § 311 Rn. 14; Weiler, ZGS 2002, 249, 255; Wolf/Kaiser, DB 2002, 411, 418.

361 Chr. Berger, JZ 2004, 276, 278; Staudinger (1995) – Honsell, § 459 Rn. 34, 37; Mertens, AcP (203) 2003, 818, 835f.; vgl. nur BGH, NJW 1970, 653, 655 (Ertragsfähigkeit eines Unternehmens).

362 Haas in Haas/Medicus/Rolland/Schäfer/Wendtland, Kap. 5 Rn. 98; aA Oetker/Maultzsch, § 2 Rn. 52.

363 Auf diese Angemessenheit nimmt Bezug: RegE, BT-Drucks. 14/6040, S. 216.

364 Vgl. Canaris, Karlsruher Forum 2002, S. 5, 64.

365 MünchKomm/H.P. Westermann, § 434 Rn. 10.

366 Chr. Berger, JZ 2004, 276, 277; AnwKomm/Krebs, § 311 Rn. 77ff.; Mertens, AcP, 2003, 818, 843, 852f.; Roth, NJW 2004, 330, 331; Singer, FS 50 Jahre BGH, S. 381, 396ff.; Weiler, ZGS 2002, 249, 256.

367 Chr. Berger, JZ, 2004, 276, 280f.

368 S.u. S. 88f.; 90; 91ff.; vgl. Chr. Berger, JZ 2004, 276, 278; Staudinger (1995) – Honsell, § 459 Rn. 34, 37; Mertens, AcP (203) 2003, 818, 835f.

369 Schack, KuR, Rn. 382.

tert.[370] Die Parteivereinbarung ist auch aus Sicht des Verkäufers ein hinreichend konkretes und zu klaren Ergebnissen führendes Kriterium.[371] Wo ist die Grenze, wenn sie nicht durch das präzise Kriterium der Parteivereinbarung bestimmt wird, deren Wichtigkeit und Vorrangstellung nicht nur vom Gesetzgeber, sondern auch in § 434 I 1 BGB betont wird?

Gegen das Kriterium der Dauerhaftigkeit spricht ungeachtet der bisherigen Ausführungen, dass das Gesetz selbst ausschließlich auf den Zeitpunkt des Gefahrübergangs abstellt.[372]

VI. Ergebnis

Nach alledem gilt ein uneingeschränkt subjektiver Beschaffenheitsbegriff. Ohne weitere Einschränkung ist jeder mit der Sache selbst in Verbindung zu bringende Umstand beschaffenheitstauglich. Beim Kunsterwerb bestehen damit Sachmängel nach § 434 I 1 BGB bei Abweichungen von Vereinbarungen, die im weitesten Sinne werkbezogen sind.

§ 2 Keine Wortlautverengungen des § 459 I BGB a.F.

Von Wortlautverengungen des § 459 I 1 BGB a.F. hat sich § 434 I 1 BGB verabschiedet.[373] Nach § 459 I 1 BGB a.F. sollte es darauf ankommen, ob der Mangel den Wert oder die Tauglichkeit zu dem gewöhnlichen oder dem nach dem Vertrage vorausgesetzten Gebrauch der Sache aufhebt oder mindert. Wer auf diese Kriterien weiterhin abstellt,[374] verkennt, dass der Beschaffenheitsbegriff auch die zugesicherten Eigenschaften nach § 459 II BGB a.F. umfasst. Hierfür kam es schon dem Wortlaut nach nicht auf verengende Kriterien an.[375] Sie widerspre-

370 Chr. Berger, JZ 2004, 276, 282.

371 Haas in Haas/Medicus/Rolland/Schäfer/Wendtland, Kap. 5 Rn. 98; Staudinger (1995) – Honsell, § 459 Rn. 34; Looschelders in Dauner-Lieb/Konzen/Schmidt, S. 398, 399; Hoeren/Martinek/Malzer, § 434 Rn. 15.

372 Bamberger/Roth/Faust, § 434 Rn. 24, vgl. auch Larenz/Wolf, § 36 Rn. 48.

373 Krampe, JuS 2005, 773, 776; Looschelders in Dauner-Lieb/Konzen/Schmidt, S. 398 f.; Hoeren/Martinek/Malzer, § 434 Rn. 7; Reinicke/Tiedke, Rn. 304; Roth, NJW 2004, 330 f.; Stöber, S. 114 f.; Henssler/v. Westphalen/v. Westphalen, § 434 Rn. 9.

374 Oetker/Maultzsch, § 2 Rn. 50; A. Teichmann, ZfBR 2002, 13, 16; Kompaktkomm/Tonner/Echtermeyer, § 434 Rn. 11.

375 BGHZ 87, 302, 307 (Gebrauchtwagen); Braunfels, S. 57; Schlegelberger/Hefermehl, § 377 Rn. 34; Hoffmann, S. 15; Soergel, 12. Aufl. – Huber, § 459 Rn. 142 Fn. 3; P. Huber, S. 21; Musielak, GK BGB, 6. Aufl., Rn. 582; Locher, S. 132; Palandt, 61. Aufl. – Putzo, § 459 Rn. 20; vgl. Rust, S. 75.

chen dem Sinn und Zweck des Gewährleistungsrechts, weil sie Vertragsabreden ignorieren und Haftungslücken schaffen,[376] sofern nicht, sehr großzügig bewertet, selbst Farbabweichungen Wert oder Gebrauchstauglichkeit beeinträchtigen sollten.[377] Dann aber sind diese Kriterien irrelevant und wurden von Vertretern eines rein subjektiven Fehlerbegriffs auch tatsächlich für irrelevant erachtet.[378] Im Kern geht es um das Bestehen ernsthafter Parteiabreden. Objektive Nachprüfbarkeit und Nachvollziehbarkeit der Abweichungsrelevanzen sind von untergeordneter Bedeutung.[379] Der Verkehrswert behält Indizwert für ernsthafte Parteiabreden.

Auch das Erheblichkeitskriterium des § 459 I 2 BGB a.F., das für das Fehlen zugesicherter Eigenschaften schon damals nicht galt,[380] ist entfallen, eine begrüßenswerte Bekräftigung des Prinzips *pacta sunt servanda*.[381] Ein beachtlicher Sachmangel besteht auch, wenn er geringfügig ist.[382] Früher waren bei unerheblichen Abweichungen Mängelrechte ausgeschlossen,[383] heute lediglich Rechte, die zur Rückgabe der mangelhaften Sache führen: Rücktritt (§ 323 V 2 BGB) und der große Schadensersatz statt der Leistung (§§ 281 I 3, 283 S. 2, 311 a II 3 BGB). Mit den übrigen Rechten sind feinste und für jeden Mangel interessengerechte Ausgleichsmaßnahmen möglich. Das sind: Nacherfüllung (zu Einschränkungen vgl. § 439 III BGB), Minderung (vgl. § 441 I 2 BGB), Schadensersatz nach § 280 I BGB und kleiner Schadensersatz statt der Leistung nach § 281 I BGB sowie der Aufwendungsersatz gem. § 284 BGB.

---

376 Zum Sinn und Zweck des Gewährleistungsrecht s.o. S. 21 ff.

377 Vgl. Herberger, S. 64; Ramming, MDR 1994, 330 f. Zu Recht einen Mangel bejahend: BGH, NJW-RR 2010, 1289, 1291 f. (Fahrzeug); OLG Karlsruhe, NJW-RR 2009, 777, 778 (Dachziegel). Die allgemeinen Schwierigkeiten bei der Wertermittlung von Kunstwerken betont Wrede, S. 85 ff., 136.

378 Ramming, MDR 1994, 330 f.; Schlegelberger/Hefermehl, § 377 Rn. 19 f., 25: „das Vorliegen eines Fehlers ist evident, wenn die gekaufte Sache andersartig ist"; vgl. schon Flume, S. 130, 141, 144 und insb. S. 145 f.

379 Locher, S. 130, ist der Ansicht, eine Abweichung müsse immer „auch bei Berücksichtigung subjektiver Sammlerinteressen, objektiv nachprüfbar und nachvollziehbar sein."

380 RegE, BT-Drucks. 14/6040, S. 216 f.; Schlegelberger/Hefermehl, § 377 Rn. 34, 37; Staudinger (1995)- Honsell, § 459 Rn. 31; Locher, S. 132; Palandt, 61. Aufl. – Putzo, § 459 Rn. 14. Diese Besonderheit bestand freilich auch nach Ansicht der Rspr., vgl. Picker, Weltkunst 1982, 3117; vgl. aber Esser/Weyers, 8. Aufl., § 5 II, S. 38.

381 Oechsler, Rn. 134.

382 Vgl. RegE, BT-Drucks. 14/6040, S. 216 f.

383 Vgl. Schlegelberger/Hefermehl, § 377 Rn. 20, vgl. Rn. 25.

§ 3 Beschaffenheitsvereinbarung

Da Gewährleistungsausschlüsse beim Verbrauchsgüterkauf nur sehr eingeschränkt möglich sind (vgl. § 475 I, III BGB), ist von Beschaffenheitsvereinbarungen[384] (beim Verbrauchsgüterkauf) nur noch in recht eindeutigen Fällen eines Verpflichtungswillens auszugehen.[385] Die Anforderungen an den Nachweis von Beschaffenheitsvereinbarungen sind in den Grenzbereichen der Relevanz – etwa bei geringfügigen Abweichungen der Werktechnik – höher,[386] auch wenn Beschaffenheitsgarantien bzw. Zusicherungen entgegen der früher h.M. zu § 459 BGB a.F.[387] unnötig sind.

§ 4 Verwendung i.S.d. § 434 I 2 Nr. 1 BGB

Verwendung i.S.d. für die Mangelfeststellung nachrangigen § 434 I 2 Nr. 1 BGB (Eignung des Kunstwerkes für die „nach dem Vertrag vorausgesetzte Verwendung") ist alles, was mit dem Kunstwerk gemacht werden kann.[388] § 434 I 2 Nr. 1 BGB lehnt sich „ohne inhaltliche Veränderung" an den vertraglich vorausgesetzten Gebrauch in § 459 I 1, 2. Hs. BGB a.F. an.[389] Verwendung ist sonach insbesondere die Betrachtung, die Ausstellung und die Weiterveräußerung eines bestimmten Werkes.[390]

384 Hierzu Palandt/Weidenkaff, § 434 Rn. 15.

385 BGH, NJW 2008, 1517 f. (Unfallwagen); BGH, Hinweisbeschl. v. 2.11.2010 – VIII ZR 287/09, http://www.lrz.de/~Lorenz/urteile/viiizr287_09.htm; abgerufen am 1.4.2012. Zu weitgehend OLG Köln NJW 2012, 2665, 2666 – „*Léger*": Katalogangaben dienen „im Regelfall und ohne besondere zusätzliche Anhaltspunkte (...) ausschließlich der Information" und werden „nicht Bestandteil der vertraglich vereinbarten Beschaffenheit".

386 Zutreffend Schack, KuR, Rn. 385: „Kein Sachmangel liegt vor, wenn (...) lediglich das Sujet falsch bezeichnet ist, es sei denn dem Käufer kam es ersichtlich auf die Identität der portraitierten Person an"; vgl. u. S. 86.

387 Vgl. Palandt, 61. Aufl. – Putzo, § 459 Rn. 14.

388 Vgl. Reinicke/Tiedke, Rn. 319, 327.

389 RegE, BT-Drucks. 14/6040, S. 213, vgl. Brüggemeier, WM 2002, 1376, 1378; Ehmann/Sutschet, S. 195; Haas in Haas/Medicus/Rolland/Schäfer/Wendtland, Kap. 5 Rn. 102; Hoeren/Martinek/Malzer, § 434 Rn. 43; Schellhammer, MDR 2002, 241, 243.

390 S.u. S. 79 ff.

§ 5 Kriterien des § 434 I 2 Nr. 2 BGB

Nach den auch gegenüber § 434 I 2 Nr. 1 BGB subsidiären[391] Kriterien des § 434 I 2 Nr. 2 BGB kommt es darauf an, ob das Kunstwerk sich für die gewöhnliche Verwendung eignet und eine Beschaffenheit aufweist, die bei Werken der gleichen Art üblich ist und die der Käufer nach der Art des Werkes erwarten kann.

Für die „gewöhnliche Verwendung" lassen sich die Kriterien des in § 459 I 1, 2. Hs. BGB a.F. genannten „gewöhnlichen Gebrauchs" heranziehen.[392] Doch ist sie angesichts der Vielgestalt von Kunstwerken kaum denkbar. Bei kunsthandwerklichen Gegenständen mag dies anders sein, doch auch hier steht der individuelle Gebrauch im Vordergrund.[393]

Ein Vergleich mit Sachen der gleichen Art und deren üblicher Beschaffenheit scheint bei unikaten Kunstwerken ausgeschlossen.[394] Auch ein hilfsweiser Vergleich mit der nächsten vergleichbaren Gruppe[395] schafft kaum Abhilfe.

Letztlich bleibt darauf abzustellen, was der Käufer „nach der Art der Sache" erwarten kann.[396] Aber auch hier sind Vergleiche notwendig.[397] Ein hilfsweiser Vergleich mit der nächsten vergleichbaren Gruppe[398] ist schwierig. Ist eine Sache gänzlich ohne Gleichen, lässt sich keine Durchschnittserwartung feststellen.[399] Der Käufer von Kunstwerken sollte daher Beschaffenheitsvereinbarungen treffen.[400]

§ 6 Präzisierung durch § 434 I 3 BGB

§ 434 I 3 BGB, der haftungserweiternd präzisiert, was zur üblichen und zur erwartenden Beschaffenheit nach Satz 2 Nr. 2 gehört,[401] ist angesichts deren für

---

391 RegE, BT-Drucks. 14/6040, S. 213.

392 Erman/B. Grunewald, § 434 Rn. 29; Hoeren/Martinek/Malzer, § 434 Rn. 53.

393 Vgl. MünchKomm/H.P. Westermann, § 434 Rn. 70 zu Anlagegütern. Wrede, S. 229, hält eine gewöhnliche Verwendung selbst bei kunsthandwerklichen Gegenständen für ausgeschlossen.

394 Vgl. Erman/B. Grunewald, § 434 Rn. 21; Oetker/Maultzsch, § 2 Rn. 64; Wrede, S. 229 f.

395 Vgl. Homann, S. 221 Fn. 1098.

396 Erman/B. Grunewald, § 434 Rn. 21; Oetker/Maultzsch, § 2 Rn. 64; vgl. Jorden/Lehmann, JZ 2001, 952, 954.

397 Grigoleit/Herresthal, JZ 2003, 233, 235; Homann, S. 221 Fn. 1098.

398 Vgl. Homann, S. 221 Fn. 1098.

399 Homann, S. 221 Fn. 1098; vgl. MünchKomm/H.P. Westermann, § 434 Rn. 72, so bspw. auch bei Tieren aufgrund deren Individualität, vgl. MünchKomm, 5. Aufl. – H.P. Westermann, § 434 Rn. 68.

400 Vgl. MünchKomm/H.P. Westermann, § 434 Rn. 72; vgl. auch Grigoleit/Herresthal, JZ 2003, 233, 235.

401 Grigoleit/Herrestahl, JZ 2003, 233, 235 f.; Staudinger/Matusche-Beckmann, § 434 Rn. 77 f., 80.

Kunstwerke geringen Bedeutung im Kunsthandel wenig bedeutend.[402] Er zählt zu ihr auch Eigenschaften, die der Käufer bei öffentlichen Äußerungen des Verkäufers, des Herstellers oder von deren Gehilfen[403] erwarten kann.

Hersteller ist, wer Endprodukt, Grundstoff oder Teilprodukt herstellt (§ 434 I 3 BGB i.V.m. § 4 I 1 ProdHaftG): Künstler, Kunstverleger, Drucker, Gießer, jeder Betrieb, der Grundstoffe oder Teilprodukte für den Künstler herstellt; zudem, wer sich mit Signatur als Hersteller geriert.[404] Gehilfe ist der Angestellte des Herstellers oder des Verkäufers[405] oder der selbständig mit der Vermarktung des Produktes Betraute.[406]

Für öffentliche Äußerungen nennt § 434 I 3 BGB beispielhaft Werbung und Kennzeichnungen wie etwa Prospekt- Zeitungs- und Zeitschriftenwerbungen, Kataloge von Händlern und Auktionatoren einschließlich veranschaulichender Internetbeiträge[407] und an individuell ausgewählte Personen und Stammkunden verschickte Einladungen. Da § 434 I 3 BGB den Käufer umfassend vor unrichtigen Aussagen schützen will, ist der Begriff der Öffentlichkeit weit auszulegen.[408] Auktionskataloge sind teilweise Werbung[409] und überwiegend Kennzeichnung. Insbesondere bei Spitzenobjekten enthalten sie, was preisfördernd ist, nennen Titel, Sujet, Maß, Material, Zuschreibung, Datierung, Provenienzen einschließlich vormaliger Ausstellungen und Sammlungszugehörigkeit vergleichbarer Objekte.[410]

Mündliche Produktpräsentationen gegenüber der Öffentlichkeit sind grundsätzlich erfasst,[411] spielen im Kunsthandel mit seinen individuellen Gesprächssitu-

402 Wrede, S. 230, spricht ihm hier jegliche Bedeutung ab.

403 Der Wortlaut des § 434 I 3 BGB ist nicht eindeutig. Wie hier Gehilfen des Verkäufers einbeziehend: Grigoleit/Herresthal, JZ 2003, 233, 237; Lorenz/Riehm, Rn. 485; Staudinger/Matusche-Beckmann, § 434 Rn. 81, 86; Reinicke/Tiedke, Rn. 331; Palandt/Weidenkaff, § 434 Rn. 36; Henssler/v. Westphalen/v. Westphalen, § 434 Rn. 31, 34 a.A. Haas in Haas/Medicus/Rolland/Schäfer/Wendtland, Kap. 5 Rn. 111; Oetker/Maultzsch, § 2 Rn. 68; Oechsler, Rn. 100.

404 Schack, KuR, Rn. 379; vgl. Reinicke/Tiedke, Rn. 331.

405 Zur Einbeziehung des Verkäufergehilfens s.o. Fn. 403.

406 Etwa der für seinen Auftraggeber als Vertreter handelnde Händler; vgl. Grigoleit/Herresthal, JZ 2003, 233, 237; Bamberger/Roth/Faust, § 434 Rn. 78; Reinicke/Tiedke, Rn. 331; Schack, KuR, Rn. 379; vgl. Palandt/Weidenkaff, § 434 Rn. 36.

407 OLG Celle, DAR 2006, 269; Chr. Berger, KUR 2003, 137, 138; Staudinger/Matusche-Beckmann, § 434 Rn. 81.

408 Vgl. Grigoleit/Herresthal, JZ 2003, 233, 237; Oechsler, Rn. 100.

409 Vgl. Drinkuth, S. 161; Fackler/Konermann, S. 56; Heinbuch, Aktuelle Rechtsfragen, S. 202; Reimer, GRUR 1975, 612, 615; Thomsen, S. 44.

410 Arntz, Handelsblatt v. 1./2.4.1960, S. 17; Drinkuth, S. 76, 79, 82f., 88f., 90ff., 94, 97, 165, 297f., Tafel 14; Strauss, Bd. I, S. 346 Stichwort: Auktionskatalog.

411 Staudinger/Matusche-Beckmann, § 434 Rn. 81; Palandt/Weidenkaff, § 434 Rn. 33; MünchKomm, 5. Aufl. – H.P. Westermann, § 434 Rn. 22.

ationen aber kaum eine Rolle. Nicht erfasst sind individuell zugänglich gemachte Expertisen[412] und redaktionelle Fernsehbeiträge zu Kunstwerken[413] mit Ausnahme journalistisch geführter Fernsehinterviews.[414] Grundsätzlich unbeachtlich sind allgemeine Anpreisungen wie „Meisterwerk“, „qualitätvolle Arbeit“, „hochwertig“,[415] wenn nicht eine Zuordnung zu einer bestimmten nachprüfbaren Qualitätsstufe erfolgt.[416] Unerheblich ist schließlich, was andere Kunsthändler oder Versteigerer öffentlich äußerten, als sie das Kunstwerk ihrerseits zum Verkauf anboten.

Oft sind öffentliche Äußerungen schon durch entsprechende Bezugnahme Vertragsinhalt, wofür dann § 434 I 1 BGB oder § 434 I 1 Nr. 1 BGB anwendbar sind.[417] So z.B. wenn die Parteien bestimme Angaben einer Zeitungsannonce den Vertragsverhandlungen stillschweigend zugrunde legen.[418] Allerdings kann die Frage, ob eine öffentliche Äußerung bereits Vertragsinhalt war, nunmehr im Einzelfall offen bleiben.[419] Katalogangaben sind nun zumindest über § 434 I 3 BGB bedeutend.

Keine Haftung ergibt sich nach § 434 I 3, 2. Hs. BGB u.a. für öffentliche Äußerungen, die im Zeitpunkt des Vertragsschlusses in gleichwertiger Weise berichtigt waren. Eine Katalogberichtigung ist bei Ausruf der Losnummer grundsätzlich auch gegenüber telefonischen Bietern möglich.[420] Schriftliche Bieter müssen sich das Wissen des Auktionators nicht nach § 166 I BGB zurechnen lassen, weil dies dem bezweckten Vertrauensschutz (vgl. Art. 2 II d VerbrGKRL) widerspräche.[421]

---

412 Vgl. Jauernig/Chr. Berger, § 434 Rn. 15. Ansonsten wären sie erfasst, vgl. MünchKomm/H.P. Westermann, § 434 Rn. 28.

413 Vgl. Reinicke/Tiedke, Rn. 332.

414 Vgl. Oechsler, Rn. 100.

415 Vgl. § 434 I 3 „erwarten kann“; RegE, BT-Drucks. 14/6040, S. 214; Ehmann/Sutschet, S. 197; Grigoleit/Herresthal, JZ 2003, 233, 237; Haas in Haas/Medicus/Rolland/Schäfer/Wendtland, Kap. 5 Rn. 108; Oechsler, Rn. 100; Reinicke/Tiedke, Rn. 333.

416 Reinicke/Tiedke, Rn. 333; vgl. Grigoleit/Herresthal, JZ 2003, 233, 237; vgl. auch: Haas in Haas/Medicus/Rolland/Schäfer/Wendtland, Kap. 5 Rn. 108.

417 RegE, BT-Drucks. 14/6040, S. 214; Chr. Berger, KUR 2003, 137f.; Boerner, ZIP, 2001, 2264, 2266; Bamberger/Roth/Faust, § 434 Rn. 75; Grigoleit/Herresthal, JZ 2003, 233, 236f.; Haas in Haas/Medicus/Rolland/Schäfer/Wendtland, Kap. 5 Rn. 109; Lorenz/Riehm, Rn. 487; Staudinger/Matusche-Beckmann, § 434 Rn. 80; Reinicke/Tiedke Rn. 330; MünchKomm/H.P. Westermann, § 434 Rn. 30; vgl. Heinbuch, NJW 1984, 15, 21.

418 Vgl. OLG Frankfurt, NJW 1982, 651f. – *„Biedermeierzimmer“*; vgl. Thomsen, S. 75, 80.

419 Henssler/v. Westphalen/v. Westphalen, § 434 Rn. 21. Das war in OLG Frankfurt, NJW 1982, 651f. – *„Biedermeierzimmer“* noch nicht der Fall.

420 Vgl. Almeroth, S. 197.

421 Dazu RegE, BT-Drucks. 14/6040, S. 214; Oechsler, Rn. 100f.

§ 7 Die Sachmängel im Einzelnen

Nun die Beschaffenheitsvereinbarungen und Sachmängel im Einzelnen:

A. Falschzuschreibung

Die falsche Zuschreibung von Kunstwerken kann zu einem Mangel führen.[422] Bei Fälschungen ist er ausgeschlossen, wenn sie einvernehmlich als solche verkauft werden.[423] Es ist die Konsequenz des subjektiven Mangelbegriffs, dass es nach wie vor in erster Linie von der Beschaffenheitsvereinbarung abhängt, ob ein Mangel vorliegt oder bloß ein Spekulationskauf, bei dem der Erwerb nur in der Hoffnung auf einen bestimmten Umstand erfolgt (vgl. § 434 I 1 BGB).[424]

Die obergerichtliche Rechtsprechung entschied bisweilen, ein Fehler komme nur beim Verkauf jüngerer Kunst in Betracht und sei beim Verkauf alter Kunst zu verneinen. Besondere Zuordnungsschwierigkeiten, stets schwankende Überzeugungen und Ursprungsbezeichnungen wie Meinungsäußerungen, würden ihn ohne ausdrückliche Echtheitszusicherung stets zu einem gewagten Spekulationsgeschäft machen, für das der Verkäufer nicht hafte.[425]

---

422 Chr. Berger, KUR 2003, 137, 138; Erman/B. Grunewald, § 434 Rn. 40; Schack, KuR, Rn. 382; Wertenbruch, NJW 2004, 1977f., MünchKomm/H.P. Westermann, § 434 Rn. 72. Zum früheren Recht: Bernet/Schönwerth, Weltkunst 1998, 1531, 1532; Flume, JZ 1991, 633; Goepfert, S. 28ff.; Heinbuch NJW 1984, 15, 16f.; Soergel, 12. Aufl. – Huber, § 459 Rn. 342. Nach § 434 I 1 BGB ist auch ein als echt silbern angebotener, in Wahrheit aber nur versilberter Gegenstand mangelhaft; vgl. AG Landstuhl, NJW-RR 2007, 1213 – „*silberne Teekanne*"; vgl. schon BGHZ 96, 214, 217f. – „*Rolex-Uhr*" (vergoldete als fehlerhafte goldene Uhr).

423 Merryman/Elsen/Urice, S. 1104; Schack, KuR, Rn. 382. So konnte das Auktionshaus *Tajan* 1995 einen von *Han van Meegeren* gefälschten *Vermeer* versteigern, Drinkuth, S. 82; vgl. Chr. Berger, KUR 2003, 137, 138; Müller-Katzenburg, Weltkunst 2004, Heft 1/2, S. 50, 51; Wertenbruch, NJW 2004, 1977f.

424 (Risikogeschäft); RGZ 135, 339, 343 – „*Ruisdael*"; AG Hamburg, Urt. v. 8.9.2005 – 35 A C 140/04, S. 13f. – „*Sergel*" (n.v.); Chr. Berger, KUR 2003, 137; Schack, KuR, Rn. 382; vgl. Boochs/Ganteführer, S. 20; Braunfels, S. 45; Goepfert, S. 37; Heinbuch, NJW 1984, 15, 16f.; Picker, S. 77.

425 Diese Rspr. beruft sich auf OLG München, SeuffArch. (1910) Bd. 65, Nr. 90, S. 181, 182 – „*Cranach*", dort mit Verweis auf Lenel, Jher. Jb. 1902, 1, 17f. Die Ausführungen im „*Cranach*"-Fall betrafen aber nicht pauschal alte Kunstgegenstände, sondern nur solche, bei denen ein einwandfreier Ursprungsnachweis nicht zu führen ist (vgl. Goepfert, S. 35). S. aber auch LG Hamburg, HansGZ, Beibl. Zivilrecht, 39. Jg. 1918, S. 115, 116 – „*Provenienz und Gutachten*"; OLG München, HRR 1940, 505f. – „*Spitzweg*"; HansOLG Hamburg, MDR 1967, 124f. – „*A. Cuyp*"; vgl. OLG Stuttgart, NJW 1983, 1200 – „*Heinrich von Zügel*". RGZ 114 (1927), 239, 242f. – „*Thoma*" ging davon aus, bei Werken aus früheren Jahrhunderten trage der Verkauf oft (!) spekulativen Charakter. Leicht missverständlich schreibt G. Schulze in Ebling/Schulze,

Diese Ansicht überzeugt nicht. Erst sie macht den Kunsterwerb zu einem vollends gewagten Geschäft. Der Kunstmarkt unterliegt geltendem Recht. Zuordnungsrisiken haben auf die Angabenverbindlichkeit grundsätzlich keinen Einfluss.[426] Entscheidend ist die Beschaffenheitsvereinbarung.[427] Nur sie wird dem Einzelfall gerecht.[428] Ist die Echtheit vereinbart, bedarf es keiner Garantiebestätigung.[429] Die Risikozuordnung auf den Käufer allein ist abzulehnen. Er vertraut. Der Verkäufer kann und muss Unsicherheiten deutlich machen. Dessen einseitige Privilegierung bei Altmeistern ignoriert Zuordnungsrisiken beim Erwerb jüngerer Kunstwerke.[430] Wo liegt die Grenze der Verbindlichkeit, bei welchen Kunstwerken greift die Privilegierung? Die Rechtsunsicherheit ist inakzeptabel und missachtet den Parteiwillen. Daran kann niemand interessiert sein, erst recht nicht der seriöse Kunsthandel.[431] Für Erwerber ist die Eigenhändigkeit trotz Kritik gegen die auf Zuschreibungen gegründete Kunstgeschichte[432] weiter von hoher Bedeutung. Das ist bei entsprechender Beschaffenheitsvereinbarung zu respektieren, sofern die Vorstellungen des Erwerbers nicht völlig abwegig sind (vgl. § 442 I 2 BGB). Der Erwerb von Kunstwerken ist haftungsrechtlich betrachtet grundsätzlich kein Spekulationskauf.

Das Kunstwerk ist im Übrigen auch dann mangelhaft, wenn die wahre Urheberschaft den Marktwert der angenommenen Urheberschaft übersteigt.[433] Der Käufer muss sich auf die Echtheitsvereinbarung berufen können. Will er das Kunstwerk mit der wahren Zuschreibung nicht, ist ihm die Liquidierung des Geschäfts durch Weiterveräußerung unzumutbar.[434] Das in § 459 I 1, 2. Hs. BGB a.F. enthaltene Kriterium des vertraglich vorausgesetzten Gebrauchs wurde weit ausgelegt und

---

4. Teil A. Rn. 12, 23 sowie in Loewenheim, § 70 Rn. 23, der Erwerb alter Meister sei „immer ein Risikogeschäft".

426 Flume, S. 116 Fn. 18; Goepfert, S. 35, 40f.; Hoffmann, S. 9ff.; Werner, JW 1927, 668; v. Westerholt/Graupner, NJW 1978, 794 Fn. 2.

427 Braun, Kunstprozesse, S. 118; vgl. u. S. 77ff.

428 Vgl. dazu die Echtheitsvereinbarung im konkreten Fall verneinend: OLG Hamm, NJW 1995, 2640f. – *„Guercino"*.

429 OLG Kiel, LZ, XV. Jg. 1921, S. 464f. – *„Kupferstich"*; RGZ 115 (1926), 286ff. – *„Ostade-Teniers"*; OLG Hamm, NJW 1987, 1028 – *„Standuhren"*; Locher, Aktuelle Fragen, S. 24; Riezler, JW 1926, 2531, 2532.

430 S.o. S. 44.

431 Goepfert, S. 40f.; Hoffmann, S. 10; v. Westerholt/Graupner, NJW 1978, 794f.; vgl. Flume, S. 92, 116; v. Hoyningen-Huene, NJW 1975, 962, 963; Katz, S. 35f.; Locher, S. 127.

432 Vgl. Martin in Harten/Martin, S. 14.

433 In diese Richtung schon RGZ 115 (1926), 286, 288f. – *„Ostade-Teniers"*; deutlich RGZ 135, 339ff., 342f. – *„Ruisdael"*; BGH, NJW 1988, 2597, 2598 – *„Leibl-Duveneck"*. Zum Erwerb angeblicher Antiquitäten: OLG Frankfurt, NJW 1982, 651 – *„Biedermeierzimmer"*. Missverständlich: Schack, KuR, Rn. 418: „wertsteigernde Eigenschaften kein Sachmangel".

434 RGZ 135, 339ff., 342f. – *„Ruisdael"*; Flume, S. 130.

Vertreter eines rein subjektiven Fehlerbegriffs verzichteten wie nunmehr auch der Wortlaut des § 434 I 1 BGB auf Verengungen der Beschaffenheitsvereinbarung.[435]

I. Beschaffenheitsvereinbarung, § 434 I 1 BGB

Die Echtheit ist aufgrund ihrer überragenden Wertbedeutung beim Erwerb vom Fachhändler i.d.R. zumindest konkludent vereinbart.[436] Das schutzwürdige Käufervertrauen ist um so höher, je nachdrücklicher die Echtheitsangaben und je geringer die Käufersachkunde sind.[437]

Katalogangaben ohne Relativierungen genügen ohne Weiteres.[438] Ruft der Auktionator ein Kunstwerk nur mit dem Künstlernamen aus, ohne Zweifel an der Zuschreibung aus dem Auktionskatalog aufzugreifen, ist zugunsten des irrtumsbefangenen Ersteigerers im Zweifel von einer Echtheitsvereinbarung auszugehen, zumal dann, wenn der Katalog seinerseits undeutlich ist.[439]

Beim Erwerb alter Kunstwerke ist das Vorliegen von Echtheitsvereinbarungen aufgrund erhöhter Zuordnungsunwägbarkeiten insbesondere bei fehlenden Signaturen zurückhaltend zu prüfen. Vermutungsäußerungen genügen nicht.[440] Bei Trödlern liegen Echtheitsvereinbarungen weniger nahe als bei Fachhändlern,[441] sind aber möglich.

Signaturen deuten auf die Urheberschaft[442] und erfahren angesichts der Wertschätzung signierter Werke besonderes Augenmerk.[443] Altmeister signierten

---

435 S.o. S. 69f. Allein auf die Beschaffenheitsvereinbarung abzustellen schien OLG Hamm, NJW 1987, 1028 - „*Standuhren*“, vgl. auch BGH, NJW 1988, 2597, 1598) – „*Leibl-Duveneck*“.

436 Hoeren/Martinek/Malzer, § 434 Rn. 134; Wrede, S. 225f.

437 Vgl. Siehr, RC 1993 VI, S. 9, 28f.

438 AA offenbar LG Aachen, Urt. v. 27.5.2010 – 1 O 72/08, S. 5f. – „*afrikanische Stammeskunst*“ (n.v.) mit unzutreffendem Verweis auf BGH, NJW 1980, 1619 – „*Bodensee-Kunstauktion*“, bei den Fälschungen aber einen Mangel nach § 434 I 2 Nr. 1 BGB bejahend.

439 So ging der Käufer in OLG Stuttgart, NJW 1983, 1200 – „*Heinrich von Zügel*“ davon aus, ein Bild *Heinrich von Zügels* zu erwerben, weil der Auktionator das Bild, dessen Rahmen ein Messingschild die Aufschrift „Heinrich von Zügel“ trug, unter Nennung der entsprechenden Katalognummer ohne weitere Zusätze lediglich als „Bild von Zügel“ ausrief, obwohl im Auktionskatalog einschränkend „Heinrich von Zügel, Art des“ zu lesen war, vgl. Schrader, FS Kirchner, S. 343, 353. Das OLG Stuttgart lehnte Gewährleistungsrechte mangels Zusicherung ab; hierzu s.o. S. 75f.

440 Flume, S. 92, 116 Fn. 18; vgl. Boochs/Ganteführer, S. 19; Heinbuch, Aktuelle Rechtsfragen, S. 200; Locher, Aktuelle Fragen, S. 24; Schack, KuR, Rn. 388.

441 Flume, S. 91f.

442 RG, WarnRspr., 19. Jg., 1927, Nr. 140, 245f. – „*Knaus*“; LG Oldenburg, Urt. v. 5.3.2008 – 5 S 662/07 – „*Dambeaux/Lambeaux*“ (n.v.); Chevalier/Viehweger, Weltkunst 2002, 560; Locher, S. 194.

443 Vgl. Bullinger, S. 9f.; Chevalier/Viehweger, Weltkunst 2002, 191; Friedländer, Kunst und Kennerschaft, S. 177.

allerdings häufig Schülerarbeiten, was dann gegen Echtheitsvereinbarungen spricht, die über das Herrühren aus der Schule des Künstlers hinausreichen.[444]

Ein hoher Kaufpreis kann für[445] und ein besonders niedriger gegen[446] eine Echtheitsvereinbarung sprechen. Die Preiskalkulation kann aber auf völlig anderen Gründen basieren als auf einer sicheren oder unsicheren Zuordnung.[447] Für viele Kunstwerke hat sich kein „üblicher" Preis gebildet.[448]

Beifügungen von oder Hinweise auf echtheitsbestätigende Expertisen sprechen für Echtheitsvereinbarungen.[449] Je zwingender ihr Positivgehalt, desto naheliegender sind Echtheitsvereinbarungen; je relativierender, desto unwahrscheinlicher sind sie.[450] Echtheitsvereinbarungen lassen sich verneinen, wenn Künstlernennungen in Katalogen erkennbar auf nicht näher begründeten Expertisen mit Restzweifeln beruhen („meiner Meinung nach").[451]

Beim Erwerb von Privatpersonen, die keine Fachleute sind, sind Expertisen oft nur Orientierungshilfen.[452] Enthalten Echtheitsangaben den Zusatz „laut Expertise", liegt unter Umständen keine Beschaffenheitsvereinbarung über die Echtheit, sondern eine reine Wissenserklärung bzw. -mitteilung vor, für die der Verkäufer gem. c.i.c. (§§ 280 I, 311 II Nr. 1, 241 II BGB) dafür haftet, dass sie auch in Bezug auf den wiedergegebenen Inhalt zutrifft.[453]

Besonders in Auktionskatalogen werden häufig Werkstätten, Umkreise, Schulen und fremde Zuschreibungen genannt.[454] Wer ein Kunstwerk „aus der Werkstatt von" erwirbt, darf kein eigenhändiges Meisterwerk oder unter Aufsicht des

444 Vgl. RGZ 114 (1927), 239, 242 – „*Thoma*"; Boochs/Ganteführer, S. 26; Meeske, S. 65.

445 OLG Kiel, LZ, XV. Jg. 1921, S. 464f. – „*Kupferstich*"; RGZ 114 (1927), 239ff. – „*Thoma*"; Chr. Berger, KUR 2003, 137, 138; Bernet/Schönwerth, Weltkunst 1998, 1531, 1532; Braunfels, S. 83f.; Flume, S. 81, 96, 126; Heinbuch, NJW 1984, 15, 16; vgl. Peters, JZ 1991, 385, 389; a.A. Staudinger/Matusche-Beckmann, § 434 Rn. 55; Schack, KuR, 386.

446 OLG Stuttgart, DJZ 1904, 511 – „*Sèvres-Vasen*"; Arntz, Handelsblatt v. 1./2.4.1960, S. 17; Chr. Berger, KUR 2003, 137, 138; Heinbuch, NJW 1984, 15, 16; v. Westerholt/Graupner, NJW 1978, 794, 795. Auch Schack, KuR, Rn. 386, misst dem Kaufpreis insofern Bedeutung bei.

447 Vgl. Bamberger/Roth/Faust, § 434 Rn. 41; Staudinger/Matusche-Beckmann, § 434 Rn. 55 anders aber in Rn. 173; Wrede, S. 79f.

448 Chr. Berger, KUR 2003, 137, 138; vgl. Bamberger/Roth/Faust, § 434 Rn. 41.

449 Vgl. The New York Arts and Cultural Affairs Law § 13.01 subsection 1; Chr. Berger, KUR 2003, 137f.; Bernet/Schönwerth, Weltkunst 1998, 1531, 1532; Boochs/Ganteführer, S. 25; Palandt/Weidenkaff, § 434 Rn. 93; v. Westerholt/Graupner, NJW 1978, 794, 795.

450 Vgl. Chr. Berger, KUR 2003, 137, 141; Dechow, S. 63; Dietlein, Weltkunst 1978, 2867, 2869; v. Westerholt/Graupner, NJW 1978, 794, 795.

451 Vgl. LG München I, MDR 2005, 561f. – „*Bogdany*".

452 OLG Hamm, NJW 1995, 2640f. – „*Guercino*" mit Verweis auf Flume, JZ 1991, 633, 635; vgl. ders., Eigenschaftsirrtum und Kauf, S. 116 Fn. 18; Bernet/Schönwerth, Weltkunst 1998, 1531, 1532; MünchKomm/H.P. Westermann, § 434 Rn. 72.

453 Vgl. BGH, NJW 2008, 1517f. (Unfallwagen); Palandt/Weidenkaff, § 434 Rn. 15.

454 Dechow, S. 124; Drinkuth, S. 82f.; Schwartz, FAZ v. 20.8.2005, S. 45.

Meisters erstelltes Werk erwarten.[455] Bei Veräußerungen als „zugeschrieben" ist – solange die Basisvoraussetzungen für die Zuschreibung bestanden und das Werk wenigstens in der Zeit des genannten Künstlers entstand – ein Mangel selbst dann abzulehnen, wenn ein gänzlich anderer Künstler Werkersteller war.[456] Alle formelhaften Eingrenzungen müssen kunsthistorisch korrekt und aufgrund einer Zeit- und Stilanalyse nachvollziehbar sein. Werden sie von maßgeblichen Kunstexperten nicht geteilt, liegt ein Mangel vor.[457]

Die Ausdrücke „im Stil des", „in der Manier des", „im Genre des" oder „in der Art des" sind nicht zwingend zu vermeiden, müssen aber hervorgehoben werden. Die Nennung des Künstlernamens mit dem versteckten abschließenden Zusatz „Art des" („Zügel, Heinrich von, 1850 Murrhardt – 1942 München, Art des") kann zu Echtheitsvereinbarungen führen. Katalogangaben müssen wesentlich deutlicher werden, will der Auktionator „nicht in den Verdacht geraten, dass er etwas verheimlichen will".[458]

Die Bezeichnung „museal" schließlich ist im Grundsatz nur eine unkonkrete Wertung.[459] Doch zieht in die Beschaffenheitsvereinbarung die Vertragswidrigkeit von Fälschungen ein, ebenso, wie wenn ein unsigniertes Kunstwerk ohne nähere Angaben verkauft wird. Fälschungen sind von Zuordnungen unabhängig.

II. Vertraglich vorausgesetzte Verwendung, § 434 I 2 Nr. 1 BGB

Den „vertraglich vorausgesetzten Gebrauch" (§ 459 I 1, 2. Hs. BGB a.F.), der im Grundsatz mit der „nach dem Vertrag vorausgesetzten Verwendung" (§ 434 I 2 Nr. 1 BGB) gleichzusetzen ist,[460] sah die Rechtsprechung beim Erwerb vorgeb-

---

455 Boll, S. 316; Picker, S. 97; Schack, KuR, Rn. 382.

456 Vgl. The New York Arts and Cultural Affairs Law § 13.01 subsection 3 b; Code der Berufspflichten des Galeristen zusammengestellt von der FEAGA, Punkt 3.1.2; AG Hamburg, Urt. v. 8.9.2005 – 35 A C 140/04, S. 11 ff., 14 und im Anschluss LG Hamburg, Urt. v. 19.5.2006 – 317 S 155/05, S. 3 f. – *„Sergel"* (n.v.); Chr. Berger, KUR 2003, 137, 141; Boll, S. 316; Braun, Kunstprozesse, S. 125; ders., WM 1992, 893 Fn. 5; Goepfert, S. 114; Haberstock, Die Weltkunst 1934, Heft 13, S. 1, 2; Picker, S. 83; Schack, KuR, Rn. 143, 382; Schrader, FS Kirchner, S. 343, 353. Erst beim Haftungsausschluss sprechen dies an: Boochs/Ganteführer, S. 29; Dechow, S. 124; v. Westerholt/Graupner, NJW 1978, 794, 796. Vgl. zur Zuschreibung i.e.S. i.Ü. bereits o. S. 41 f.

457 Chr. Berger, KUR 2003, 137, 141; vgl. Dechow, S. 124; a.A. LG Hamburg, Urt. v. 19.5.2006 – 317 S 155/05, S. 3 ff. (n.v.); AG Hamburg, Urt. v. 8.9.2005 – 35 A C 140/04, S. 13 ff. (n.v.) – *„Sergel"*, einen Mangel verneinend und stattdessen einen Anspruch aus §§ 280 I, 311 II Nr. 1, 241 II (c.i.c.) prüfend.

458 OLG Stuttgart, NJW 1983, 1200 – *„Heinrich von Zügel"* (Gewährleistungsrechte mangels Zusicherung ablehnend; hierzu s.o. S. 75 f.).

459 Braunfels, S. 96 f., 107 Fn. 399.

460 S.o. S. 71.

lich echter Kunstgegenstände darin, „dass der Käufer sich in seiner Wohnung der Werke der anerkannten Meister erfreue und in den Kreisen der Kunstsachverständigen als der Besitzer bedeutender und wertvoller, höchst seltener Kunstwerke gelte“[461] oder darin „dass dem Käufer die Möglichkeit verschafft wird, sich des Besitzes eines Werkes gerade dieses Künstlers zu erfreuen, sich in die Malweise und sonstige Eigenart dieses Künstlers zu vertiefen und sie sich jederzeit vor Augen zu halten.“[462] Auch rein kommerzielle Interessen seien achtenswert.[463]

Viele kritisierten ein solch weites Gebrauchsverständnis als bloße Fiktion, weil die Echtheit eines Kunstgegenstandes i.d.R. keinen Gebrauch ermögliche.[464] Der Gebrauchszweck eines *Ruisdael des Älteren* sei kein anderer als der eines *Ruisdael des Jüngeren*.[465] Unhaltbar sei es, „aus geschmeichelter Eitelkeit einen ernsthaften Kaufzweck“ zu machen.[466]

Geschmeichelte Eitelkeit, also der Kauf zur Ansehungserhöhung, kann aber sehr wohl ein ernsthafter Kaufzweck sein und ist bei vielen Erwerbungen bedeutend.[467] Für die Bestimmung der nach dem Vertrag vorausgesetzten Verwendung ist dieses Kriterium indes zu unpräzise. Im allgemeinen Sprachverständnis ist man geneigt, Gebrauch als praktische Tätigkeit aufzufassen. Die Wortlautgrenze umfasst neben einem praktischen Gebrauch allerdings auch einen ästhetisch/ideellen[468] und bei kommerziellen Wertanlage- oder Weiterveräußerungsinteressen kann man von einem materiellen Gebrauch sprechen mit der Folge, dass ein Mangel zu bejahen ist, wenn die fehlende Echtheit sich negativ auf den Verkehrswert auswirkt.[469] Das Gesetz geht in § 92 I BGB explizit davon aus, der bestimmungsgemäße Gebrauch einer Sache könne in der Veräußerung bestehen.

---

461 RGZ 115 (1926), 286, 287 – „*Ostade-Teniers*“.

462 RGZ 135, 339 ff., 342 – „*Ruisdael*“; zustimmend OLG Frankfurt, NJW 1993, S. 1477 – „*Marcel Leprin*“; OLG Zweibrücken, NJW 1998, 1409, 1411 – „*Purrmann*“.

463 OLG Frankfurt, NJW 1982, 651 – „*Biedermeierzimmer*“.

464 Müller, JZ 1988, 381, 383 f. Fn. 32, S. 387; Flume, S. 144 ff.; Herberger, S. 64; Schlegelberger/Hefermehl, § 377 Rn. 25; Heinbuch, NJW 1984, 15, 17; Honsell, FS Heini, S. 213, 217; Jakobs, S. 190, 192. Vertreter eines objektiven Fehlerbegriffs: Haymann, JW 1932, 1862, 1864 f.; Knöpfle, S. 29 Fn. 28; Krückmann, LZ 1929, 986 ff.; Raape, AcP 150 (1949), 481, 491. Kritisch auch Wrede, S. 91 ff., 136, 12 f., 22, 56 f., 85, 252, im Ergebnis aber eine teleologische Extension befürwortend, vgl. Wrede, S. 293 ff. 313.

465 Raape, AcP 150 (1949), 481, 490; vgl. Honsell, FS Heini, S. 213, 217.

466 Krückmann, S. 986; ihm darin folgend Flume, S. 145; Goepfert, S. 35; Kühn, S. 17 f.

467 Vgl. Braunfels, S. 54; Reinicke/Tiedke, 6. Aufl., Rn. 269.

468 Braunfels, S. 54, 86; vgl. Bernet/Schönwert, Weltkunst 1998, 1531, 1532; Boochs/Ganteführer, S. 17 f.; Schmalenbach, S. 18 f.; Werner, JW 1927, 668; Behrens/de Lazzer, S. 179, stufen auch das Haben, Genießen, Zeigen und Wertschätzen als Gebrauch ein; Kühn, S. 19, die den inneren Sinngehalt eines Werkes erschließende, reflektierende Betrachtung.

469 Boochs/Ganteführer, S. 17; Braunfels, S. 55, 86; Bamberger/Roth/Faust, § 434 Rn. 51; Reinicke/Tiedke, Rn. 319; Schack, KuR, Rn. 383 a.A. Kühn, S. 34.

Sinn und Zweck des Verwendungsbegriffs zur Mangelbestimmung sprechen für ein weites Begriffsverständnis zur möglichst umfassenden Abbildung des Parteiwillens. Der Begriff in § 434 I 2 Nr. 1 BGB ist tendenziell weiter als der des Gebrauchs.[470] Nach wie vor kann die Einordnung in eine Sammlung mit bestimmten Merkmalen genügen.[471] Früher war angesichts der unglücklichen Formulierung des § 459 BGB a.F. eine großzügige Auslegung geboten. Oft liegen mit Erwähnung erstrebter Sammlungserweiterungen schon Echtheitsvereinbarungen vor.

III. Gewöhnliche Verwendung, Normalbeschaffenheit, § 434 I 2 Nr. 2 BGB

Das Merkmal der gewöhnlichen Verwendung (§ 434 I 2 Nr. 2 BGB) ist für die Frage der Echtheit ebenso wenig von Bedeutung wie das des gewöhnlichen Gebrauchs (§ 459 I 1, 2. Hs. BGB a.F.).[472] Die gewöhnliche Verwendung von Kunstwerken besteht in ihrer Betrachtung. Dazu eignen sich auch unechte. Zur üblichen Beschaffenheit von Kunstwerken gehört es grundsätzlich nicht, ungefälscht zu sein.[473] Zu viele Fälschungen kursieren auf dem Markt, Fälschungen *ex nihilo* sind original, Qualitätsurteile spielen keine Rolle. Dennoch wird der Käufer eines Werkes mit vorgeblich echter Signatur, gerade im qualifizierten Fachhandel mit entsprechenden Kaufpreisen eine echte Signatur erwarten, so dass sich ein Mangel nach § 434 I 2 Nr. 2, S. 3 BGB bejahen ließe[474], wäre nicht schon eine Beschaffenheitsvereinbarung zu bejahen.

B. Datierungsfehler

Ein Mangel nach § 434 I 1 BGB kann bejaht werden, wenn zum Kunstwerk Angaben zu Alter und Entstehungszeit unrichtig sind. Neben falschen Epochebezeichnungen genügen schon Abweichungen weniger Jahre, wenn sie für den

470 So wohl auch Reinicke/Tiedke, Rn. 322; a.A. Wrede, S. 224, 226, 229 ff.

471 v. Westerholt/Graupner, NJW 1978, 794; Braunfels, S. 86; vgl. Becker-Eberhard, JuS 1992, 461, 467; Palandt/Weidenkaff, § 434 Rn. 22 f.

472 „Nicht jede Fälschung löst einen Gewährleistungsanspruch aus. Was falsch ist, bestimmen die Parteien selbst.", Jayme, Wiener Vorträge (2001), S. 223, 236; vgl. Oetker/Maultzsch, § 2 Rn. 64; v. Westerholt/Graupner, NJW 1978, 794. Braunfels, S. 53 ff. scheint zu verkennen, dass sich die Rspr. nicht mit dem gewöhnlichen, sondern mit dem vertraglich vorausgesetzten Gebrauch beschäftigt hat. Zum gewöhnlichen Gebrauch auch Kühn, S. 14 ff.

473 Flume, S. 140 Fn. 6, S. 186.

474 So das OLG Karlsruhe, NJW-RR 2007, 1210, 1212 – „*Briefmarkenstempel*" im Falle eines unechten Briefmarkenstempels; vgl. LG Oldenburg, Urt. v. 5.3.2008 – 5 S 662/07 – „*Dambeaux/Lambeaux*" (n.v.).

Käufer von Relevanz sind. Ein Mangel ist umso eher zu bejahen, je spezieller das Käuferinteresse und je gravierender der Stilbruch ist. Bei Künstlern, deren Gesamtwerk sich als stilistische Einheit präsentiert, sind Mängel eher zu verneinen.[475] Bei negativen Auswirkungen auf die allgemeine Wertbemessung sind sie immer zu bejahen. Ein zu Unrecht als Antiquität bezeichneter Gegenstand ist mangelhaft. Bei Epochenbezeichnungen wie „Biedermeier" ist zu prüfen, ob später gebaute Stilmöbel gemeint sein könnten.[476] Der erweckte Anschein, Vertragsgegenstand seien Barockmöbel, wird kaum dadurch entkräftet, dass im Kaufvertrag „im Barock-Stil" steht.[477]

C. Fehlende Originaleigenschaft bei Unikaten

Verspricht der Verkäufer ein Unikat, ist die Replik nach § 434 I 1 BGB sachmangelhaft. Sofern die Existenz wertmindernder Doppel unüblich und nicht zu erwarten ist, was i.d.R. zutrifft, besteht ein Mangel jedenfalls nach § 434 I 2 Nr. 2 BGB.[478] Nach dem Code der Berufspflichten des Galeristen zusammengestellt von der FEAGA sind Käufer aufzuklären, inwiefern Kunstwerke von bereits existierenden Werken inspiriert sind,[479] Reproduktionen sind zu kennzeichnen[480]. Bei Werken, die gemeinhin nicht in Serie erstellt werden, sind Bekundungen, Unikate zu wünschen, unnötig.[481]

Ist eigenhändige Ausführung vereinbart, begründen widersprechende Fremdmitwirkungen einen Mangel nach § 434 I 1 BGB.[482] Auch sonst dürfen Mitwirkungen kein Maß erreichen, dass die Zuschreibung ins Wanken gerät.[483] Für die den Mangelverdacht in sein positives Gegenteil verkehrende Formulierung „eigenhändige Ausführung nicht ausgeschlossen", bedarf es der Zuschreibungsvoraussetzungen.

---

475 Vgl. Locher, S. 130; ders., Aktuelle Fragen, S. 28 f.; Schack, KuR, Rn. 385.

476 OLG Frankfurt, NJW 1982, 651 f. – „*Biedermeierzimmer*".

477 OLG Zweibrücken, MDR 1999, 217 f. – „*Barockmöbel*".

478 Vgl. Locher, S. 161.

479 Unter Punkt 3.1.7.

480 Unter Punkt 3.1.8.

481 Gegen Würtenberger, NJW 1951, 176, 178. Der Code der Berufspflichten des Galeristen zusammengestellt von der FEAGA geht in Punkt 3.1.7. davon aus, dass die Herstellung mehrerer Exemplare (nur) bei bestimmten Arbeitstechniken möglich sei.

482 G. Schulze in Ebling/Schulze, 4. Teil Rn. 12, 53.

483 Vgl. dazu o. S. 41 f.

D. Fehlende Originaleigenschaft bei seriellen Kunstwerken

Ist ein serielles Kunstwerk nicht in dem hier dargelegten Sinne original, ist es mangelhaft nach § 434 I 1 BGB, falls der Verkäufer nicht über die Originaleigenschaft, jedenfalls aber über die Herstellungsart und -weise aufklärt.[484] Er ist hierzu nach § 242 BGB verpflichtet.[485] Nach dem Code der Berufspflichten des Galeristen zusammengestellt von der FEAGA ist angebotene Ware klar und eindeutig zu kennzeichnen, die angewandte Technik eindeutig zu deklarieren.[486] Ein Dissens nach § 155 BGB (Scheinkonsens) ist wenig wahrscheinlich. In den Grenzbereichen des mehrdeutigen Originalbegriffs muss der Käufer nötigenfalls beim Verkäufer nachfragen.[487]

E. Fremdeingriffe im Verlauf der Werkexistenz

Gegenstände, die ihre Originaleigenschaft verloren haben, sind mangelhaft, wenn nicht der Verkäufer hierüber aufklärt. Bei angeblichen Antiquitäten, die in Wahrheit Assemblagen sind, ist ein Mangel zumindest nach § 434 I 2 Nr. 2 BGB zu bejahen.[488] Bei alten Kunstwerken muss der Käufer damit rechnen, dass ein die Scham überdeckendes Feigenblatt erst nachträglich hinzugefügt wurde. Schwerwiegende ideologiebedingte Übermalungen und Embellierungen können aber einen Mangel nach § 434 I 2 Nr. 2 BGB begründen. Das gilt auch für nachträglich von fremder Hand hinzugefügte oder veränderte Signaturen.[489] Auch ein restauriertes Kunstwerk, das als unrestauriert verkauft wird, ist mangelhaft.[490] Nichts anderes gilt bei Antiquitäten. Der Käufer sollte aber verdeutlichen, dass es ihm auf einen gänzlich unrestaurierten Gegenstand ankommt.[491]

---

484 Vgl. Schack, KuR, Rn. 385; zum früheren Recht: Boochs/Ganteführer, S. 22; Braunfels, S. 19ff.; Goepfert, S. 55ff., 75; Heinbuch NJW 1984, 15, 19f.; Schneider, 137f.

485 Vgl. Bischoff, Weltkunst 2001, 439, 441; Goepfert, S. 75f.; Schack, KuR, Rn. 35; vgl. Cahn, S. 15; Heinbuch, NJW 1985, 15, 21; vgl. AG Fürstenfeldbruck, Urt. v. 1.3.1988 – 3 C 2293/87, zitiert nach Picker, S. 172.

486 Unter Punkt 3.1.

487 Vgl. Larenz, Methodenlehre, S. 300, 346f.

488 Vgl. OLG Hamm, NJW 1987, 1028 – „*Standuhr*"; Braunfels, S. 27; Dechow, S. 65f.; Goepfert, S. 45; Erman/B. Grunewald, § 434 Rn. 40; Palandt/Weidenkaff, § 434 Rn. 92.

489 Vgl. RG, WarnRspr., 19. Jg., 1927, Nr. 140, 245f. – „*Knaus*".

490 Bischoff, Weltkunst 2001, 439, 440; Braunfels, S. 27f. Auch ein perfekt restaurierter Einriss kann ein Mangel sein, G. Schulze in Loewenheim, § 70 Rn. 11.

491 Gegen Boochs/Ganteführer, S. 23; Picker, Weltkunst 1982, 3117 davon ausgehend, Restaurierungen von Antiquitäten würden nie zu einem Fehler führen. Kritisch auch schon Braunfels, S. 52 Fn. 194.

In Auktionskatalogen bedeutet die Abkürzung „rest." Restaurierung, das Kürzel „rep." Reparatur und die Bezeichnung „erg." Ergänzung. Hier sind über die Restaurierung hinausgehende Eingriffe mit Ausnahme totaler Neukonstruktionen grundsätzlich noch vertragsgemäß.[492] Als restauriert verkaufte Gegenstände sind mangelhaft bei unfachgerechter Restaurierung, etwa wenn die auf einem Biedermeiertisch aufgebrachte Schellackpolitur sich wegen einer unzureichenden Verbindung vom Furnier ablöst.[493]

Gegebenenfalls ist ein Mangel nach § 434 I 2 Nr. 2 BGB zu bejahen. Je jünger und beständiger Gegenstände sind, desto weniger sind Restaurierungen Teil der üblichen und zu erwartenden Beschaffenheit.[494] Unter Umständen bestehen Aufklärungspflichten.[495] Nach dem Code der Berufspflichten des Galeristen zusammengestellt von der FEAGA[496] müssen Restaurierungsarbeiten an einem Werk erklärt werden, insbesondere dann, wenn sie die Beschaffenheit eines Werkes auch nur verändert haben könnten.

F. Zustandsmangel und Materialbeeinträchtigung

Werkstoffe, die nicht so beschaffen sind, dass ihr Charakter erwartungsgemäß so lange erhalten bleibt, wie dies bei entsprechenden Werkstoffen üblich ist, begründen einen Mangel nach § 434 I 1 Nr. 1 oder § 434 I 2 Nr. 2 BGB[497], wenn keine vorrangige Beschaffenheitsvereinbarung besteht. Die begrenzte Lebensdauer von Medienkunstwerken ist kein Sachmangel, sondern Preisargument.[498] Hard- und Softwarefehler können Sachmängel nach § 434 I 1 BGB oder nach § 434 I 2 Nr. 1 BGB darstellen.[499] Erweist sich eine für den Außenbereich bestimmte Skulptur als witterungsanfällig[500] oder ist die Standsicherheit nicht gewährt, liegt ein Mangel nach § 434 I 1 BGB näher als nach § 434 I 2 Nr. 1 BGB, weil die vertraglich vorausgesetzte Verwendung die Vereinbarung witterungsbeständi-

492 Braunfels, S. 26 f.

493 LG Gießen, NJW-RR 1996, 429 f. – „*Biedermeiertisch*"; Erman/B. Grunewald, § 434 Rn. 40; Schack, KuR, Rn. 381; Palandt/Weidenkaff, § 434 Rn. 92; MünchKomm/H.P. Westermann, § 434 Rn. 72.

494 Vgl. Dechow, S. 65 aber auch Flume, S. 117.

495 Vgl. Goepfert, S. 95.

496 Unter Punkt 3.1.

497 Vgl. Palandt/Weidenkaff, § 434 Rn. 28.

498 Vgl. Blind in Thomsen/Blind, S. 43, 49; Strang, S. 221 wirft die Frage nach der Gewährleistungspflicht für Netzkunstarbeiten auf.

499 Vgl. Palandt/Weidenkaff, § 434 Rn. 80 ff.

500 Ausbleichen, Oxydation, Schimmel etc.

gen Materials bzw. solider Statik impliziert.[501] Wird der Käufer über Pflegemaßnahmen instruiert, kommt ein auf entsprechenden Umwelteinflüssen basierender Mangel grundsätzlich nicht in Betracht.[502]

Ein nicht vereinbarungsgemäßer Erhaltungszustand begründet einen Mangel nach § 434 I 1 BGB. Ein schlechter Erhaltungszustand ist ohne besondere Absprachen ein Mangel nach § 434 I 2 Nr. 2 BGB, wenn er schlechter ist als die übliche und zu erwartende Beschaffenheit.[503] Eine Mangelkompensation mit besonders gut erhaltenen Teilen ist dem Gesetz unbekannt.[504]

Bei Unikaten sind Erfahrungswerte zu Werken ähnlicher Art und ähnlichen Alters maßgeblich (hypothetischer Normalzustand).[505] Normale Materialveränderungen sind auch in Fachhandlungen hinzunehmen.[506] Die Verfallzustände vergänglicher Kunst begründen keinen Mangel, sie sind Ausdruck intendierter Veränderlichkeit.[507] Die Behauptung eines Künstlers, der Verfall eines Tierpräparats sei trotz konservierender Substanzen gewollt, muss als unbeachtlich gelten, wenn dies für den Käufer nicht ersichtlich war.[508]

Während man bei gewöhnlichen Gebrauchtwaren i.d.R. davon ausgehen kann, dass sie altersunabhängig voll verwendungstauglich sind[509], wird man hiervon bei Antiquitäten ob ihres hohen Alters grundsätzlich absehen müssen.[510] Die Berücksichtigung von Marktpreisen[511] ist nur bedingt möglich, weil sie schwer ermittel-

---

501 Ähnlich ist beim Kauf von Klinkern zum Einbau in eine Drainage konkludent die Wasserfestigkeit der Klinker vereinbart, vgl. Ehmann/Sutschet, S. 195.

502 So erhalten Käufer der für den Außenbereich bestimmten *Jeff Koons*-Arbeiten der Serie „Celebration“ in einem Handbuch den Rat, Vogelkot sofort zu entfernen, Hein, Art 2/05, S. 32, 39. Für Käufer ist es sinnvoll, festzulegen, dass sie zu Unterhaltungsmaßnahmen nicht verpflichtet sind.

503 Schack, KuR, Rn. 381; vgl. Boochs/Ganteführer, S. 23; Braunfels, S. 17 f.; Goepfert, S. 95; Locher, S. 130 f.; Picker, Kunstrecht, S. 19; Schneider, 141 f.

504 Erman/B. Grunewald, § 434 Rn. 39; a.A. Peters, JZ 1991, 385, 389.

505 Vgl. Braunfels, S. 18; Dechow, S. 65; Kühn, S. 12; Schneider, S. 141. Zum Alter: RegE, BT-Drucks. 14/6040, S. 214; BGH, NJW 2008, 53, 54 [19]; OLG Karlsruhe, NJW-RR 1988, 1138 f.; Bamberger/Roth/Faust, § 434 Rn. 64; Oetker/Maultzsch, § 2 Rn. 65; Reinicke/Tiedke, Rn. 328.

506 Vgl. BGH, NJW 2006, 434, 435 (Gebrauchtwagen); G. Schulze in Loewenheim, § 70 Rn. 11.

507 Dechow, S. 46; v. Graffenried in Schwander/Studer, S. 53, 74; vgl. Staudinger (1998) – Coester-Waltjen, § 11 Nr. 10 AGBG Rn. 8.

508 Vgl. zu diesem Problem bei *Damien Hirsts* Werk „The Physical Impossibility of Death in the Mind of Someone Living“ von 1991: Werber in Werber, S. 438, 451 f.

509 Bamberger/Roth/Faust, § 434 Rn. 58; Staudinger/Matusche-Beckmann, § 434 Rn. 75; Reinicke/Tiedke, Rn. 327.

510 Kühn, S. 26 ff.

511 Grundsätzlich möglich, vgl.: Bamberger/Roth/Faust, § 434 Rn. 60; Peters, JZ 1991, 385, 389; Reinicke/Tiedke, Rn. 327.

bar und von Faktoren wie Schönheit und Seltenheit bestimmt sind.[512] Für eine Gebrauchstauglichkeit sind daher Verwendungsabreden ratsam.[513]

G. Abweichung von Sammelpräferenz

Hat ein Auflagenexemplar nicht die vereinbarten positiven Besonderheiten[514], ist es nach § 434 I 1 BGB mangelhaft.[515] Weicht die künstlerische Technik von der vereinbarten ab, hängt der Mangel nach § 434 I 1 BGB nicht davon ab, ob der Verkehr den künstlerischen Techniken wertmäßige Bedeutung beimisst.[516] Das gilt auch bei falschen Sujetangaben.[517] Liegt das Interesse nicht auf der Hand, bedarf es für Vereinbarungen besonderer Interessensbekundungen.[518]

H. Sog. Umstandsabweichungen

Bei vielen weniger eng mit der Sache verbundenen Umständen fällt die überzeugende Mangelbegründung bzw. -verneinung mit einem engen Beschaffenheitsbegriff schwer. Die Verneinung erfolgte oft zugunsten der im Einzelfall angemessener erscheinenden c.i.c.-Rechtsfolgen. Dafür gibt es keine Veranlassung mehr.

I. Fehlende echte Expertise

Fehlen versprochene Expertisen oder sind sie gefälscht, ließe sich auf der Grundlage eines engen Beschaffenheitsbegriffs ein Mangel mit der Begründung verneinen, die Begutachtung sei ein nur externer Umstand.[519] Dies ist jedoch kaum eindeutig. Entsprechend bejahen auch einige Vertreter eines engen Beschaffenheitsbegriffs einen Mangel.[520]

---

512 Vgl. RG, DJ 1935, 268 = WarnRspr., 26. Jg., 1934, Nr. 175, 358ff. – *„Provenienz"*.

513 Vgl. Kühn, S. 28f.

514 Dazu s.o. S. 56f.

515 Vgl. Boochs/Gantefuhrer, S. 22; Locher, S. 130.

516 So aber zum früheren Recht: Boochs/Gantefuhrer, S. 22f.; Locher, S. 130f.; vgl. Schneider, 141. Einen Fehler bejahten indes Braunfels, S. 28 und Goepfert, S. 95.

517 Vgl. Braunfels, S. 28; Locher, S. 130.

518 Zutreffend Schack, KuR, Rn. 385; vgl. bereits o. S. 71, Fn. 386.

519 So in der Tat Bamberger/Roth/Faust § 434 Rn. 23; Fikentscher/Heinemann, Rn. 841; Schack, KuR, Rn. 384; Wertenbruch, NJW 2004, 1977, 1978; Wrede, S. 8f., 107 in Widerspruch zu S. 224f.; zum früheren Recht: Braunfels, S. 41.

520 Erman/B. Grunewald, § 434 Rn. 40; Staudinger/Matusche-Beckmann, § 434 Rn. 166; vgl. schon zum früheren Recht: Becker-Eberhard, JuS 1992, 461, 465, 467; Bernet/Schönwerth,

Ginge man mit einem engen Beschaffenheitsbegriff davon aus, die Begutachtung sei kein der Sache anhaftender Umstand, bliebe letztlich nur ein vom Vertretenmüssen abhängiger c.i.c.-Anspruch auf Vertragsaufhebung bzw. Schadensersatz (§§ 280 I, 311 II Nr. 1, 241 II, 249 S. 1 BGB).[521] Denkbar wäre auch, die fehlende Expertiselieferung als Nichterfüllung zu behandeln und ein Rücktrittsrecht nach §§ 346 I, 348, 323 I BGB zu bejahen, wenn der Käufer am Werk ohne Expertise kein Interesse hat (vgl. § 323 V 1 BGB). Früher kam über § 471 BGB a.F. ein Anspruch auf Teilrückzahlung in Betracht.[522] Eine Haftung aus einer selbständigen Garantie[523] besteht so gut wie nie.

Nach dem hier vertretenen uneingeschränkt subjektiven Beschaffenheitsbegriff handelt es sich beim Fehlen der versprochenen echten Expertise ohne Begründungsschwierigkeiten um einen Sachmangel.[524] Denn danach ist ohne weitere Einschränkung jeder mit der Sache selbst in Verbindung zu bringende Umstand beschaffenheitstauglich unabhängig davon, ob er der Sache „anhaftet". Hierfür spricht bereits der schlichte Wortlaut des § 434 I 1 BGB. Für einen Sachmangel nach § 434 I 1 BGB genügen Abweichungen von Vereinbarungen, die im weitesten Sinne werkbezogen sind. Dies ist bei fehlenden oder gefälschten Expertisen der Fall. Anführen lässt sich hierfür nicht nur die Bedeutung der versprochenen Expertise für die Bewertung und die Veräußerbarkeit des Kunstwerkes, das sie i.d.R. auch und häufig sogar „ein Leben lang" begleitet,[525] sondern auch, dass die Parteien die Existenz der Expertise allein deshalb vereinbaren, weil sie darin eine Anforderung an das Kunstwerk sehen[526]. Der privatautonom vereinbarte Sachbezug ist beachtlich. Expertisen werden Bestandteil des Kaufvertrages, ihr Inhalt ist werkbezogen. Sind sie auf der Rückseite des entsprechenden Bildes befestigt, besteht die Werk-/Expertise-Beziehung auch räumlich. Die räumliche Nähe unterstreicht die Bedeutung der Expertise für das Kunstwerk und die Wertschätzung nach dem Willen der Parteien. Von ihr kann jedoch die Entscheidung über den Sachmangel nicht abhängen.

Weltkunst 1998, 1531, 1532; Flume, JZ 1991, 633, 635; Kappus (Stand: 1998), Rn. 39; M. Löhr, GRUR 1976, 411; RGRK/Mezger, § 459 Rn. 15.

521 Vgl. Weiler, ZGS 2002, 249, 250. Zum früheren Recht: Braunfels, S. 41; Soergel, 12. Aufl. – Huber, § 459 Rn. 342 vgl. Schack, AcP 185 (1985), 333, 340.

522 Braunfels, S. 42 f.

523 Soergel, 12. Aufl. – Huber, § 459 Rn. 342; Schack, AcP 185 (1985), 333, 341.

524 Vgl. Chr. Berger, KUR 2003, 137, 138; Hoeren/Martinek/Malzer, § 434 Rn. 24 (vgl. aber Rn. 135 f.); Mangold, S. 166 f.; MünchKomm/H.P. Westermann, § 434 Rn. 13 (vgl. aber Rn. 72). Schon zum früheren Recht: Goepfert, S. 78 f.; Staudinger (1995) – Honsell, § 459 Rn. 99; ders., FS Heini, S. 213, 219.

525 Wolf, S. 254 f.

526 Vgl. D. Schmidt, BB 2005, 2763, 2766.

Der BGH war in seiner *„Rubens“*-Entscheidung gefolgt vom OLG Düsseldorf in der *„Warhol“*- und dem OLG Hamm in der *„Feininger“*-Entscheidung[527] zutreffend der Ansicht, zwischen einem Bild und seiner Begutachtung als Werk eines bestimmten Künstlers durch einen Kunstsachverständigen bestehe eine unmittelbare Beziehung. Die Tatsache der Positivbegutachtung kennzeichne das Werk, hebe es aus der Reihe der namenlosen Bilder einer Zeitepoche heraus und beeinflusse es in seinem Wert. Der Käufer vertraue darauf, dass das Bild infolge der Begutachtung als eigenhändiges Werk eines Künstlers eine besondere Wertschätzung genieße. Zur Begründung eines Sachmangels auf der Basis eines engen Beschaffenheitsbegriffs führte der BGH auch aus, die Begutachtung sei kein außerhalb der Sache liegender von außen herantretender Umstand. Sie ergebe sich aus der Beschaffenheit des Bildes selbst und hafte ihm an.[528] Damit kam er zum Ergebnis, die Begutachtung eines Bildes durch einen Kunstsachverständigen sei eine zusicherungsfähige Eigenschaft (§ 459 II BGB a.F.).[529] Konsequenterweise hätte das Nichtvorliegen einer echten Expertise so aber auch zum Fehler (§ 459 I BGB a.F.) führen müssen.[530]

Die Argumentation des BGH ist zwar für die Begründung eines Sachmangels auf der Basis eines engen Beschaffenheitsbegriffes nicht zwingend. Denn die Begutachtung ist tatsächlich eher ein – i.d.R. erst nach geraumer Zeit – von außen an das Werk herantretender Umstand. Expertisen auch maßgeblicher Experten sind kein Echtheitssubstitut, sondern enthalten lediglich Zuordnungen, die wahr sind oder falsch.[531]

Dennoch ist die Argumentation des BGH allemal tragfähig zur Begründung eines Sachmangels auf der Basis eines uneingeschränkt subjektiven Beschaffenheitsbegriffs, für den es nicht darauf ankommt, ob die Begutachtung der Sache „anhaftet“. Die Begutachtung ist eine wertbildende Eigenschaft des Bildes, mit der sich die Werkrezeption ändert. Die Expertise ist angesichts der oft schwierigen Wahrheitsermittlung besonders wichtig und mit der besonders wertbildenden Eigenschaft der Echtheit eng verknüpft, die sie bejaht oder verneint. Nur phy-

---

527 OLG Düsseldorf, NJW 1992, 1326f. – *„Warhol“*; OLG Hamm, Urt. v. 13.1.2009 – 19 U 85/08, beck-online – BeckRS 2009 07370 – *„Feininger“*.

528 BGH, NJW 1972, 1658; ablehnend: Braunfels, S. 57, 40ff.; Goepfert, S. 78f.; Soergel, 12. Aufl. – Huber, § 459 Rn. 342, 147; Schack, AcP 185 (1985), 333, 342; Schneider, 140, 188; MünchKomm, 3. Aufl. – H.P. Westermann, § 459 Rn. 19; sowie Kühn, S. 44f. als Vertreter eines objektiven Fehlerbegriffs.

529 BGH, NJW 1972, 1658.

530 Flume, JZ 1991, 633, 635; vgl. Braunfels, S. 40f.; Schneider, S. 140.

531 Vgl. Braunfels, S. 40ff.; Goepfert, S. 78f.; MünchKomm, 3. Aufl. – H.P. Westermann, § 459 Rn. 19; Schneider, S. 140; sowie Kühn, S. 44f. als Vertreter eines objektiven Fehlerbegriffs.

sische Beschaffenheiten haften wirklich an. Schon die Echtheit ist eine an das Werk „herangetragene Überzeugung“.[532]

Das Nichtvorliegen einer versprochenen Expertise bedeutet eine erhebliche Äquivalenzstörung insbesondere, wenn der maßgebliche Experte sich nicht positiv äußern mag.[533] Es ist kein Grund ersichtlich, sie mit anderen Mitteln als den vom Gesetzgeber für Äquivalenzstörungen beim Kaufvertrag vorgesehenen zu behandeln, die Parteivereinbarung letztlich aufzuspalten und verschiedenen Haftungsregimes zu unterstellen. Es ist angemessen, den Verkäufer grundsätzlich verschuldensunabhängig für das Nichtvorhandensein einer versprochenen Expertise einstehen zu lassen. Der Umstand ist für den Verkäufer nicht schwerer feststellbar als die Unechtheit des Kunstwerkes selbst. Die Rechtsfolgen des Gewährleistungsrechts sind ebenso angemessen wie die Verjährung.

Fehlen versprochene Expertisen oder sind sie gefälscht, handelt es sich nach dem hier vertretenen uneingeschränkt subjektiven Beschaffenheitsbegriff mithin um einen Sachmangel. Die Richtigkeit dieser Ansicht wird dadurch bekräftigt, dass der Fall einer gefälschten Expertise dem des § 434 II 2 BGB ähnelt.[534]

Hochpreisige Kunstwerke ohne Expertise sind zur angemessenen Weiterveräußerung und damit gegebenenfalls zur nach dem Vertrag vorausgesetzten Verwendung ungeeignet. Dies begründet einen Mangel nach § 434 I 2 Nr. 1 BGB unabhängig von der Beschaffenheit.[535] § 434 I 2 Nr. 2 BGB spielt keine Rolle, da ein Kunstwerk auch dann für die gewöhnliche Verwendung geeignet ist und die übliche und zu erwartende Beschaffenheit aufweist, wenn Expertisen fehlen.

II. Unrichtige Expertise

Ist die Zuschreibung in der Expertise falsch, ist das Kunstwerk i.d.R. unecht, also mangelhaft.[536] Die Annahme, unrichtige Expertisen würden dem Käufer im Verhältnis zum Verkäufer keine weitergehenden Ansprüche verschaffen,[537] bedarf wegen des neu geschaffenen Nacherfüllungsanspruchs einer Revision. Sind korrekte Expertisen Teil der Beschaffenheitsvereinbarung bzw. Kaufsache, hat ein Käufer, der das Werk behalten will, Anspruch auf Nachlieferung (§§ 437 Nr. 1, 439 I Alt. 2 BGB) zumindest einer hierauf bezogenen korrekten Expertise, selbst wenn nicht das Werk, sondern nur die Expertise mangelhaft ist.

---

532 Schack, KuR, Rn. 382.

533 Die Nachlieferung naturwissenschaftlicher Untersuchungsergebnisse fällt dagegen leicht.

534 Vgl. Erman/B. Grunewald, § 434 Rn. 40.

535 Zur Unabhängigkeit des § 434 I 2 Nr. 1 BGB von der Beschaffenheit s.o. S. 65 f.

536 Dechow, S. 64; Goepfert, S. 79.

537 Dechow, S. 64; Goepfert, S. 79.

III. Unrichtige Werkverzeichnisangabe

Sind Kunstwerke anders als behauptet nicht im relevanten Werkverzeichnis enthalten,[538] ist dies mit dem uneingeschränkt subjektiven Beschaffenheitsbegriff ebenfalls ein Sachmangel.[539] Es geht um einen sachbezogenen, für die Wertschätzung des Kunstwerkes maßgebenden Umstand. Es besteht keine Veranlassung, ihn anders zu behandeln als den einer trotz Vereinbarung nicht vorliegenden Expertise. Im Gegenteil: Werkverzeichnisangaben sind für den Käufer aufgrund der hohen wissenschaftlichen Durchdringung von Werkverzeichnissen oft um ein Vielfaches bedeutender.[540] Nach dem Sinn und Zweck des Gewährleistungsrechts, Äquivalenzstörungen auszugleichen,[541] muss es genügen, dass der Verkäufer eine Beschäftigung des Verzeichniserstellers mit dem Kaufgegenstand und eine entsprechende Zuordnung zum vereinbarten Künstler behauptet. Die so suggerierte Beziehung von Werkverzeichnis und Werk entspricht dem einer Expertise, die ihrerseits eine konkretisierende Feststellung trifft.

Der BGH sah trotz seines engen Beschaffenheitsbegriffs im *„Jawlensky“*-Fall in der Identität eines Werkes mit einem Werk im Werkstattverzeichnis ebenfalls eine Eigenschaft i.S.v. § 459 BGB a.F.[542] Auch in der Literatur wird teilweise trotz eines engen Beschaffenheitsbegriffs ein Mangel bejaht.[543]

Andere Anhänger dieses Begriffs verneinten einen Mangel.[544] Tatsächlich kann in der Aufnahme eines Werkes in ein Werkverzeichnis ein Merkmal gesehen werden, das seinen Grund allein in den subjektiven Auswahlkriterien des Werkverzeichniserstellers hat.[545] Das wiederum exemplifiziert die Uneindeutigkeit des Unmittelbarkeitskriteriums.

Ein Mangel kann auch nicht deswegen verneint werden, weil – angeblich – eine Wertminderung nicht gegeben sei.[546] Nicht nur ist sie durchaus wahrscheinlich. Sie ist mit einem uneingeschränkt subjektiven Mangelbegriff irrelevant.[547] Der Nacherfüllungsanspruch darf nicht verhindert werden.

---

538 Oder wider Erwarten nicht mit einem im Werkstattverzeichnis aufgeführten Gegenstand identisch, Braunfels, S. 105 Fn. 389; Staudinger (1995) – Honsell, § 459 Rn. 98; Staudinger/Matusche-Beckmann, § 434 Rn. 165; offen gelassen von BGHZ 63, 369 ff. – *„Jawlensky“*.

539 Vgl. Goepfert, S. 94; Staudinger (1995) – Honsell, § 459 Rn. 98.

540 Vgl. o. S. 55.

541 Vgl. o. S. 21.

542 BGHZ 63, 369, 371.

543 Staudinger/Matusche-Beckmann, § 434 Rn. 165; Schack, KuR, Rn. 384.

544 Sowohl Fehler als auch zusicherungsfähige Eigenschaft verneinend: Braunfels, S. 29, 57.

545 So in der Tat Braunfels, S. 29, 57.

546 So aber Locher, S. 131.

547 S.o. S. 69 f.

Bei unrichtigen Verweisen auf Kataloge und Monografien sind Mängel unwahrscheinlich, da es i.d.R. an entsprechenden Beschaffenheitsvereinbarungen fehlt. Sind Verweise auf noch unbeendete Werkverzeichnisse unzutreffend, liegt zum maßgeblichen Zeitpunkt des Gefahrübergangs kein Mangel vor. Machte der Verkäufer die Angaben grundlos, d.h. ohne konkrete Anhaltspunkte, bestehen gegebenenfalls Ansprüche aus c.i.c. (§§ 280 I, 311 II Nr. 1, 241 II BGB).

IV. Unrichtige Provenienzangabe

Unrichtige Provenienzangaben sind mit dem uneingeschränkt subjektiven Beschaffenheitsbegriff wiederum ein Mangel.[548] Sie führen zu Äquivalenzstörungen, die nach Maßgabe des dafür vorgesehenen Gewährleistungsrechts auszugleichen sind. Es kommt nicht darauf an, dass sie recht weit von der konkreten Sache entfernt und nicht auf ein dauerhaftes Merkmal bezogen sind.[549] Die Herkunft und Geschichte ist eine wertbildende Eigenschaft und nicht nur aus kunsthistorischer Sicht von erheblichem Interesse.[550] Die Verknüpfung von Provenienz und Werk wird bei Objekten besonders deutlich, denen der Markt ihren hohen Wert allein aufgrund ihrer historischen Aura beimisst. Die Rezeption ist hier untrennbar an die Provenienz geknüpft.

Die Rechtsprechung war uneinheitlich. Bereits das RG entschied im *„Provenienz“*-Fall unter Zugrundelegung eines uneingeschränkt weiten Eigenschaftsbegriffs[551], dem verkauften Bild fehle wegen der unzutreffenden Behauptung, es sei aus Privatbesitz erworben und dem Kunsthandel unbekannt, eine Eigenschaft (§ 459 II BGB a.F.).[552]

Bereits zuvor hatte das OLG Hamburg im *„Provenienz und Gutachten“*-Fall entschieden, bei der Zugehörigkeit zu einer anerkanntermaßen sachverständig zusammengetragenen Sammlung handle es sich um eine Eigenschaft (§ 459 II BGB a.F.).[553] Auch im *„Schelfhout“*-Fall[554] sah es in der Herkunft eines Bildes aus dem langjährigen Besitz eines Hamburger Kaufmanns eine zusicherungsfähige Eigenschaft.

548 Chr. Berger, KUR 2003, 137, 138; Hoeren/Martinek/Malzer, § 434 Rn. 24; Mangold, S. 165; vgl. Palandt/Weidenkaff, § 434 Rn. 92 sowie zum früheren Recht: Goepfert, S. 93 f.; Staudinger (1995) – Honsell, § 459 Rn. 99; Honsell, FS Heini, S. 219.

549 Chr. Berger, JZ 2004, S. 276, 277; vgl. Coester-Waltjen, Jura 2002, 534, 539.

550 Vgl. o. S. 50 ff.

551 Hierzu s. bereits o. S. 62.

552 RG, DJ 1935, 268 f.

553 OLG Hamburg, HansGZ, Beibl. Zivilrecht, 39. Jg. 1918, S. 115 ff.

554 OLG Hamburg, MDR 1948, 253 f., zum Erwerb eines Bildes, das mit der Begründung beschlagnahmt wurde, es sei während der deutschen Besatzung aus Holland rechtswidrig entführt.

Der BGH bestätigte in einem obiter dictum seiner *„Rubens“*-Entscheidung sowohl *„Provenienz“*- als auch *„Provenienz- und Gutachten“*-Entscheidung. Dabei ging er von einem engeren Eigenschaftsbegriff (§ 459 II BGB a.F.) als das RG aus. Er ließ nicht alle Umweltbeziehungen genügen, die für den Käufer von Interesse sein können. Die Beziehungen müssten nach der Verkehrsanschauung für die Brauchbarkeit oder den Wert der Kaufsache bedeutsam sein und in der Beschaffenheit der Sache selbst ihren Grund haben, von ihr ausgehen, ihr auch auf eine gewisse Dauer anhaften und nicht lediglich durch Heranziehung von Umständen in Erscheinung treten, die außerhalb der Sache liegen.[555] Die Provenienzunmittelbarkeit begründete er nicht.

Im *„Barockschrank“*-Fall[556] entschied das OLG Düsseldorf jedoch, die Herkunft eines Schrankes aus einem herrschaftlichen Haushalt sei keine Eigenschaft (§ 459 II BGB a.F.), weil dieser Umstand nicht in der Beschaffenheit des Schrankes selbst seinen Grund habe, von ihm ausgehe und ihm für eine gewisse Dauer anhafte. „Soweit der Kläger [Erwerber] mit der Angabe ‚herrschaftlicher Haushalt‘ die Vorstellung eines großen, über Generationen vererbten Vermögens und des Erwerbes des Schrankes in der Zeit des Barock durch einen Ahnen verband, handelte es sich lediglich um eine Vorstellung des Klägers, die ihren Grund nicht in der Beschaffenheit des Schrankes hatte“. Im *„Provenienz“*-Fall sei dies anders gewesen, weil dort die Herkunft aus Privatbesitz und die Unbekanntheit im Kunsthandel entscheidend gewesen seien für die Wertbildung und den gewinnbringenden Weiterverkauf.[557] Unerfindlich bleibt, warum „der weitere Umstand der Bedeutung des Marktangebotes für die Preisbildung“ einen Unterschied rechtfertigen sollte.

Die Literatur war und ist entzweit: Zum Teil wurde ein Fehler verneint, aber eine Eigenschaft bejaht.[558] Manche Vertreter eines einheitlich engen Eigenschaftsbegriffs hielten weder Fehler noch zusicherungsfähige Eigenschaft für möglich, weil Provenienzangaben ihren Grund nicht in der Sache selbst hätten. Die Zugehörigkeit zu einer berühmten Sammlung sei keine zwingende Konsequenz der Werkbeschaffenheit, sondern in den subjektiven Auswahlkriterien des Sammlers begründet.[559] Viele halten daran fest.[560] Andere bejahen einen Mangel

555 BGH, NJW 1972, 1658.

556 OLG Düsseldorf, NJW-RR 1993, 1522 ff.

557 OLG Düsseldorf, NJW-RR 1993, 1522, 1523.

558 Picker, Weltkunst 1982, 3117.

559 Braunfels, S. 29, 32, 57; Schneider, 139 f., 188; vgl. Schlegelberger/Hefermehl, § 377 Rn. 22 und als Vertreter eines objektiven Fehlerbegriffs auch Kühn, S. 45.

560 Erman/B. Grunewald, § 434 Rn. 40; vgl. Bamberger/Roth/Faust, § 434 Rn. 23; OLG Hamm, ZGS 2003, 394 f. (Importfahrzeug): Der Umstand, dass ein verkaufter Pkw aus Italien importiert worden sei, sei keine diesem Fahrzeug unmittelbar physisch anhafte Beschaffenheit und deshalb kein Sachmangel i.S.d. § 434 BGB.

trotz desselben Beschaffenheitsbegriffs.[561] Es spricht zwar viel dafür, dass auch die subjektiven Auswahlkriterien an die Werkbeschaffenheit anknüpfen, doch sind beide Ergebnisse vertretbar und deshalb unberechenbar.

Auch bei unrichtigen Herkunftsangaben, an denen reine Liebhaberinteressen oder Trouvaille-Hoffnungen bestehen, ist ein Mangel nach § 434 I 1 BGB gegeben, wenn nur die vereinbarte Beschaffenheit verfehlt wird.[562] Macht der Käufer deutlich, zur Rekonstruktion einer Privatsammlung nur die Originalgegenstände erwerben zu wollen, kommt ein Mangel nach § 434 I 2 Nr. 1 BGB in Betracht, diese Norm wird aber i.d.R. von § 434 I 1 BGB verdrängt, wohingegen § 434 I 2 Nr. 2 BGB von vornherein keine Rolle spielt. Wird ein Werk aus Privatbesitz versprochen, muss er bei Übergabe bestehen.[563]

Bisweilen wurde ein Mangel unter Missachtung des Äquivalenzinteresses davon abhängig gemacht, ob über das rein private Liebhaberinteresse hinaus auch ein gewisses Marktinteresse besteht. Nur dann könne man von einer Wertminderung sprechen.[564] Man konnte aber zum Schutze des Käufers keine Zusicherung fordern, für die dann verschuldensunabhängig auf Schadensersatz zu haften gewesen wäre.[565]

Bei Ausstellungshinweisen zum Kunstwerk liegen i.d.R. nur bei Hinweisen auf werterhöhende Ausstellungen entsprechende Beschaffenheitsvereinbarungen vor,[566] sie sind aber möglich.[567] Unter einem engen Beschaffenheitsbegriff wurde ein Mangel bisweilen verneint; die Ausstellung sei ein Merkmal, das seinen Grund in den subjektiven Auswahlkriterien des Ausstellers finde.[568]

Unrichtige Provenienzangaben zu gleichartigen oder Werken desselben Künstlers können trotz ihrer geringen Bedeutung mit einem uneingeschränkt subjektiven Beschaffenheitsbegriff einen Mangel darstellen ebenso wie unrichtige Hin-

561 Staudinger/Matusche-Beckmann, § 434 Rn. 166; Schack, KuR, Rn. 384; Wrede, S. 52.

562 Vgl. Chr. Berger, KUR 2003, 137, 138; Hoeren/Martinek/Malzer, § 434 Rn. 24; Oechsler, Rn. 83.

563 LG Nürnberg-Fürth, Urt. v. 26.1.2009 – 6 O 3325/08, S. 12 – *„JP Hackert“* (n.v., nicht rechtskräftig).

564 Soergel, 12. Aufl. – Huber, § 459 Rn. 61 a; Palandt, 61. Aufl. – Putzo, § 459 Rn. 20; ähnlich Locher, S. 129 f.; ders., Aktuelle Fragen, S. 28: Es komme darauf an, ob die tatsächliche Herkunft des Kunstgegenstandes in Fachkreisen als wesentlich ungesicherter oder schlechter angesehen sei.

565 Das Liebhaberinteresse an der Herkunft war eine zusicherungsfähige Eigenschaft, vgl. Palandt, 61. Aufl. – Putzo, § 459 Rn. 20.

566 Falls die Ausstellung eine solche kunstgeschichtliche Bedeutung habe, dass die Beteiligung an ihr von Fachkreisen als werterhöhend eingestuft werde, bejahte auch Locher, S. 131, einen Mangel.

567 So auch Mangold, S. 165.

568 Braunfels, S. 29.

weise zur Zugehörigkeit eines Kunstwerkes zu anderen oder auf Ausstellungen vergleichbarer Stücke.[569] Derlei Vereinbarungen werden indes selten vorliegen.

Bei Verneinung der Beschaffenheitstauglichkeit bleibt ein c.i.c.-Anspruch auf Rückgängigmachung des Vertrags bzw. Schadensersatz (§§ 280 I, 311 II Nr. 1, 241 II, 249 S. 1 BGB), der ein Vertretenmüssen voraussetzt.[570]

V. Fehlende Seltenheit, überschrittene Auflagenhöhe

Kunstwerke, die als Unikat verkauft werden, sind nach § 434 I 1 BGB mangelhaft, wenn der Künstler bei Gefahrübergang mehr oder weniger identische, den Unikatcharakter beendende Exemplare geschaffen hat.[571] Weiter und enger Beschaffenheitsbegriff müssen zum selben Ergebnis führen, weil Unikaten die Einzigartigkeit inhärent ist.[572] Ist die Unikateigenschaft nicht vereinbart, begründen die anderen Exemplare einen Mangel nach § 434 I 2 Nr. 2 BGB, wenn sie unüblich bzw. nicht zu erwarten sind. Ein Hinweis auf die Existenz der Exemplare schützt.[573]

Vertragsklauseln, die Künstlern verbieten, Unikate durch das Inverkehrbringen mehr oder weniger identischer Exemplare zu entwerten, verschieben nicht den Mangelzeitpunkt. Varianten bleiben gestattet.[574]

Bei Auflagenüberschreitungen ist ein Mangel zu bejahen.[575] Ein enger Beschaffenheitsbegriff führt zum selben Ergebnis, wenn Limitierungen als wesensbestimmend in der Werkbeschaffenheit selbst ihren Grund haben.[576] Ob der Verkäufer Händler einzelner Exemplare oder Exklusivverleger ist, ist bei der verschuldensunabhängigen Gewährleistungshaftung irrelevant.[577] Ist die Auflagenhöhe vermerkt oder erwähnt, ergibt sich der Mangel i.d.R. aus § 434 I 1 BGB;[578] § 434 I 2 Nr. 2 BGB und § 434 I 3 BGB sind verdrängt. Vertragsklauseln mit dem Verbot von Auflagenüberschreitungen sind deklaratorisch.

---

569 Chr. Berger, KUR 2003, 137, 138.

570 Vgl. Weiler, ZGS 2002, 249, 250. So schon zum früheren Recht: Braunfels, S. 33.

571 G. Schulze in Loewenheim, § 70 Rn. 13; ders. in Ebling/Schulze, 4. Teil Rn. 13.

572 AA Schack, KuR, Rn. 385, der einen Mangel wohl ablehnt.

573 Vgl. Crawford, S. 91 mit Zertifizierungsbeispiel (Print Documentation) von Gemini G.E.L.; vgl. Merryman/Elsen/Urice, S. 1048.

574 G. Schulze in Ebling/Schulze, 4. Teil Rn. 13 mit Verweis auch auf § 37 I UrhG und RGZ 119, 408, 413 f. – „*Elfenreigen II*".

575 Vgl. Boochs/Ganteführer, S. 22; Goepfert, S. 95 f.; Heinbuch, NJW 1984, 15, 20;

576 Davon geht wiederum auch Schack, KuR, Rn. 385, aus; vgl. auch Braunfels, S. 34 f.; Schneider, S. 138 f.

577 Vgl. Dechow, S. 62. In diese Richtung aber Heinbuch, Aktuelle Rechtsfragen, S. 205; ders., NJW 1984, 15, 20.

578 Vgl. Dechow, S. 62.

Existieren bei Gefahrübergang Nachauflagen, die nicht als solche ausgewiesen sind, existieren getrennte nahezu identische Editionen mit verschiedener Zählung oder übersteigen Probedrucke und Künstlerdrucke ein übliches Maß, besteht ein Mangel nach § 434 I 1 BGB; § 434 I 2 Nr. 2 BGB ist i.d.R. verdrängt. Alle Drucke außerhalb der Auflage sollten in Zertifikaten miterwähnt werden.[579]

VI. Fehlende Eignung zur Aufstellung am vorgesehenen Ort

Kunstwerke, die aufgrund Größe, Gestalt oder Gewichts zur Aufstellung am vorgesehenen Orte vereinbarungswidrig ungeeignet sind, sind mangelhaft nach § 434 I 1 BGB oder zumindest nach § 434 I 2 Nr. 1 BGB.[580]

Ob die Parteivorstellungen auf die Ausmaße der Kaufsache oder auf die Bedingungen des vorgesehenen Ortes bezogen sind, ist unerheblich. Mit einem engen Beschaffenheitsbegriff besteht ein Mangel nur im ersten Fall.[581] War die Kaufsache zumindest mitbedacht, ergibt sich ein Mangel.[582]

VII. Sachwert

Mit einem weiten Beschaffenheitsbegriff kann grundsätzlich auch der wirtschaftliche Wert der Sache Beschaffenheit sein.[583] Dass dieser weder von der Sache ausgeht noch ihr dauerhaft anhaftet,[584] ist unbedeutend. Voraussetzung ist aber, dass der Vertrag sich auf Werke vom Wert des Kaufpreises bezieht.[585] Relevant sind immer nur Werte, die wie Umsatzzahlen oder Aktienkurse feste Formen angenommen haben;[586] der ausgehandelte Preis ist nach dem Sinn und Zweck des Gewährleistungsrechts unbeachtlich.[587] Unter den genannten Voraussetzungen können unrichtige Verweise auf Marktpreise gleichartiger Exemplare zu einem Mangel führen.[588] Werden keine Vergleichszahlen genannt, sondern

579 Ein Beispiel bietet Crawford, S. 124.

580 Bamberger/Roth/Faust, § 434 Rn. 51; Mertens, AcP 2003, 818, 837 f.; MünchKomm/H.P. Westermann, § 434 Rn. 13, 19, 70.

581 Vgl. BGH, NJW 1962, 1196 f. (Kreissäge); BGH, NJW 1985, 2472 f. (Wäschetrockner); Canaris, Karlsruher Forum 2002, S. 5, 64.

582 So Becker-Eberhard, JuS 1992, 461, 467.

583 Hoeren/Martinek/Malzer, § 434 Rn. 21; vgl. Esser/Weyers, § 5 II, S. 35; Larenz, SchuldR BT, § 41 I, S. 40.

584 Damit einen Mangel verneinend: Bamberger/Roth/Faust, § 434 Rn. 23; Schack, KuR, Rn. 381; Jauernig, 9. Aufl. – Vollkommer, § 459 Rn. 12; vgl. Bernreuther, MDR 2003, 63, 67.

585 Vgl. Flume AT, S. 481

586 Der BGH verneint bei zu hoch angegebenen Unternehmenszahlen einen Unternehmensmangel, vgl. BGH, NJW 1977, 1536, 1537; dies halten Reinicke/Tiedke, Rn. 849, für bedenklich.

587 Hierzu bereits o. S. 21; vgl. i.Ü. Flume, S. 119 Fn. 21.

588 AA Anspruch aus c.i.c.: BGH, WM 1981, 689 f. (Großhändlerpreis); Locher, S. 151 f.

erhebliche Wertsteigerungen in Aussicht gestellt, scheidet ein Mangel i.d.R. schon wegen des Mangelzeitpunktes aus. Sofern nicht der Vertrag bereits sittenwidrig ist (§ 138 BGB), verbleiben Arglistanfechtungen (§ 123 I Alt. 1 BGB) und c.i.c.-Ansprüche (§§ 280 I, 311 II Nr. 1, 241 II BGB).[589] Ein auffälliges bzw. besonders grobes Missverhältnis zwischen Leistung und Gegenleistung kann im Kunsthandel angesichts schwer objektivierbarer Marktwerte[590] nur dann bejaht werden, „wenn die Bandbreite nachvollziehbarer Preisbildung ganz wesentlich überschritten wird".[591] Eine verwerfliche Gesinnung liegt fern, wenn das Missverhältnis auf Zuschreibungsirrtümern beruht.[592]

VIII. Verdacht der Unechtheit

Probleme bereitet der Umgang mit dem Verdacht der Unechtheit. Im Verdacht der Unechtheit stehen grundsätzlich alle Kunstwerke, die nicht erweislich echt oder unecht sind.[593] Dies ist ziemlich oft der Fall, sichere Zu- oder Abschreibungen sind oft unmöglich. Experten und deren Gremien lassen die Echtheit dann ungeklärt und warten auf weitere für die Echtheit sprechende Umstände.[594] In Expertenstreiten ist die Unechtheit häufig nicht sicher feststellbar.[595] Stilkritische Untersuchungen scheitern, wenn sich kein geeigneter Experte als Gerichtssachverständiger findet.[596] Die Mangelbejahung beim Verdacht stünde im starken Kontrast zur Ansicht, der Erwerb alter Kunstwerke sei ohne ausdrückliche Echt-

---

589 Vgl. BGH NJW 2000, 1254 ff. (Falschinformationen zur Preisentwicklung von Sondermünzen); LG Darmstadt, NJW-RR 1997, 1277 f. (Diamanten als Kapitalanlage zum Preis 100% über Juweliereinkaufspreis); Schack, KuR, Rn. 392.

590 Vgl. o. S. 23.

591 Schack, KuR, Rn. 369.

592 OLG Saarbrücken, OLG-Report Saarbrücken 2001, 145 ff. – „*Jacque*".

593 Vgl. Schneider, S. 141.

594 So im Fall OLG Düsseldorf, NJW 1992, 1326 f. – „*Warhol*", wo das New Yorker *Andy-Warhol-Studio* die Autorschaft *Warhols* an einem zur Begutachtung vorgelegten Triptychon letztlich offen ließ.

595 Vgl. OLG Hamm, Urt. v. 13.1.2009 – 19 U 85/08, beck-online – BeckRS 2009 07370 – „*Feininger*".

596 So im Fall KG, Urt. v. 17.6.2003 – 15 U 103/02, S. 8 – „*Vuillard*" (n.v.); zuvor LG Berlin, Urt. v. 22.2.2002 – 5 O 391/00, S. 9 f. (n.v.). Der Beweis der Unechtheit eines angeblichen *Edouard Vuillard*-Gemäldes scheiterte, weil das Gericht die verweigerte Aufnahme in den Catalogue Raisonné *Vuillards* nicht genügen ließ und maltechnische und naturwissenschaftliche Untersuchungen keinen Aufschluss gaben; vgl. LG Regensburg, Urt. v. 23.4.1996 – 3 O 1416/95 – „*Cucuel*" (n.v., zitiert nach Picker, S. 109) zum Problem nicht gelungener Fälschungsnachweise. In Frankreich sind Museumskuratoren Expertiseerstellungen als private Nebentätigkeit gesetzlich untersagt, Art. 4 und 8 des Dekretes Nr 90–405 vom 16.5.1990; vgl. Schack, KuR, Rn. 144. Auch Untersuchungsverweigerungen sind denkbar (Kapazitätsüberlastungen etc.), vgl. v. Brühl, S. 141.

heitszusicherung immer ein derart gewagtes Spekulationsgeschäft, dass selbst die erwiesene Unechtheit keinen Fehler begründe.[597]

Der Umgang mit dem Mangelverdacht korreliert mit dem Problem des Vollbeweises: Je höher die Voraussetzungen für den Beweis der grundsätzlich mit einem Sachverständigenbeweis beweisbaren[598] Unechtheit (vgl. § 286 ZPO), desto eher scheitert der Käufer im Rechtstreit ungeachtet der Bemakelung des Werkes.[599] Die Beweislast für die Mangelexistenz trägt nach Leistungsannahme als Erfüllung, der Käufer (vgl. § 363 BGB).[600] Eine Beweislastumkehr (Nichtbeweisbarkeit der Echtheit, statt Beweis der Unechtheit[601]) ist *contra legem*.[602] Die Parteien können zwar vereinbaren, dass der Unechtheitsnachweis unter bestimmten Bedingungen als unwiderleglich *geführt* gilt.[603] Die Mangelrelevanz des Verdachts ist jedoch zunächst ein materiellrechtliches Problem.[604] Kann der Käufer bereits im Falle des Verdachts der Unechtheit gegen den Verkäufer Mängelrechte geltend machen?[605]

Sollte der Verdacht der Unechtheit einem Sachmangel nicht gleichkommen, hätte der Käufer den Vollbeweis der Unechtheit nach den allgemeinen Grundanforderungen zu erbringen.[606] Bei einer arglistigen Aufklärungspflichtverletzung würde der Verkäufer jedenfalls nach den §§ 311 Abs. 2 Nr. 1, 241 Abs. 2, 280 Abs. 1 BGB haften.[607] Er muss über einen ernsthaften Verdacht aufklären, wenn er von ihm wusste. Die c.i.c. ist bei arglistigem Verkäuferverhalten nicht von den

---

597 Dazu s.o. S. 75 f.

598 LG Berlin, Urt. v. 22.2.2002 – 5 O 391/00, S. 12 – „*Vuillard*“ (n.v.); Bernet/Schönwerth, Weltkunst 1998, 1531; Chevalier/Viehweger, Weltkunst 2002, 560; Picker, S. 327 f.

599 Braunfels, S. 40; Medicus, BR, 18. Aufl., Rn. 327.

600 Fikentscher/Heinemann, Rn. 855. Zuvor trägt der Verkäufer die Beweislast für die Sachmängelfreiheit, vgl. LG Mainz, Urt. v. 25.1.2000 – 6 S 297/99 – „*Kupka*“, zitiert nach Picker, S. 108.

601 Vgl. Becker-Eberhard, JuS 1992, 461, 467.

602 Ablehnend auch Katz, S. 91, zum Schweizer Recht.

603 Vgl. Versteigerungsbedingungen Van Ham, Ziff. 2.4 S. 3; s.u. S. 209, 239.

604 Zutreffend Mangold, S. 233 f.; Thomsen, S. 88; Wrede, S. 83.

605 Im Fall KG, Urt. v. 17.6.2003 – 15 U 103/02 – „*Vuillard*“ (n.v.); zuvor LG Berlin, Urt. v. 22.2.2002 – 5 O 391/00 (n.v.) blieb diese Frage letztlich offen. Ein Anspruch des klagenden Auktionshauses gegen seinen Einlieferer auf Rückzahlung des ausgekehrten Versteigerungserlöses wäre nach den Einlieferungsbedingungen nur gegeben gewesen, wenn das Auktionshaus den Kaufvertrag hätte rückabwickeln müssen, was nach dem Wortlaut der Versteigerungsbedingungen nur dann der Fall gewesen wäre, hätten sich die Angaben zur Urheberrschaft als unrichtig erwiesen.

606 Wie hier Mangold, S. 233 f.; aA offenbar: Boochs/Ganteführer, S. 30; Katz, S. 91; Locher, S. 142; v. Westerholt/Graupner, NJW 1978, 794, 795. Für die Beweisführung müsse genügen, wenn die Unechtheit annähernd gewiss sei, da die Echtheit oft nicht mit absoluter Gewissheit feststellbar sei.

607 Vgl. B. Grunewald, FS Konzen, S. 131, 139.

§§ 433 ff. BGB verdrängt.[608] Der Käufer wäre zudem durch das Anfechtungsrecht aus § 123 I Alt. 1 BGB geschützt.[609]

Würde der Verdacht der Unechtheit für die Bejahung eines Mangels genügen, wäre die Unechtheit nur auf der Grundstufe des Mangelverdachts zur vollen Überzeugung des Gerichts zu beweisen (vgl. § 286 ZPO).[610] Der Verkäufer müsste beweisen, dass der Verdacht unberechtigt war.[611]

1. Meinungsstand

a) Rechtsprechung

Bisher gibt es keine Gerichtsentscheidung, in der schon der Verdacht der Unechtheit als Sachmangel gewertet wurde. Der BGH entschied, bloße Zweifel an der Echtheit könnten einen Mangel nicht begründen.[612]

Das OLG Düsseldorf schloss im *„Warhol"*-Fall die gemeinsame Überzeugung der Vertragspartner von der zweifelsfreien Echtheit und deren Beweisbarkeit als Sacheigenschaft aus, weil sie der Sache nicht anhafte. Es verneinte sowohl Fehler (§ 459 I BGB a.F.) als auch Anfechtungsmöglichkeit (§ 119 II BGB).[613]

Das OLG Hamm entschied im *„Feininger"*-Fall, allein die Existenz einer nicht näher begründeten Negativexpertise ohne Nennung der tatsächlichen Urheberschaft sei kein Mangel, auch keiner nach § 434 I 2 BGB.[614] Die Expertise sei ein dem Werk nicht anhaftender wirtschaftlicher Umweltbezug.

Auch das LG Baden-Baden ließ den erhärteten Verdacht der Unechtheit im „*Kupka*"-Fall nicht etwa für einen Fehler genügen. Es hielt vielmehr den Versteigerer nach dem Kommissionsvertrag und wegen bestehender Treue- und Sorgfaltspflichten gegenüber den an der Versteigerung beteiligten Parteien für berechtigt, das Veräußerungsgeschäft rückabzuwickeln. Das Kommissionsgut sei nicht vertragsgerecht gewesen. „Ersichtlich stand der Versteigerungsauftrag (…) unter der von beiden Parteien übereinstimmend angenommen Voraussetzung, dass keine erheblichen Zweifel an der Echtheit (…) bestehen". Der Ein-

608 S.o. S. 59.
609 Vgl. BGH, NJW 1981, 1204, 1205 f. – „*Boudin*".
610 Vgl. Merryman/Elsen/Urice, S. 1079.
611 Vgl. B. Grunewald, FS Konzen, S. 131, 138; Magnus, FS Canaris, S. 257, 261 f.
612 BGH, NJW 1981, 1204, 1206 – „*Boudin*".
613 OLG Düsseldorf, NJW 1992, 1326 f.; zustimmend Schack, KuR, Rn. 384 Fn. 58; ablehnend Becker-Eberhard, JuS 1992, 461, 467.
614 OLG Hamm, Urt. v. 13.1.2009 – 19 U 85/08, beck-online – BeckRS 2009 07370 – *„Feininger"*.

lieferer habe die Pflicht, die dem Versteigerer im Zuge der Rückabwicklung des Veräußerungsgeschäfts entstandenen Kosten zu ersetzen.[615]

Das RG freilich wertete ein Werk als mangelhaft, bei dem der Verkäufer die Signatur eines wenig bekannten Malers entfernte und eine zweite verwischte Signatur beließ. Wegen der Existenz der früheren Signatur und der dadurch äußerst zweifelhaften Urheberschaft sei der Wert fortdauernd beeinträchtigt.[616] Dabei handelt es sich jedoch um einen Sonderfall, in dem sich in der Tat bereits ein Mangel nach § 434 I 2 Nr. 2 BGB bejahen lässt. Dies gilt auch, wenn die Signatur auf einem Originalgemälde einen Schreibfehler enthält und Fragen nach der Authentizität aufwirft.[617]

Zum Erwerb eines klinisch unauffälligen Pferdes entschied der BGH, die geringe Wahrscheinlichkeit, es werde klinische Symptome entwickeln, sei kein Sachmangel i.S.d § 434 I 2 Nr. 2 BGB.[618] Es komme nicht darauf an, welche Beschaffenheit der Käufer tatsächlich erwarte, sondern welche er nach der Art der Sache *„erwarten kann"*.[619]

Bei Lebensmitteln jedoch ließ es der BGH für einen Sachmangel genügen, wenn der Mangelverdacht auf konkreten Tatsachen fußt, die der Käufer durch zumutbar eigene Untersuchungen bzw. Nachforschungen nicht ausräumen kann. Zum Weiterverkauf bestimmtes Hasenfleisch sei beim praktisch nicht ausräumbaren Verdacht einer Salmonellenverseuchung und einer behördlichen Beschlagnahme *zwangsläufig nicht mehr verkäuflich* und daher wegen der in der Ware selbst begründeten Aufhebung der Tauglichkeit zum vertraglich vorausgesetzten Gebrauch (§ 459 I BGB a.F.) fehlerhaft.[620]

Ein Mangelverdacht bei Lebensmitteln könne auch zu einem Mangel i.S.d. Art. 35 Abs. 2 lit. a CISG führen, jedenfalls wenn der Verdacht (erheblich gesundheitsgefährdende Dioxinbelastung) öffentlich-rechtliche Maßnahmen auslöse (Verordnung der Bundesrepublik), die die *Handelbarkeit bzw. Wiederverkäuflichkeit ausschlössen.* Diese zähle im internationalen Groß- und Zwischenhandel zur Eignung der Ware zum gewöhnlichen Gebrauch.[621]

Im *„Glykol"*-Fall erwog der BGH allerdings, der Verdacht, Wein sei mit Glykol versetzt, sei eventuell kein Fehler, „wenn die Ware nicht zur Weiter-

---

615 LG Baden-Baden, NJW 2003, 3714 f. – *„Kupka"*.

616 RG, WarnRspr., 19. Jg., 1927, Nr. 140, 245 – *„Knaus"*.

617 Vgl. OLG Stuttgart, Urt. v. 10.2.1998 – 6 U 118/97 und LG Heilbronn, Urt. v. 11.7.1997 – 2 O 2872/95 II zu einem Bild *Karl Stuhlmüllers* „Dachauer Viehmarkt", auf dem in der Signatur das „l" fehlte; zitiert nach Picker, S. 91.

618 BGH, NJW 2007, 1351 ff. (Reitpferd).

619 BGH, NJW 2007, 1351, 1353 (Reitpferd).

620 BGHZ 52, S. 51 ff. = NJW 1969, 1171 = JZ 1970, 28 f. m. Anm. Fabricius – *„Hasenfleisch I"* (Verdacht der Salmonellenverseuchung); BGH, NJW 1972, 1462 f. – *„Hasenfleisch II"*.

621 BGH, NJW-RR 2005, 1218 ff. (Dioxinverdacht bei Lebensmitteln unter UN-Kaufrecht).

veräußerung, sondern zum Verzehr durch den Käufer selbst oder dessen Gäste bestimmt war".[622]

Nach Auffassung des OLG Karlsruhe, ist zum Wiederverkauf bestimmtes Fleisch wegen der *fehlenden* vertraglich vorausgesetzten *Handelbarkeit* auch ohne Gesundheitsgefährdung mangelhaft beim Verdacht, es genüge nicht den lebensmittelrechtlichen Anforderungen an sein Inverkehrbringen.[623] Die Ausräumung des Verdachts „durch umfangreiche lebensmitteltechnische Untersuchungen" sei dem Käufer „im Hinblick auf die daraus erwachsene Kostenlast nicht zumutbar".[624]

Auch beim Erwerb eines Grundstücks ist nach Ansicht des OLG München ein durch zumutbare Maßnahmen nicht zu beseitigender Altlastenverdacht ein Fehler. Wegen der Gefahr der gesundheitsschädlichen Beschaffenheit sei der vorausgesetzte Gebrauch (§ 459 I BGB a.F.), insbesondere die Bebaubarkeit, „wenn nicht schon verhindert, so doch nicht unwesentlich erschwert"; es *entfalle „jede wirtschaftliche Verwertung*".[625]

Auch Häuser sind nach dem BGH beim Schwammverdacht grundsätzlich mangelhaft.[626] Der Verdacht, ein Haus könne von neuem von Hausschwamm befallen werden, müsse „als den Verkaufswert des Hauses erheblich mindernder Fehler angesehen werden".[627]

Das LG Bonn entschied, der einem Haus anhaftende objektive Verdacht, es sei ein schwerer Baumangel in Form einer nicht den anerkannten Regeln der Baukunst entsprechenden Abdichtung des Kellergeschosses vorhanden, stelle einen Mangel dar, weil er die Eignung zu der nach dem Vertrag vorausgesetzten Verwendung beeinträchtige (§ 434 I 2 Nr. 1 BGB). Der Verkehr messe Sachen, bei denen der Verdacht einer schwerwiegenden Mangelhaftigkeit bestehe, einen geringeren Verkehrswert bei.[628]

Ein Pkw soll nach Ansicht des OLG Naumburg wegen vermindertem Verkehrswert sachmangelhaft sein, wenn aufgrund eines vom Verkäufer unaufgeklärten, trotz aufwändiger Reparaturversuche nicht behobenen Rasselgeräusches, der Verdacht eines weitergehenden Mangels oder Schadens im Motorbereich bestehe. Es könne offen bleiben, ob das Geräusch bereits selbst ein Mangel sei.[629]

---

622 BGH, NJW 1989, 218, 220 (Glykol).

623 OLG Karlsruhe, NJW-RR 2009, 134 ff. (Fleisch).

624 OLG Karlsruhe, NJW-RR 2009, 134, 135 (Fleisch).

625 OLG München, NJW 1995, 2566 f. (Altlastenverdacht) (Hervorhebung hinzugefügt).

626 Zum früheren Recht: BGH WM 1968 1220, 1221 (Hausschwammverdacht); BGH, NJW-RR 2003, 772 (Hausschwammverdacht).

627 BGH WM 1968 1220, 1221 (Hausschwammverdacht).

628 LG Bonn, NJW 2004, 74 (Verdacht der Feuchtigkeit im Hausfundament).

629 OLG Naumburg ZGS 2009, 152 f. (Fahrzeuggeräusch).

b) Literatur

Die Literatur ist gespalten: Vertreter eines engen Beschaffenheitsbegriffs darunter *B. Grunewald* meinen zum Teil, der Verdacht sei kein Sachmangel, weil keine Sachbeschaffenheit.[630] Er beruhe nicht auf der konkreten (physischen) Beschaffenheit der Sache, sondern i.d.R. auf der „Vorgeschichte" der Kaufsache.[631] Der Verkäufer habe gegenüber dem Käufer in Bezug auf den Verdacht bzw. die den Verdacht begründenden Umstände eine Aufklärungspflicht, wenn dieser Aspekt für den Käufer von Bedeutung sei. „Sofern der Verkäufer den geschilderten Aufklärungspflichten nicht nachkommt, haftet er nach den §§ 311 Abs. 2 Nr. 1, 241 Abs. 2, 280 Abs. 1 BGB."[632] Die entsprechende Verschuldenshaftung sei angemessener als eine verschuldensunabhängige Haftung des Verkäufers z.B. auf Minderung gegebenenfalls bis auf Null. Es liege nahe, nur den Verkäufer zu belasten, der die Umstände zumindest habe erkennen können.[633]

Die Meinungspluralität bei Zuschreibungen, die eingeschränkte Überprüfbarkeit einander widersprechender Äußerungen und das wahrscheinliche Auftreten neuer Bekundungen genügt vielen, darunter *Schack*, den Unechtheitsverdacht nie einem Mangel gleichzustellen. Ausreichend sei nur die Unechtheit.[634]

Nach anderer Auffassung ist ein Mangel im Grundsatz ausnahmsweise bejahbar nach § 434 I 1 BGB, § 434 I 2 Nr. 1 BGB oder – selbst beim Fälschungsverdacht eher fernliegend – § 434 I 2 Nr. 2 BGB[635].[636] *Chr. Berger* ist zum Erwerb von Kunstwerken der Ansicht: „Nur ausnahmsweise wird der bloße Verdacht, das

630 Erman/B. Grunewald, § 434 Rn. 4, 6; dies., FS Konzen, S. 131, 134 ff.; Oetker/Maultzsch, § 2 Rn. 52; Schack, KuR, Rn. 384 Fn. 58 Rn. 387; vgl. Fabricius, JZ 1970, 29 ff.; aA Bamberger/Roth/Faust, § 434 Rn. 71; Fikentscher/Heinemann, Rn. 844; Staudinger/Matusche-Beckmann, § 434 Rn. 166; Wrede, S. 76, 83. Schon zum früheren Recht einen Fehler bejahend: Braunfels, S. 37.

631 B. Grunewald, FS Konzen, S. 131, 135; vgl. dies. in Erman, § 434 Rn. 6.

632 B. Grunewald, FS Konzen, S. 131, 139.

633 B. Grunewald, FS Konzen, S. 131, 139.

634 Bernet/Schönwerth, Weltkunst 1998, 1531, 1532; Schack, KuR, Rn. 387; Palandt/Weidenkaff, § 434 Rn. 92 f.; vgl. Flume, JZ 1991, 633, 634.

635 Vgl. Hoeren/Martinek/Malzer, § 434 Rn. 111; MünchKomm/H.P. Westermann, § 434 Rn. 76. Zutreffend: „Nicht jede Fälschung löst einen Gewährleistungsanspruch aus. Was falsch ist, bestimmen die Parteien selbst", Jayme, Wiener Vorträge (2001), S. 223, 236.

636 Jauernig/Chr. Berger, § 434 Rn. 14; ders., KUR 2003, 137, 138; Bamberger/Roth/Faust, § 434 Rn. 71; Staudinger/Matusche-Beckmann, § 434 Rn. 176; Müggenborg, NJW 2005, 2810; Oechsler, Rn. 82; Reinicke/Tiedke, Rn. 316; PWW/D. Schmidt, § 434 Rn. 36; Palandt/Weidenkaff, § 434 Rn. 58; MünchKomm/H.P. Westermann, § 434 Rn. 13, 56, 76. Weniger streng: Hoeren/Martinek/Malzer, § 434 Rn. 27 ff., vgl. Rn. 110. Zum früheren Recht: Meeske, S. 64 f.: „(...) Fehler bereits dann (...), wenn die Unechtheit annährend gewiß ist"; vgl. Braunfels, S. 40; Becker-Eberhard, JuS 1992, 461, 467; Knoche, NJW 1988, 1985, 1987 f. Man könnte von einer eigenen Mangelkategorie sprechen, vgl. Wank, JuS 1990, 95, 99.

Kunstwerk werde zu Unrecht einem Künstler zugeschrieben, einen Sachmangel darstellen. Die zum Kauf von Lebensmitteln ergangene Rechtsprechung (...) ist nicht ohne weiteres auf Kunstwerke zu übertragen."[637] Mitunter heißt es explizit, der Mangelverdacht könne einen Sachmangel nur begründen, „wenn zur Beschaffenheit der Kaufsache auch das *Vertrauen in ihre Fehlerfreiheit* gehört".[638] Nach einer von *Magnus* zum CISG geäußerten Ansicht kann ein Verdacht überhaupt nur dann ein Sachmangel sein, wenn er auf Tatsachen beruht, die ausdrücklich den *Verdacht einer Gefährdung mit schweren Gesundheitsschäden* nahe legen, was insbesondere, aber nicht nur, bei Lebensmitteln der Fall sein könne.[639]

2. Stellungnahme

Der Verdacht der Unechtheit kann noch so stark ausgeprägt sein, einen Mangel begründet er nach der hier vertretenen Ansicht nur, wenn dies von den Parteien ausdrücklich festgelegt wurde. Ob sich der Verdacht dann nach Streitentscheidung entkräftet oder bekräftigt, ist unerheblich. Die Rechtskraft sichert das Urteil (§§ 705, 322 ZPO). Ohne Sondervereinbarung ist der Käufer mit der gesetzlichen Regelung nicht etwa benachteiligt, wenn er den Vollbeweis der Unechtheit erbringen muss.[640] Das dem Kunstkauf immanente Echtheitsrisiko darf nicht ausschließlich dem Verkäufer aufgebürdet werden.[641]

a) Grundsätzliche Verdachtsrelevanz

Eine „eigene Mangelkategorie" des Mangelverdachts[642] sieht das Gesetz in den §§ 433 ff. BGB jedenfalls nicht ausdrücklich vor. Wie auch die VerbrGKRL in Art. 2 enthält es keine Sonderregelung. Die Gesetzesbegründung enthält zum Mangelverdacht keine Ausführungen.[643]

Sind die Voraussetzungen des § 434 I BGB an einen Sachmangel nicht erfüllt, kann ein Verdacht kein Sachmangel sein.[644] Eine teleologische Extension, in deren Folge der Mangelverdacht eine neue Kategorie des Sachmangels darstellt, ist nicht begründbar. Auch nach dem Sinn und Zweck des Gewährleistungsrechts (Ausgleich von Äquivalenzstörungen) kommt es darauf an, ob das Kunstwerk die

---

637 Chr. Berger, KUR 2003, 137, 138.
638 PWW/D. Schmidt, § 434 Rn. 36 (Hervorhebung hinzugefügt).
639 Magnus, FS Canaris, S. 257 ff.
640 Vgl. Jayme in Reichelt, S. 23, 36.
641 Zutreffend: Schack, KuR, Rn. 387.
642 Vgl. Wank, JuS 1990, 95, 99.
643 Vgl. insb. die Ausführungen zum Sachmangelbegriff: RegE, BT-Drucks. 14/6040, S. 210 ff.
644 Palandt/Weidenkaff, § 434 Rn. 58.

vereinbarte Beschaffenheit hat (§ 434 I 1 BGB); die Kriterien des § 434 I 2 Nr. 1 und 2 BGB sind subsidiär.

Entscheidend ist, ob eine Abweichung von der Parteivereinbarung oder eine Abweichung von der Normalbeschaffenheit besteht, die als Äquivalenzstörung den Regeln des Gewährleistungsrechts untersteht.[645] Entsprechend prüfen auch die Gerichte die Voraussetzungen des § 434 I BGB (früher die des § 459 I BGB a.F.).[646] Es kann dabei nicht darauf ankommen, inwiefern der Verdacht der Sache dauerhaft anhaftet,[647] worauf das OLG Düsseldorf in der *„Warhol"*-Entscheidung[648] und das OLG Hamm in der *„Feininger"*-Entscheidung[649] abstellten. Unbedeutend ist insbesondere, ob der Verdacht der Unechtheit seinen Ursprung im Werk hat.[650] Einen hinreichenden Sachbezug i.S.d. uneingeschränkt subjektiven Beschaffenheitsbegriffs weist er auf. Das belegt schon die grundsätzliche Marktwertminderung im Falle seiner Existenz. Die Rechtsfolgen des grundsätzlich nicht auf Verschulden abstellenden Gewährleistungsrechts wären angemessen.[651] Die im Vergleich zur Verjährung nach §§ 195, 199 BGB kurze Verjährung des § 438 I Nr. 3, II BGB wäre eine angemessene Risikobegrenzung.[652]

Daraus ergibt sich: Die Parteien können vereinbaren, dass kein Verdacht in welcher Form auch immer bestehen darf. Ein entsprechender Verdacht bleibt dann – unabhängig vom Verkäuferverschulden – nicht das Risiko des Käufers. Dass der Verdacht vielleicht unerkennbar war, dass er womöglich erst nach Vertragsschluss, beim späteren Gefahrübergang oder sogar erst im Laufe der Verjährungsfrist aufkommt, ist bei einer entsprechenden Parteivereinbarung irrelevant. Insbesondere aus diesem Grund ist die Auffassung von *B. Grunewald*[653] abzulehnen, nach der der Verkäufer nur aus c.i.c. und nur bei Verschulden haften würde. Die Parteien können die Grenzen der Verdachtsrelevanz vereinbaren wie sie zugunsten des Verkäufers die Maßgeblichkeit eines bestimmten Forschungsstandes vereinbaren können. Dann besteht bei entsprechenden Verdachtsgründen ein Mangel nach § 434 I 1 BGB oder § 434 I 2 Nr. 1 BGB.[654] Die Parteivereinbarung stellt Verdacht und Sachmangel gleich.

---

645 Vgl. MünchKomm/H.P. Westermann, § 434 Rn. 56.

646 Vgl. BGH, NJW 2007, 1351 ff. (Reitpferd); zum CISG vgl.: Magnus, FS Canaris, S. 257, 261.

647 Vgl. Haas in Haas/Medicus/Rolland/Schäfer/Wendtland, Kap. 5 Rn. 98; Mangold, S. 234; Oechsler, Rn. 82.

648 OLG Düsseldorf, NJW 1992, 1326 f.; zustimmend Schack, KuR, Rn. 384 Fn. 58; ablehnend Becker-Eberhard, JuS 1992, 461, 467.

649 OLG Hamm, Urt. v. 13.1.2009 – 19 U 85/08, beck-online – BeckRS 2009 07370 – *„Feininger"*.

650 So Becker-Eberhard, JuS 1992, 461, 467.

651 A.A. B. Grunewald, FS Konzen, S. 131, 139.

652 Vgl. MünchKomm/H.P. Westermann, § 434 Rn. 13.

653 B. Grunewald, FS Konzen, S. 131, 134 ff.

654 Vgl. MünchKomm/H.P. Westermann, § 434 Rn. 56.

Die Annahme, bei einem Verdacht der Unechtheit sei die Beschaffenheit der Kaufsache „nicht wirklich beeinträchtigt“[655] ist insofern unzutreffend wie auch die Definition des Verdachts als bloße „Vermutung, dass ein Sachmangel vorliegen könnte“[656]. Wurde eine entsprechende Vereinbarung getroffen, ist die Beschaffenheit beim Verdacht beeinträchtigt. Ob der Verdacht auch im Falle seiner Bestätigung erheblich wäre – bei der Unechtheit sicherlich – ist unerheblich. Bei entsprechender Parteivereinbarung steht nicht etwa nur der Verdacht schwerer Gesundheitsschädigungen einem Mangel gleich.[657]

Die Frage, ob ein Mangelverdacht einen Mangel darstellt, ist zunächst eine der Vereinbarung bzw. der vertraglich vorausgesetzten Verwendung. Es geht weniger um eine Wertung als um die Auslegung auslegungsbedürftiger Parteivereinbarungen zur Echtheit bzw. Verwendungseignung (§§ 133, 157 BGB).[658]

Die Parteien werden i.d.R. jedenfalls bei älteren Werken mit der Vereinbarung „*echt*“ nicht *„zweifelsfreie Echtheit“ i.S. einer Haftungsübernahme für Verdachtsfälle*, sondern nur die „*Echtheit*“ vereinbaren. Dann besteht bei Echtheitszweifeln keine Abweichung. Denn von der Vereinbarung „echt“ weichen nur nachweislich unechte Werke ab. „Echt“ ist das Gegenteil von „unecht“, nicht aber von „möglicherweise unecht“.[659]

Der Käufer als Empfänger der Erklärung „echt“ darf dieser nicht einfach den für ihn günstigsten Sinn beilegen, sondern muss unter Berücksichtigung aller ihm erkennbarer Umstände mit gehöriger Aufmerksamkeit prüfen, was der Erklärende gemeint hat (§ 242 BGB).[660] Zu berücksichtigen ist auch und vor allem die bestehende Interessenlage.[661] Beachtlich ist dabei auch die Art der Sache.

Zwar ist unzutreffend, beim Verkauf alter Kunst sei bei Unechtheit nie ein Mangel gegeben, weil dem Erwerb älterer Werke angesichts der besonderen Zuordnungsschwierigkeiten und stets schwankenden Überzeugungen immer etwas Spekulatives anhafte.[662] Doch ist es richtig und entsprechend zu würdigen, dass Überzeugungen schwanken und Käufer darauf spekulieren, dass Zuordnungen Bestand haben. Der Käufer muss damit rechnen, dass im Laufe der wissenschaftlichen Auseinandersetzung mit dem Werk auch die Meinung vertreten wird, das Werk sei unecht. Der Verkäufer hat ein beachtenswertes Interesse, grundsätzlich nur für eine nachweisliche Unechtheit in Anspruch genommen zu

655 Jauernig/Chr. Berger, § 434 Rn. 14.
656 B. Grunewald, FS Konzen, S. 131, 139.
657 So aber wohl Magnus, FS Canaris, S. 257, 262.
658 Vgl. Becker-Eberhard, JuS 1992, 461, 464.
659 Das verkennt Braunfels, S. 37 f.
660 Vgl. BGH, NJW 1981, 2296; Palandt/Ellenberger, § 133 Rn. 9.
661 BGHZ 21, 328; Palandt/Ellenberger, § 133 Rn. 18.
662 Hierzu s.o. S. 75 f.

werden. Er haftet bereits für den Fortbestand der nach dem Forschungsstand des Gefahrübergangs zutreffenden Zuschreibung.[663] Schon angesichts der nicht ganz unwahrscheinlichen Zuschreibungsänderung innerhalb der zweijährigen Verjährungsfrist ist sein Risiko bei der Veräußerung von Kunstwerken nicht eben gering. Der Käufer kann ohne besondere Anhaltspunkte nicht davon ausgehen, der Verkäufer wolle sich auch im Hinblick auf Verdachtsfälle – gar künftige – verpflichten.

Angesichts der Unverderblichkeit von Kunstwerken und der im Vergleich zu Lebensmitteln langen Zeitspanne des Warenumschlags bleibt dem Käufer mit der angemessen verlängerten Verjährungsfrist von ganzen zwei Jahren (§ 438 I Nr. 3, II BGB) grundsätzlich hinreichend Zeit, die Echtheit des gelieferten verdächtigen Kunstwerkes näher zu untersuchen.[664] Abgesehen davon wird auch vom Käufer beim beiderseitigen Handelskauf keine Rüge schon in dem Moment verlangt, in dem der Verdacht aufkommt (vgl. § 377 HGB).[665] Gegen eine Beschaffenheitsvereinbarung „zweifelsfreie Echtheit" spricht zudem, dass der Verkäufer sich auf sie wegen bestehender Zweifelsmöglichkeiten grundsätzlich nicht einlassen würde, wenn in den Verhandlungen mit dem Käufer auch die Beschaffenheitsvereinbarung auf der darunter liegenden Stufe „echt" – wie i.d.R. – hinreichend ist. Es ist daher nicht anzunehmen, ein Kaufvertrag auch über ältere Kunstwerke stehe per se „ersichtlich unter der von beiden Parteien übereinstimmend angenommen Voraussetzung, dass keine erheblichen Zweifel" an der Echtheit bestehen.[666]

Bei älteren Kunstwerken ist deshalb ohne Sondervereinbarungen nicht die zweifelsfreie Echtheit vereinbart. Zwar ist „nicht selten (…) auch eine ausdrückliche oder konkludente Vereinbarung der Parteien über den Verwendungszweck" gegeben.[667] Diese erstreckt sich ohne Sonderabsprachen aber nicht auf die zweifelsfreie Echtheit. Dies gilt bei unerfahrenen Verkäufern erst recht.

Beim Erstverkauf von Kunstwerken zeitgenössischer Künstler ist eine Beschaffenheitsvereinbarung „zweifelsfrei echt" zwar durchaus wahrscheinlich. Allerdings wird sich die Echtheit i.d.R. klären lassen.

Die Ausstellung eines Kunstwerkes als zweifelsfrei echtes Werk gehört auch i.d.R. nicht zur vorausgesetzten Verwendung i.S.d. § 434 I 2 Nr. 1 BGB. Auf diese kommt es überhaupt nur an, wenn die vertragswidrige Beschaffenheit nicht (abschließend) konkretisiert wurde.[668] Die Vereinbarung „echt, nicht aber zweifelsfrei echt" ist abschließend.

---

663 S.u. S. 117f.

664 Vgl. Magnus, FS Canaris, S. 257, 258f.

665 B. Grunewald, FS Konzen, S. 131, 137; vgl. Ensthaler/Achilles, GK-HGB, § 377 Rn. 47.

666 In diese Richtung aber womöglich LG Baden-Baden, NJW 2003, 3714f. – „*Kupka*".

667 MünchKomm/H.P. Westermann, § 434 Rn. 56.

668 Palandt/Weidenkaff, § 434 Rn. 20.

Das Verwendungsrisiko trägt grundsätzlich der Käufer.[669] Die Festlegung der vertraglich vorausgesetzten Verwendung und damit die Übernahme des Verwendungsrisikos durch den Verkäufer erfordert eine rechtsgeschäftliche Vereinbarung. Nur dann ist es angemessen, den Verkäufer entsprechend zu belasten.[670] Daher genügt es für die Vereinbarung „zweifelsfrei echt" beim Verkauf älterer Werke nicht, dass der Käufer erwähnt, sie in einer Ausstellung echter Werke ausstellen zu wollen. Einseitige Käufererwartungen sind irrelevant, auch wenn sie mitgeteilt werden.[671] Der Verkäufer wird auf die Erbringung des Vollbeweises der Unechtheit grundsätzlich nicht verzichten. Auch die Nichtaufnahme eines hypothetisch echten Werkes ins maßgebliche Werkverzeichnis ist trotz Werteinbußen ohne Sonderabsprachen grundsätzlich nicht Verkäufer-, sondern Käuferrisiko.

Auch was die Bewertung eines Verdachts als Sachmangel i.S.d. § 434 I 2 Nr. 2 BGB anbelangt, ist die Ansicht *Schacks*, man dürfe das dem Kunstkauf immanente Echtheitsrisiko nicht ausschließlich dem Verkäufer aufbürden,[672] zutreffend. Zutreffend ist nämlich auch, dass der Verdacht eines Mangels nur dann einen Mangel begründen kann, „wenn zur Beschaffenheit der Kaufsache das Vertrauen in ihre Fehlerfreiheit gehört".[673] Zwar wird der ganz überwiegende Teil aller Ware im Vertrauen auf ihre Fehlerfreiheit gekauft. Beim Erwerb von Kunstwerken können Käufer jedoch nicht *nach der Art der Sache erwarten* (vgl. § 434 I 2 Nr. 2 BGB), dass sie zweifelsfrei echt sind. Die zweifelsfreie Echtheit gehört nicht zur Normalbeschaffenheit. Selbst ein gefälschtes Kunstwerk ist nach hier vertretener Ansicht nicht nach § 434 I 2 Nr. 2 BGB mangelhaft.[674] Der Verdacht der Unechtheit erfüllt den Tatbestand erst recht nicht.

Kann der Käufer das Werk nicht in eine Sammlung zweifelsfrei echter Kunstgegenstände eingliedern, besteht sonach bei älteren Kunstwerken ohne Sondervereinbarung kein Sachmangel, wenn die Unechtheit nicht bewiesen ist.[675] Dass das Werk nicht geeignet ist, „Teil einer nur zweifellos und beweisbar echten Werken vorbehaltenen Sammlung oder Ausstellung zu sein"[676], genügt auf der Ebene eines nur als echt, nicht aber zweifelsfrei echt verkauften Werkes nicht für einen Mangel.

---

669 Palandt/Weidenkaff, § 434 Rn. 20.

670 B. Grunewald, § 7 I Rn. 12; Looschelders, Rn. 47; aA nicht „vereinbart", sondern nur „vorausgesetzt": Palandt/Weidenkaff, § 434 Rn. 20.

671 Looschelders, Rn. 47.

672 Schack, KuR, Rn. 387.

673 PWW/D. Schmidt, § 434 Rn. 36.

674 S.o. S. 81.

675 A.A. Becker-Eberhard, JuS 1992, 461, 467; Braunfels, S. 40; Jayme in Reichelt, S. 23, 36f.

676 Becker-Eberhard, JuS 1992, 461, 467.

Ringt der Käufer von Kunstwerken dem Verkäufer nicht das unmissverständliche Versprechen „zweifelsfreier Echtheit" ab, ist die verbleibende c.i.c.-Haftung – also eine (Schadensersatz-)Haftung nur bei Arglist – angemessen.[677] Der Käufer trägt das Risiko, dass der Verkäufer einen Verdacht übersieht oder der Verdacht erst später aufkommt.

Anders ist dies bei verderblichen, erkennbar zum Weiterverkauf bestimmten Lebensmitteln, deren gewöhnliche Verwendung bereits in der Weiterveräußerung und im ungefährlichen Verzehr besteht: Bei einem begründeten Verdacht auf eine gesundheitliche Beschaffenheit, die zu öffentlich-rechtlichen Maßnahmen (Beschlagnahme oder Vermarktungsverbot aufgrund lebensmittelrechtlicher Bestimmungen) führt, entfällt ihre Verwertbarkeit vollumfänglich und endgültig,[678] wenn sich der Verdacht nicht entkräften lässt.[679] Die zweckgemäße Einsatzfähigkeit von Lebensmitteln, die im Verdacht einer ernsten und mithin absolut inakzeptablen Gesundheitsgefährdung stehen, ist auch dann schwer beeinträchtigt, wenn ein Unternehmen sie für die Werkskantine erwirbt.[680] Da die Äquivalenzstörung von Wertrealisierungen im Weiterverkauf unabhängig ist, kann es auf die Wiederverkäuflichkeit nicht ankommen.[681] Der Verkäufer von Lebensmitteln muss sich ohne Wenn und Aber darauf einlassen, dass sie unbedenklich zum Verzehr geeignet sind. Andernfalls würde – der Verkäufer weiß es – der Käufer sich kaum auf den Vertrag einlassen.

Kunstwerke, die möglicherweise unecht sind, bedrohen hingegen nicht ein so hochstehendes Rechtsgut wie die Gesundheit.[682] Fehlte ihnen die Handelbarkeit, wäre zwar auch ohne Gesundheitsgefährdung[683] oder öffentlich-rechtliche Maßnahmen ein Sachmangel gegeben. Sie finden jedoch, wenngleich mit einem Abschlag, der für einen Sachmangel i.S.d. § 434 I 2 Nr. 2 BGB jedoch nicht

---

677 Vgl. B. Grunewald, FS Konzen, S. 131, 139f., nach deren Auffassung die c.i.c.-Haftung auch bei Fahrlässigkeit nicht vom Gewährleistungsrecht verdrängt ist, weil der Verdacht aufgrund ihres engen Beschaffenheitsbegriffs kein Sachmangel ist.

678 So blieb im Hasenfleischfall (BGHZ 52, S. 51ff. = NJW 1969, 1171 = JZ 1970, 28f. m. Anm. Fabricius – „*Hasenfleisch I*") die Ware nach Beschlagnahme durch das Ordnungsamts beim Käufer eingelagert und wurde schließlich, nachdem sie infolge der langen Lagerung verdorben und genußuntauglich geworden war, vernichtet.

679 Vgl. Jauernig/Chr. Berger, § 434 Rn. 14; Eckert/Maifeld/Matthiessen Rn. 518; Magnus, FS Canaris, S. 257, 262; Reinicke/Tiedke, Rn. 316.

680 Vgl. Magnus, FS Canaris, S. 257, 263.

681 Vgl. B. Grunewald, FS Konzen, S. 131, 138; vgl. Magnus, FS Canaris, S. 257, 263 zum CISG. Sie kann jedoch genügen, wenn sie vereinbart wurde, vgl. Hoeren/Martinek/Malzer, § 434 Rn. 27f.

682 Letzteres gefordert von Magnus, FS Canaris, S. 257, 262.

683 Zutreffend: OLG Karlsruhe, NJW-RR 2009, 134ff. (Fleisch).

genügt,[684] auch im Verdachtsfall Abnehmer. Vermarktungsverbote gibt es grundsätzlich selbst bei Fälschungen keine. Zu einer Totalentwertung kommt es nicht.[685]

b) Hinreichender Verdacht

Eine etwaige Beschaffenheitsvereinbarung „*zweifelsfrei echt*" wäre wiederum auslegungsbedürftig. Haben die Parteien nicht selbst eindeutig bestimmt, welche Zweifel relevant sein sollen (z.B. die eines bestimmten Experten), ist zu prüfen, welche Zweifel nach dem Parteiwillen unbeachtlich bleiben. Da früher im Falle eines Sachmangels immer auch ein Rücktritt möglich war, hieß es mahnend, der Käufer dürfe sich nicht von jedem bereuten Kauf lösen.[686]

Heute ermöglicht ein Sachmangel nicht automatisch einen Rücktritt (vgl. §§ 437 Nr. 2, 440, 323 V 2 BGB ggf. i.V.m. § 326 V 2. Hs. BGB). Zwar ist es für einen Sachmangel unmaßgeblich, ob er dauerhaft und erheblich ist. Auch ist es grundsätzlich Sache des Verkäufers, den Mangelverdacht mit einer Nachbesserung zu beseitigen. Doch ist es gleichwohl nicht so, dass jeder Bagatellverdacht einem Sachmangel gleichsteht. Bloße Vermutungen[687], ein vager Verdacht ohne innere Substanz[688], genügen nicht. Der Verdacht muss sich auf konkrete und gewichtige Tatsachen stützen.[689] Nur bei einem verdichteten Mangelrisiko ist es gerechtfertigt, dem Verkäufer die Pflicht aufzuerlegen, den Verdacht zu entkräften.[690] Nur dann ist die Gleichstellung von Mangelverdacht und Mangel berechtigt.[691] Die Verdachtstatsachen müssen so gewichtig sein, dass ein Rücktritt vom Vertrag gerechtfertigt erscheint.[692]

---

684 BGH, NJW 2007, 1351, 1353 (Reitpferd); vgl. Magnus, FS Canaris, S. 257, 262 f. zum CISG.

685 Wie der Altlastenverdacht bei Grundstücken, der Schwammverdacht bei Häusern und der Schadensverdacht bei Pkw zu bewerten ist, kann dahinstehen. Bei Grundstücken im Altlastenverdacht kann immerhin jede wirtschaftliche Verwertung entfallen; vgl. OLG München, NJW 1995, 2566 (Altlastenverdacht).

686 Dechow, S. 57.

687 Magnus, FS Canaris, S. 257, 262.

688 Müggenborg, NJW 2005, 2810.

689 BGH, NJW 1981, 1204, 1206 – „*Boudin*"; Braunfels, S. 37; Dechow, S. 57; vgl. BGH, JZ 1970, 28 f. – „*Hasenfleisch I*"; BGH, NJW 1989, 218, 219 f. (Glykol); Müggenborg, NJW 2005, 2810.

690 Vgl. Magnus, FS Canaris, S. 257, 261.

691 Vgl. Magnus, FS Canaris, S. 257, 262 f.

692 Vgl. Magnus, FS Canaris, S. 257, 262, 264 zum CISG; vgl. auch Lorenz, NJW 2004, 26. Die vorzunehmende Prüfung kommt der Erheblichkeitsprüfung i.S.d. § 459 I 2 BGB a.F. nahe. Zwar ist nicht zu prüfen, wann nach der Verkehrsauffassung (Vgl. Palandt, 61. Aufl. – Putzo, § 459 Rn. 13 zur Erheblichkeit i.S.d. § 459 I 2 BGB a.F.) der Verdacht erheblich ist, sondern, ob er er nach dem Parteiwillen einem Sachmangel gleichsteht. Doch ist ein nach der Verkehrsauffassung erheblicher Verdacht grundsätzlich auch nach dem Parteiwillen beachtlich.

Nach dem BGH ist zu Recht auch entscheidend, dass der Käufer die Tatsachen, auf denen ein Mangelverdacht beruht, durch zumutbar eigene Untersuchungen nicht ausräumen kann.[693] Es verstieße gegen den Grundsatz von Treu und Glauben (§ 242 BGB), wenn der Käufer, der den Verdacht leicht klären kann, dies vom Verkäufer erwarten würde.[694] Entsprechend sind grundsätzlich auch nach der Parteivereinbarung nur Umstände relevant, die sich nicht durch schnelle, einfache Untersuchungen beseitigen lassen.[695]

Bei Lebensmitteln, die in großer Stückzahl gehandelt werden, genügt der Rechtsprechung grundsätzlich der durch eine angemessene Anzahl von Stichproben erhärtete Verdacht einer insgesamt mangelhaften Lieferung, um die ganze Lieferung als sachmangelhaft einzustufen. Es ist dem Käufer i.d.R. unzumutbar und bei Konservenware ohne Beschädigung der Gesamtware auch nicht möglich, genießbare Stücke aufzufinden.[696] Zeitaufwändigen Untersuchungen steht zudem oft eine Warenverderblichkeit entgegen. Beim Verdacht der Unechtheit sind die Grenzen der Zumutbarkeit insofern höher.

Grundsätzlich kommt es auch darauf an, ob die Verdachtsausräumung dem Käufer zu vertretbaren Kosten möglich ist.[697] Unzumutbar ist dem Käufer die Verdachtsausräumung jedenfalls, wenn die Untersuchung mehr kostet als die Ware selbst.[698] Während aber unzutreffende Verdachtstatsachen bei altlastenverdächtigen Grundstücken und gefahrenverdächtigen Lebensmitteln bei entsprechendem Kostenaufwand grundsätzlich ausräumbar sind, ist der Verdacht der Unechtheit bei Kunstwerken oft unabhängig von einer Kostenerbringung (die Expertisekosten liegen i.d.R. deutlich unter dem Wert des Kunstwerkes) unausräumbar, weil die Wissenschaft zu keinem eindeutigen Ergebnis gelangt. Betragsobergrenzen für die dem Käufer zuzumutenden Untersuchungen[699] sind dann kein sinnvolles Kriterium.

Nach dem Parteiwillen ist ein Sachmangel bei einer Vereinbarung der zweifelsfreien Echtheit grundsätzlich gegeben, wenn das Werk seine vertraglich vereinbarte Zweckeignung einbüßt, in einer Ausstellung zweifelsfrei echter Werke gezeigt zu werden. Das von *Jayme*[700] als Gradmesser für die Verdichtung des

---

693 BGH, JZ 1970, 28 f. – „*Hasenfleisch I*"; BGH, NJW 1989, 218, 219 f. (Glykol); zustimmend auch: Knoche, NJW 1988, 1985, 1987 f.; vgl. Magnus, FS Canaris, S. 257, 263 zum CISG.

694 Vgl. Magnus, FS Canaris, S. 257, 263 betr. Art. 7 I CISG.

695 Beim beiderseitigen Handelskauf kommt hinzu, dass den Käufer nach § 377 HGB gewisse Untersuchungsobliegenheiten treffen; vgl. Magnus, FS Canaris, S. 257, 263 betr. Art. 38 CISG. Zur restriktiven Auslegung des § 377 HGB s.u. S. 141 ff.

696 Vgl. Magnus, FS Canaris, S. 257, 259.

697 Bamberger/Roth/Faust, § 434 Rn. 71.

698 Vgl. BGH, JZ 1970, 28 („*Hasenfleisch I*").

699 Vgl. Knoche, NJW 1988, 1985, 1987 f.

700 Jayme in Reichelt, S. 23, 36 f.; vgl. auch Becker-Eberhard, JuS 1992, 461, 467.

Mangelverdachts vorgeschlagene Kriterium der fehlenden Ausstellungsfähigkeit bedarf jedoch der Konkretisierung.[701] Nicht weniger als bei der Ablehnung durch private Ausstellungsinstitute ist auch bei der durch Spezialisten öffentlicher Institutionen stets auf die Plausibilität der Ablehnungsbegründung abzustellen. Die tatsachengestützte, plausible Ablehnung öffentlicher Institutionen bestätigt den Verdacht quasi amtlich. Im Falle einer fundierten Expertenmeinung kommt dem aber auch ein „privater" Verdacht gleich.[702]

Sind die auf stilkritischen Untersuchungen basierenden Verdachtstatsachen unzureichend, muss der Käufer sie gegebenenfalls mit naturwissenschaftlich-technischen Gutachten erhärten. Es bedarf einer qualifizierten wissenschaftlichen Untersuchung maßgeblicher Experten unter Heranziehung neuester technischer Methoden.[703] Die Argumente gegen die Echtheit dürfen nicht hinreichend entkräftbar sein.[704] Unter dieser Voraussetzung sind die Echtheitszweifel grundsätzlich auch dann hinreichend, wenn das New Yorker *Andy-Warhol-Studio* die Autorschaft *Warhols* an einem zur Begutachtung vorgelegten Triptychon offen lässt.[705] Eine nicht näher begründete Negativbeurteilung selbst der maßgeblichen Instanz ist mangels andersartiger Parteivereinbarungen unzureichend.[706]

Ebenso wenig wie die Nichtaufnahme eines hypothetisch echten Werkes in das maßgebliche Werkverzeichnis ein juristischer Vollbeweis ist, sondern angesichts der Irrtumsmöglichkeiten nur ein Indiz der Unechtheit,[707] belegt sie den Verdacht der Unechtheit hinreichend konkret. Dies ist anders nur, wenn der Verzeichnisersteller das Kunstwerk kennt und seine Entscheidung plausibel begründet.

Kommen die maßgeblichen Experten zu verschiedenen, wenig fundierten Ergebnissen, wird der Käufer zwar beim Beweis der Unechtheit mit einem *non liquet* unterliegen.[708] Bei einer Expertisedivergenz kann es für einen Sachmangel jedoch genügen, wenn das Werk nur mehr als zugeschrieben weiterverkauft werden könnte.[709] Schlägt eine Authentifizierung in eine Zuschreibung im enge-

701 Vgl. auch Wrede, S. 82.

702 Vgl. Magnus, FS Canaris, S. 257, 262.

703 Vgl. Braunfels, S. 37; Mangold, S. 234 (qualifizierte Begutachtung eines anerkannten Fachmanns).

704 Vgl. Braunfels, S. 37 ff.; Staudinger (1995) – Honsell, § 459 Rn. 99; Schneider, 141.

705 Vgl. OLG Düsseldorf, NJW 1992, 1326 f. – *„Warhol"*.

706 Vgl. OLG Hamm, Urt. v. 13.1.2009 – 19 U 85/08, beck-online – BeckRS 2009 07370 – *„Feininger"*.

707 LG Berlin, Urt. v. 22.2.2002 – 5 O 391/00, S. 7, 11; KG, Urt. v. 17.6.2003 – 15 U 103/02; S. 7 – *„Vuillard"* (n.v.).

708 Goepfert, S. 125 f.

709 Vgl. aber *Greenberg Gallery, Inc. v. Bauman*, 817 F. Supp. 167 (D.D.C. 1993) (Merryman/Elsen/Urice, S. 1062 ff.): Bei Expertisedivergenz kein Mangel, obwohl der Spitzenexperte eine Fälschung bejaht; kritisch dazu: Merryman/Elsen/Urice, S. 1070.

ren Sinne um oder wird selbst diese unplausibel, ist ein Sachmangel gegeben, weil das Werkes allenfalls als zugeschrieben verkauft werden dürfte.[710]

Nach einer Ansicht in der Literatur kann es für einen hinreichend konkreten Altlastenverdacht genügen, dass der Käufer nachweist, es habe einen Schadensfall auf dem Grundstück mit dem Austritt von Schadstoffen gegeben.[711] Das ist zutreffend. Ähnlich gelagert ist der „*Knaus*"-Fall des RG, in dem der Verkäufer die Signatur eines wenig bekannten Malers entfernte und eine zweite verwischte Signatur beließ.[712]

Den für einen konkreten Verdacht hinreichenden[713] Fall, dass schon an andere Abnehmer gleiche Ware geliefert wurde, die ernste Gesundheitsgefahren begründete, gibt es bei Kunstwerken ebenso wenig wie den, dass einige der gelieferten Waren mit Sicherheit mangelhaft sind. Kunstwerke werden i.d.R. nicht in großer Stückzahl gehandelt. Entstammen sie einer Fälscherwerkstatt, ist die Unechtheit bereits bewiesen.

Bezüglich des Altlastenverdachts bei Grundstücken liegen hinreichend konkrete Anhaltspunkte jedenfalls vor, wenn das Grundstück aufgrund bodenrechtlicher Bestimmungen in Karteien oder Dateien als altlastenverdächtig geführt wird, „weil dann jederzeit die für den Kaufinteressenten wertmindernde Gefahr eines behördlichen Eingreifens besteht."[714] Bei Lebensmitteln ist der Verdacht der Gesundheitsgefahr bei behördlichen Vermarktungsverboten grundsätzlich hinreichend erhärtet.[715] Vergleichbare öffentliche Maßnahmen gibt es bei Kunstwerken nicht. Sie sind insbesondere, wenn auch mit Abschlägen, weiterveräußerbar. Die Versteigerungsverweigerung renommierter Auktionshäuser, gepaart mit der Eintragung in eine zum Schutze vor Fälschungen eingerichtete „Datenbank kritischer Werke"[716], wird jedoch als hinreichender Verdacht zu werten sein.

---

710 Eine Wertminderung ist greifbar.

711 Müggenborg, NJW 2005, 2810.

712 RG, WarnRspr., 19. Jg., 1927, Nr. 140, 245 – „*Knaus*".

713 Vgl. Magnus, FS Canaris, S. 257, 262.

714 MünchKomm, 5. Aufl. – H.P. Westermann, § 434 Rn. 50 mit Verweis auf § 2 VI BBodSchG; vgl. Knoche, NJW 1995, 1985, 1988.

715 Vgl. Magnus, FS Canaris, S. 257, 262.

716 Es handelt sich um eine vom Bundesverbandes Deutscher Kunstversteigerer e.V. (BDK) für dessen Mitglieder zum Schutze vor Fälschungen errichtete, nicht öffentliche Onlinedatenbank, in der verdächtige Werke registriert werden; vgl. Eisenbeis, BDK Pressemitteilung Januar 2011, http://www.van-ham.com/fileadmin/aktuelle_meldungen/BDK_Die_Datenbank_kritischer_Werke.pdf; abgerufen am 1.4.2012; Fricke, Handelsblatt v. 4.2.2011, http://www.van-ham.com/fileadmin/aktuelle_meldung-en/Pressespiegel/Handelsblatt_Kampfansage_an_Betrueger_25.1.2011.pdf; abgerufen am 1.4.2012. Die Idee geht zurück auf Zacher in Althöfer, S. 199 ff. Ziel ist es, Einlieferern gegebenenfalls eine Betrugsabsicht nachzuweisen und zu verhindern, dass bekannte Fälschungen unerkannt auf dem Markt kursieren; vgl. dazu schon: Almeroth, S. 258 ff.; Groteke, Handelsblatt v. 10./11.5.1985, S. 29.

c) Ergebnis

Der Verdacht der Unechtheit begründet einen Mangel nur, wenn dies von den Parteien ausdrücklich festgelegt wurde. Haben die Parteien nicht bestimmt, welche Zweifel relevant sein sollen, muss sich der Verdacht auf konkrete und gewichtige Tatsachen stützen. Der Käufer darf die Tatsachen, auf denen ein Mangelverdacht beruht, durch zumutbar eigene Untersuchungen nicht ausräumen können. Unter diesen Umständen ist ein Sachmangel grundsätzlich gegeben, wenn das Werk seine vertraglich vereinbarte Zweckeignung einbüßt, in einer Ausstellung zweifelsfrei echter Werke gezeigt zu werden. Genügen kann auch die Nichtaufnahme eines hypothetisch echten Werkes in das maßgebliche Werkverzeichnis. Sind die auf stilkritischen Untersuchungen basierenden Verdachtstatsachen unzureichend, muss der Käufer sie gegebenenfalls mit naturwissenschaftlich-technischen Gutachten erhärten. Schlägt eine Authentifizierung in eine Zuschreibung im engeren Sinne um oder wird selbst diese unplausibel, ist ein Sachmangel gegeben. Auch die Versteigerungsverweigerung renommierter Auktionshäuser, gepaart mit der Eintragung in eine zum Schutze vor Fälschungen eingerichtete „Datenbank kritischer Werke", wird als hinreichender Verdacht zu werten sein.

I. Montagefehler, Falsch- und Zuweniglieferungen, § 434 II 1, III BGB

Ein Sachmangel ist nach § 434 II 1 BGB schließlich auch eine vereinbarte, durch den Verkäufer oder dessen Erfüllungsgehilfen unsachgemäß durchgeführte Montage. § 434 III BGB stellt Falsch- und Zuweniglieferungen einem Sachmangel gleich.

1. Montagefehler, § 434 II 1 BGB

§ 434 II 1 BGB ist auch im Kunsthandel relevant.[717] Denn viele zeitgenössische Kunstwerke sind komplexe, auf Technik angewiesene, schwer installierbare Gebilde. Manche Käufer wünschen Montage und Aufstellungshilfen. Dann helfen Galeristen.[718] Aus Gründen der Authentizität und Ästhetik legen Künstler auch selbst Hand an. Handelt der Galerist in Folge einer kaufvertraglichen Montageabrede oder handelt der Künstler in dieser Verbindlichkeit als Erfüllungsgehilfe (§ 278 BGB),[719] kann § 434 II 1 BGB einschlägig sein.[720]

717 AA ohne nähere Begründung Wrede, S. 223.

718 Boll, S. 312.

719 Herangezogene Dritte müssen Erfüllungsgehilfen des Verkäufers sein (vgl. § 434 II 1 BGB); vgl. MünchKomm/H.P. Westermann, § 434 Rn. 37; Palandt/Weidenkaff, § 434 Rn. 43.

720 Vgl. Palandt/Grüneberg, v. § 311 Rn. 20 (Kaufvertrag mit andersartiger Nebenleistung).

2. *Falschlieferung, § 434 III Alt. 1 BGB*

Falschlieferungen stehen einem Sachmangel gleich (§ 434 III Alt. 1 BGB). Man unterscheidet Identitäts- und Qualifikationsaliud.

Bei einem Identitätsaliud wird beim Stückkauf, also beim Kauf eines individuell bestimmten Gegenstandes[721], ein gegenständlich anderes Stück geliefert als das gekaufte,[722] d.h. statt des gewählten *Schiele*- ein *Klimt*gemälde, statt des gewählten Auflagenexemplars 1/100, Nummer 19/100.[723] Das Identitätsaliud war ein Fall von Nichterfüllung (§§ 320ff. BGB a.F.).[724] Die Abgrenzung von Schlecht- und Falschlieferung ist problemlos.[725] Sie ist dies auch, wenn ein Künstler von einem Bild zwei Versionen schafft und das Falsche geliefert wird.[726] Deshalb ist umstritten, ob § 434 III Alt. 1 BGB das Identitätsaliud erfasst.

Bei einem Qualifikationsaliud wird beim Gattungskauf Ware geliefert, die einer anderen Gattung angehört.[727] Gattungskäufe sind im Kunsthandel selten.[728] Kunstwerke sind i.d.R. nicht nach allgemeinen Gattungsmerkmalen bestimmt, den Parteien ist nicht gleichgültig, welcher konkrete Gegenstand zur Erfüllung verwandt wird.[729] Ausnahmen sind Bestellungen serieller Kunstwerke nach Katalogabbildungen, die nur *pas pro toto* auf Exemplare gleicher Merkmale verweisen, ohne eine bestimmte Auflagennummer in Bezug zu nehmen.[730] Die Abgrenzung von Schlecht- und Falschlieferung fällt schwer, weil Gattungszugehörigkeiten unvollkommen präzisierbar sind.[731] Dank § 434 III Alt. 1 BGB kann sie dahinstehen.[732]

---

721 Heinbuch, Aktuelle Rechtsfragen, S. 198; Kamanabrou, ZGS 2004, 57, 60f.; Schellhammer, MDR 2002, 241, 245.

722 Larenz, SchuldR BT, § 41 I, S. 40f.; Schlechtriem, SchR BT, 5. Aufl., Rn. 82; Schlegelberger/Hefermehl, § 377 Rn. 28, 32; AKBGB-Reich, § 459 Rn. 5; Jauernig, 9. Aufl. – Vollkommer, § 459 Rn. 10, 13; MünchKomm, 3. Aufl. – H. P. Westermann, § 459 Rn. 15.

723 Vgl. H.P. Westermann, NJW 2002, 241, 246; AKBGB-Reich, § 459 Rn. 5.

724 Emmerich, 9. Aufl., § 4 III 3 Rn. 16; Giesen, Jura 1993, 354, 360; Heinbuch, Aktuelle Rechtsfragen, S. 198.

725 Canaris, Karlsruher Forum 2002, S. 5, 69; Schlegelberger/Hefermehl, § 377 Rn. 28; Staudinger (1995) – Honsell, § 459 Rn. 25; Larenz, SchuldR BT, § 41, S. 40f.; Schlechtriem, SchR BT, 5. Aufl., Rn. 82; Jauernig, 9. Aufl. – Vollkommer, § 459 Rn. 10.

726 AA Dauner-Lieb/Arnold, JuS 2002, 1175, 1176; Erman/B. Grunewald, § 434 Rn. 61; Mangold, S. 182.

727 Lorenz, JuS 2003, 36, 38.

728 AA kein Gattungskauf im Kunsthandel: Honsell, FS Heini, S. 213, 219.

729 Das aber sind Voraussetzungen eines Gattungskaufs, vgl. Heinbuch, Aktuelle Rechtsfragen, S. 199; Schellhammer, MDR 2002, 241, 245.

730 Chr. Berger, KUR 2003, 137, 138 Fn. 12; Heinbuch, Aktuelle Rechtsfragen, S. 199; Locher, S. 140; v. Westerholt/Graupner, NJW 1978, 794; Fn. 1.; vgl. Mangold, S. 186.

731 Bamberger/Roth/Faust, § 434 Rn. 105; Schellhammer, MDR 2002, 241, 245.

732 RegE, BT-Drucks. 14/6040, S. 211; Bamberger/Roth/Faust, § 434 Rn. 105f.

Sinn und Zweck des § 434 III Alt. 1 BGB ist die Vermeidung von Abgrenzungsschwierigkeiten zwischen peius- und aliud-Lieferung.[733] Viele meinen daher, die Gleichsetzung des § 434 III Alt. 1 BGB gelte nur für den Gattungskauf. Für den Stückkauf bliebe es beim Erfüllungsanspruch.[734] Verjähren würde er nicht nach § 438 I Nr. 3, II BGB, sondern nach §§ 195, 199 I BGB.

Bereits der offene Wortlaut des § 434 III Alt. 1 BGB spricht jedoch für die Normanwendung auch beim Stückkauf.[735] Eine teleologische Reduktion[736] überginge den Gesetzgeberwillen, Stück- und Gattungsschuld gleichzustellen.[737] Verjährungsunterschiede sind sachlich ungerechtfertigt.[738]

Nicht erfasst sind Art- und Individualabweichungen[739]. Ein sog. Qualifikations*aliud* gibt es beim Stückkauf nicht, nur das Identitätsaliud.[740] Schließlich ist die Kaufsache nach ihrer Identität und nicht wie beim Gattungskauf nur nach ihren Eigenschaften bestimmt.[741] Auch beim Spezieskauf, bei dem die ausgewählte Sache gattungsmäßig bestimmt ist (denkbar insbesondere bei einer konkretisierten Gattungsschuld[742]), ist die vereinbarungsgemäß gelieferte Sache, die einer anderen Gattung als der angehört, der sie nach dem Vertrag zugehören sollte (Artabweichung[743]), kein aliud und kein Fall des § 434 III Alt. 1 BGB.[744] Einer Gleichstellung mit einem Sachmangel über § 434 III Alt. 1 BGB bedürfte es

733 Vgl. RegE, BT-Drucks. 14/1640, S. 211.

734 So vertreten von Canaris, Karlsruher Forum 2002, S. 5, 68 ff.; Haedicke, § 10, S. 113 f.; Oechsler, Rn. 114; Thier, AcP (203) 2003, S. 399, 403 ff.; Wrede, S. 223. Zum früheren Recht: Musielak, GK BGB, 6. Aufl., Rn. 610.

735 Staudinger/Matusche Beckmann, § 434 Rn. 115; Reinicke/Tiedke, Rn. 357. Für eine Anwendung des § 434 III Alt. 1 BGB auf den Stückkauf auch: Jauernig/Chr. Berger, § 434 Rn. 20; Brüggemeier, WM 2002, 1376, 1378; Bamberger/Roth/Faust § 434 Rn. 107; Erman/B. Grunewald, § 434 Rn. 61; Lorenz, JuS 2003, 36, 38; Tiedke/Schmitt, JZ 2004, 1092, 1093 f.; MünchKomm/H.P. Westermann, § 434 Rn. 44 ff.; ders., NJW 2002, 241, 246.

736 Vorgeschlagen von Canaris, Karlsruher Forum 2002, S. 5, 68; Haedicke, § 10, S. 114.

737 RegE, BT-Drucks. 14/1640, S. 94; Lorenz, JuS 2003, 36, 38; Staudinger/Matusche-Beckmann, § 434 Rn. 115; Reinicke/Tiedke, Rn. 357; MünchKomm/H.P. Westermann, § 434 Rn. 44.

738 Vgl. Lorenz, JuS 2003, 36, 38; Tiedtke/Schmitt, JZ 2004, 1092, 1093.

739 Dazu s.o. S. 60 f.

740 A.A. i.E. Schulze, NJW 2003, 1022 f.; wohl auch: Jauernig/Chr. Berger, § 434 Rn. 20 (§ 434 III 1. Alt. BGB erfasse beim Stückkauf nur „insbes" das Identitätsaliud); wie hier: Bamberger/Roth/Faust, § 434 Rn. 104 Fn. 183; Reinicke/Tiedke, Rn. 357; Tiedtke/Schmitt, JZ 2004, 1092, 1094.

741 Bamberger/Roth/Faust, § 434 Rn. 104; Reinicke/Tiedtke, Rn. 357; Tiedtke/Schmitt, JZ 2004, 1092, 1094.

742 MünchKomm/H.P. Westermann, § 434 Rn. 46.

743 Vgl. o. S. 60.

744 So aber i.E. Schulze, NJW 2003, 1022 f.; wie hier: MünchKomm/H.P. Westermann, § 434 Rn. 46; Reinicke/Tiedtke, Rn. 357; Tiedtke/Schmitt, JZ 2004, 1092, 1094; Thier, AcP (203) 2003, S. 399, 413 f.

anders als beim Identitätsaliud nur, überginge man contra legem – auf der Grundlage eines objektiven Mangelbegriffs – den Parteiwillen.[745] Tatsächlich liegt in der Vereinbarung über die Zugehörigkeit der konkreten Sache zu einer bestimmten Gattung bereits eine Beschaffenheitsvereinbarung. Die Sache ist mangelhaft nach § 434 I 1 BGB.[746] Die Ansicht in der Gesetzesbegründung[747], ein Qualifikationsaliud sei auch bei einem Stückkauf möglich, ist unzutreffend.[748]

Dass man heute nicht darüber streiten muss, ob bei Unechtheit eine Schlecht- oder Falschlieferung vorliegt, liegt nicht an § 434 III Alt. 1 BGB,[749] sondern an § 434 I 1 BGB. Sein subjektiver Beschaffenheitsbegriff erfasst Art- und Individualabweichungen problemlos als peius.[750] Die Bezeichnung eines sich nach Lieferung als Druck erweisenden *Hermann Gradl*-Gemäldes als aliud, das nach § 434 III Alt. 1 BGB einem Sachmangel gleichstehe,[751] ist unzutreffend. Der Druck ist sachmangelhaft, § 434 I 1 BGB. § 434 III Alt. 1 BGB erfasst nur Identitäts- und Qualifikationsaliud. Letzteres gibt es nur beim Gattungskauf.

745 Tiedtke/Schmitt, JZ 2004, 1092, 1094; Thier, AcP (203) 2003, S. 399, 413.

746 Reinicke/Tiedtke, Rn. 355; Tiedtke/Schmitt, JZ 2004, 1092, 1094; Thier, AcP (203) 2003, S. 399, 414; MünchKomm/H.P. Westermann, § 434 Rn. 46.

747 Vgl. RegE, BT-Drucks. 14/1640, S. 216.

748 Wie hier: Bamberger/Roth/Faust, § 434 Rn. 104 Fn. 183. In der Gesetzesbegründung heißt es dann auch zutreffend: „Ein weiteres Problem stellen die Falschlieferung (aliud) und die Zuweniglieferung dar. Beide Formen der nicht vertragsmäßigen Lieferung fasst die höchstrichterliche Rechtsprechung gegenwärtig nicht unter den Begriff des Fehlers" (RegE, BT-Drucks. 14/1640, S. 211). Dies war beim Stückkauf nur beim Identitätsaliud der Fall. Sachen mit Art- und Individualabweichungen waren sachmangelhaft i.S.d. § 459 I BGB a.F. Bei ihnen ist der Hinweis entbehrlich, Voraussetzung für die Gleichstellung von Falsch- und Zuweniglieferung mit Sachmängeln sei, „dass der Verkäufer die Leistung als Erfüllung seiner Pflicht erbringt (...)" (RegE, BT-Drucks. 14/1640, S. 216). Der Verkäufer handelt mit Erfüllungswillen. Er liefert den nach dem Parteiwillen physisch korrekten Kaufgenstand.

749 So aber Schack, KuR, Rn. 382 Fn. 45.

750 Am Beispiel der Unechtheit: vgl. RG, Gruch. 66 (1923), 452, 453 – „*Spitzweg*"; RGZ 135, 339 ff. – „*Ruisdael*"; BGHZ 63, 369, 371 f. – „*Jawlensky*"; BGH, NJW 1988, 2597, 2598 – „*Leibl-Duveneck*"; vgl. Mangold, S. 184; Schellhammer, MDR 2002, 241, 245; Schlechtriem, SchR BT, 5. Aufl., Rn. 82; zum früheren Recht auch: Emmerich, 9. Aufl., § 4 III 3 Rn. 17; Heinbuch, Aktuelle Rechtsfragen, S. 199; AKBGB-Reich, § 459 Rn. 4; Jauernig, 9. Aufl. – Vollkommer, § 459 Rn. 13; MünchKomm, 3. Aufl. – H. P. Westermann, § 459 Rn. 15.

751 AG Ulm, Urt. v. 9.6.2004 – 4 C 1004/04 – „*Hermann Gradl*" (n.v.); (nur insofern) zustimmend: Jayme in Reichelt, S. 23, 35 f.; Mangold, S. 185, im Widerspruch zu eigenen vorangehenden Ausführungen, zudem das Identitätsaliud nicht auf gegenständlich andere Sachen beschränkend, sondern alle gänzlich anderen Sachen einbeziehend.

3. Zuweniglieferung, § 434 III Alt. 2 BGB

Die Lieferung einer zu geringen Menge steht einem Mangel gleich (§ 434 III Alt. 2 BGB, Quantitätsmangel). Erfasst sind nur Zuweniglieferungen gleichartiger Sachen. Hierauf deutet schon der Begriff der Menge.[752] Sinn und Zweck des § 434 III Alt. 2 BGB ist die Sicherung der Gleichheit von gelieferten und noch zu liefernden Sachen. Helfen soll ein Anspruch auf vollständige Neulieferung (§§ 439 I, 437 Nr. 1 BGB).[753] Ein solcher ist bei unvollständiger Lieferung einer als Sachgesamtheit verkauften Kunstsammlung[754] sinnlos (Fall der Teilnichterfüllung, § 433 I 1 BGB[755]). Fehlen Blätter eines Mappenwerkes oder wird eine Teekanne ohne Deckel geliefert – zusammengesetzte Sache –, begründet die Zuweniglieferung einen Mangel nach § 434 I BGB.[756] Größenabweichungen sind keine zu geringe Menge.[757] Auflagenexemplare werden selten als Menge gekauft.[758] Im Kunsthandel ist § 434 III Alt. 2 BGB deshalb nahezu bedeutungslos.

§ 8 Umstandsänderungen nach Gefahrübergang

Für das Vorliegen eines Sachmangels ist grundsätzlich auf den Zeitpunkt des Gefahrübergangs (§ 434 I 1 BGB), die Sachübergabe (§ 446 S. 1 BGB), abzustellen. Spätere Verschlechterungen begründen Gewährleistungsansprüche, wenn ihre Ursache bei Gefahrübergang bestand („latenter Mangel“[759]; vgl. § 476 BGB).[760]

---

752 Windel, Jura 2003, 793, 795. Insofern scheint die Ansicht verfehlt, für das Kriterium der Gleichartigkeit finde sich kein Anhalt im Gesetz, so aber Erman/B. Grunewald, § 434 Rn. 63.

753 RegE, BT-Drucks. 14/1640, S. 216; Bamberger/Roth/Faust, § 434 Rn. 112; Staudinger/Matusche-Beckmann, § 434 Rn. 125; Reinicke/Tiedke, Rn. 376, 378; vgl. Lorenz/Riehm, Rn. 509.

754 Vgl. MünchKomm/H.P. Westermann, § 433 Rn. 15.

755 Vgl. BGH, NJW 1992, 3224, 3225 (Hotelgrundstücke); Palandt/Weidenkaff, § 433 Rn. 7.

756 Vgl. zum früheren Recht: Braunfels, S. 44; Jauernig, 9. Aufl. – Vollkommer, § 459 Rn. 14.

757 Windel, Jura 2003, 793, 795.

758 Dann wäre ein Mangel nach § 434 III Alt. 2 BGB allerdings denkbar, Mangold, S. 187.

759 Soergel, 12. Aufl. – Huber, § 459 Rn. 86 f.; Kunkel, S. 92.

760 Coester-Waltjen, Jura 2002, 534, 540; Esser/Weyers, 8. Aufl., § 5 II 3, S. 44; Hoeren/Martinek/Malzer, § 434 Rn. 37 f.; Staudinger/Matusche-Beckmann, § 434 Rn. 131; Reinicke/Tiedke, Rn. 390; Schellhammer, MDR 2002, 241, 246; MünchKomm/H.P. Westermann, § 434 Rn. 51; vgl. Palandt/Weidenkaff, § 476 Rn. 7.

A. Zuschreibungsänderung aufgrund neuer Erkenntnisse

Nicht selten ändern sich Zuschreibungen aufgrund neuer Erkenntnisse erst nach Gefahrübergang. Hier wird ein Sachmangel teils bejaht[761] und teils verneint[762]. Für die Haftung sei allein maßgebend, als was das Kunstwerk nach dem Stand von Wissenschaft und Technik bei Vertragsschluss[763] bzw. Gefahrübergang[764] galt.[765]

Die Risikozuordnung ist nicht allein nach Vertrauensgesichtspunkten möglich. Ob das Vertrauen des Verkäufers in den Erkenntnisstand oder das des Käufers in die Verkäuferangaben schutzwürdiger ist, lässt sich nicht rechtsethisch klären. Bei Gefahrübergang (!) muss die Ursache der Verschlechterung, der geänderten Zuschreibung, bestanden haben. Die Vorverlagerung auf den Abschluss des Kaufvertrages ist *contra legem*. Für die Haftung ist unmaßgeblich, als was das Werk beim Vertragsschluss galt.[766] Frühestmöglicher Zeitpunkt ist der Gefahrübergang.[767]

Hauptursache der Verschlechterung ist die nach neuen Erkenntnissen bei Gefahrübergang unzutreffende Zuschreibung. Ohne Zuschreibung keine Abweichung. Inerscheinungtreten, Erkennung und Erkenntniszeitpunkt sind irrelevant (vgl. § 476 BGB).[768] Widersprach die Zuschreibung den Erkenntnissen, begründet sie einen Sachmangel. Entsprach sie ihnen und wird erst durch neue Erkenntnisse unrichtig, gilt nichts anderes. Sie war bereits unrichtig. Der Begriff der Echtheit

---

761 Staudinger/Matusche-Beckmann, § 434 Rn. 166; Wrede, S. 78. Zum früheren Recht: Braunfels, S. 49f.; Dechow, 49, 57; Goepfert, S. 27; Staudinger (1995) – Honsell, § 459 Rn. 99; Schneider S. 137 Fn. 787; Wolf, S. 203f.; vgl. zur Altlastenbelastung von Grundstücken: Knoche, NJW 1995, 1985, 1989; Reuter, BB 1989, 652f.

762 Krampe, JuS 2005, 773, 778; Schack, KuR, Rn. 382 Fn. 47; womöglich auch OLG Hamm, Urt. v. 13.1.2009 – 19 U 85/08, beck-online – BeckRS 2009 07370 – *„Feininger"*, darauf verweisend, allein die Existenz einer (ohnehin nicht näher begründeten) negativen Experteneinschätzung begründe keinen Mangel, weil sie zum Zeitpunkt des Gefahrübergangs noch nicht vorgelegen habe. Zum früheren Recht: Flume JZ 1991, 633; Gerlach, S. 20f.; Jakobs, S. 193; Thomsen, S. 78; vgl. LG Bochum, BB 1989, 651 f. (Altlastenbelastung eines Grundstücks).

763 Flume, JZ 1991, 633; Krampe, JuS 2005, 773, 778.

764 Gerlach, S. 20; Schack, KuR, Rn. 382 Fn. 45.

765 Der Fall ist nicht vergleichbar mit BGHZ 167, 40, 56f. (Pferdeallergie); BGH, NJW 2007, 1351, 1353 (Reitpferd): Der Verkäufer hafte nicht für den Fortbestand des bei Gefahrübergang *gegebenen* Gesundheitszustandes.

766 So aber Krampe, JuS 2005, 773, 778 und zum früheren Recht Flume, JZ 1991, 633.

767 Darauf stellen ab: Gerlach, S. 20; Schack, KuR, Rn. 382 Fn. 47.

768 Bamberger/Roth/Faust, § 434 Rn. 37; Kunkel, S. 92; Hoeren/Martinek/Malzer, § 434 Rn. 37f.; Staudinger/Matusche-Beckmann, § 434 Rn. 131; MünchKomm/H.P. Westermann, § 434 Rn. 51; vgl. Palandt/Weidenkaff, § 476 Rn. 7. Zum früheren Recht: Dechow, S. 48f.

ist kein zeitlich relatives, sondern ein im Sinne höherer Wahrheit immerwährendes Merkmal. Der Mangel ist nicht latent, sondern vorhanden.[769]

Die „Wahrheit“ bemisst sich nach aktuellstem Erkenntnisstand. Er ist ihr näher als der vergangene und vorvergangene. Es gibt eine Erkenntnisgewinnung und Wissenschaftsentwicklung. Die fehlende Gewissheit und permanente Möglichkeit von Zuschreibungsänderungen[770] rechtfertigt Vorverlagerungen nicht.[771]

Es geht nicht darum, ob der Mangel zum Zeitpunkt des Gefahrübergangs feststellbar war. Ein Erkennbarkeitskriterium ist in den §§ 433 I 2, 434 BGB nicht veranlagt. Wäre ein bis dato unerkennbarer Zuschreibungsirrtum irrelevant, statuierte man ein nicht veranlasstes Verschuldenskriterium.[772] Es spielt eine Rolle nur für das Vertretenmüssen (§ 276 BGB) bei der Schadensersatzhaftung. Auch der Irrtum des Verkäufers (§ 119 II BGB) bemisst sich nicht nach altem Forschungsstand.[773] Die Gegenansicht[774] findet in § 119 II BGB keine Stütze.

Es genügt deshalb, dass eine neue Zuordnung für richtig gilt und die alte für falsch.[775] Das Zuschreibungsrisiko trägt nicht ab Gefahrübergang der Käufer, sondern weiter der Verkäufer.[776] Die Rechtskraft und die Verjährungsfrist befristen sein Risiko.[777] Die Verjährungsverlängerung von sechs Monaten (§ 477 I 1, 1. Alt. BGB a.F.) auf zwei Jahre (§ 438 I Nr. 3 BGB) rechtfertigt keine Abweichung. Bei Zuschreibungsänderungen nach Gefahrübergang besteht ein Sachmangel.

Stellte man auf den Stand von Wissenschaft und Technik zum Zeitpunkt des Gefahrübergangs ab, trüge der Verkäufer das geringe Risiko von Zuschreibungsänderungen zwischen Vertragsschluss und Sachübergabe.[778] Dies ist eine annehmbare Risikoverteilung, aber die gesetzliche ist bindend. Die Parteien können eine andere Risikoverteilung wählen.[779]

---

769 Vgl. Kunkel, S. 94.

770 Gerlach, S. 19 f.; Krampe, JuS 2005, 773, 778.

771 Dechow, S. 57.

772 Braunfels, S. 49 f.; a.A. Gerlach, S. 20 f.

773 Wolf, S. 204.

774 Flume, JZ 1991, 633 f.; zustimmend Krampe, JuS 2005, 773, 778.

775 Staudinger/Matusche-Beckmann, § 434 Rn. 166; zum früheren Recht: Dechow, S. 49.

776 AA Schack, KuR, Rn. 382 Fn. 47.

777 Vgl. Braunfels, S. 50.

778 So in der Tat Schack, KuR, Rn. 380.

779 Vgl. Kunkel, S. 92 ff.; Wolf, S. 140 f., 204.

B. Nachträglicher Mangelverdacht

Eine nachträgliche Verdachtsgrundlage ist unter den gleichen Voraussetzungen relevant wie eine anfängliche.[780] Da der Erkenntnisstand nach Gefahrübergang relevant ist, genügt es, dass das Werk nach neuen Erkenntnissen nicht mit der erfolgten Zuschreibung hätte verkauft werden dürfen. Sie war dann bei Gefahrübergang hinreichend zweifelhaft.[781]

C. Nachträgliche Auflagenüberschreitung, Exemplarvermehrung

Auflagenüberschreitungen und unikatentwertende Exemplare nach Gefahrübergang begründen keinen Mangel. Die bei Gefahrübergang bestehende Intention der Überschreitung bzw. Vervielfältigung ist als subjektiver Umstand nicht mangelrelevant.[782] Der Verkäufer ist für Limitierungen nur begrenzt zuständig, der Künstler nicht sein Erfüllungsgehilfe (§ 278 BGB).[783] Der Verkäufer kann nur sein Möglichstes tun, den Künstler von Überschreitungen abzuhalten, um sich vor Leistungstreuepflichtverletzungen zu schützen.[784] Ist er in die Auflagenüberschreitung nicht eingeweiht, haftet er mangels Pflichtverletzung weder aus §§ 280 I, 311 II Nr. 1, 241 II BGB (c.i.c.) noch aus §§ 280 I, 241 II BGB bzw. §§ 280 I, III, 282 BGB (pVV).[785] Andernfalls kann gegebenenfalls auch ein Anspruch aus § 823 II 1 BGB i.V.m. § 263 I StGB und aus § 826 BGB bejaht werden.[786]

---

780 Braunfels, S. 50; vgl. zu Lebensmitteln: BGH, NJW 1972, 1462 f. – „*Hasenfleich II*“; OLG Karlsruhe, NJW-RR 2009, 134, 135 (Fleisch); Staudinger/Matusche-Beckmann, § 434 Rn. 176.

781 Vgl. OLG Karlsruhe, NJW-RR 2009, 134, 135 (Fleisch): „Maßgebend ist nicht der Zeitpunkt, zu dem der Mangel hervortritt oder erkennbar wird. Es kommt allein auf den Zeitpunkt an, in dem der Grund für den Mangel gelegt ist.“

782 Braunfels, S. 51; Dechow, S. 49; Heinbuch, NJW 1984, 15, 20; Schneider, 138 Fn. 800, den maßgeblichen Zeitpunkt mit dem Vertragsschluss zu früh ansetzend.

783 Vgl. Palandt/Heinrichs, § 278 Rn. 13; v. Westphalen, VertragsR, Abschn. 10 Rn. 33.

784 Vgl. Braunfels, S. 51; Dechow, S. 49; Heinbuch, NJW 1984, 15, 20 sowie Bamberger/Roth/Grüneberg/Sutschet, § 241 Rn. 46.

785 Zum früheren Recht: Braunfels, S. 51; Dechow, S. 49.

786 Vgl. Locher, S. 194.

§ 9 Haftungserweiterung mit Garantien

Eine Haftungserweiterung ist mit Garantien möglich:[787]

A. Insbesondere Haltbarkeits- und selbständige Garantien

Haltbarkeitsgarantien sind Garantien dafür, dass die Sache für eine bestimmte Dauer eine bestimmte Beschaffenheit behält (Legaldefinition, § 443 I BGB). Sie unterliegen der Privatautonomie (vgl. §§ 443 I, II, 444, 276 I 1 BGB) und können den Austausch eines durch Sonnenlicht verblassten Fotoabzugs ebenso beinhalten[788] wie die Wahrung von Limitierungen. Auf Mangelveranlagungen kommt es nicht an.[789] Mit dem Versprechen, das technikbasierte Kunstwerk funktioniere über die Verjährungsfrist hinaus, wird für das Vorliegen der nötigen Beschaffenheiten bei Gefahrübergang mit den in § 437 BGB aufgeführten Rechtsfolgen gehaftet; Weiteres ergibt sich aus der Garantie. Eine verschuldensunabhängige Haftung gem. § 276 I 1 BGB ist inkludiert, falls der Verkäufer nichts anderes bestimmt.[790]

§ 443 I BGB äußert sich nicht zur Garantie jenseits der Beschaffenheit und für erwartete Umstände. Sie ist selbständig und von der Vertragsfreiheit gestattet.[791] Beim uneingeschränkt subjektiven Beschaffenheitsbegriff hat sie eine Nebenrolle, etwa als Wertgarantie.[792] Mit einem Beschaffenheitsbegriff, der die Seltenheit nicht umfasst, führen Versprechen, unikatentwertende Exemplare werde es nicht geben, gegebenenfalls zu selbständigen Garantien.[793]

---

787 In der Rechtspraxis waren sie schon immer üblich. Sie ermöglichten es unter anderem, die kurze Verjährungsfrist des § 477 BGB a.F. zu verlängern, Schellhammer, Rn. 115.

788 Zu entsprechenden Garantien des Künstlers *Jan Dibbets* vgl. Crawford, S. 120.

789 Brox/Walker, BS, § 4 Rn. 118; Coester-Waltjen, Jura 2002, 534, 540 Fn. 52; MünchKomm/H.P. Westermann, § 443 Rn. 18; Hoeren/Martinek/Wolff, § 443 Rn. 7; vgl. zum früheren Recht: Triebel/Hölzle, BB 2002, 521, 529.

790 Vgl. Erman/B. Grunewald, § 443 Rn. 3 f.; Schack, KuR, Rn. 400.

791 Vgl. RegE, BT Drucks 14/6040, S. 237; Brox/Walker, BS, § 4 Rn. 116; Erman/B. Grunewald, § 443 Rn. 18; Hoeren/Martinek/Malzer, § 434 Rn. 38; Schack, KuR, Rn. 399; Schmidt-Räntsch, AnwBl 2003, 529, 532; Zerres, MDR 2003, 368, 370. Zum früheren Recht: Schlegelberger/Hefermehl, § 377 Rn. 37; Müller, ZIP 1981, 707, 714; Triebel/Hölzle, BB 2002, 521, 529.

792 Vgl. Kunkel, S. 88 Fn. 338; Schellhammer, Rn. 83.

793 Schack, KuR, Rn. 399. Ebenfalls von einer selbständigen Garantie sprechen Mercker/Mues, FAZ v. 21.8.2004, S. 47. Zum früheren Recht: vgl. Braunfels, S. 51; Heinbuch, NJW 1984, 15, 20.

Für Drittverhalten wird der Verkäufer nicht garantieren. Er kann Ansprüche aus der Garantie des Künstlers, die Limitierung zu wahren, abtreten.[794] Der Künstler kann auch dem Käufer gegenüber garantieren (Dritter i.S.d. § 443 I BGB – Herstellergarantie). Raum bieten Echtheitszertifikate.[795] Der Verkäufer kann Bote und der Zugang der Annahmeerklärung beim Künstler entbehrlich sein, § 151 S. 1 BGB.[796] Auch Herstellergarantien in Verträgen zugunsten Dritter zwischen Künstler und Verkäufer (§ 328 I BGB) sind möglich.[797]

Für Maschinen- und Elektrotechnik eines Werkes kann ihr Hersteller garantieren. Der Künstler kann sich zur Anspruchsabtretung an den Erwerber verpflichten. Beim Verbrauchsgüterkauf ist § 477 BGB zu beachten.[798]

B. Zusicherungsgarantie (§ 276 I 1 BGB)

Eine verschuldensunabhängige Schadensersatzhaftung (vgl. § 276 I 1 BGB) ergibt sich mit Garantieübernahme i.S.d. §§ 276 I 1, 444 Alt. 2 BGB („*Zusicherungsgarantie*“[799]). In ihr lebt die Eigenschaftszusicherung[800] (§§ 459 II, 463 S. 1, 480 II, 460 S. 2 BGB a.F., § 11 Nr. 11 AGBG a.F.) fort.[801]

Die Haftung auf das positive Interesse[802] kann ruinös sein.[803] Der Verkäufer haftet unbeschränkt, selbst wenn der hypothetische Wert der Kaufsache bei Vorliegen der garantierten Beschaffenheit ihren tatsächlichen Wert und Kaufpreis um ein Vielfaches übersteigt.[804] Zwar lässt sich der Inhalt einer Zusicherungsgarantie beschränken.[805] Beschränkungen bedürfen aber ausdrücklicher Absprachen. Daher sind Garantien nur sehr restriktiv zu bejahen.

---

794 Mercker/Mues, FAZ v. 21.8.2004, S. 47.

795 Vgl. BGHZ 78, 369 ff. (Garantieschein) = NJW 1981, 275 f.

796 Vgl. MünchKomm/H.P. Westermann, § 443 Rn. 7; v. Westphalen, VertragsR, Abschn. 11 Rn. 27.

797 Vgl. BGHZ 75, 75 ff.; Palandt/Grüneberg, § 328 Rn. 10; v. Westphalen, VertragsR, Abschn. 11 Rn. 30.

798 Vgl. Palandt/Weidenkaff, § 477 Rn. 5, 13.

799 Brox/Walker, BS, § 4 Rn. 89; Looschelders in Dauner-Lieb/Konzen/Schmidt, S. 403.

800 Zu dieser vgl. BGH, WM 1991, 1224, 1225 f. (Porsche) m.w.N.

801 RegE, BT-Drucks. 14/6040, S. 94, 132; aber nicht ausschließlich, Stöber, S. 66 f; vgl. BGH, NJW 2007, 1346, 1348 (Krad) = BGHZ 170, 86, 91 f.

802 Vgl. OLG Koblenz, MDR 1987, 322, 323 – „*Perser-Teppich*“.

803 Goepfert, S. 50; Heinbuch, NJW 1984, 15, 17 f.; Heinbuch, Aktuelle Rechtsfragen, S. 203.

804 Vgl. BGH, NJW 1993, 2103 f. – „*Burra I*“ zu § 463 S. 1 BGB a.F.; dazu Hattenhauer, JuS 1998, 684 ff.

805 Dazu s.u. S. 150 f.

I. Abgrenzung zur Beschaffenheitsangabe

Ob Angaben lediglich Beschaffenheitsangaben (§ 434 Abs. 1 Satz 1 BGB) oder aber konkludente Beschaffenheitsgarantien (§ 444 Alt. 2 BGB) sind, ist eine Wertungsfrage. Sie ist unter Berücksichtigung der beim Abschluss eines Kaufvertrages über ein Kunstwerk typischerweise gegebenen Interessenlage zu beantworten.[806] Zwischen der Verbindlichkeit reiner Beschaffenheitsangaben (§ 434 I 1 BGB) und der uneingeschränkten Haftung für Garantien (§ 276 I BGB) besteht ein beachtenswertes Regel-Ausnahme-Verhältnis.[807] Der Grundsatz privatautonomer Gestaltungsfreiheit muss gewahrt bleiben.[808]

Mit Blick auf die schwerwiegenden Folgen betont der BGH die gebotene Zurückhaltung.[809] Entgegen der Annahme, eine Garantie sei in Kontinuität zu § 463 S. 1 BGB a.F. anzunehmen, soweit bisher eine Eigenschaft als zugesichert galt,[810] stellt er mit einem Teil der Literatur[811] zu erwägen, ob wegen der mit der Schuldrechtsreform verbesserten Rechtsstellung des Privatkäufers an das Vorliegen einer Beschaffenheitsgarantie im gewerblichen Gebrauchtwagenhandel strengere Anforderungen zu stellen seien.[812]

Im Kunsthandel verfuhr die höchstrichterliche Rechtsprechung – anders als im Gebrauchtwagenhandel, wo sie zur Kompensation vollständiger Haftungsfreizeichnungen alle wesentlichen wertbildenden Faktoren als zugesichert ansah,[813] – eher restriktiv. Der BGH war der Ansicht, ein Bieter könne ohne beson-

---

806 Vgl. BGH, NJW 2007, 1346, 1348 (Krad) = BGHZ 170, 86, 93; BGH, WM 1975, 895, 896 (Kilometerangabe).

807 Chr. Berger, KUR 2003, 137, 139; Emmert, NJW 2006, 1765, 1767. Das Fehlen zugesicherter Eigenschaften war sogar ein eigener Mängeltatbestand mit eigenen Haftungsfolgen (§ 459 II BGB a.F.), Braunfels, S. 16, 79, 86; Esser/Weyers, S. 40 f.; Goepfert, S. 50; Honsell, FS Heini, S. 213, 215 f.; Soergel, 12. Aufl. – Huber, § 459 Rn. 162; Thomsen, S. 81; MünchKomm, 3. Aufl. – H.P. Westermann, § 459 Rn. 56, 59; vgl. RGZ 114 (1927), 239, 241 – „*Thoma*“; Chih-Ming, S. 20.

808 Chr. Berger, KUR 2003, 137, 139; Braunfels, S. 66; Esser/Weyers, S. 40 f.; vgl. Chih-Ming, S. 19 f. mit Verweis auf Canaris, S. 413 ff.

809 BGH, NJW 2007, 1346, 1348 (Krad) = BGHZ 170, 86, 92 ff.

810 Huber in Huber/Faust, Kap. 13 Rn. 121; Lorenz, NJW 2002, 2497, 2502; Windel, JR 2004, 265, 270.

811 Mit Verweis auf Stöber DAR 2004, 570, 572 f.; Reinking/Eggert, Rn. 2590 f.; vgl. i.Ü. Chr. Berger, KUR 2003, 137, 139 f., 143; Emmert, NJW 2006, 1765, 1767; Bamberger/Roth/Faust, § 437 Rn. 79; Staudinger/Matusche-Beckmann, § 434 Rn. 36, § 442 Rn. 40 ff.; Reinicke/Tiedke, Rn. 570; Schulte-Nölke, ZGS 2002, 72, 74. Schon zum früheren Recht restriktiv: Brox/Walker, BS, 26. Aufl., Rn. 67; Esser/Weyers, 8. Aufl., § 5 II, S. 40 ff.; Hager, NJW 1975, 2276, 2277; Heinze, JR 1975, 506; A. Teichmann/Hansen, NJW 1973, 20 ff.

812 BGH, NJW 2007, 1346, 1348 (Krad) = BGHZ 170, 86, 94; in Bezug auf Echtheitsgarantien verfährt auch das Schweizer Bundesgericht restriktiv, vgl. BGE 123 III 165, JdT 1998 I 27, Pra 87 (1998) Nr. 71; vgl. Renold in Mosimann/Renold/Raschèr, Kap. 6 Rn. 36.

813 Z.B. BGH, JR 1975, 504 ff. (Kilometerangabe), mit abl. Anm. Heinze; BGHZ 87, 302, 305 f. („werkstattgeprüft“); BGHZ 103, 275, 280 ff. („TÜV neu…“) = JZ 1988, 920, 921 f. mit Anm.

dere Anhaltspunkte nicht damit rechnen, der Versteigerer wolle mit Katalogbeschreibungen zugleich eine Echtheitsgarantie übernehmen.[814] Zwar hielt er bei Expertisen Zusicherungen auch bei Versteigerungen für möglich.[815] Als instruktiv und richtungsweisend erweist sich jedoch seine *„Burra II“*-Entscheidung.[816] Eine auf Wunsch des Käufers vom Händler unterschriebene Echtheitsbestätigung ist wegen des dem Kunsthandel anhaftenden spekulativen Moments und häufiger Urheberschaftszweifel[817] zunächst nur Beleg dafür, dass ein Werk als echt verkauft wird. Sie ist jedenfalls keine Zusicherung, wenn der Händler zunächst erklärt, keine Angaben über die Urheberschaft machen zu können, weil er das Bild selbst erst vor einer Woche erworben und noch keine näheren Recherchen angestellt habe. Er will erkennbar nicht für die Echtheit „koste es, was es wolle“ einstehen.[818] Bisweilen wird jedoch ein großzügigerer Maßstab angemahnt.[819]

II. Stellungnahme

Vorzugswürdig ist ein äußerst restriktiver Maßstab.[820] Garantien können den Verkäufer sehr belasten, insbesondere bestehen wegen der Zuschreibungsschwierigkeiten Unwägbarkeiten, die gegen Echtheitsgarantien sprechen.[821] Für einen restriktiven Maßstab spricht die geänderte Interessenlage und der funktionale Bedeutungsverlust der Garantien in Folge der Schuldrechtsreform.[822] Der Standort der Zusicherungsgarantie in § 276 I 1 BGB verdeutlicht ihren Ausnahmecharakter.[823] Garantiewille und Risikobeherrschung rücken in den Vordergrund.

Huber; BGH, NJW 1983, 217f. (Marken- und Typenbezeichnung); BGH, NJW 1984, 1454f. (Laufleistung); vgl. Ulmer/Brandner/Hensen/G. Christensen, Teil 3 (3) Rn. 8, Teil 2 (17) Rn. 15; vgl. Brox/Walker, BS, 26. Aufl., Rn. 67.

814 BGH, NJW 1980, 1619, 1620 – *„Bodensee-Kunstauktion“*; BGH, NJW 1981, 1204, 1206 – *„Boudin“*.

815 BGHZ 63, 369, 372 – *„Jawlensky“*; BGH, NJW 1980, 1619, 1620 – *„Bodensee-Kunstauktion“*.

816 BGH, NJW 1995, 1673f. – *„Burra II“*; dazu ablehnend Hattenhauer, JuS 1998, 684, 686.

817 Vgl. BGHZ 63, 369, 372 – *„Jawlensky“*; BGH, NJW 1980, 1619 – *„Bodensee-Kunstauktion“*.

818 Vgl. BGH, NJW 1995, 1673f. = JZ 1995, 1015ff. – *„Burra II“*; a.A. Braunfels, S. 85; Hattenhauer, JuS 1998, 684, 686, 690; Wrede, S. 109.

819 Etwa von Wrede, S. 109f., 112, 136f., 315.

820 Vgl. Bamberger/Roth/Faust, § 437 Rn. 79; Reinicke/Tiedke, Rn. 570; im früheren Recht insb. Meeske, S. 65f.

821 S.o. S. 43ff., vgl. auch Bernet/Schönwerth, Weltkunst 1998, 1531, 1532; Meeske, S. 65f.; vgl. Henseler, NJW 1972, 829, 830.

822 Vgl. Chr. Berger, KUR 2003, 137, 139; Bamberger/Roth/Faust, § 437 Rn. 79; Staudinger/Matusche-Beckmann, § 434 Rn. 36; Reinicke/Tiedke, Rn. 570, 582; Schulte-Nölke, ZGS 2002, 72, 74; Stöber, DAR 2004, 570, 572ff.; ähnliche Überlegungen auch MünchKomm, 5. Aufl. – H.P. Westermann, § 434 Rn. 55; MünchKomm/H.P. Westermann § 437 Rn. 41.

823 Looschelders in Dauner-Lieb/Konzen/Schmidt, S. 403; H.P. Westermann, NJW 2002, 241, 247.

1. Bedeutungsverlust der Garantie

Die Auslegung der Verkäuferangaben als konkludente Zusicherung geschah aus Käuferschutzaspekten.[824] Sie sind nun ausreichend im Gesetz berücksichtigt.

Der Käufer steht ohne Garantie selbst dann nicht rechtlos, wenn die Auktion als öffentliche Versteigerung i.S.d. § 474 I 2 BGB vom Verbrauchsgüterkauf ausgenommen ist.[825] Dem Auktionator ist es nach wie vor versagt, sich bei leichter Fahrlässigkeit auf seinen Haftungsausschluss zu berufen.[826] Freilich würden Garantien dem Käufer Mängelrechte erhalten, wenn der Auktionator sorgsam handelte (§ 444 BGB; § 11 Nr. 11 AGBG a.F.).[827] Die zielgerichtete Bejahung von Garantien ist jedoch inakzeptabel. Sie bedroht die privatautonome Gestaltungsfreiheit und unterläuft das ausgeglichene Haftungskonzept der Rechtsprechung.

Es bestehen garantieunabhängige Schadensersatzansprüche ab leicht fahrlässiger Mangelunkenntnis. Die Rechtsposition des Käufers ist bedeutend gestärkt.[828] Verkäufer sind im Kunsthandel i.d.R. zu wenigstens minimalen Untersuchungen gehalten. Ihre Sorgfaltsanforderungen steigen bei besonderen Verdachtsmomenten[829], dem Wert des Werkes[830] und ihrem Spezialisierungsgrad[831]. Da sie für sorgfältiges Handeln beweisbelastet sind (vgl. § 280 I 2 BGB und § 311 a II 2 BGB) ist die Verschuldenshaftung der Garantiehaftung angenähert.

---

824 Chr. Berger, KUR 2003, 137, 139; Reinking/Eggert, Rn. 2590f.; Emmert, NJW 2006, 1765, 1766.

825 Dazu s.u. S. 207ff.

826 S.u. S. 233ff.; vgl. Chr. Berger, KUR 2003, 137, 143; Ulmer/Brandner/Hensen/H. Schmidt, Teil 4 (8) Rn. 3.

827 Vgl. Bamberger/Roth/Faust, § 437 Rn. 79; Goepfert, S. 120 Fn. 58.

828 Vgl. Huber, JZ 1974, 433, 438; Schmidt-Räntsch, AnwBl 2003, 529, 532; Stöber, DAR 2004, 570, 572.

829 Auch für Versteigerer; vgl. BGHZ 63, 369, 375 – „*Jawlensky*“; OLG Düsseldorf, NJW-RR 1993, 1522, 1524 – „*Barockschrank*“; zuletzt LG Köln, GRUR-RR 2012, 444, 446ff. – „*Campendonk*“; Dietlein, Die Weltkunst 1978, 2867, 2869f.; Schneider, 129, 132; Wertenbruch, NJW 2004, 1977, 1979; aA verfehlt: Kühn, S. 152.

830 Vgl. RegE, BT-Drucks. 14/6040, S. 210; BGH, NJW 1980, 1619, 1621 – „*Bodensee-Kunstauktion*“; OLG Hamm, NJW 1994, 1967f. – „*Carl Schuch*“; zuletzt LG Köln, GRUR-RR 2012, 444, 446ff. – „*Campendonk*“; Braunfels, S. 166; Goepfert, S. 119 Fn. 52; Schneider, S. 128f., 131, 171f.

831 Vgl. RegE, BT-Drucks. 14/6040, S. 210; LG Berlin, Urt. v. 22.2.2002 – 5 O 391/00, S. 13f. – „*Vuillard*“ (n.v.); zuletzt LG Köln, GRUR-RR 2012, 444, 446ff. – „*Campendonk*“; Chr. Berger, KUR 2003, 137, 139; Braunfels, S. 166f.; Dorff, S. 46; Kappus (Stand: 1998), Rn. 34 Fn. 102; Kühn, S. 151; Schack, KuR, Rn. 406; Schneider, S. 129, 171; Wrede, S. 240; vgl. auch Stoppel, ZGS 2006, 49, 50f.

Der Zusicherung als Fiktion, um dem Käufer als Missbrauchskorrektiv aus Billigkeitsgründen einen Schadensersatzanspruch zu verschaffen,[832] bedarf es ebenso wenig, wie eine c.i.c.-Haftung, um dem Käufer einen dem Verhalten und den Erkenntnismöglichkeiten des Verkäufers angemessenen verschuldensabhängigen Schadensersatzanspruch zu verschaffen.[833]

Wurden unzutreffende Expertisen vorgelegt, wird es i.d.R. nicht auf die schwer nachweisbare Arglist ankommen. Es genügt, dass der Verkäufer bei der Expertisebewertung fahrlässig handelte. Falls nicht, wusste er nicht mehr als ihr Ersteller, der für seine Ergebnisse ebenfalls nicht verschuldensunabhängig auf Schadensersatz haftet. Entsprechendes gilt für Verweise auf Werkverzeichnisse.

Die meisten Rechte sind im Rahmen des Verbrauchsgüterkaufs gem. § 475 I, III BGB selbst individualvertraglich unabdingbar.[834] Gewährleistungsausschlüsse müssen nicht erst mit Garantien durchbrochen werden (vgl. § 444 Alt. 2 BGB).[835] Die Befürchtung, der Verkäufer könne „Gold versprechen und Asche liefern"[836], ist unbegründet. Das beim Verbrauchsgüterkauf unabdingbare Rücktrittsrecht ist in vielen Fällen ein angemessener Schutz. Dass der Verkäufer auch verschuldensunabhängig für die Richtigkeit seiner Angaben auf Schadensersatz einstehen will, wird aus Sicht des Käufers immer unwahrscheinlicher. Der Verbrauchsgüterkauf umfasst die typischen Schutzkonstellationen, in denen das besondere Sachkundevertrauen Argument für Zusicherungen war. In den übrigen Konstellationen, insbesondere beim Zusammentreffen zweier Kunsthändler, besteht schon selten ein beachtliches Informationsgefälle. Sind Schadensersatzansprüche vertraglich ausgeschlossen, liegen Garantien fern. Einer Kompensation über die Garantie im Hinblick auf § 444 Alt. 2 BGB bedarf es kaum. Sie wird auch unwahrscheinlich angesichts des mit einer Garantieübernahme gewachsenen Haftungsrisikos. Die Verjährungsfrist ist von sechs Monaten (§ 477 I 1 BGB a.F.) deutlich verlängert auf zwei Jahre (§ 438 III Nr. 3 BGB); Verjährungsverkürzungen nach § 444 Alt. 2 BGB sind im Garantierahmen als haftungsbeschränkend unbeachtlich.[837] Im Versandhandel schließlich besteht ein angemessener Käuferschutz schon über das Fernabsatzrecht (§§ 312 b ff. BGB).[838]

832 Brox/Walker, BS, 26. Aufl., Rn. 67; Bamberger/Roth/Faust, § 437 Rn. 79; Rabel, S. 142.

833 Damals vorgeschlagen von Esser/Weyers, 8. Aufl., § 5 II, S. 42 ff.

834 Dazu s.u. S. 168.

835 Reinking/Eggert, Rn. 2590 f.

836 Wrede, S. 315.

837 Stöber, DAR 2004, 570, 573.

838 Chr. Berger, KUR 2003, 137, 139 Fn. 23. Heinbuch, NJW 1984, 15, 17, 21 wollte den im Versandhandel bestehenden Gefahren mit einer großzügigen Annahme von (sogar ausdrücklichen) Echtheitsgarantien begegnen.

2. Konsequenzen

Konkludente Garantien sind zwar nicht schlechthin ausgeschlossen, im Kunsthandel aber von derart hohen Anforderungen abhängig und so selten anzunehmen, dass, wer im Kunsthandel der Gefahr der Unechtheit mit Schadensersatzansprüchen begegnen will, sich die Echtheit ausdrücklich garantieren lassen muss.[839]

Bei Privatverkäufen[840], bei Versteigerungen[841] und in der Tendenz auch im Fachhandel gilt größte Zurückhaltung, insbesondere, wenn der Käufer sachkundig ist[842]. Bei Direktverkäufen des Künstlers und bei Auflagenangaben des Verkäufers im Exklusivvertrieb ist angesichts besonderer Werknähe und Kontrollmöglichkeit weniger Zurückhaltung geboten.[843] Mit der Beherrschbarkeit des Mängelrisikos steigt die Garantiewahrscheinlichkeit.[844] Eine Exkulpationsmöglichkeit scheint unangemessen, obzwar sie im Schadensfall oft ohnehin nicht realisierbar ist. Auch bei Angaben zur unmittelbaren Werkprovenienz aus dem Künstlernachlass ist wegen der Risikobeherrschung eine Garantie der Herkunft denkbar.[845] Bei Irrtümern ist meist ohnehin Fahrlässigkeit zu bejahen.

Insbesondere aber bei Versteigerungen ist es i.d.R. abwegig, Garantieübernahmen zu bejahen.[846] Dies gilt umso mehr, je weniger es dem Versteigerer

---

839 RGZ 114 (1927), 239, 241 f. – „*Thoma*“ = RG, JW 1926, 2531 f. mit zust. Anmerkung Riezler; vgl. auch Kühn, S. 60; Meeske, S. 65 f.; Oelhafen, S. 22 f.; (vgl. zur *Thoma*-Entscheidung Braun, Kunstprozesse, 1. Aufl., S. 95 ff.). Anders als von Locher, S. 134, behauptet, lehnte das OLG München, HRR 1940, 505 f. – „*Spitzweg*“ nicht, diese Ansicht verallgemeinernd, im Kunsthandel eine stillschweigende Zusicherung von Eigenschaften gänzlich ab. Locher, S. 134, ist zwar ebenfalls der Meinung, der Käufer müsse i.d.R. auf eine ausdrückliche Zusicherung bestehen, setzt aber in Wahrheit sehr geringe Voraussetzungen.

840 LG Krefeld, NJW-RR 2008, 213 (Goldgehalt einer Münze); Goepfert, S. 49; Erman, 10. Aufl. – B. Grunewald § 459 Rn. 58.

841 Vgl. zum früheren Recht: Behrens/de Lazzer, S. 35; Goepfert, S. 121 ff., 49.

842 Vgl. LG Krefeld, NJW-RR 2008, 213 (Goldgehalt einer Münze); Braunfels, S. 89 ff.

843 Vgl. Heinbuch, Aktuelle Rechtsfragen, S. 205; Mues, S. 28; ohne Differenzierung, ob Exklusivvertrieb oder nicht: Hamann, S. 196; vgl. Bachler/Dünnebier, S. 57, 138.

844 Vgl. Gutzeit, NJW 2007, 1350, 1351, zwischen Erst- und Folgebesitz und Eigenschaften der Kaufsache abstufend. Anders noch Braunfels, S. 75, ohne Differenzierung nach Mängelarten.

845 Vgl. Locher, S. 134; Boochs/Ganteführer, S. 27.

846 Chr. Berger, KUR 2003, 137, 143; ähnlich wohl auch Ulmer/Brandner/Hensen/H. Schmidt, Teil 4 (8) Rn. 3; vgl. zum früheren Recht: Dietlein, Weltkunst 1978, 2867, 2868; M. Löhr, GRUR 1976, 411, 413. Die von der Rspr. im Allgemeinen bei Auktionen an den Tag gelegte Zurückhaltung wird im Grundsatz auch geteilt von: Bernet/Schönwerth, Weltkunst 1998, 1531, 1532; Braun, AcP 190 (1990), 182, 185 ff.; Braunfels, S. 85 ff., 95; Christoffel, S. 11; Goepfert, S. 121 f. (anders aber in der Tendenz für den übrigen Kunsthandel, vgl. S. 49 ff.); Ulmer/Brandner/Hensen, AGBG, 9. Aufl. – Hensen, Anhang §§ 9–11 Rn. 866 in Abwei-

möglich ist, Garantien auszuschließen.[847] Bei der Vielzahl unterschiedlicher Gegenstände und knappen Zeit kann der Versteigerer mit seinen Mitarbeitern nicht alle Kunstwerke so eingehend untersuchen wie der Fachhändler mit weit weniger Gegenständen.[848] Je mehr Objekte zur Versteigerung gelangen, desto ferner liegen Garantien.[849] Zweifellos müssen Versteigerer die Annahme zweifelhafter Stücke verweigern, über verbleibende Zweifel aufklären, mit Katalogbeschreibungen zurückhaltend verfahren und nur so viele Auktionen abhalten und Objekte versteigern, wie sie in der Lage sind, „nach bestem Wissen" zu bearbeiten.[850] Die Wirtschaftlichkeit zwingt sie aber zu einem schnellen und großen Warenumschlag und dazu, Organisations- und Personalkosten im vertretbaren Rahmen zu halten. Versteigerer erhalten zwar nicht nur vom Einlieferer ein hohes Abgeld (Einlieferungsprovision) zwischen 10 und 30 %[851], sondern auch vom Bieter ein hohes Aufgeld (Käuferprovision) von ungefähr 20 % des Zuschlagspreises.[852] Es darf aber nicht verkannt werden, dass es sich hierbei nur um einen – wenngleich nicht ganz geringen – Bruchteil des jeweiligen Veräußerungserlöses handelt.[853]

---

chung zur Vorauflage; Kappus (Stand: 1998), Rn. 38 f.; Kühn, S. 60 ff.; Picker, Weltkunst 1982, 3117; vgl. Köndgen, S. 335 Fn. 137.

847 S. dazu u. S. 155 ff.

848 Braunfels, S. 88 f., 91 ff.; Dietlein, Weltkunst 1978, 2867, 2868; Kappus (Stand: 1998), Rn. 3821.

849 Vgl. BGH, NJW 1980, 1619, 1620 – *„Bodensee-Kunstauktion"*; BGH, NJW 1981, 1204, 1206 – *„Boudin"*.

850 Schrader, FS Kirchner, S. 343, 356 f.; vgl. Heinbuch, NJW 1984, 15, 21; Ulmer/Brandner/Hensen, AGBG, 8. Aufl. – Hensen, Anhang §§ 9–11 Rn. 866 (darauf verzichtend aber in der 9. Aufl.); Katz, S. 46; Locher, S. 133; vgl. Ohly, FS Schricker, S. 427, 432; Schack, AcP 185 (1985), 333, 345 f., 360 f. Fn. 184.

851 Degressiv mit steigenden Hammerpreisen.

852 Vgl. E. Schneider, DB 1981, 199, 202; eine Übersicht findet sich in Weltkunst 2006, Heft 9, S. 73; vgl. Picker, S. 25, 72, 202; G. Schulze in Loewenheim, § 70 Rn. 20.

853 Braunfels, S. 156 ff.; Goepfert, S. 117 Fn. 43; Schneider, S. 164 f. Fn. 1025. Picker, S. 49, 196, geht davon aus, die Auktion eines mittelgroßen Versteigerers rechne sich erst, wenn sie eine Schätzpreissumme von mindestens 2 Millionen DM erreiche.

Entgegen anderer Auffassung[854] sind reine Katalogbeschreibungen niemals Garantien.[855] Sie dienen in erster Linie der kunsthistorischen Einordnung und Identifikation der zu versteigernden Objekte.[856] Bei Zuschreibungen können allenfalls solche an noch lebende Künstler Echtheitsgarantien sein.[857] Aber auch Werke noch lebender Künstler werden gefälscht. Die Annahme, der Versteigerer wolle hier die bei Unechtheit eventuell ruinösen Haftungsfolgen verschuldensunabhängig tragen, liegt aus Käufersicht fern.[858]

Das Sachkundevertrauen gegenüber Händlern und Versteigerern ist zwar schützenswerter als das gegenüber Privatverkäufern. Im Auktionshandel kann ihm aber schon im Hinblick auf die kurze Umschlagsdauer und Warenvielfalt kein absoluter Schutz zukommen.[859] Verweise auf die niedrigen Zusicherungsvoraussetzungen im Gebrauchtwagenhandel[860] gehen fehl. Zuschreibungen sind schwieriger als das Erkennen technischer Werte und Fahrzeugmängel.[861] Für Zuschreibungsänderungen aufgrund neuer Erkenntnisse müsste der Verkäufer über die gesamte Verjährungsfrist von nun zwei Jahren ebenfalls einstehen,[862] ohne Zweifel in Worte kleiden zu können; Zweifel, die er nicht hat, kann er nicht einräumen.[863] Es geht also nicht um eine ungerechtfertigte Privilegierung des

---

854 LG München I, NJW 1990, 1999 – *„Paul Dresler-Vase"*; Vertreter der Ansicht, bei einer Zusicherung handle es sich um eine Wissenserklärung: Schack, AcP 185 (1985), 333, 345 f., 357 ff.; vgl. Heinbuch, NJW 1984, 15, 17 f., 21; ders., Aktuelle Rechtsfragen, S. 203; Schrader, FS Kirchner, S. 343, 355 f.; Vertreter der Ansicht, bei der Zusicherung handle es sich um eine Willenserklärung: Ulmer/Brandner/Hensen, AGBG, 8. Aufl. – Hensen, Anhang §§ 9–11 Rn. 866 (a.A. aber in der 9. Aufl.); Lenel, Jher. Jb. 1902, S. 17 f. (Namensnennung bei noch lebenden Künstlern); Locher, S. 133, 215; ders., Aktuelle Fragen, S. 30, 52 ff.; ders. in MünchVertrHdb, Bd. 4,1(1998), VI. 13, Anm. 6; Ohly, FS Schricker, S. 427, 431; Stelzl, S. 42; Wrede, S. 109 f., 112, 136 f.; Dittmann, Handelsblatt v. 9/10.6.1978, S. 26; vgl. Katz, S. 46, 48 (zum OR); Reimer, GRUR 1975, 614, 615; v. Westerholt/Graupner, NJW 1978, 794, 796.

855 OLG Düsseldorf, NJW-RR 1993, 1522 ff. – *„Barockschrank"* (mit Verweis auf BGH, NJW 1980, 1619, 1620 – *„Bodensee-Kunstauktion"*); OLG Stuttgart, NJW 1983, 1200 – *„Heinrich von Zügel"* (Wrede, S. 109 f., verkennt, dass das Gericht bei den Katalogbeschreibungen gerade keine Zusicherung, sondern eine arglistige Täuschung in Betracht zog); Braunfels, S. 85 ff., 95; Goepfert, S. 119 ff. Dogmatisch unhaltbar: Thomsen, S. 77 ff., 81, 100, die Voraussetzungen einer Zusicherung bejahend, deren Vorliegen aber dennoch wegen unagemessener Rechtsfolge als „nicht geeigneten Lösungsweg" verneinend; wie hier Braunfels, S. 77 Fn. 297.

856 Zum Teil auch im Internet veröffentlicht (Kappus (Stand: 1998), Rn. 38) etwa zu Künstler, Stilepoche, Entstehungszeit und Kunstrichtung (Dietlein, Weltkunst 1978, 2867, 2868).

857 Vgl. Lenel, Jher. Jb. 1902, 1, 17 f.

858 Vgl. Chr. Berger, KUR 2003, 137, 143; Ulmer/Brandner/Hensen/H. Schmidt, Teil 4 (8) Rn. 3.

859 Vgl. Braunfels, S. 96.

860 Heinbuch, NJW 1984, 15, 17; Schrader, FS Kirchner, S. 343, 355; Thomsen, S. 79.

861 Braunfels, S. 88.

862 S.o. S. 117 f.

863 Gegen Heinbuch, NJW 1984, 15, 17.

Kunsthandels.[864] Dass Künstlernamen für die Wertrelation von überragender Bedeutung und bekannten Marken vergleichbar sind, für die die Rechtsprechung zugesicherte Eigenschaften bejahte,[865] dass Risiken im Gebrauchtwagenhandel anders als im Kunsthandel üblicherweise mit Preisnachlässen bedacht werden,[866] sind richtige, aber irrelevante Feststellungen. Die Kluft ist hinnehmbar[867] oder mit restriktiveren Maßstäben im Gebrauchtwagenhandel zu schließen.[868] Dies hat der BGH mit Verweis auf die verbesserte Verbraucherrechtsposition erwogen.[869] Beim Erwerb von Kunstwerken ist dem Käufer – zumal, wenn er Händler ist[870] – zur Skepsis und näheren Auseinandersetzung zu raten.[871]

Auch Provenienzangaben begründen keine Garantien.[872] Provenienzen sind schwer prüfbar und geben besondere Sicherheit nur, wenn sie sich bis auf den Künstler zurückverfolgen lassen oder auf Museumsbesitz von Rang verweisen.[873] Provenienzangaben und Zuschreibungen auf Quittungen sind alltäglich. Kann der Verkäufer eine lückenlose Provenienzkette nachweisen, will er nicht mit einer Garantie einen zusätzlichen Kaufanreiz setzen.[874] Handelt er fahrlässig, ist der Schadensersatzanspruch gerechtfertigt, sonst nur, wenn sich Garantien aufdrängen.

Die vorbehaltlose Bezugnahme auf aussagekräftige Expertisen begründet entgegen verbreiteter Ansicht[875] ebenfalls keine Garantie und starkes Indiz. Dies gilt auch, wenn ein Fachhändler oder Versteigerer die Expertisequalität besser

864 So aber Heinbuch, NJW 1984, 15, 17; vgl. Goepfert, S. 121, insofern aber nur gegen die Ansicht, konkludente Zusicherungen seien gänzlich abzulehnen.

865 Heinbuch, NJW 1984, 15, 17 mit Verweis auf BGHZ 48, 118, 122 ff. (Trevira).

866 Thomsen, S. 80.

867 Braunfels, S. 88 f.; vgl. Ulmer/Brandner/Hensen, AGBG, 9. Aufl. – Hensen, Anhang §§ 9–11 Rn. 866, in Abweichung zur Vorauflage, allerdings ohne nähere Begründung.

868 In diese Richtung Stöber, DAR 2004, 570, 572 ff.

869 BGH, NJW 2007, 1346, 1348 (Krad) = BGHZ 170, 86, 94.

870 Braunfels, S. 91.

871 Braunfels, S. 95 f., 90 f.; vgl. Kappus (Stand: 1998), Rn. 38.

872 Vgl. OLG Frankfurt a.M., DR 1908, 261 Nr. 1527 – *„Menzel"*.

873 Braunfels, S. 107, 166 Fn. 614.

874 Braunfels, S. 166 Fn. 614, geht dennoch von einer Zusicherung aus.

875 Bernet/Schönwerth, Weltkunst 1998, 1531, 1532; Boochs/Ganteführer, S. 24; Braunfels, S. 85, 98 ff.; Goepfert, S. 47 f., 122; Hanisch, S. 157, 175; Kappus (Stand: 1998), Rn. 39; Locher, Aktuelle Fragen, S. 30 f.; Picker, S. 81; Reimer, GRUR 1975, 614, 615; Thomsen, S. 77 ff.; v. Westerholt/Graupner, NJW 1978, 794, 796; vgl. Fromm/Nordemann/A. Nordemann, § 10 Rn. 76; Ohly, FS Schricker, S. 427, 431; vgl. Katz, S. 48 (zum OR); im neuen Recht eine Garantie bejahend: G. Schulze in Loewenheim, § 70 Rn. 23.

beurteilen kann als der Käufer.[876] Expertisen stützen die Verkäuferangaben[877] und sollen dem Käufer Unsicherheiten nehmen[878]. Weder will der Verkäufer verschuldensunabhängig für die Richtigkeit einstehen[879] noch beruft er sich auf fremde Autorität, um das Risiko der Echtheit auf den Käufer weiterzugeben[880]. Es ist nicht entscheidend, dass er sich womöglich[881] fremde Autorität zu eigen macht.[882] Expertisen sind kein unnötiger Zusatz,[883] sondern Standard, um hochpreisige Kunstwerke verkäuflich zu machen. Läge in der Bezugnahme eine Garantie, wären Garantien Standard, was angesichts der Expertisefehlbarkeit[884] realitätsfern ist. Expertisen geben Käufern und Verkäufern Teilsicherheit und schaffen ein Gleichgewicht, wenn beide Parteien Expertiserisiken einschätzen können. Die Einbindung wertet das Käufervertrauen nicht maßgeblich auf.[885] Expertisen sind daher zumindest Kunsthändlern gegenüber nicht als Garantie zu werten.[886]

Verkäufern mit Vertrauen in die Expertise, aber ohne den Willen, verschuldensunabhängig auf Schadensersatz zu haften, ist nicht zuzumuten, unmissverständlich vom Expertiseinhalt Abstand zu nehmen, gleichgültig wie überzeugend er ist.[887] Abstandnahmen sind nur zur Meidung von Verschulden zumutbar. Käufer, die besondere Sicherheit wollen, müssen auf ausdrückliche Garantien drängen. Ein zweifelhafter Expertiseinhalt spricht jedenfalls gegen Garantien.[888]

Werkverzeichnishinweise sind ebenfalls Standard, keine Garantien.[889] Auch mit Ausstellungshinweisen geben gutgläubige Verkäufer nur zusätzliche Sicherheit.[890]

---

876 Darauf verweist Schrader, FS Kirchner, S. 343, 355 f.; wie hier: Chr. Berger, KUR 2003, 137, 143; vgl. Ulmer/Brandner/Hensen/H. Schmidt, Teil 4 (8) Rn. 3; vgl. auch OLG Hamm, NJW 1995, 2640 f. – *„Guercino“* (Expertise von 1948 bei Privatverkauf unter Brüdern).

877 Braun, AcP 190 (1990), 182, 184; Dietlein, Weltkunst 1978, 2867, 2868; Honsell, FS Heini, S. 213, 219; M. Löhr, GRUR 1976, 411 f.; Locher, JZ 1975, 419.

878 Thomsen, S. 77 f.; vgl. Braunfels, S. 100 ff.

879 M. Löhr, GRUR 1976, 411 f.; vgl. Flume, JZ 1991, 633, 635; aA Braunfels, S. 100; Reimer, GRUR 1975, 614, 615; Thomsen, S. 77; v. Westerholt/Graupner, NJW 1978, 794.

880 So aber M. Löhr, GRUR 1976, 411 f.; vgl. Flume, JZ 1991, 633, 635 f. Fn. 25.

881 Bejahend Braunfels, S. 101, verneinend Gillig, S. 332.

882 So aber Braunfels, S. 101; Locher, Aktuelle Fragen, S. 30 f.; Reimer, GRUR 1975, 614, 615; v. Westerholt/Graupner, NJW 1978, 794.

883 So aber Braunfels, S. 102.

884 S.o. S. 54 f. Vgl. Dietlein, Weltkunst 1978, 2867, 2868. Dieses Argument bringen auch Bernet/Schönwerth, Weltkunst 1998, 1531, 1532.

885 So aber Braunfels, S. 102.

886 So aber Braunfels, S. 102.

887 So aber Braunfels, S. 100 ff.; Reimer, GRUR 1975, 614, 615.

888 Vgl. Boochs/Gantefführer, S. 25; v. Westerholt/Graupner, NJW 1978, 794, 795.

889 AA Braunfels, S. 105.

890 AA Braunfels, S. 105 f. Fn. 395.

3. Zusammenfassung

Bei Prüfung konkludenter Garantien drohen Unterstellungen.[891] Die genannten Kriterien begründen selbst kumulativ keine Garantie. Ausnahmen gelten für Angaben bei Direktverkäufen und Auflagenangaben im Exklusivvertrieb. Ansonsten wird nur mit ausdrücklichen Garantien der Wille bekundet, verschuldensunabhängig „koste es, was es wolle“ einzustehen.[892] Der sorgfältige Verkäufer muss sich vor Angaben nicht scheuen. Die verschuldensunabhängige Schadensersatzhaftung ist eine privatautonome Ausnahme. Im Regelfall bleibt die passgenaue Verschuldenshaftung. Bieter können ausdrückliche Garantien erfragen. Vor Auktionen besteht ausreichend Zeit.[893] Schriftlichkeit ist ratsam, Käufer sind beweisbelastet (§ 311 a II 2 BGB, „dies gilt nicht, wenn“, ist Ausnahme, § 276 I 1 BGB, „wenn“, ist Gegenausnahme)[894].[895] Vorsichtige Verkäufer sollten Garantien klarstellend ausschließen.[896]

891 Vgl. Esser/Weyers, 8. Aufl., § 5 II, S. 40, 42 f.

892 Vgl. auch Bernet/Schönwerth, Weltkunst 1998, 1531, 1532.

893 Kritisch Schneider, S. 166; Thomsen, S. 97.

894 Das Schuldrecht 2002/Schultz, S. 77. Zum früheren Recht: BGH, NJW 1995, 1673, 1674 – „*Burra II*“.

895 Reinicke/Tiedke, Rn. 580. Schon zum früheren Recht: Grunsky, LM § 459 Nr. 124, Bl. 3, 4; Meeske, S. 66; vgl. Katz, S. 46.

896 Vgl. Chr. Berger, KUR 2003, 137, 141; Hassemer, ZGS 2002, 95, 96; Heinbuch, NJW 1985, 15, 21; Looschelders in Dauner-Lieb/Konzen/Schmidt, S. 403; Staudinger/Matusche-Beckmann, § 434 Rn. 36; Schulte-Nölke, ZGS 2002, 72, 74.

Kapitel 3: Gewährleistungsausschlüsse

Haftungsausschlüsse und -beschränkungen für Mängel (Gewährleistungsausschlüsse und -beschränkungen, kurz: Gewährleistungsausschlüsse) gliedern sich in gesetzliche und rechtsgeschäftliche. Sie schützen den Verkäufer und stehen im Spannungsfeld zum Käuferschutz.

§ 1 Gesetzliche Gewährleistungsausschlüsse

A. § 806 ZPO und § 445 BGB

§ 806 ZPO schließt Mängelrechte für die Veräußerung gepfändeter Sachen aus. § 445 BGB ist Ausnahme zu § 433 I 2 BGB für den Verkauf einer Sache auf Grund eines Pfandrechts in einer öffentlichen Versteigerung (§ 383 III BGB) unter der Bezeichnung als Pfand.[897] Sie ist auf andere öffentliche Versteigerungen unübertragbar[898] und beim Verbrauchsgüterkauf unanwendbar (§ 474 II 2 BGB). Im Fall des § 445 BGB ist eine Mängelhaftung unbillig. Der Pfandverkäufer, der die Versteigerung im eigenen Namen kraft der ihm gesetzlich eingeräumten Verfügungsmacht (§§ 1228 II, 1233 I, 1235 I BGB) vom Versteigerer als seinem Vertreter vornehmen lässt,[899] kennt die i.d.R. fremde Sache vergleichsweise wenig.[900] Daher bestehen Mängelrechte nur bei Garantie und Verkäuferarglist. Auch einem Pfandverkäufer, der die Pfandsache ausnahmsweise gut kannte, ist die Berufung auf § 445 BGB nicht nach Treu und Glauben (§ 242 BGB) zu verwehren. Die Regelung ist abschließend.[901]

---

897 Palandt/Weidenkaff, § 445 Rn. 1, 6. Zu § 461 a.F.: BGHZ 96, 214 ff. (Rolex).

898 Dechange, S. 40 f.; Palandt/Weidenkaff, § 445 Rn. 5 f.

899 Palandt/Weidenkaff, § 445 Rn. 7.

900 Hierzu Jauernig/Chr. Berger, § 445 Rn. 1; Dechange, S. 40 f., 57 f.; Palandt/Weidenkaff, § 445 Rn. 2.

901 Vgl. Bamberger/Roth/Faust, § 445 Rn. 7; MünchKomm/H.P. Westermann, § 445 Rn. 3; aA Erman/B. Grunewald, § 445 Rn. 1.

B. § 442 I BGB, Mangelkenntnis und grob fahrlässige Mangelunkenntnis

Die Rechte wegen eines Mangels sind selbstverständlich ausgeschlossen, wenn der Käufer ihn bei Vertragsschluss kennt (§ 442 I 1 BGB). In § 442 I 1 BGB findet der Grundsatz des *venire contra factum proprium* Ausdruck. Die Risikoverteilung des § 442 I 2 BGB ist im Ansatz ebenfalls angemessen: Ist dem Käufer ein Mangel vor oder beim Vertragsschluss infolge grober Fahrlässigkeit unbekannt geblieben, kann er Rechte wegen dieses Mangels nur geltend machen, wenn der Verkäufer ihn arglistig verschwieg oder eine Garantie für die Beschaffenheit der Sache übernahm.[902] Das den Verkäufer treffende Mangelrisiko darf freilich nicht vorschnell auf den Käufer verlagert werden.[903] § 442 I 2 BGB dient dem Grundsatz des *venire contra factum proprium* nämlich nur mittelbar. Er dient dem Verkäufer als Beweiserleichterung, weil dieser die positive Mangelkenntnis i.d.R. schwer beweisen kann. Die Beweiserleichterung ist gerechtfertigt, wenn entweder der Käufer den Erhalt einer mangelfreien Sache schon nicht erwartet oder seine Erwartungen nicht schutzwürdig sind.[904] Insofern ist zu betonen, dass der Käufer den Angaben des Verkäufers nicht misstrauen muss.[905] Allgemeine Untersuchungs- und Rügepflichten bestehen nicht.[906]

Entsprechend zurückhaltend ausgelegt, verlangt § 442 I 2 BGB dem Käufer jedoch nicht mehr ab als nach Treu und Glauben (§ 242 BGB) zumutbar. Allerdings muss die Wertung des § 442 I 2 BGB spiegelbildlich auch beim Anfechtungsrecht des Verkäufers nach § 119 II BGB berücksichtigt werden. Ein Verkäufer, der die Zuschreibung grob fahrlässig vornimmt, darf nicht anfechten.[907] Der Gesetzgeber hätte zudem gut daran getan, die von einem Vertretenmüssen des Verkäufers abhängigen Ansprüche des Käufers gem. § 437 Nr. 3 BGB von

---

902 Als Mangel gilt auch der Mangelverdacht, sofern er einem Mangel gleichsteht (hierzu s.o. S. 96 ff.); vgl. Haas in Haas/Medicus/Rolland/Schäfer/Wendtland, Kap. 5 Rn. 277; MünchKomm/H.P. Westermann, § 442 Rn. 5. § 442 I 2 BGB ist stillschweigend abgedungen, wenn der Verkäufer wegen einer Beratungspflicht seinerseits zur Untersuchung verpflichtet war, Stoppel, ZGS 2006, 49, 54.

903 Haas in Haas/Medicus/Rolland/Schäfer/Wendtland, Kap. 5 Rn. 279; Müller-Katzenburg, NJW 2006, 553, 556; vgl. Bamberger/Roth/Faust, § 442 Rn. 21.

904 Vgl. MünchKomm/H.P. Westermann, § 442 Rn. 1 f.

905 Ebenso wenig wie dem Inhalt einer Expertise eines allseits anerkannten Fachmanns, vgl. OLG München Urt. v. 9.12.1987 – 7 U 5000/87, S. 15 ff. – „*Nolde*“ (n.v.); Schellhammer, Rn. 107.

906 MünchKomm/H.P. Westermann, § 442 Rn. 2, 8.

907 Schack, KuR, Rn. 418 f.; ders., AT, Rn. 291; vgl. Siehr, RC 1993 VI, S. 9, 45; RGZ 124, 115, 120 – „*Chinesische Vasen*“; das Kennenmüssen des Vertreters wird dem Vertretenen nach § 166 I BGB zugerechnet.

der Regelung des § 442 I 2 BGB auszunehmen und § 254 BGB für anwendbar zu erklären.[908] *De lege lata* ist der fahrlässig handelnde Verkäufer überprivilegiert.

Was gilt nun beim Erwerb von Kunstwerken? Wegen ihres hohen Wertes und der Zuschreibungsschwierigkeiten ist eine eingehende Besichtigung nach der Verkehrssitte üblich.[909] Sie werden verkauft wie besehen.[910] Vor Auktionen ist es möglich, sie während der Vorbesichtigung in Augenschein zu nehmen.[911] Exakte Untersuchungen sind in dieser Zeit kaum möglich,[912] der Erhaltungszustand lässt sich aber bei sorgfältiger Prüfung ohne Weiteres feststellen, soweit es nicht, wie bei perfekt restaurierten Einrissen, um verborgene Mängel geht.[913] Bei offensichtlichen Mängeln ist davon auszugehen, dass der Käufer sie kannte oder bei Besichtigung zumindest grob fahrlässig übersah.[914]

Bei versteckten, nur bei eingehender Untersuchung erkennbaren Mängeln – was für Unechtheit und Provenienzabweichungen i.d.R. zutrifft[915] – kommt es darauf an, ob der Käufer eine Untersuchungsobliegenheit gröblich verletzte.[916] Übersehen Spezialverkäufer Mängel, sind nicht-fachkundigeren Käufern Sorgfaltsverstöße nur zurückhaltend vorwerfbar.[917] Nicht schon die Prüfungsmöglichkeit führt zum Verlust der Mängelrechte.[918] Nähere Untersuchungen sind auch bei

908 Vgl. Bamberger/Roth/Faust, § 442 Rn. 3.

909 Vgl. OLG Frankfurt, NJW 1993, S. 1477, 1478 – „*Marcel Leprin*“ (der Vorwurf grober Fahrlässigkeit sei aber nur begründet, wenn aufgrund dem Erwerber bekannter Tatsachen oder Indizien Mängel so nahe liegen, dass das Unterlassen weiterer Maßnahmen unverständlich erscheine); Goepfert, S. 54 f.; Oechsler, Rn. 286; G. Schulze in Loewenheim, § 70 Rn. 25; Palandt/Weidenkaff, § 442 Rn. 15 f. Schon zum früheren Recht: Palandt, 61. Aufl. – Putzo, § 460 Rn. 12; Staudinger (1995) – Honsell, § 460 Rn. 9 d; a.A. vgl. OLG München Urt. v. 9.12.1987 – 7 U 5000/87, S. 15 – „*Nolde*“ (n.v.).

910 Vgl. u. S. 263; G. Schulze in Ebling/Schulze, 4. Teil A. Rn. 11, 27, mit Verweis auf LG München I, Urt. v. 17.4.1991, – 25 O 102/91 zu gelblich-bräunlichen Verfärbungen eines Kissenbildes von *Gotthard Graubner.* Zur Vertragsklausel „wie besehen“ s.u. S. 163 f.

911 Drinkuth, S. 63 f. Zur Vorbesichtigung s.u. S. 232.

912 Herchenröder, Die Kunstmärkte, S. 233.

913 Vgl. OLG München Urt. v. 9.12.1987 – 7 U 5000/87 – „*Nolde*“ (n.v.); Goepfert, S. 95; Locher, S. 131; Schack, KuR, Rn. 381; Schneider, S. 141; G. Schulze in Loewenheim, § 70 Rn. 11; MünchVertrHdb, Bd. 3/Vinck, XI. 61, Anm. 3.

914 Locher, S. 131 f.

915 Locher, S. 131.

916 Haas in Haas/Medicus/Rolland/Schäfer/Wendtland, Kap. 5 Rn. 279.

917 Vgl. OLG München Urt. v. 9.12.1987 – 7 U 5000/87, S. 16 f. – „*Nolde*“ (n.v.),

918 Locher, S. 131.

Kunstwerken allgemein nicht erforderlich.[919] Erst recht muss kein Sachverständiger betraut werden.[920]

Grund zu näheren Untersuchungen besteht, wenn Umstände zur Vorsicht mahnen[921] oder der Käufer eine besondere, dem Verkäufer fehlende Sachkunde hat.[922] Für den sich über Gebühr einbringenden Käufer besteht kein Schlechterstellungsverbot. Wer sich gewonnenen Erkenntnissen grob fahrlässig verschließt, verliert Mängelrechte.[923] Es folgt aber keine Zurechnung des Verschuldens hinzugezogener Sachverständiger nach § 278 BGB.

§ 442 I BGB gilt auch im Innenverhältnis zwischen Einlieferer und Kommissionär, wenn die Anwendung des Gewährleistungsrechts vereinbart ist.[924] Zu berücksichtigen ist, dass auch Käufer auf Mindestuntersuchungen vertrauen.[925] Bei Einlieferungen durch Laien haben Versteigerer Anlass zu genaueren Untersuchungen. Wer ein von einem Laien ohne nähere Angaben eingeliefertes Bild aufgrund der Signatur und des typischen Themas „Enten" ohne weitere Prüfung dem Maler *Alexander Koester* zuschreibt, handelt grob fahrlässig.[926] Sprechen mehrere naheliegende Gründe gegen die Echtheit, ist grob fahrlässige Mangelunkenntnis deutlich.[927]

---

919 Und im Versandhandel ohnehin kaum möglich. Wie hier: Haas in Haas/Medicus/Rolland/Schäfer/Wendtland, Kap. 5 Rn. 279; Müller-Katzenburg, NJW 2006, 553, 556; vgl. zum früheren Recht: Locher, S. 131; Picker, 115; vgl. Erman/B. Grunewald, § 442 Rn. 11; zum früheren Recht: Marburger, JuS 1983, 1.

920 Erman/B. Grunewald, § 442 Rn. 11; Müller-Katzenburg, NJW 2006, 553, 556; Palandt/Weidenkaff, § 442 Rn. 11.

921 Goepfert, S. 55; Erman/B. Grunewald, § 442 Rn. 11; Müller-Katzenburg, NJW 2006, 553, 556; Oechsler, Rn. 286; a.A. Bamberger/Roth/Faust, § 442 Rn. 21.

922 RGZ 131, 343, 354 (öffentlich rechtliche Baubeschränkung); OLG Frankfurt, NJW 1993, S. 1477, 1478 „*Marcel Leprin*"; Goepfert, S. 54; Müller-Katzenburg, NJW 2006, 553, 556; Schellhammer, Rn. 107; Palandt/Weidenkaff, § 442 Rn. 14; a.A. Haas in Haas/Medicus/Rolland/Schäfer/Wendtland, Kap. 5 Rn. 279, mit Verweis auf den hinter § 442 BGB stehenden Art. 2 III VerbrGKRl, wonach sich der Mangel geradezu aufdrängen müsse, um zu einem Rechtsverlust zu führen.

923 Bamberger/Roth/Faust, § 442 Rn. 22; Erman/B. Grunewald, § 442 Rn. 11; Müller, NJW 2004, 2196, 2198; Müller-Katzenburg, NJW 2006, 553, 556; PWW/D. Schmidt, § 442 Rn. 9.

924 Zu den entsprechenden Haftungsklauseln s.u. S. 246ff.

925 Vgl. MünchKomm/H.P. Westermann, § 442 Rn. 11.

926 LG Bielefeld, NJW 1990, 1999 – „*Alexander Koester*"; vgl. demgegenüber OLG Frankfurt, NJW 1993, S. 1477ff. – „*Marcel Leprin*", grobe Fahrlässigkeit verneinend.

927 Vgl. die Konstellation in OLG Hamm, NJW 1994, 1967f. – „*Carl Schuch*", wo der Vorwurf leichter Fahrlässigkeit zur Durchbrechung des Haftungsausschlusses genügte.

I. Verkäuferarglist (§ 442 I 2, 1. Alt. BGB)

Mängelrechte verbleiben bei Verkäuferarglist, § 442 I 2, 1. Alt. BGB. Arglistbegründende Umstände muss, was schwerfällt, der Käufer beweisen.[928] Behauptet der Verkäufer seine Gutgläubigkeit zur Urheberschaft, ist sie bei Zuschreibungsschwierigkeiten schwer widerlegbar.[929]

1. Verschweigen

Arglistiges Verschweigen setzt voraus, dass der Verkäufer den Mangel zumindest für möglich hält, eine Aufklärungspflicht hat[930] und zumindest billigend in Kauf nimmt, dass der Käufer den Mangel nicht kennt und bei Aufklärung den Vertrag nicht oder mit anderem Inhalt geschlossen hätte.[931]

Aufklärungspflicht ist eine Pflicht aus § 242 BGB, den anderen Teil unaufgefordert über entscheidungserhebliche Umstände zu informieren.[932] Ihr Umfang ist im Kunsthandel nicht durch Verkehrssitte definiert.[933] Sie geht nicht über das hinaus, was der Verkäufer kennt oder nur deshalb nicht kennt, weil er sich der Kenntnis bewusst verschließt.[934]

Es mag dahinstehen, ob beim Kunst- und Antiquitätenhandel das Ausnutzen eines Informationsvorsprunges legitimerweise zum Vertrag gehört,[935] angesichts widerstreitender Interessen und der grundsätzlichen Partei-Eigenverantwortlichkeit ist jedenfalls insbesondere bei spekulativen Geschäften,[936] bei Flohmarktge-

---

928 Vgl. OLG Stuttgart, NJW 1983, 1200 – *„Heinrich von Zügel“*; Goepfert, S. 54; Heinbuch, Aktuelle Rechtsfragen, S. 197, 202; ders., NJW 1984, 15, 20, 22; Schack, KuR, Rn. 394; Schrader, FS Kirchner, S. 343, 354. Geglückt in OLG Koblenz, MDR 1987, 322 f. – *„Perser-Teppich“*.

929 Vgl. Almeroth, S. 191; Heinbuch, Aktuelle Rechtsfragen, S. 202; ders., NJW 1984, 15, 20.

930 Gröschler, NJW 2005, 1601 ff.; Staudinger/Matusche-Beckmann, § 438 Rn. 97; Oechsler, Rn. 294; Schack, KuR, Rn. 394; Palandt/Weidenkaff, § 442 Rn. 18; v. Westerholt/Graupner, NJW 1978, 794, 795.

931 Palandt/Weidenkaff, § 442 Rn. 18; vgl. Bernet/Schönwerth, Weltkunst 1998, 1531, 1532; Palandt/Ellenberger, § 123 Rn. 11; Staudinger/Matusche-Beckmann, § 438 Rn. 85 f., 95, 99; Reinicke/Tiedtke, Rn. 696.

932 Palandt/Grüneberg, § 242 Rn. 37.

933 Locher, S. 136.

934 Vgl. Goepfert, S. 53; Heinbuch, NJW 1984, 15, 20; Erman/Kindl, § 311 Rn. 29; Kühn, S. 80; Locher, S. 136.

935 So aber AnwKomm/Krebs, § 311 Rn. 72.

936 Vgl. OLG Stuttgart, DJZ 1904, 511 – *„Sèvres-Vase“*, in der Annahme, die Vase sei in Wahrheit nur als eine nach Art der Sèvres-Fabrikate verkauft worden; Palandt/Ellenberger, § 123 Rn. 5 c; Schack, KuR, Rn. 394; vgl. Würtenberger, NJW 1951, 176, 177.

schäften[937] und bei Geschäften zwischen zwei Händlern oder zwei Privatpersonen[938] eine gewisse Zurückhaltung geboten.[939] Ebenso wenig wie § 442 I 2 BGB über den Begriff der groben Fahrlässigkeit allgemeine Untersuchungspflichten des Käufers begründet, begründet er zu Lasten des Verkäufers über den Begriff der Arglist allgemeine und umfassende Informationspflichten zu allen Eigenschaften der Kaufsache.[940] Andererseits spricht ein starkes Informationsgefälle und Sachkundevertrauen beim Kauf von Wertgegenständen insbesondere gegenüber Spezialfachhändlern eher für als gegen Aufklärungspflichten.[941]

Es ist nicht darüber aufzuklären, dass eine Luxusausgabe in billigerer Ausführung erhältlich ist,[942] Abweichungen von Beschaffenheitsvereinbarungen sind aber zu offenbaren.[943] Wer einen Vertrauens- und Verpflichtungstatbestand schafft (vgl. § 433 I 2 BGB), handelt treuwidrig, wenn er um die Unerfüllbarkeit der Leistungsverpflichtung weiß. Antworten auf Nachfragen müssen wahrheitsgemäß erfolgen.[944] Erhebliche Mängel sind stets zu offenbaren;[945] unerhebliche jedenfalls, wenn sie für den Kaufentschluss offensichtlich bedeutend sind, weil Mängelrechte bestehen.[946] Untersuchungsmöglichkeiten des Käufers, gegebenenfalls mit selbst gewählten Experten, machen Aufklärungen nicht entbehrlich.[947] Im Hinblick auf die Eigenverantwortlichkeit sind Mängel ausgenommen, die der

937 Vgl. AG Coburg, NJW 1993, 938, 939 – „*Mozart-Noten*“, eine Aufklärungspflicht des Käufers gegenüber dem Flohmarktverkäufer wertvoller Mozart-Notenmanuskripte verneinend; vgl. Kühn, S. 77; Wrede, S. 33.

938 Kühn, S. 77; vgl. Würtenberger, NJW 1951, 176, 178 f.

939 Chr. Berger, KUR 2003, 137, 140; Heinbuch, Aktuelle Rechtsfragen, S. 207; Locher, S. 135 f.; zu zurückhaltend Kühn, S. 76 ff.; a.A. Katz, S. 125 f. (im Interesse des seriösen Kunsthandels im Zweifel für die Aufklärungspflicht).

940 Vgl. MünchKomm/H.P. Westermann, § 442 Rn. 9.

941 Staudinger/Beckmann, § 433 Rn. 93; Palandt/Ellenberger, § 123 Rn. 5, 5 c; Katz, S. 124, 127 f.; Kühn, S. 77 ff.; Locher, S. 136, 138; Schack, KuR, Rn. 394; Schneider, S. 122 f.; v. Westerholt/Graupner, NJW 1978, 794, 795 Fn. 15.

942 Vgl. BGH, WM 1977, 394, 396 (Buchreihe); AG Coburg, NJW 1993, 938, 939 – „*Mozart-Noten*“; Staudinger/Beckmann, § 433 Rn. 93, 175; Hattenhauer, JuS 1998, 684, 689; Huber, Karlsruher Forum 2000, S. 21; Katz, S. 124 f.; Kühn, S. 76 f.; Oechsler, Rn. 294; Schack, KuR, Rn. 394; Schneider, S. 122; vgl. Würtenberger, NJW 1951, 176 f.

943 Vgl. Bamberger/Roth/Faust, 442 Rn. 25, § 438 Rn. 37; aA Kühn, S. 76.

944 BGHZ 180, 205, 215; Staudinger/Beckmann, § 433 Rn. 93; MünchKomm/Westermann, § 438 Rn. 30; Kühn, S. 80; Locher, S. 136; Schneider, S. 123.

945 Palandt/Ellenberger, § 123 Rn. 5 b; Oechsler, Rn. 294.

946 Bamberger/Roth/Faust, § 438 Rn. 37; § 442 Rn. 25; Staudinger/Matusche-Beckmann, § 438 Rn. 99 f.; vgl. (tendenziell restriktiver:) Staudinger/Beckmann, § 433 Rn. 93; AnwKomm/Feuerborn, § 123 Rn. 30; Gröschler, NJW 2005, 1601, 1604; vgl. zum früheren Recht: BGHZ 109, S. 327, 330 – (Gebäudeeinsturzgefahr); Schneider, S. 123; Katz, S. 124, 126; Kühn, S. 77.

947 Goepfert, S. 53; Katz, S. 129; Locher, S. 137; aA Kühn, S. 76 ff.

Käufer bei gebotener Sorgfalt leicht selbst prüfen kann.[948] Wer namentlich zuordnet, muss Verwechslungen mit berühmten Künstlern gleichen Namens vorbeugen.[949]

Aufzuklären ist über die Fälschungs-[950] und fehlende Originaleigenschaft, schlecht feststellbare Erhaltungsmängel, wertmindernde Restaurierungen,[951] über Hindernisse einer naheliegenden Verwendung, wenn eine Skulptur im Freien präsentiert wird, aber witterungsanfällig ist,[952] und über ernste Zweifel zu Eigenschaften wie der Echtheit, auf die es dem Käufer ersichtlich ankommt,[953] auch dann, wenn das Kunstwerk eine mit der Werkausführung nicht übereinstimmende echte Signatur trägt.[954] Die eigene Überzeugung ist unmaßgeblich, wenn anerkannte Experten Zweifel äußern.[955] Vertrauen aus längerer Geschäftsbeziehung wirkt maßstabsverschärfend.[956]

Zu offenbaren sind Negativexpertisen[957] und der gegebenenfalls zweifelhafte Gehalt von Positivexpertisen[958]. Dies gilt auch für Privatverkäufer, wenn ein Verdacht als Mangel wirkt.[959] Wenig überzeugende Expertisen sind entbehrlich. Die Gefahr des Mangelverdachts gebietet aber Vorsicht.[960] Aufklärung ist jedenfalls auf Nachfrage geschuldet.[961]

---

948 Vgl. BGHZ 132, 30, 34 (Grundstücksverunreinigung); AnwKomm/Feuerborn, § 123 Rn. 30; Haedicke, § 11, S. 176; Katz, S. 124.

949 OLG Celle, MDR 2007, 1362 – „*JCB Püttner*“ (ausdrücklicher Hinweis geboten).

950 Locher, S. 193; Würtenberger, NJW 1951, 176, 178.

951 Bischoff, Weltkunst 2001, 439, 440; Goepfert, S. 95; Locher, S. 136, 138; Schneider, S. 124; v. Westerholt/Graupner, NJW 1978, 794, 795; Katz, S. 127; vgl. Almeroth, S. 133; Würtenberger, NJW 1951, 176, 178.

952 Vgl. Staudinger/Beckmann, § 433 Rn. 101.

953 Locher, S. 137; Staudinger/Matusche-Beckmann, § 438 Rn. 85; vgl. Palandt/Ellenberger, § 123 Rn. 5 b.

954 Vgl. RGZ 114 (1927), 239 ff. – „*Thoma*“; Chr. Berger, KUR 2003, 137, 140.

955 Vgl. LG Mainz, Urt. v. 25.1.2000 – 6 S 297/99 – „*Kupka*“ (n.v.), zitiert bei Picker, S. 112 f; vgl. auch Goepfert, S. 52; Katz, S. 129 f.; Locher, S. 137; Schneider, S. 123.

956 Goepfert, S. 52 f.; Katz, S. 128; Locher, S. 138; Schneider, S. 123; vgl. Würtenberger, NJW 1951, 176, 178.

957 Dechow, S. 59; Goepfert, S. 119; Katz, S. 130; Locher, S. 137; v. Westerholt/Graupner, NJW 1978, 794, 795.

958 RG, LZ 1916, 1181 f. – „*Stradivariusgeige*“ = WarnRspr. 1916, Nr. 244, S. 394, 395 f.; Goepfert, S. 52; Katz, S. 130; Locher, S. 137; Schack, KuR, Rn. 394; Schneider, S. 123; v. Westerholt/Graupner, NJW 1978, 794, 795; vgl. zustimmend Picker, S. 324, 112, mit Verweis auch auf LG München, Urt. v. 9.7.1991 – I 32 O 15 842/89 – „*Koekkoek*“ zum Verschweigen von Expertisen, die besagen, dass es sich bei einem zum Verkauf stehenden Bild allenfalls um eine eigenhändige Wiederholung durch den Künstler handle.

959 Schack, KuR, Rn. 394; Katz, 129, Locher, S. 137; v. Westerholt/Graupner, NJW 1978, 794, 795; aA Kühn, S. 78.

960 AA Katz, S. 130; Locher, S. 137 f.

961 So auch Katz, S. 130; Locher, S. 137 f.

Unnötig ist Aufklärung über Zweifel unmaßgeblicher Dritter (entfernter Verdacht),[962] Werkverwendung und Erhaltung[963] und über den offenen Vorbehalt „zugeschrieben".[964] Wendungen wie „trägt die Signatur", „archaisierend" und „bezeichnet" sind erklärungsbedürftig.[965]

2. *Vorspiegeln*

Das arglistige Vorspiegeln von Eigenschaften steht dem arglistigem Verschweigen erst recht gleich.[966] Angaben *ins Blaue hinein* genügen.[967] Die Echtheit wird vorgespiegelt, wenn mit echten Stücken einer angesehenen Sammlung Fälschungen angeboten werden[968] oder künstlich gealterte Nachbildungen alter Möbel als „Antiquitäten aus einer Schlossauflösung";[969] wenn eine frühere Signatur entfernt wird, um eine andere Urheberschaft wahrscheinlich zu machen, selbst wenn mit Signaturentfernung die wahre Urheberschaft nur zweifelhaft wird;[970] wenn vorgetäuscht wird, Gemälde stammten aus liebevoll erstellter, sehr gepflegter Sammlung eines Kenners und ernsthaften Privatsammlers und ein Museumsspezialist habe sie begutachtet;[971] wenn Gemälde angeblich aus altem Familienbesitz und vormals Hohenzollernbesitz für einen hohen Betrag unter Beigabe unrichtiger Wertgutachten verkauft werden, obwohl sie aus Kunsthandlungen

---

962 Vgl. Katz, S. 129; Locher, S. 137; Schneider, S. 123; v. Westerholt/Graupner, NJW 1978, 794, 795. Picker, S. 112 f., 118 fordert im Anschluss an AG Mainz, Urt. v. 24.8.1999 – 72 C 247/99 – „*Kupka*", Aufklärung über Zweifel professioneller Kaufinteressenten.

963 Vgl. Staudinger/Beckmann, § 433 Rn. 101, 110.

964 AG Hamburg, Urt. v. 8.9.2005 – 35 A C 140/04, S. 13 f. – „*Sergel*" (n.v.); Goepfert, S. 114.

965 Vgl. Schack, KuR, Rn. 405; aA Goepfert, S. 114.

966 Staudinger/Matusche-Beckmann, § 438 Rn. 110 f.; Oechsler, Rn. 294; Schack, KuR, Rn. 393; MünchKomm/H.P. Westermann, § 438 Rn. 29; zum früheren Recht: MünchKomm, 3. Aufl. – H.P. Westermann, § 463 Rn. 10. Davon ausgehend, im arglistigen Vorspiegeln liege zugleich ein arglistiges Verschweigen: Bamberger/Roth/Faust, § 438 Rn. 38; Flume, JZ 1992, 367 f.; Locher, S. 138; Reinicke/Tiedtke, Rn. 696. Wenig überzeugend Kühn, S. 68 ff.: Die Gleichsetzung führe zur „Verletzung des anerkannten Prinzips der Trennung von Straf- und Zivirecht."

967 BGH, NJW-RR 1986, 700 (Hausgrundstück); Palandt/Ellenberger, § 123 Rn. 11; Staudinger/Matusche-Beckmann, § 438 Rn. 90; Oechsler, Rn. 294.

968 Goepfert, S. 53 f.; Locher, S. 185; Katz, S. 122 f., 126 f.; vgl. Würtenberger, NJW 1951, 176, 178.

969 OLG Düsseldorf, NJW 2002, 612 f. – „*Schlossauflösung*" (Anfechtungsrecht nach § 123 I 1. Alt. BGB bejaht).

970 RG, WarnRspr., 19. Jg., 1927, Nr.140, 245 f. – „*Knaus*" (arglistige Täuschung bejaht); Katz, S. 127; Goepfert, S. 52; Locher, S. 138; Schack, KuR, Rn. 394; Schneider, S. 123 f.

971 OLG Hamburg, LG Hamburg VII 1917, HansGZ, Beibl. Zivilrecht, 39. Jg. 1918, S. 115 ff.- „*Provenienz und Gutachten*" (Anfechtungsrecht nach § 123 I 1. Alt. BGB bejaht).

stammen und weit weniger wert sind;[972] wenn ein Zugang zu den Nachlassverwaltern *Heckels* und *Kirchners* vorgetäuscht wird, wo man eine *Schmidt-Rottluff*-Zeichnung günstig beschaffen könne, die in Wahrheit von geringem Wert, für einen niedrigen Betrag bei einem Galeristen erworben und teuer verkauft wird,[973] und wenn zu Objekten der Massen- und Billigproduktion ein Wert mit der Behauptung vorgespiegelt wird, der Preis könne beim Wiederverkauf erneut erzielt und langfristig gewiss übertroffen werden.[974] Bei bloßen Werttäuschungen liegt indes kein Mangel vor.[975]

II. Beschaffenheitsgarantie (§ 442 I 2, 2. Alt. BGB)

Mängelrechte verbleiben auch bei Beschaffenheitsgarantien (§ 442 I 2, 2. Alt. BGB, Zusicherungsgarantien i.S.v. § 276 I 1 BGB[976]).

C. § 377 HGB, Untersuchungs- und Rügeobliegenheit

Bei beiderseitigen Handelsgeschäften (§§ 343 I, 344 I, 1 ff. HGB) muss der Käufer in Bezug auf Sachmängel[977] die Untersuchungs- und Rügeobliegenheit des abdingbaren § 377 HGB beachten.[978] Sonst gilt die Ware als genehmigt und grundsätzlich (vgl. § 377 V HGB[979]) entfallen die Mängelrechte (§ 377 II, III HGB). Damit schwächt der überzeugende uneingeschränkt subjektive Beschaffenheits- und weite Mangelbegriff des § 434 I 1 BGB beim beiderseitigen Handelskauf – genau anders als im Regelfall – die Käuferposition. Von § 377 HGB nicht erfasste c.i.c.-Ansprüche sind bei Verkäuferfahrlässigkeit gesperrt.[980]

972 Vgl. BGH, WM 1969, 36 ff. – *„Beratungsvertrag“* (Anfechtungsrecht nach § 123 I 1. Alt. BGB bejaht).

973 OLG Hamm, NJW-RR 1993, 628 f. – *„Schmidt Rottluff“* (Anfechtungsrecht nach § 123 I 1. Alt. BGB bejaht); zustimmend Schack, KuR, Rn. 421.

974 Heinbuch, NJW 1984, 15, 21; vgl. Almeroth, S. 29 (Anfechtungsrecht nach § 123 I 1. Alt. BGB bejaht).

975 Vgl. o. S. 95 f.

976 Staudinger/Matusche-Beckmann, § 442 Rn. 40 ff.; Oechsler, Rn. 136; Stöber, S. 79 ff.; MünchKomm/H.P. Westermann, § 442 Rn. 13; Weitnauer, NJW 2002, 2511, 2517; vgl. BGH, NJW 2007, 1346, 1348 (Krad) = BGHZ 170, 86, 91 f.; zur Zusicherungsgarantie s.o. S. 121 ff.

977 Auch in Fällen des § 434 III BGB, Brüggemeier, WM 2002, 1376, 1378; Reinicke/Tiedke, Rn. 1054, 1057. § 378 HGB a.F. wurde aufgehoben.

978 Chr. Berger, KUR 2003, 137, 141.

979 Erweitert um den Fall des arglistigen Vorspiegelns, Baumbach/Hopt/Hopt, § 377 Rn. 52; Schack, KuR, Rn. 393.

980 Vgl. o. S. 59.

§ 377 HGB ist eine für den Kunsthandel nicht zu rechtfertigende faktische Verkürzung der angemessenen Verjährung (§§ 438 I Nr. 3, 438 II BGB).[981] Es gelten bei Obliegenheitsverletzungen auch unechte, mithin erheblich mangelhafte Werke als vertragsgemäß, selbst wenn der Verkäufer grob fahrlässig handelte (vgl. § 377 V HGB *e contrario*).

Schon in der Industrie ist § 377 HGB zu Recht auf Unverständnis getroffen.[982] Das „Alles-oder-Nichts-Prinzip" des § 377 HGB, die grundsätzliche Rechtlosstellung wegen bloßer Obliegenheitsverletzungen, entspricht spezifischen Bedürfnissen des Großhandels in Rohstoffen und Landesprodukten.[983] Der Telos des § 377 HGB ist beim Verkauf unechter Werke nicht hinreichend einschlägig. § 377 HGB bezweckt, dem Verkäufer angesichts des im Handelsverkehr typischerweise bestehenden Bedürfnisses nach Klarheit und schneller Geschäftsabwicklung[984] „umgehend Klarheit über das Gelingen seiner Erfüllungshandlung zu vermitteln", ihn in die Lage zu versetzen, „alsbald die notwendigen Ermittlungen, Feststellungen und Dispositionen zu einer mit weiterem Zeitablauf unter Umständen schwieriger werdenden Beweissicherung, zur Nacherfüllung oder zur Schadensabwendung zu treffen, sich vor einem vermeidbaren Nachschieben anderer Beanstandungen durch den Käufer zu schützen und sich auf diese Weise zugleich vor unnötigen Folgeschäden zu bewahren".[985]

„Bei Rohstoffen und Landesprodukten spielt der ständig schwankende Börsen- und Marktpreis eine Rolle. Bei Lebensmitteln kommt die Verderblichkeit und die Anfälligkeit für Transportschäden hinzu. Beides führt zu einem Bedürfnis nach rascher, pünktlicher Abwicklung und vor allem zu einem Bedürfnis nach Schutz vor spekulativem Missbrauch der Rechtsbehelfe (...). Daher besteht hier ein besonderes Bedürfnis nach kurzen Rügefristen (...)".[986]

Im Kunsthandel hingegen rechtfertigt das im Handelsverkehr typischerweise bestehende Bedürfnis nach Klarheit und schneller Geschäftsabwicklung[987] und

---

981 Vgl. Müller, ZIP 2002, 1178, 1186; vgl. auch U. Huber, ZHR 161 (1997), 160, 185. Zur vergleichbaren Zielsetzung von Verjährung und Rügeobliegenheit vgl. BGHZ 101, 337, 344f. (Weinkorken).

982 D. Schmidt, NJW 1991, 144, 148; vgl. U. Huber, ZHR 161 (1997), 160, 185; Müller, ZIP 2002, 1178, 1185.

983 Vgl. Baumbach/Hopt/Hopt, § 377 Rn. 1; U. Huber, ZHR 161 (1997), 160, 184f.; Müller, ZIP 2002, 1178, 1185.

984 Marburger, JuS 1983, 1.

985 Ensthaler/Achilles, GK-HGB, § 377 Rn. 1 m.V.a. u.a. BGHZ 91, 293, 299f. (Tropenholz) u. BGHZ 101, 337, 345 (Weinkorken); vgl. Motive zum Entwurf eines Handelsgesetzbuchs für die Preußischen Staaten, nebst Motiven (1857), Zweiter Theil, S. 141 zu Art. 264; Protokolle der Kommission zur Berathung eines allgemeinen deutschen Handelsgesetzbuches, hrsgg. von v. Lutz, II. Theil (1858), S. 644ff.

986 U. Huber, ZHR 161 (1997) 160, 182.

987 Marburger, JuS 1983, 1.

das Interesse, nach Möglichkeit beim Lieferanten Regress nehmen zu können,[988] keinen Totalverlust der Mängelrechte.[989] Es ist hier verstärkt daran festzuhalten, dass der Verkäufer seine Angaben auch Käufern gegenüber, die oft nur „mehr oder weniger zufällig“[990] Kaufleute sind, eigenverantwortlich zu prüfen hat (§ 433 I 2 BGB). Dies ist auch bei Umstandsangaben zur Expertiseexistenz etc. zumutbar.

Zu rechtfertigen ist § 377 HGB allenfalls für äußere Beschädigungen, die auch der Unerfahrenere erkennen kann. Von ihnen rasch – und nicht erst unter Ausschöpfung der gesamten Verjährungsfrist – zu erfahren, kann der Verkäufer ein schützenswertes Interesse haben, um festzustellen, ob der Mangel bereits bei Gefahrübergang bestand.[991] Auch sind die Auswirkungen eines drohenden Rechtsverlusts i.d.R. weniger stark als bei der überaus gravierenden Unechtheit, die wertungsgemäß dem nicht genehmigungsfähigen aliud i.S.d. § 378 HGB a.F. nahe steht. Ohne die Fiktion des § 377 HGB dürfte der Verkäufer kaum annehmen, der schweigende Käufer akzeptiere sie. Einer „Art ‚zweites Kontrollverfahren‘“ bedarf es nicht.[992]

Umgehende Klarheit über das Gelingen seiner Erfüllungshandlung kann der Verkäufer im Hinblick auf die Echtheit grundsätzlich schon deshalb nicht erwarten, weil die Unechtheit häufig ohnehin erst nach Ablauf der zweijährigen Verjährungsfrist erkannt wird. Noch dazu muss der Käufer erst noch den schwierigen Vollbeweis der Unechtheit erbringen. Er wird den für ihn äußerst bedeutenden Mangel i.d.R. auch ohne Druckmittel alsbald geltend machen. Regress nehmen kann der Verkäufer oft sowieso nicht mehr, da die Umschlagszeit von Kunstwerken nicht selten über die zweijährige Verjährungsfrist hinausreicht.

Der Verkäufer hat kein schützenswertes Interesse, sich rasch um eine geeignete Aufbewahrung und Verwertung (Notverkauf etc.) zu bemühen. Kunstwerke sind i.d.R. nicht leicht verderblich, müssen auch nicht weiterverarbeitet werden. Die Rüge schützt auch nur selten vor Mängeln gleichartiger Werke. Schutz vor einem „vermeidbaren Nachschieben anderer Beanstandungen durch den Käufer“ bedarf es nicht. Der Verkäufer muss nicht klären, ob die – grundsätzlich immerwährende - Unechtheit bei Gefahrübergang bestand, er muss keine Beweise sichern. Selbst wenn der Käufer versuchen sollte, sich aufgrund eines veränderten Marktpreises vom Geschäft zu lösen, wäre die Berechtigung seiner Echtheitsrüge auch nach geraumer Zeit nicht grundlegend schwieriger (i.d.R. sogar leichter) prüfbar.

988 MünchKommHGB/B. Grunewald, § 377 Rn. 3.
989 Vgl. U. Huber, ZHR 161 (1997) 160, 182; E/B/J/S/Müller, § 377 Rn. 109; vgl. auch MünchKommHGB/B. Grunewald, § 377 Rn. 134.
990 Müller, ZIP 2002, 1178, 1185.
991 Vgl. U. Huber, ZHR 161 (1997), 160, 185.
992 Vgl. Müller, ZIP 2002, 1178, 1185.

Die Verkäuferinteressen sind mit dem verkäuferprivilegierenden § 438 I Nr. 3 BGB hinreichend gewahrt,[993] auch wenn er dem Beschleunigungsgrundsatz weniger stark dient als der frühere § 477 BGB a.F. Nacherfüllungen sind bei Unechtheit i.d.R. unmöglich.[994] Sollte der Käufer Dispositionen getroffen, das Werk gar als echt weiterveräußert haben, kann er entsprechende Aufwendungen oder Schäden grundsätzlich schon wegen § 254 I BGB nicht vom Verkäufer ersetzt verlangen, wenn er die Unechtheit hätte erkennen müssen.

§ 377 HGB fördert die Einfachheit und Schnelligkeit des Kunsthandels auch nicht etwa auch im Interesse des Käufers.[995] Er dient „durchaus einseitig dem Schutz der Verkäuferinteressen".[996] Nicht einzusehen ist insbesondere, dass gem. § 377 V HGB nur der arglistige Verkäufer sich nicht auf § 377 HGB berufen kann[997] und Schlechtleistungen selbst bei grober Verkäuferfahrlässigkeit im Falle einer eventuell nur leicht unachtsam unterlassenen oder fehlerhaften Rüge gänzlich rechtsfolgenlos bleiben.[998] *De lege ferenda* wäre die käuferfreundlichere Regelung der Artt. 40, 44 CISG interessengerechter.[999]

De lege lata ist § 377 HGB im Kunsthandel als Ausnahmeregelung restriktiv auszulegen.[1000] Die Anforderungen an die nach ordnungsgemäßen Geschäftsgang gebotene sachgemäße Untersuchung im Rahmen des § 377 I HGB dürfen

993 Vgl. MünchKommHGB/B. Grunewald, § 377 Rn. 120.

994 Vgl. Chr. Berger, KUR 2003, 137, 141.

995 So aber zum allgemeinen Handelsverkehr: Baumbach/Hopt/Hopt, § 377 Rn. 1.

996 Marburger, JuS 1983, 1, 11; vgl. zust. Schwark, JZ 1990, 374, 375 (die Einseitigkeit befürwortend).

997 Die Annahme, bereits der leicht fahrlässig handelnde Verkäufer könne sich auf § 377 HGB nicht berufen (E/B/J/S/Müller, § 377 Rn. 183), überzeugt nicht, selbst wenn der historische Gesetzeber davon ausgegangen sein sollte, angesichts der §§ 463, 480 II BGB a.F. löse die bloße Fahrlässigkeit des Verkäufers in Bezug auf Mängel keine Schadensersatzhaftung aus (so aber E/B/J/S/Müller, § 377 Rn. 183) (§ 377 V HGB *e contrario*). § 377 V HGB trifft eine Wertentscheidung für alle Mängelrechte, nicht nur für Schadensersatzansprüche.

998 Vgl. E/B/J/S/Müller, vor § 377 Rn. 11; ders., ZIP 2002, 1178, 1185; zum früheren Recht: ders., ZIP 1997, 661, 669; aA zum allgemeinen Handelsverkehr: Schwark, JZ 1990, 374, 375.

999 Vgl. E/B/J/S/Müller, § 377 Rn. 109; ders., ZIP 2002, 1178, 1182, 1186; vgl. zum früheren Recht: ders., ZIP 1997, 661, 669 f. Art. 40 CISG: „Der Verkäufer kann sich auf die Artikel 38 und 39 nicht berufen, wenn die Vertragswidrigkeit auf Tatsachen beruht, die er kannte oder über die er nicht in Unkenntnis sein konnte und die er dem Käufer nicht offenbart hat"; Art. 44 CISG: „Ungeachtet des Artikels 39 Absatz 1 und des Artikels 43 Absatz 1 kann der Käufer den Preis nach Artikel 50 herabsetzen oder Schadenersatz, außer für entgangenen Gewinn, verlangen, wenn er eine vernünftige Entschuldigung dafür hat, daß er die erforderliche Anzeige unterlassen hat".

1000 Professionell agierende Käufer sollten § 377 HGB vertraglich ausschließen.

nicht überspannt, offene Mängel[1001] nicht vorschnell bejaht werden.[1002] Zwar können z.B. schlechte Erhaltungszustände, Falsch- und Minderlieferungen so offen zu Tage treten, dass dem Käufer denknotwendig keine Untersuchungsfrist zusteht.[1003] Die Unechtheit ist aber im Zweifel als versteckter Mangel (§ 377 II, III HGB) zu behandeln – also als ein Mangel, der bei der nach ordnungsgemäßen Geschäftsgang gebotenen sachgemäßen Untersuchung im Rahmen des § 377 I HGB „*normalerweise* nicht entdeckt" werden kann[1004]. Aufwendige sachverständige Untersuchungen gehören nicht zum „ordnungsgemäßen Geschäftsgang" des Kunsthandels.[1005] Naturwissenschaftlich-technische und stilkritische Untersuchungen sind allenfalls bei hochwertigen Kunstwerken und Verdachtsmomenten zu erwarten.[1006] Zwar kann es sein, dass die Unechtheit ausnahmsweise so naheliegend ist, dass das Unterlassen näherer Untersuchungen angesichts der Höhe des Kaufpreises schlicht nicht nachvollziehbar erscheint. I.d.R. aber rechtfertigt das Ausbleiben von Untersuchungen keinen totalen Rechtsverlust. Die Unechtheit ist zudem selten alsbald nach Ablieferung feststellbar. Nur dann aber könnte ein offener Mangel nach § 377 I HGB bejaht werden[1007]. Sofern sich eine moderat verlängerte Untersuchungsfrist (im Einzelfall[1008] bis zu vier und mehr Monate) zugunsten des Käufers auswirken würde, wäre dem Käufer eine solche zuzubilligen, da das Interesse des Verkäufers an einer raschen Anzeige gering ist und Prüfungen zeitintensiv sein können.[1009]

Selbst die Einordnung der Unechtheit als versteckter Mangel, für den keine Untersuchungsobliegenheit besteht,[1010] hat bei ihrer Entdeckung immer noch eine im Verhältnis zu ihrer Bedeutung äußerst knappe[1011] Rügeobliegenheit (unverzüglich, § 377 III HGB i.V.m. § 121 I 1 BGB) zur Folge.[1012] Dem Käufer werden im Allgemeinen nur ca. ein bis zwei Tage zugebilligt.[1013] Jedoch kann es nötig

1001 Vgl. dazu E/B/J/S/Müller, § 377 Rn. 115, 118.

1002 Chr. Berger, KUR 2003, 137, 141. Schon zum früheren Recht: v. Westerholt/Graupner, NJW 1978, 794, 795.

1003 Vgl. Baumbach/Hopt/Hopt, § 377 Rn. 35; um Unsicherheiten zu begegnen, können die Parteien Zeitgrenzen vereinbaren; vgl. Reinicke/Tiedke, Rn. 1061; v. Westerholt/Graupner, NJW 1978, 794, 796.

1004 So E/B/J/S/Müller, § 377 Rn. 41 (Hervorhebung hinzugefügt).

1005 Braunfels, S. 176.

1006 Vgl. Goepfert, S. 104; strenger wohl Katz, S. 66.

1007 Vgl. E/B/J/S/Müller, § 377 Rn. 115, 118.

1008 Vgl. E/B/J/S/Müller, § 377 Rn. 103.

1009 Vgl. auch E/B/J/S/Müller, § 377 Rn. 103 f. („im Zweifel für den Käufer").

1010 Vgl. MünchKommHGB/B. Grunewald, § 377 Rn. 134.

1011 So auch MünchKommHGB/B. Grunewald, § 377 Rn. 112.

1012 Vgl. Braunfels, S. 176; Picker, S. 90 mit Verweis auf LG München I, Urt. v. 11.5.1988 – I 3 O 14518/86 (n.v.).

1013 Vgl. E/B/J/S/Müller, § 377 Rn. 110 m.w.N.

sein, den Mangelbefund noch weiter abzusichern, so dass Rügen am achten Tag noch als unverzüglich gelten sollten. Interessengerechter ist eine Obliegenheit zur Rüge „innerhalb einer *angemessenen* Frist" (vgl. Art. 39 I CISG). Bei dauerhaften Gütern wie Kunstwerken ist dies als Mittelwert ein Monat.[1014]

§ 2 Haftungsfreizeichnungen

A. Allgemeines

Zur Bewertung rechtsgeschäftlicher Gewährleistungsausschlüsse und -beschränkungen, sog. *Haftungsfreizeichnungen*, sind zu unterscheiden: Kunsteinzel- und Auktionshandel, Agentur und Kommission, Eigen- und Fremdware, neu und gebraucht, Verbrauchsgüter- und Nichtverbrauchsgüterkauf, Individualvertrag und AGB.

Partielle Gewährleistungsausschlüsse sind im Kunst-[1015] und Auktionshandel zulässig (vgl. § 437 BGB „soweit nicht ein anderes bestimmt ist"; §§ 444, 475 III BGB).[1016] Komplette Gewährleistungsausschlüsse sind beim Nichtverbrauchsgüterkauf individualvertraglich vereinbar, setzen sich aber nur bis zur Grenze der §§ 444, 276 III BGB durch.[1017] Ausschlüsse können sich auf bestimmte Mängel begrenzen und beim Nichtverbrauchsgüterkauf alle Mängelrechte einbeziehen.[1018] Für Schadensersatzansprüche können Obergrenzen gesetzt werden, z.B. Prozentwerte vom Kaufpreis.[1019] Konkludente Ausschlüsse[1020] sind beim Verbrauchsgüterkauf nur nach Maßgabe von § 475 I, III BGB möglich.[1021]

I. Haftungsbegrenzung mit Beschaffenheitsvereinbarungen

Das ideale und transparenteste Mittel zur Haftungsregulierung sind gerade beim Verbrauchsgüterkauf, wegen der engen Grenzen für Haftungsfreizeichnungen

---

1014 BGH, NJW-RR 2000, 1361, 1362 (Mahlgarnitur).

1015 Vgl. E. Schneider, DB 1981, 199, 201; vgl. Flume, JZ 1991, 633, 637 mit Verweis auf § 11 Nr. 11 AGBG.

1016 Vgl. Palandt/Weidenkaff, § 444 Rn. 1 f.

1017 Der Gewährleistungsausschluss ist dann im Einzelfall nach § 444 BGB unwirksam.

1018 Palandt/Weidenkaff, § 444 Rn. 8.

1019 Palandt/Weidenkaff, § 444 Rn. 8; vgl. für Formulierungen: v. Westphalen, ZGS 2003, 107, 113.

1020 Saudinger – Matusche-Beckmann, § 435 Rn. 39 (zu Rechtsmängeln); zum früheren Recht schon Heinbuch, Aktuelle Rechtsfragen, S. 208; E. Schneider, DB 1981, 199, 201; v. Westerholt/Graupner, NJW 1978, 794, 796.

1021 Schack, KuR, Rn. 401.

(§ 475 I, III BGB), Beschaffenheitsvereinbarungen,[1022] die auch Sondervereinbarungen Raum bieten. Die Parteien können festlegen, wann sie ein Werk für unecht erachten. Sie können das Urteil eines bestimmten Experten für maßgeblich erklären. Sie können festlegen, dass es für Echtheitsangaben auf die Übereinstimmung mit dem Forschungsstand zum Zeitpunkt des Gefahrübergangs ankommt.[1023] Sie können die Beschaffenheit variabel fassen, nämlich vereinbaren, dass Werk müsse von X oder Y stammen.

Beschaffenheitsvereinbarungen sind keine Haftungsfreizeichnungen.[1024] Bei Übereinstimmung von Ist- und Sollbeschaffenheit liegt bereits kein Mangel vor. Bei Aufklärung über mangelbegründende Tatsachen sind Mängelrechte zumindest nach § 442 I BGB versagt.[1025] Wer Beschaffenheitsangaben den Zusatz „laut Vorbesitzer" oder „laut den Angaben des Experten (...)" zufügt, gibt i.d.R. nur eine Wissenserklärung ab.[1026]

Ein Verkäufer, der bei Vertragsschluss erklärt, für eine klar umrissene Beschaffenheit nicht einstehen zu wollen, oder eine Absprache trifft, ohne die das Kunstwerk nach § 434 I 2 BGB sachmangelhaft wäre,[1027] verhindert die Vereinbarung der entsprechenden bzw. besseren Beschaffenheit. Um einen (nach § 475 I BGB unzulässigen) Haftungsausschluss handelt es sich, wenn der Verkäufer im leistungsbeschreibenden Vertragsteil die Echtheit festlegt und an anderer Stelle den Vorbehalt erklärt. Ansonsten bilden Vorbehalt und Zuschreibung eine Einheit, der Vorbehalt prägt die Beschaffenheitsvereinbarung. Der Käufer erwirbt auf sein Risiko[1028], als wäre keine Zuschreibung erfolgt. Sonst wäre die Privatautonomie verletzt, der fehlende Einstandswille missachtet. Bei Arglist schützen §§ 123 I, 142 I BGB und gegebenenfalls § 823 II 1 BGB i.V.m. § 263 I StGB.

Haftungsregulierungen über Beschaffenheitsvereinbarungen sind auch beim Verbrauchsgüterkauf möglich. Der von § 475 I BGB für unabdingbar erklärte § 434 BGB lässt sie zu.[1029] Der auf Art. 2 II b, c, d VerbrGKRL zurückzufüh-

---

1022 Andres in Schimmel/Buhlmann, E.I. Rn. 21; Ehmann/Sutschet, S. 197; Schimmel/Buhlmann, Fehlerquellen, S. 109f.; Looschelders in Dauner-Lieb/Konzen/Schmidt, S. 401; Schubel in Schwab/Witt, S. 128f.; zum früheren Recht: Dechow, S. 124.

1023 Vgl. Kunkel, S. 92ff.; Wolf, S. 140f., 204.

1024 Zur Abgrenzung vgl. u. S. 164.

1025 Chr. Berger, KUR 2003, 137, 141; Ehmann/Sutschet, S. 197; M. Müller, NJW 2003, 1975, 1976; Stölting, ZGS 2004, 96; Palandt/Weidenkaff, § 444 Rn. 3.

1026 BGH, NJW 2008, 1517f. (Unfallwagen); Palandt/Weidenkaff, § 434 Rn. 15f.

1027 Chr. Berger, KUR 2003, 137, 141; Bamberger/Roth/Faust § 444 Rn. 7; Schimmel/Buhlmann, Fehlerquellen, S. 109. Henssler/v. Westphalen/v. Westphalen, § 434 Rn. 25, meint, negative Beschaffenheitsvereinbarungen seien gleichzeitig als Ausschluss der Haftung zu verstehen.

1028 Chr. Berger, KUR 2003, 137, 141; Heinbuch, NJW 1985, 15, 21; vgl. Bamberger/Roth/Faust, § 444 Rn. 7; Fikentscher/Heinemann, Rn. 883; Schimmel/Buhlmann, Fehlerquellen, S. 109; PWW/D. Schmidt, § 444 Rn. 6.

1029 Stölting, ZGS 2003, 462, 464; ders., ZGS 2004, 96.

rende § 434 I 2 BGB[1030] ist nicht so auszulegen, dass der Verbraucher sich auf dort genannte Kriterien auch bei Beschaffenheitsvereinbarungen berufen kann.[1031] Nach Erwägungsgrund 8 der VerbrGKRL soll Art. 2 VerbrGKRL die Vertragsfreiheit nicht einengen, sondern Maß geben „in Ermangelung spezifischer Vertragsklauseln".[1032]

Der BGH ließ die Zulässigkeit negativer Beschaffenheitsvereinbarungen (Kunstwerk ist eventuell gefälscht etc.) bisher offen.[1033] Das Umgehungsverbot des § 475 I 2 BGB mit der Folge „Normalbeschaffenheit" greift jedoch nur, wenn der Sinn und Zweck des § 475 I 1 BGB vereitelt ist.[1034] Das ist nicht der Fall, wenn die Vereinbarung beiderseits ernsthaft gewollt ist.[1035]

Beschaffenheitsangaben müssen nicht erkennbar auf gründlichen Untersuchungen basieren.[1036] Eine Erklärung, man wisse nicht, ob es sich um Original oder Fälschung handele, ist akzeptabel. Sie wird i.d.R. mit Preisnachlässen bedacht. Abwälzungen von Ungewissheiten sind noch keine Umgehung.[1037] Jedenfalls dann nicht, wenn der Verkäufer bei Zuordnungsschwierigkeiten einen sachlichen Grund hat[1038] und er das Risiko hinreichend konkretisiert (vgl. § 442 I 1 BGB)[1039]. Der Verkäufer ist nicht gehalten, das Werkverzeichnis einzusehen. Auch bei Lieferung noch herzustellender Sachen (§ 651 BGB i.V.m. §§ 433 ff. BGB) kann auf Ungewissheiten mit von der üblichen Beschaffenheit abweichenden Vereinbarungen reagiert werden.[1040] Risikogeschäfte bleiben daher grundsätzlich möglich.[1041]

Das Umgehungsverbot greift, wenn die Beschaffenheitsvereinbarung anderen Vertragsteilen oder der vorvertraglichen Darbietung widerspricht[1042] oder wenn – was bei Kunstwerken nur geringe Orientierung bietet (wie viel ist dem Käufer

1030 RegE., BT-Drucks. 14/6040, S. 213.

1031 AA Hassemer, ZGS 2002, 95, 96 f.; Pfeiffer, ZGS 2002, 94, 95.

1032 Looschelders in Dauner-Lieb/Konzen/Schmidt, S. 402; Stölting, ZGS 2003, 462, 464; ders., ZGS 2004, 96 f.; vgl. Staudinger/Matusche-Beckmann, § 434 Rn. 39.

1033 Vgl. BGH, NJW 2008, 1517, 1518 (Unfallwagen).

1034 M. Müller, NJW 2003, 1975.

1035 Jauernig/Chr. Berger, § 475 Rn. 9.

1036 Vgl. Schulze/Ebers, JuS 2004, 462, 466; Schulte-Nölke, ZGS 2003, 184, 187; Stölting, ZGS 2003, 462, 465; a.A. Schinkels, ZGS 2003, 310, 313 f., 316.

1037 AA Schinkels, ZGS 2003, 310, 313 f., 316.

1038 Einen solchen fordert Oechsler, Rn. 90

1039 Vgl. Soergel/Wertenbruch, § 475 Rn. 45 f.

1040 Stölting, ZGS 2003, 462, 465.

1041 AA Soergel/Wertenbruch, § 475 Rn. 49.

1042 Looschelders in Dauner-Lieb/Konzen/Schmidt, S. 401; Reinicke/Tiedtke, Rn. 750 f.; PWW/D. Schmidt, § 475 Rn. 8; Schulze/Ebers, JuS 2004, 462, 466; Stölting, ZGS 2003, 462, 465; ders., ZGS 2004, 96, 97.

ein eventuell echtes Kunstwerk wert?)[1043] – der Kaufpreis in einem auffälligem Missverhältnis zur Leistungsbeschreibung steht.[1044]

Das Problem negativer Beschaffenheitsvereinbarungen in AGB stellt sich im Kunsthandel kaum.[1045] Sie lassen sich bei Waren unterschiedlichster Eigenschaften nicht praktikabel in AGB formulieren.[1046] Individuelle Vertragsabreden haben Vorrang, § 305 b BGB. Vor überraschenden Klauseln schützt § 305 c I BGB.[1047] Bestimmungen, die die Leistungsverpflichtung des Verkäufers praktisch leer laufen lassen, sind nach § 307 II Nr. 2 BGB unwirksam.[1048]

II. Generelles Ausschlussverbot, § 444 BGB

§ 444 BGB bestimmt in Bezug auf Haftungsfreizeichnungen ein generelles Ausschlussverbot für alle Verkaufskonstellationen. Er schützt vor Verkäuferunredlichkeit und ist seines hohen Gerechtigkeitsgehalts wegen auch ohne Anordnung in § 475 I 1 BGB unabdingbar.[1049]

1. § 444 Alt. 1 BGB

§ 444 Alt. 1 BGB (vgl. §§ 443, 476 BGB a.F.) bestimmt, dass ein Verkäufer, der einen Mangel arglistig verschweigt (Vorspiegeln nicht vorhandener Eigenschaften steht gleich[1050]), sich nicht auf eine Vereinbarung berufen kann, durch die die Rechte des Käufers wegen dieses Mangels ausgeschlossen oder beschränkt werden. Der Haftungsausschluss ist unwirksam.[1051]

2. § 444 Alt. 2 BGB

§ 444 Alt. 2 BGB (Rechtsgedanke des § 11 Nr. 11 AGBG a.F.)[1052] bestimmt, dass der Verkäufer sich auf eine Vereinbarung, durch die die Rechte des Käufers wegen eines Mangels ausgeschlossen oder beschränkt werden, nicht berufen kann, soweit er für die Beschaffenheit eine Garantie übernommen hat. Als Aus-

1043 Vgl. M. Müller, NJW 2003, 1975, 1977.
1044 Schinkels, ZGS 2003, 310, 314 f.; Schulte-Nölke, ZGS 2003, 184, 188.
1045 Zur Klausel „Die Sachen sind gebraucht" s.u. S. 197 ff.
1046 Staudinger/Matusche-Beckmann, § 434 Rn. 36; Schimmel/Buhlmann, Fehlerquellen, S. 110.
1047 Vgl. Schinkels, ZGS 2003, 310, 315; Stölting, ZGS 2003, 462, 463.
1048 Bamberger/Roth/H. Schmidt § 307 Rn. 58.
1049 Bamberger/Roth/Faust § 475 Rn. 3.
1050 S. schon o. S. 140 f.; vgl. Schack, KuR, Rn. 393; Looschelders in Dauner-Lieb/Konzen/Schmidt, S. 405.
1051 Palandt/Weidenkaff, § 444 Rn. 10, 14; vgl. Palandt/Ellenberger, v. § 104 Rn. 29.
1052 Vgl. RegE., BT-Drucks. 14/6040, S. 240.

prägung des Verbots widersprüchlichen Verhaltens gilt er für alle Garantietypen,[1053] nicht nur für die frühere Eigenschaftszusicherung.[1054]

Ein Zusammentreffen von Garantie und Haftungsausschluss ist individualvertraglich selten.[1055] Erklärt der Verkäufer, für die Echtheit nicht einstehen zu wollen, sind Echtheitsgarantien ausgeschlossen. Eine Erklärungsspaltung überginge seinen Willen.[1056] § 444 Alt. 2 BGB hat seine Hauptbedeutung bei AGB-Gestaltungen, ist aber nicht auf sie beschränkt.[1057] Bei Individualverträgen bleibt der Fall, dass im leistungsbeschreibenden Vertragsteil ein Einstandswille erklärt und im hinteren Bereich zurückgenommen wird.[1058]

Garantien müssen nicht alle Mängelrechte umfassen und sind in der Haftungshöhe, z.B. unter Ausschluss des entgangenen Gewinns, beschränkbar (§ 444 Alt. 2 BGB, „soweit" statt vormals „wenn"[1059]).[1060] Gegen die Auslegung, der Käufer behalte mit Garantien alle Mängelrechte,[1061] spricht der Normtelos, Käuferver-

1053 Stellungnahme aus dem BMJ zu § 444 BGB, ZGS 2003, 307ff., 309; MünchKomm/H.P. Westermann, § 444 Rn. 14. Von einer Auslegungsregel ausgehend, wonach sich bei Auslegungszweifeln die Garantie gegenüber einer Haftungsbeschränkung durchsetzt: Bamberger/Roth/Faust, § 444 Rn. 21; ders., ZGS 2002, 271, 272ff.; a.A. Hilgard/Kraayvanger, MDR 2002, 678ff., 681; Stöber, S. 278ff.

1054 Dauner-Lieb/Thiessen, ZIP 2002, 108ff.; Huber, AcP 202 (2002), 179, 238; Knott, NZG 2002, 249, 255; Stöber, S. 273; v. Westphalen, ZIP 2002, 545, 546.

1055 Chr. Berger, KUR 2003, 137, 141; Faust, ZGS 2002, 271, 273; Heinbuch, NJW 1985, 15, 21; Thiessen, ZRP 2003, 272, 274.

1056 Chr. Berger, KUR 2003, 137, 141; Faust, ZGS 2002, 271, 273; vgl. Heinbuch, NJW 1985, 15, 21; MünchKomm, 3. Aufl. – H.P. Westermann,, § 459 Rn. 74; BGH, JZ 1992, 365f. (zur Zusicherung eines Erstzulassungsdatums bei einem PkW) mit abl. Anm. Flume, S. 367f.

1057 Dauner-Lieb/Thiessen, ZIP 2002, 108, 111; Eidenmüller, ZGS 2002, 290, 296; Faust, ZGS 2002, 271; Huber, AcP 202 (2002), 179, 239; Schmidt-Räntsch, AnwBl 2003, 529, 533; Schulte-Nölke, ZGS 2002, 72; Wertenbruch, NJW 2004, 1977, 1980; Wolf/Kaiser, DB 2002, 411, 419; aA Brüggemeier, WM 2002, 1376, 1381; Seibt/Reiche, DStR 2002, 1181.

1058 Stellungnahme aus dem BMJ zu § 444 BGB, ZGS 2003, 307, 309; Huber, AcP 202 (2002), S. 179, 239; Muthers/Ulbrich, ZGS 2004, 289, 292; Schmidt-Räntsch, AnwBl 2003, 529, 534; MünchKomm/H.P.Westermann, § 444 Rn. 16.

1059 Gesetz zur Änderung der Vorschriften über Fernabsatzverträge bei Finanzdienstleistungen vom 2.12.2004, BGBl 2004 Teil I, S. 3103.

1060 Vor Änderung für eine teleologische Reduktion des § 444 Alt. 2 BGB: Stellungnahme aus dem BMJ zu § 444 BGB, ZGS 2003, 307, 309; Dauner-Lieb/Thiessen, ZIP 2002, 108, 114; Eidenmüller, ZGS 2002, 290, 296; Bamberger/Roth/Faust, § 444 Rn. 21; ders., ZGS 2002, 271, 274; Erman, 11. Aufl. – B. Grunewald, § 444 Rn. 11; Huber, AcP 202 (2002), 179, 238f.; Knott, NZG 2002, 249, 255; Looschelders in Dauner-Lieb/Konzen/Schmidt, S. 407f.; Müller, NJW 2002, 1026f.; Schmidt-Räntsch, AnwBl 2003, 529, 534f.; Thiessen, ZRP 2003, 272, 274; Triebel/Hölzle, BB 2002, 521, 531; Wolf/Kaiser, DB 2002, 411, 419; Zerres, MDR 2003, 368, 370ff.; aA Haftungsbegrenzungen/-ausschlüsse unzulässig: v. Westphalen, ZGS 2003, 107, 111; ders., ZIP 2002, 545, 546f., 550; ders., ZIP 2001, 2107.

1061 Vgl. Thiessen, ZRP 2003, 272, 274.

trauen in Garantien zu schützen.[1062] Inwiefern beschränkte Garantien noch Zusicherungsgarantien sind, ist unwichtig.[1063] Der BGH war der Ansicht, Zusicherungszweck und Tragweite seien nur für die Haftung für Mangelfolgeschäden von Belang.[1064]

III. AGB-Bedeutung

Für die individuellen Vertragsbeziehungen der Kunsthändler sind AGB-Gewährleistungsausschlüsse praktisch kaum bedeutend und im Kunstauktionshandel absoluter Standard. Zwar empfehlen sowohl der Deutsche Kunsthandelsverband e.V. (DK) als auch der Bundesverband Deutscher Galerien und Editionen e.V. (BVDG) AGB.[1065] Wenige Kunsthändler jedoch verwenden sie.[1066] Die Mehrheit verzichtet auf Freizeichnungen.[1067] Das mag an ihrer begrenzten Marktmacht, vor allem aber an Vertrauens- und Profilierungsaspekten liegen. Viele befürchten, mit schriftlichen Abreden Käufer zu verschrecken.[1068] Auch die Risikolage unterscheidet sich von der der Versteigerer.[1069] Bei Eigenware direkt vom Künstler oder

1062 Vgl. Faust, ZGS 2002, 271, 272 f.; Schack, KuR, Rn. 400.

1063 Definitionsgemäß keine Zusicherungsgarantie: Huber, AcP 202 (2002), 179, 238 f.; Stöber, S. 279 ff.; vgl. zum früheren Recht: Heinbuch, Aktuelle Rechtsfragen, S. 208; a.A. Dauner-Lieb/Thiessen, ZIP 2002, 108, 110 ff.; Faust, ZGS 2002, 271, 272 ff.; Bamberger/Roth/Grüneberg, § 276 Rn. 40; Palandt/Grüneberg, § 276 Rn. 29; Looschelders in Dauner-Lieb/Konzen/Schmidt, S. 403; vgl. Ayad, DB 2001, 2697, 2703. Für eine Begrenzung auf vertragstypische, vorhersehbare Schäden: Diederichsen, AcP, 165 (1965), 150, 159 ff.

1064 BGH, NJW 1993, 2103 f. – „*Burra I*"; zustimmend Braun, JZ 1995, 1017, der Zusicherungsumfang stehe nicht im Ermessen des Gerichts; ablehnend, anknüpfend an BGH, NJW 1968, 2375 f. (Zusicherung der Einsatzfähigkeit einer Maschine) und BGH, WM 1976, 978 f. (Zusicherung der Bebaubarkeit eines Grundstücks): Bitter, JuS 1996, 992, 997 f.; Diederichsen, AcP 165 (1965), 150, 159 ff.; Hattenhauer, JuS 1998, 684, 687 ff.; Soergel, 12. Aufl. – Huber, § 463 Rn. 50; M. Wolf, NJW 1994, 298, 298 f.

1065 Der DK hat seine „Allgemeinen Geschäftsbedingungen für den Kunsthandel" am 23.5.2003 beim Bundeskartellamt angemeldet (amtliche Bekanntmachung Nr. 93/2003 des Bundeskartellamtes vom 23.5.2003). Die Neufassung der Musterbedingungen für Galeriegeschäfte des BVDG ist von Januar 2002. Vgl. zum früheren Recht Boochs/Ganteführer, S. 15.

1066 So z.B. von der Galerie Levy (http://www.levy-galerie.de/Impressum.html (Stand: 2008; abgerufen am 1.4.2012)) und von der Galerie Löhrl (http://www.galerieloehrl.de/agb.pdf; abgerufen am 1.4.2012).

1067 Behrens/de Lazzer, S. 6; Boochs/Ganteführer, S. 12; Braunfels, S. 133; Dechow, S. 125; Mangold, S. 247 f.; Müller-Katzenburg, NJW 2006, 553, 555 f.; Schack, KuR, Rn. 402; Stelzl, S. 122.

1068 Vgl. Behrens/de Lazzer, S. 6; Boochs/Ganteführer, S. 13. Auch Galerieverträge werden selten schriftlich fixiert, Mues in Berger/Wündisch, § 31 Rn. 25.

1069 Dazu s.u. S. 267.

bei Exklusivvertretungen gibt es für Haftungsfreizeichnungen kaum Veranlassung, beim Verkauf an Verbraucher sind sie kaum möglich.[1070]

Bei Versteigerungen hingegen sind Haftungsrisiken systembedingt hoch und der AGB-Rationalisierungsgedanke greift.[1071] Die AGB orientierten sich vor der Schuldrechtsreform an den Empfehlungen des BDK,[1072] der auf Anpassungen ans neue Recht verzichtete.[1073] Die Versteigerer haben ihre AGB inzwischen überwiegend selbst angepasst.[1074]

Händler haben sonach auf dem Kunstmarkt letztlich eine stabilisierende Wirkung.[1075] Mit einem eher sorglosen Erwerb können sie sich gegen Auktionshäuser positionieren.[1076] Werbung ist erwünscht. Konditionenwettbewerb besteht kaum.[1077] Der Hinweis auf umfassende Einstandspflichten im Vergleich zum Auktionshandel ist kein Werben mit Selbstverständlichkeiten (vgl. § 5 UWG).

IV. AGB-Verwahrung gegen Beschaffenheitsvereinbarungen

Für AGB-Gestaltungen (§§ 305, 310 I 1, III Nr. 1, 2 BGB) gelten engere Grenzen als für individualvertragliche.[1078] Weil einseitigen Vertragsgestaltungen die beim Aushandeln zu erwartende Richtigkeitsgewähr fehlt, unterliegen sie einer verschärften Inhaltskontrolle (§§ 307–309 BGB).[1079] § 305 c I BGB legt fest, dass überraschende Klauseln nicht Vertragsbestandteil werden und § 305 b BGB bestimmt, dass Individualabreden AGB vorgehen.

Vor diesem Hintergrund stellt sich die Frage, ob die in Versteigerungsbedingungen häufig anzutreffende Verwahrung gegen Beschaffenheitsvereinbarungen,

1070 S.u. S. 168.

1071 Vgl. Ulmer/Brandner/Hensen/P. Ulmer/Habersack, Einl. Rn. 4, § 305 Rn. 21, 23.

1072 Boochs/Ganteführer, S. 12 f.; die vom Bundesverband Deutscher Kunstversteigerer zum früheren Recht empfohlenen Auftrags- und Versteigerungsbedingungen finden sich abgedruckt in Marx/Arens, 6. Teil Rn. 120 ff.

1073 Telefonische Auskunft von Dieter Löhr, Syndikus des BDK, vom 21.7.2010.

1074 Müller-Katzenburg, NJW 2006, 553, 556.

1075 Kühn, S. 180 f.

1076 Vgl. Kühn, S. 181; Paschke, MittHV, S. 166, 167.

1077 Vgl. Ulmer/Brandner/Hensen/P. Ulmer/Habersack, Einl. Rn. 8.

1078 Zur Abgrenzung von AGB-Klausel und Individualabrede vgl. Ulmer/Brandner/Hensen/P. Ulmer/Habersack, § 305 Rn. 2, 6, 9 ff., 33 ff.; v. Westphalen, ZGS 2003, 107 f.

1079 Ulmer/Brandner/Hensen/P. Ulmer/Habersack, Einl. Rn. 5, 47 f., § 305 Rn. 5; Ulmer/Brandner/Hensen/Fuchs, v. § 307 Rn. 26 ff., § 307 Rn. 21; vgl. Palandt/Grüneberg, v. § 305 Rn. 7 ff.; Bamberger/Roth/H. Schmidt, § 307 Rn. 1.

„Katalogangaben/-beschreibungen/entsprechende Angaben der Internetpräsentation/Bezeichnungen beim Ausruf/mündliche oder schriftliche Auskünfte/sind Meinungsäußerungen/dienen lediglich der Information/werden nicht Bestandteil der vertraglich vereinbarten Beschaffenheit/enthalten keine Beschaffenheitsangaben“,[1080]

wirksam ist. Sie setzt § 434 I 1 BGB außer Kraft. Für Aliudlieferungen nach § 434 III Alt. 1 BGB und für Mängel nach § 434 I 2 Nr. 1 und 2 BGB, z.B. bei Fälschungen, würde zwar gehaftet, aber alle Angaben, Zuschreibungen etc., wären grundsätzlich unverbindlich, eine Haftung insofern selbst bei Verschulden so gut wie ausgeschlossen (vgl. § 823 II 1 BGB i.V.m. § 263 I StGB; § 812 I 2, 1. Alt. BGB i.V.m. §§ 123 I, 142 I BGB[1081]). § 444 Alt. 1 BGB griffe nicht. Eingeräumte Schadensersatzansprüche wegen Mängeln[1082] bzw. Haftungen „für grob fahrlässige oder vorsätzliche Falschangaben“[1083] beschränkten sich auf solche nach § 434 I 2 Nr. 1 und 2 BGB und wären weitgehend ohne Anspruchsgrundlage.

Diese Gestaltung ist selbst dann inakzeptabel, wenn sie erhebliche Angaben ausnimmt.[1084] Niemand rechnet mit einer Angabenunverbindlichkeit. Die Klauseln sind überraschend und kein Vertragsbestandteil (§ 305 c I BGB).

Darüber hinaus halten die Klauseln auch einer Inhaltskontrolle nicht stand und wären nach § 307 I 1, II Nr. 1 und 2 BGB unwirksam, sofern es darauf – wie nicht – noch ankommen würde. Das „Ja“ oder „Nein“ der Vereinbarung ist keine der Inhaltskontrolle nach §§ 307–309 BGB wegen § 307 III BGB[1085] entzogene Leistungsbestimmung.[1086] Es geht nicht um die Ausgestaltung von Art, Inhalt und Umfang der zu erbringenden Leistung, sondern darum, die Verbindlichkeit von Angaben zu verhindern, in die der Käufer berechtigterweise vertraut. Angesichts der hohen Provisionsleistungen[1087] sowie der Herausstellung von Kompetenz und Erfahrung gehört es zu den wesentlichen Versteigererpflichten, für erhebliche Angaben in höherem

1080 Vgl. Versteigerungsbedingungen: Hauswedell & Nolte, Ziff. 7 S. 5; Karl & Faber, Ziff. 18 S. 1 ff.; Ketterer, Ziff. 9.2 S. 1; Versteigerungsbedingungen Kunstauktionshaus Chiemgau Ziff. VII.1. S. 3; Lempertz, Ziff. 3 S. 2; Michael Zeller, Ziff. 2 b S. 4; Ursula Nusser, Ziff. 3 S. 6, 8 f.; Schlosser, Ziff. VII S. 1 ff.; Villa Grisebach, § 9 I b S. 1.

1081 *Condictio ob causam finitam*, Palandt/Sprau, § 812 Rn. 26.

1082 Vgl. z.B. Versteigerungsbedingungen Lempertz, Ziff. 5.

1083 Versteigerungsbedingungen Kunstauktionshaus Chiemgau VII. 1. S. 4; vgl. Karl & Faber, Ziff. 18 S. 7 f.

1084 Vgl. Versteigerungsbedingungen Quittenbaum, Ziff. 4 S. 5: „vereinbarte Beschaffenheit sind nur die Katalogangaben über die Urheberschaft, Signatur, Material, Restaurierung und Provenienz (…)“. Mangold, S. 238 ff., übersieht das Problem; gegen die Rücknahmemöglichkeit auch: Ulmer/Brandner/Hensen/P. Ulmer/C. Schäfer, § 305 b Rn. 17; aA offenbar OLG Köln NJW 2012, 2665, 2666 f. – „Léger“.

1085 Vgl. Ulmer/Brandner/Hensen/Fuchs, § 307 Rn. 14, 37; Palandt/Grüneberg, § 307 Rn. 44.

1086 Vgl. BGH, NJW 2010, 1958 f.; Ulmer/Brandner/Hensen/P. Ulmer/C. Schäfer, § 305 b Rn. 17.

1087 Vgl. o. S. 127.

Maße (§ 444 Alt. 1 BGB) einzustehen als für Wissenserklärungen bzw. -mitteilungen.[1088] § 434 I 1 BGB ist eine in AGB unabdingbare Zentralnorm. Ihre Unterwanderung ist mit verbleibenden Rechten nicht angemessen kompensiert. Im Rahmen der §§ 474 ff. BGB verstößt sie bereits gegen § 475 I BGB.

Die Klauseln zielen auch darauf ab, sich gegen Individualabreden durchzusetzen[1089] und missachten deren Vorrang (§ 305 b BGB).[1090] Katalogangaben schaffen über § 434 I Nr. 2 i.V.m. S. 3 BGB zwar keine von § 305 b BGB umfasste Individualabrede,[1091] aber der Ausruf mit Nennung der Katalognummer führt i.d.R. zur Beschaffenheitsvereinbarung, einer typisierten[1092] Individualabrede i.S.v. § 305 b BGB.[1093] Wegen des Schutzzwecks ist es unerheblich, dass die Angaben nicht den strengen Anforderungen des § 305 I 3 BGB genügen.[1094] Unerheblich wäre auch, wären Katalogangaben selbst AGB.[1095] Denn § 305 b BGB ist bei Abweichungen innerhalb vorformulierter Vertragsbestandteile entsprechend anwendbar.[1096]

Ohnehin sind Beschaffenheitsvereinbarungen nur bei besonderen Interessensbekundungen des Ersteigerers anzunehmen, wenn es um Angaben geht, die nach der allgemeinen Verkehrsauffassung weniger relevant erscheinen und denen nach den Umständen des Einzelfalls keine erhöhte Bedeutung zukommt.[1097] Nur dann ist ersichtlich, dass es dem Ersteigerer auf eine Verbindlichkeit der Angaben ankommt und er nicht Abweichungen als Vorwand nimmt, Mängelrechte geltend zu machen. Kommt es ihm auf die Sujetangabe „Kartoffelernte“ an, muss er dies vor Versteigerung mitteilen, um bei einer „Rübenernte“ Rechte zu haben. Hierzu kommt es im Massengeschäft des Auktionshandels nur selten. Außerdem kann § 442 I BGB Haftungen verhindern.

1088 Zum Verhältnis von § 305 c BGB und §§ 307–309 BGB s. Ulmer/Brandner/Hensen/P. Ulmer/C. Schäfer, § 305 c Rn. 5.

1089 Vgl. AnwKomm/Kollmann, § 305 b Rn. 7.

1090 Vgl. Bamberger/Roth/H. Schmidt, § 305 b Rn. 8 f.; Ulmer/Brandner/Hensen/P. Ulmer/C. Schäfer, § 305 b Rn. 17; aA offenbar OLG Köln NJW 2012, 2665, 2666 f. – *„Léger“*; Wolf/Lindacher/Pfeiffer/Lindacher, § 305 b Rn. 18.

1091 Vgl. Bamberger/Roth/H. Schmidt, § 305 b Rn. 9.

1092 Goepfert, S. 124.

1093 Dies verkennen: Kühn, S. 162, 174 f.; Mangold, S. 239; Schack, KuR, Rn. 405.

1094 Vgl. Palandt/Grüneberg, § 305 b Rn. 2; Schon zu § 4 AGBG a.F.: LG München I, NJW 1990, 1999 – *„Paul Dresler- Vasen“*; Braunfels, S. 110; Dietlein, Weltkunst 1978, 2867, 2868; Dittmann, Handelsblatt v. 9./10.6.1978, S. 26; Goepfert, S. 124; MünchVertrHdb, Bd. 4,1(1998)/Locher, VI. 13, Anm. 6; aA: J. Wagner, DB 1991, 2325, 2328 Fn. 31.

1095 Dagegen Braunfels, S. 110.

1096 Vgl. Ulmer/Brandner/Hensen/P. Ulmer/C. Schäfer, § 305 b Rn. 23 f. § 305 b BGB schafft keine Vertragsbestandteile höheren und niederen Ranges, sondern enthält eine Auslegungsregel für den Fall einander widersprechender Vertragsabreden spezielleren und generelleren Gehalts.

1097 Vgl. o. S. 48, 86.

V. AGB-Verwahrung gegen Zusicherungsgarantien

Versteigerungsbedingungen enthalten typischerweise Verwahrungen gegen Garantien: „Katalogangaben sind keine Garantien im Rechtssinne“[1098]. Entsprechendes findet sich auch in den AGB mancher Kunsthändler.[1099] Katalogangaben soll ein eventueller Garantiecharakter genommen werden,[1100] die Mängelhaftung ist nicht komplett ausgeschlossen.[1101] Erfüllen die Klauseln ihren Zweck?

Da Zusicherungsgarantien bei reinen Katalogangaben der Versteigerer ohnehin nicht vorliegen,[1102] ist insofern sowohl die Klausel als auch deren Bewertung an sich verzichtbar. Bedeutung kann der Klausel allenfalls für Angaben von Kunsthändlern bei Direktverkäufen und Auflagenangaben im Exklusivvertrieb zukommen, wo angesichts besonderer Werknähe und Kontrollmöglichkeit bei der Prüfung konkludenter Garantien weniger Zurückhaltung geboten ist.[1103]

Klauseln, die nur Katalogangaben in Bezug nehmen, sind im Wege der objektiven Auslegung[1104] so auszulegen, dass sie nur vor konkludenten Garantien schützen wollen (§§ 133, 157 BGB).[1105] Weder ein redlicher Klauselverwender noch ein redlicher Erwerber gehen davon aus, reine Katalogangaben könnten als ausdrückliche Garantien aufgefasst werden. Bei Klauseln indes, die nicht lediglich Katalogangaben, sondern auch ausdrückliche Zusicherungsgarantien in Bezug nehmen, würde sich die Klauselunwirksamkeit bereits aus § 444 Alt. 2 BGB ergeben.[1106] Wer etwas in klarer Form garantiert, muss dafür einstehen. Garantierück-

1098 So etwa die Versteigerungsbedingungen Bassenge Ziff. 3 S. 3; vormals etwa: „...Die nach bestem Wissen und Gewissen vorgenommenen Katalogbeschreibungen sind keine zugesicherten Eigenschaften gemäß § 459 ff. BGB...“.

1099 „Werkbeschreibungen in Katalogen, Prospekten etc. beinhalten keine Garantie der Galerie für die Beschaffenheit des Kaufgegenstandes“ (Ziff. 10.1 S. 1 der vom BVDG empfohlenen Geschäftsbedingungen für Galerien); „Für die Beschaffenheit der Sachen übernimmt der Verkäufer keine Garantie im kaufrechtlichen Sinne; eine solche liegt insbesondere nicht in den Katalogbeschreibungen, die nach bestem Wissen und Gewissen vorgenommen worden sind“ (Ziff. 5 S. 1 der vom DK empfohlenen AGB).

1100 Vgl. Braun, WM 1992, 893; Herchenröder, Die Kunstmärkte, S. 232; Kühn, S. 162, verneint fälschlich den AGB-Charakter der Klausel, so mit Recht Braunfels, S. 109.

1101 So aber Dittmann, Handelsblatt v. 9./10.6.1978, S. 26.

1102 S.o. S. 123 ff.

1103 Vgl. o. S. 126.

1104 Vgl. Ulmer/Brandner/Hensen/H. Schmidt, § 306 Rn. 15 a; Ulmer/Brandner/Hensen/P. Ulmer/C. Schäfer, § 305 c Rn. 86, 101.

1105 Vgl. MünchKomm/Basedow, § 305 b Rn. 2.

1106 (§ 11 Nr. 11 AGBG a.F.; im kaufmännischen Verkehr § 24 S. 2 i.V.m. § 9 AGBG a.F.) § 307 I 1, II BGB ist unanwendbar, vgl. Ulmer/Brandner/Hensen/Fuchs, § 307 Rn. 208; Palandt/Grüneberg, § 307 Rn. 29; sowie zu § 9 AGBG a.F. v. Hoyningen-Huene, Rn. 252; aA Wolf/Horn/Lindacher/Wolf, § 307 Rn. 13 f.

nahmen sind unzulässig.[1107] Die entsprechende Klausel wäre zwar, da § 437 BGB fortbesteht, kein verhüllter Haftungsausschluss.[1108] Sie würde aber dem Käufer einen bereits zu bestimmten Voraussetzungen zugesagten Anspruch auf einen verschuldensunabhängigen Schadensersatz nehmen wollen und wäre insofern eine verhüllte – wenngleich unwirksame – Haftungsbeschränkung. Nach dem Vorrang der Individualabrede würde sie ohnehin zurücktreten (§ 305 b BGB).[1109]

In Bezug auf konkludente Garantien, um deren Verhinderung es den eingangs genannten Klauseln geht, ist die Klauselwirksamkeit allerdings umstritten. Wirksame Klauseln würden definitorisch klarstellen, dass Katalogangaben keine Zusicherungsgarantien sind.[1110] Da die Klauseln nach der hier vertretenen Auffassung insbesondere für Versteigerungen überflüssig sind, wird insofern lediglich hilfsweise geprüft, ob sie vor Garantie*unterstellungen* schützen.

1. Meinungsstand

In der Literatur werden die Klauseln überwiegend für unwirksam erachtet.[1111] Der BGH wertete sie in der *„Jawlensky"*-Entscheidung vor Inkrafttreten des

---

1107 Statt aller: Chr. Berger, KUR 2003, 137, 141; Ulmer/Brandner/Hensen/G. Christensen, § 309 Nr. 7 Rn. 41; Ulmer/Brandner/Hensen/H. Schmidt, Teil 4 (8) Rn. 3; Staudinger/Schlosser, § 305 b Rn. 29. Vgl. schon zum früheren Recht: BGHZ 50, 200, 206 f. (Klebstoff); Braun, WM 1992, 893; ders., AcP 190 (1990) 182, 185; Dietlein, Weltkunst 1978, 2867 f.; Kappus (Stand: 1998), Rn. 39.

1108 Vgl. dazu Palandt/Grüneberg, § 309 Rn. 41.

1109 Das Verhältnis von § 305 b BGB und der Inhaltskontrolle nach §§ 307 ff. BGB ist problematisch. Die Gerichte sind nicht an eine bestimmte Prüfungsreihenfolge gebunden, sondern können diejenige Untersuchung vorziehen, die nach oberflächiger Betrachtung am naheliegendsten erscheint (Ulmer/Brandner/Hensen/P. Ulmer/C. Schäfer, § 305 b Rn. 2 a ; J. Wagner, DB 1991, 2325, 2327 f.; Palandt/Grüneberg, § 307 Rn. 2). M.E. sind §§ 307 ff. BGB vorrangig, weil ein Verstoß gegen § 305 b BGB voraussetzt, dass eine wirksame AGB-Klausel vorliegt, so auch: Ulmer/Brandner/Hensen/P. Ulmer/C. Schäfer, § 305 b Rn. 2 a; J. Wagner, DB 1991, 2325, 2327; aA § 305 b BGB vorrangig, weil die Inhaltskontrolle einer AGB-Klausel voraussetze, dass diese überhaupt Vertragsinhalt geworden sei, Palandt/Grüneberg, § 307 Rn. 2 (davon ausgehend, ein Widerspruch von Klausel und Individualabrede führe zur Klauselunwirksamkeit, Palandt/Grüneberg, § 305 b Rn. 3 f.; das widerspricht aber dem Wortlaut des § 305 b BGB, vgl. Ulmer/Brandner/Hensen/P. Ulmer/C. Schäfer, § 305 b Rn. 1); a.A. Gleichrang: Soergel, 12. Aufl. – Stein, § 4 AGBG Rn. 4.

1110 Vgl. die Wirksamkeit verneinend: Goepfert, S. 123, 125; J. Wagner, DB 1991, 2325, 2328; die Wirksamkeit bejahend: Dietlein, Weltkunst 1978, 2867, 2868; Kappus (Stand: 1998), Rn. 38 f.; M. Löhr, GRUR 1976, 411, 413; differenzierend: Wolf/Horn/Lindacher/Lindacher, § 4 Rn. 16 f.

1111 Ulmer/Brandner/Hensen/P. Ulmer/C. Schäfer, § 305 b Rn. 17; wohl auch G. Schulze in Loewenheim, § 70 Rn. 23; vgl. Wrede, S. 112, 136; differenzierend Wolf/Lindacher/Pfeiffer/Dammann, Klauseln, Rn. A 239. Nicht speziell zum Kunsthandel: Faust, ZGS 2002, 271, 273 Fn. 24; Palandt/Grüneberg, § 305 b Rn. 4; Koch, WM 2002, 2173, 2178; Köhler, JR 1985,

AGBG[1112] als eine mit § 242 BGB vereinbare Klarstellung, dass Katalogangaben keine zugesicherten Eigenschaften seien. Die konkrete Klausel habe sich im Katalog an deutlich sichtbarer Stelle befunden, sei weder unüblich noch überraschend. Die Frage, ob und in welchem Umfang die Gewährleistung für zugesicherte Eigenschaften auszuschließen sei, bedürfe keiner Entscheidung.[1113] Das OLG Düsseldorf schloss sich in der *„Artz und de Klerk"*-Entscheidung an und hielt eine entsprechende Klausel auch beim Agenturgeschäft für wirksam.[1114]

Der BGH bezweifelte die Klauselwirksamkeit nach Inkrafttreten des AGBG in der Entscheidung *„Bodensee-Kunstauktion"*. Eventuell trete die Klausel nach § 4 AGBG a.F. (305 b BGB) hinter die Individualabrede zurück und sei eine Umgehung zwingender Rechtsfolgen von Zusicherungsgarantien, § 11 Nr. 11 AGBG a.F. (§ 444 Alt. 2 BGB).[1115] Er konnte die Entscheidung offen lassen, weil er eine Zusicherung zu Recht schon unabhängig von der Klausel verneinte.[1116] In der Vorinstanz entnahm das OLG München den Katalogangaben eine Zusicherung, deren klauselartige Rücknahme gegen § 11 Nr. 11 AGBG a.F. verstoße.[1117] Das LG München I wertete in der *„Paul Dresler-Vasen"*-Entscheidung die Katalog-

---

368; Bamberger/Roth/H. Schmidt § 305 b Rn. 9; v. Westphalen, ZGS 2003, 107, 111 f. Zum früheren Recht: Braunfels, S. 109 ff.; Dittmann, Handelsblatt v. 9./10.6.1978, S. 26; Goepfert, S. 123 ff.; Ulmer/Brandner/Hensen, 9. Aufl. – Hensen, Anh. §§ 9–11 AGBG Rn. 866; Kühn, S. 161 f., 174 f.; MünchVertrHdb, Bd. 4,1(1998)/Locher, VI. 13, Anm. 6 in Abkehr von Locher, S. 143, 215; Fromm/Nordemann/A. Nordemann § 10 Rn. 76; Reimer, GRUR 1975, 614, 615; Schrader, FS Kirchner, S. 343, 355; Westerholt/Graupner, NJW 1978, 794, 796; J. Wagner, DB 1991, 2325 ff.; Schneider, S. 159 ff.; E. Schneider, DB 1981, 199, 202 (zweifelnd). Nicht speziell zum Kunsthandel: OLG Hamm, BB 1983, 21 (Kilometerlaufleistung); OLG Hamburg, NJW-RR 1987, 121; Palandt, 61. Aufl. – Heinrichs, §§ 4, 5 AGBG Rn. 4, § 11 AGBG Rn. 74; MünchKomm, 3. Aufl. – H.P. Westermann, § 459 Rn. 74; Ulmer/Brandner/Hensen, 9. Aufl. – P. Ulmer, § 4 Rn. 17; **aA** Chr. Berger, KUR 2003, 137, 143; Boll, S. 315; AnwKomm/Kollmann, § 305 b Rn. 7; Mangold, S. 239; Schack, KuR, Rn. 405; wohl auch Staudinger/Schlosser, § 305 b Rn. 29; schon zum früheren Recht: Braun, WM 1992, 893 f., 897 f. Fn. 42; Heinbuch, Aktuelle Rechtsfragen, S. 195, 208 f.; Kappus (Stand: 1998), Rn. 38 f.; Köndgen, S. 335 Fn. 137; Schack, AcP 185 (1985), 333, 346, 360 f. Fn. 184; Wolf/Horn/Lindacher/Wolf, § 9 Rn. A 145; vor Inkrafttreten des AGBG: Dietlein, Weltkunst 1978, 2867, 2868; M. Löhr, GRUR 1976, 411, 413; Picker, Weltkunst 1975, 443.

1112 In Kraft getreten am 1.4.1977.

1113 BGHZ 63, 369, 372 f. – *„Jawlensky"*. Die Behauptung, der BGH habe eine Zusicherung bejaht und anschließend mit Verweis auf die Klausel für ausgeschlossen erachtet (so Heinbuch, Aktuelle Rechtsfragen, S. 208 f.), ist unzutreffend.

1114 OLG Düsseldorf, OLGZ 78, 317, 318 f. – *„Artz und de Klerk"*.

1115 BGH, NJW 1980, 1619, 1621 – *„Bodensee-Kunstauktion"*.

1116 BGH, NJW 1980, 1619, 1620; das verkennt Heinbuch, Aktuelle Rechtsfragen, S. 208 Fn. 27.

1117 Vgl. BGH, NJW 1980, 1619, 1620.

angabe „Grootenburg, um 1940 bis 50“ als individualvertragliche Zusicherung, die der Klausel wegen § 4 AGBG a.F. (§ 305 b BGB) vorgehe.[1118]

2. Stellungnahme

Die Klauseln sind im Auktionshandel zunächst nicht überraschend (§ 305 c I BGB). Die Verwahrung ist seit Jahrzehnten Auktionsstandard, mit dem Bieter selbst bei Expertiseleistungen der Versteigerer[1119] rechnen müssen.[1120] Als Selbstinterpretation uneindeutiger Erklärungen sind die Klauseln auch im Einzelhandel nicht überraschend, wenngleich nicht üblich.

Denkbar ist eine Klauselunwirksamkeit nach § 444 Alt. 2 BGB. Es wird aber nicht die Haftung für Garantien ausgeschlossen oder ausdrücklichen Garantien der Garantiecharakter genommen. Verhindert werden soll die Auslegung *uneindeutiger* Erklärungen als Garantie. Individualvertragliche Verwahrungen gegen ein freiwilliges Haftungsmehr wären frei von Widerspruch, von der Privatautonomie geschützt und nicht von § 444 Alt. 2 BGB verhindert. Gilt etwas anderes, wenn die Verwahrung in AGB erfolgt?

Das ist umstritten.[1121] Auch hier könnte schon die Garantie selbst ausgeschlossen sein. Dies wäre keine unzulässige Umgehungsgestaltung.[1122] § 444 Alt. 2 BGB will Garantien nicht erzwingen. Ob schon die Garantie ausgeschlossen ist, hängt davon ab, ob die Klausel bei der Auslegung heranzuziehen ist. Heranzuziehen

1118 LG München I, NJW 1990, 1999 – *„Paul Dresler- Vasen“*.

1119 Dietlein, Weltkunst 1978, 2867; aA Kappus (Stand: 1998), Rn. 39.

1120 Noch vor Inkrafttreten des AGBG zu § 242 BGB: BGHZ 63, 369, 372 f. – *„Jawlensky“*; vgl. Schack, KuR, Rn. 405; zu § 3 AGBG a.F.: Braun, AcP 190 (1990) 182, 185; Dietlein, Weltkunst 1978, 2867; grundsätzlich auch Kappus (Stand: 1998), Rn. 39; noch zu § 242 BGB: M. Löhr, GRUR 1976, 411, 413.

1121 Bejahend: Ulmer/Brandner/Hensen/G. Christensen, § 309 Nr. 7 Rn. 41; differenzierend: Wolf/Lindacher/Pfeiffer/Dammann, Klauseln, Rn. A 239; bejahend zu § 11 Nr. 11 AGBG: Ulmer/Brandner/Hensen, 9. Aufl. – Hensen, Anh. §§ 9–11 AGBG Rn. 866; Fromm/Nordemann/A. Nordemann, § 10 Rn. 76; Thomsen, S. 100; vgl. Westerholt/Graupner, NJW 1978, 794, 796 Fn. 26, einen solchen Verstoß wohl für möglich haltend; vor in Kraft treten des AGBG zu § 242: Reimer, GRUR 1975, 614, 615 f. *Verneinend*: Chr. Berger, KUR 2003, 137, 143; Schack, KuR, Rn. 405; schon zu § 11 Nr. 11 AGBG: Dietlein, Weltkunst 1978, 2867, 2868; Kappus (Stand: 1998), Rn. 39; Kühn, S. 161 f.; 174 f.; Mangold, S. 239; vgl. J. Wagner, DB 1991, 2325, 2326.

1122 So aber Braunfels, S. 112; Goepfert, S. 125; Schneider, S. 161 f.; Schrader, FS Kirchner, S. 343, 355; J. Wagner, DB 1991, 2325, 2326 f. einen Verstoß gegen § 11 Nr. 11 AGBG i.V.m. § 7 AGBG bejahend, in der Annahme, nicht § 9 AGBG (so zu § 306 a in Bezug auf §§ 308, 309: Ulmer/Brandner/Hensen/H. Schmidt, § 306 a Rn. 7; Stoffels, Rn. 95), sondern § 7 AGBG schütze §§ 10, 11 AGBG vor Umgehungen.

sind alle außerhalb des Erklärungsaktes liegenden Umstände, die einen Schluss auf den Sinn der Erklärung und damit auf ihren rechtlichen Inhalt zulassen.[1123]

Einer Heranziehung von AGB und deren Gleichsetzung mit Individualabreden könnte § 305 b BGB entgegenstehen, der AGB zurücktreten lässt.[1124] Die Auffassung, Katalogbeschreibung und Haftungsausschluss bildeten schon deshalb eine Einheit, weil der Auktionator seine Beschaffenheitsangaben i.d.R. nur im oder unter Bezugnahme auf seinen Versteigerungskatalog mache,[1125] ist abzulehnen.[1126] Mit dieser Begründung wären unter Verkennung des Charakters von Katalogbeschreibungen als Individualabreden i.S.d. § 305 b BGB[1127] sämtliche AGB Individualvereinbarungen gleichgestellt. Rückschlüsse von der generellen (AGB) auf die spezielle Vereinbarung sind nach § 305 b BGB unzulässig.[1128] Katalogangaben und Verwahrung sind grundsätzlich separat zu betrachten.[1129] Auch konkludente Individualvereinbarungen sind vorrangig.[1130] Die Klausel läuft so gesehen auf die Rücknahme individualvertraglicher konkludenter Garantien hinaus, was ein gemäßigtes, aber von § 305 b BGB missbilligtes, widersprüchliches Verhalten darstellt.[1131]

1123 Palandt/Ellenberger, § 133 Rn. 5; Larenz/Wolf, § 28 Rn. 41.

1124 Bejahend: Wolf/Lindacher/Pfeiffer/Dammann, Klauseln, Rn. A 239; Ulmer/Brandner/Hensen/P. Ulmer/C. Schäfer, § 305 b Rn. 17; wohl auch G. Schulze in Loewenheim, § 70 Rn. 23; Faust, ZGS 2002, 271, 273 Fn. 24; Ulmer/Brandner/Hensen/G. Christensen, § 309 Nr. 7 Rn. 41; Koch, WM 2002, 2173, 2178; Schellhammer, Rn. 106; Bamberger/Roth/H. Schmidt § 305 b Rn. 9; v. Westphalen, ZGS 2003, 107, 111 f.; ders., NJW 2002, 12, 18; ders., VertragsR, Teil 10 Rn. 45; Schon zu § 4 AGBG: Braunfels, S. 108 ff.; Dittmann, Handelsblatt v. 9./10.6.1978, S. 26; MünchVertrHdb, Bd. 4,1(1998)/Locher, VI. 13, Anm. 6 in Abkehr von Locher, S. 143, 215; Reimer, GRUR 1975, 614 f.; Schneider, S. 157 ff., 162; E. Schneider, DB 1981, 199, 202 (zweifelnd); Schrader, FS Kirchner, S. 343, 355; Thomsen, S. 100; Westerholt/Graupner, NJW 1978, 794, 796; Goepfert, S. 124 f. geht von einer Umgehung aus (§ 7 AGBG i.V.m. § 4 AGBG); vor Inkrafttreten des AGBG zu § 242: Reimer, GRUR 1975, 614, 615. *Verneinend:* Chr. Berger, KUR 2003, 137, 143; Schack, KuR, Rn. 405; schon zu § 4 AGBG: Braun, WM 1992, 893 f., 897; Dietlein, Weltkunst 1978, 2867, 2868; Heinbuch, Aktuelle Rechtsfragen, S. 208 f.; vgl. Kappus (Stand: 1998), Rn. 38 f.; vor in Krafttreten des AGBG: M. Löhr, GRUR 1976, 411, 413.

1125 Kühn, 162, 174 f.; Mangold, S. 239; Schack, KuR, Rn. 405.

1126 Braunfels, S. 110; Goepfert, S. 124.

1127 Vgl. o. S. 154.

1128 Vgl. Ulmer/Brandner/Hensen/P. Ulmer/C. Schäfer, § 305 b Rn. 1.

1129 Vgl. MünchVertrHdb, Bd. 4,1(1998)/Locher, VI. 13, Anm. 6 eine bloß klarstellende Funktion der Ausschlußklausel bezweifelnd; vgl. Braunfels, S. 69 ff.; Goepfert, S. 119 ff.; Schrader, FS Kirchner, S. 343, 354 ff.; v. Westerholt/Graupner, NJW 1978, 794, 796; vgl. MünchKomm/Basedow, § 305 b Rn. 2; Stoffels, Rn. 346; schon zu § 4 AGBG: Schmidt-Salzer, Rn. E.7.

1130 Ulmer/Brandner/Hensen/P. Ulmer/C. Schäfer, § 305 b Rn. 12.

1131 Wolf/Lindacher/Pfeiffer/Dammann, Klauseln, Rn. A 239; Ulmer/Brandner/Hensen/P. Ulmer/C. Schäfer, § 305 b Rn. 12, 17; wohl auch G. Schulze in Loewenheim, § 70 Rn. 23; Faust, ZGS 2002, 271, 273 Fn. 24; Ulmer/Brandner/Hensen/G. Christensen, § 309 Nr. 7

Ist aber die Klausel selbst dann wirkungslos, wenn sie an deutlich sichtbarer Stelle hervorgehoben ist, worauf auch der BGH abstellte?[1132] § 305 b BGB ist nur die Kodifikation allgemeiner Auslegungsgrundsätze für einander widersprechende Vertragsabreden spezielleren und generelleren Gehalts, um dem Umstand gerecht zu werden, dass Parteien individuell getroffenen Abreden typischerweise größere Bedeutung beimessen als damit kollidierenden AGB.[1133] § 305 b BGB schafft keine Vertragsbestandteile höheren und niederen Ranges.[1134] AGB sind der allgemeinen Rechtsgeschäftslehre unterliegende Vertragsbestandteile (vgl. §§ 305 II, 305 c I, 306 I BGB).[1135] Sie können unter Umständen in den Begriffshof auslegungsfähiger und -bedürftiger Individualvereinbarungen Konturen einziehen.[1136] Der Begriffskern, wozu die Garantieübernahme gehört[1137], wird zwar grundsätzlich ausgenommen.[1138] Auf die Frage, ob der Widerspruch zwischen Vertragabreden durch deren Zusammenschau behebbar ist, empfiehlt sich aber eine vermittelnde Position, weil § 305 b BGB nicht zwingend Auslegungsergebnisse verhindern will, die unabhängig vom rein formalen AGB-Kriterium erzielt worden wären. Künstliche Aufspaltungen und absurde Ergebnisse wären die Folge.[1139]

§ 305 b BGB steht nicht entgegen, wenn der Erklärungsgehalt der Individualvereinbarung auslegungsbedürftig, der Widerspruch inhaltlich bei Wahrung des

Rn. 41; Koch, WM 2002, 2173, 2178; Schellhammer, Rn. 106; Bamberger/Roth/H. Schmidt § 305 b Rn. 9; v. Westphalen, ZGS 2003, 107, 111 f.; ders., NJW 2002, 12, 18; ders., VertragsR, Teil 10 Rn. 45; Schon zu § 4 AGBG: Braunfels, S. 108 ff.; Dittmann, Handelsblatt v. 9./10.6.1978, S. 26; MünchVertrHdb, Bd. 4,1(1998)/Locher, VI. 13, Anm. 6 in Abkehr von Locher, S. 143, 215; Reimer, GRUR 1975, 614 f.; Schneider, S. 157 ff., 162; E. Schneider, DB 1981, 199, 202 (zweifelnd); Schrader, FS Kirchner, S. 343, 355; Thomsen, S. 100; Westerholt/Graupner, NJW 1978, 794, 796; Goepfert, S. 124 f. geht von einer Umgehung aus (§ 7 AGBG i.V.m. § 4 AGBG); vor Inkrafttreten des AGBG zu § 242: Reimer, GRUR 1975, 614, 615.

1132 Vgl. BGHZ 63, 369, 373 – *„Jawlensky"*.

1133 Ulmer/Brandner/Hensen/P. Ulmer/C. Schäfer, § 305 b Rn. 1, 7; zu § 4 AGBG a.F.: Dietlein, Weltkunst 1978, 2867, 2868; vgl. Schack, AcP 185 (1985), 333, 345 f., 360 f. Fn. 184, an die Zusicherung äußerst geringe Anforderungen stellend, aber großzügige Freizeichnungsmöglichkeiten befürwortend; vgl. auch Ohly, FS Schricker, S. 427, 432.

1134 AA BAG, NJW 2009, 316, 318; Palandt/Grüneberg, § 305 b Rn. 1; Schmidt-Salzer, Rn. E.7; Zoller, JZ 1991, 850, 853.

1135 Ulmer/Brandner/Hensen/P. Ulmer/Habersack, Einl. Rn. 39 ff.; Ulmer/Brandner/Hensen/P. Ulmer/C. Schäfer, § 305 b Rn. 7; vgl. zu § 4 AGBG: Dietlein, Weltkunst 1978, 2867, 2868.

1136 AnwKomm/Kollmann, § 305 b Rn. 7; Wolf/Horn/Lindacher/Lindacher, § 4 Rn. 10, 16; Staudinger (1998) – Schlosser, § 4 AGBG Rn. 9, 16, 18; Staudinger/Schlosser, § 305 b Rn. 11, 26, 29; vgl. Braun, WM 1992, 893, 897; Coester, DB 1982, 1551, 1553; a.A. Sorgel-Stein, § 4 AGBG Rn. 10.

1137 Braunfels, S. 111; Coester DB 1982, 1551, 1553.

1138 Staudinger/Schlosser, § 4 AGBG Rn. 9 ff.

1139 Vgl. Braun, WM 1992, 893, 894, 897 f.; vgl. auch Wolf/Lindacher/Pfeiffer/Dammann, Klauseln, Rn. A 239.

Sinngehalts der Individualvereinbarung überbrückbar, die AGB ihrer Art und Stellung nach besonders wahrnehmbar ist[1140] und ein praktikabler individualvertraglicher Schutz vor ungewollten Garantieübernahmen ausscheidet.

Der Erklärungsgehalt der Katalogangaben ist auslegungsbedürftig. Es kommt darauf an, wie der Ersteigerer sie nach Treu und Glauben und der Verkehrsanschauung verstehen muss.[1141] Über den Erklärungswillen des Versteigerers informieren die Ausschlussklauseln.[1142] Sie liefern eine „authentische Selbstinterpretation des Erklärungswillens" und räumen bestehende Restzweifel über die Garantiequalität der Angaben aus.[1143] Ein Widerspruch von Individualabrede und AGB wäre überbrückt, die Individualvereinbarung nicht sinnentleert, sondern auf dem Niveau einer Beschaffenheitsvereinbarung. Die AGB muss ihrer Art und Stellung nach besonders wahrnehmbar sein. Käufer beachten AGB typischerweise nicht. Auf eine tatsächliche Kenntnisnahme kommt es aber nicht zwingend an.[1144] Entsprechend allgemeiner Auslegungsgrundsätze genügt es, dass mit ihrer Kenntnisnahme aus besonderen Gründen typischerweise zu rechnen ist. Manche Klauseln werden aufgrund ihrer besonderen Bedeutung und besonderen Hervorhebung eher wahrgenommen. Schon § 305 II Nr. 1 BGB stellt auf die Art des Vertragsschlusses ab. So bedarf es zur AGB-Einbeziehung bei Versteigerungen keines ausdrücklichen Hinweises, ein Hinweis durch deutlich sichtbaren Aushang genügt.[1145] Damit werden unnötige Behinderungen des Geschäftsverkehrs vermieden. Erfahrene Käufer kennen die Haftungsausschlüsse und wissen, dass Versteigerer grundsätzlich keine Garantien übernehmen.[1146] Wer über den Garantiewillen zu auslegungsbedürftigen Katalogangaben unsicher ist, muss sich nach Treu und Glauben um dessen Ermittlung bemühen[1147] und dabei hervorgehobene, keineswegs unübliche AGB beachten. Das Kontrollinteresse der Versteigerer ist berech-

---

1140 Vgl. Wolf/Lindacher/Pfeiffer/Dammann, Klauseln, Rn. A 239: Der Inhalt der AGB sei zugunsten des Auktionators zu berücksichtigen, wenn die Kenntnis des Ersteigerers vorauszusetzen sei.

1141 Chr. Berger, KUR 2003, 137, 143; Dietlein, Weltkunst 1978, 2867, 2868.

1142 M. Löhr, GRUR 1976, 411, 413; so auch J. Wagner, DB 1991, 2325, 2326.

1143 Dietlein, Weltkunst 1978, 2867, 2868; vgl. Braun, WM 1992, 893, 897; Kappus (Stand: 1998), Rn. 38 f.; M. Löhr, GRUR 1976, 411, 413.

1144 So aber Wolf/Lindacher/Pfeiffer/Dammann, Klauseln, Rn. A 239; Goepfert, S. 124 f.; vgl. Faust, ZGS 2002, 271, 273 Fn. 24.

1145 BGH, NJW 1985, 850 und BGH, WM 1985 389, 390 (Briefmarkenauktion); Ulmer/Brandner/Hensen/P. Ulmer/Habersack, § 305 Rn. 139.

1146 Vgl. Kühn, S. 161 f.

1147 Vgl. Palandt/Ellenberger, § 133 Rn. 9; Larenz/Wolf, § 28 Rn. 17.

tigt.[1148] Das Haftungsmehr muss auch bei im Bieterinteresse liegenden besonders ausführlichen Katalogangaben[1149] selbst verantwortet bleiben.[1150]

§ 305 b BGB wird Rechnung getragen, indem Kunsteinzelhändler und Versteigerer, sofern zumutbar, aus Gründen der Vertragstransparenz auf einen praktikablen individualvertraglichen Schutz vor ungewollten Garantieübernahmen verwiesen werden. Er ist selbst im Auktionshandel praktikabel.[1151] Ein mündlicher Ausschluss ist zwar unzumutbar.[1152] Aber ein prägnanter Abdruck des Vorbehalts „unter Ausschluss von Garantien" bei den jeweiligen Katalogangaben würde Vorbehalt und Angaben hinreichend verschmelzen.[1153] Die gem. § 305 I BGB für eine Vielzahl von Verträgen vorformulierte und nicht individuell ausgehandelte Klausel bleibt zunächst AGB, wird aber beim Ausruf unter Inbezugnahme der Katalogangaben zur Individualvereinbarung.

Festzuhalten ist, dass § 305 b BGB die Klausel zurücktreten lässt, wenn sie ausschließlich in den Geschäftsbedingungen enthalten und nicht hervorgehoben ist. Sie wirkt dann nicht einmal deklaratorisch.[1154]

VI. § 309 Nr. 7 BGB

Bei der AGB-Gestaltung ist § 309 Nr. 7 BGB zu beachten, der gem. §§ 307 I, II, 310 I 2 BGB auch im Geschäftsverkehr mit Unternehmern gilt[1155]. Haftungsausschlüsse und -begrenzungen sind für verschuldete Körper- und Gesundheitsschä-

---

1148 Chr. Berger, KUR 2003, 137, 143; Braun, WM 1992, 893, 895, 897 f.; Kappus (Stand: 1998), Rn. 38 Fn. 135; a.A. v. Westerholt/Graupner, NJW 1978, 794, 796.

1149 Braun, AcP 190 (1990) 182, 185; ders., WM 1992, 893, 894 f. Auch Braunfels, S. 112, der die Ausschlußklausel letztlich für unwirksam hält, teilt diese Bedenken.

1150 Chr. Berger, KUR 2003, 137, 143; Braun, AcP 190 (1990) 182, 185; ders., WM 1992, 893, 897 f.; Heinbuch, Aktuelle Rechtsfragen, S. 208 f.

1151 AA Braun, WM 1992, 893, 897.

1152 Braun, WM 1992, 893, 897 Fn. 45 gegen Ulmer/Brandner/Hensen, 9. Aufl. – Hensen, Anh. §§ 9–11 AGBG Rn. 866.

1153 Vgl. Braunfels, S. 113 f.

1154 So aber: Dietlein, Weltkunst 1978, 2867, 2868; M. Löhr, GRUR 1976, 411, 413; vgl. Kappus (Stand: 1998), Rn. 38 f.

1155 BGH, NJW 2007, 3774, 3775 (Kfz-Gesamtfahrleistung); PWW/KP Berger, § 309 Rn. 47; Ulmer/Brandner/Hensen/G. Christensen, § 309 Nr. 7 Rn. 43; Ulmer/Brandner/Hensen/Fuchs, § 307 Rn. 285; Palandt/Grüneberg, § 309 Rn. 55; Stoffels, Rn. 979 ff.; v. Westphalen, ZGS 2003, 107, 109; ders., NJW 2002, 12, 21; ders., Verkaufsbedingungen, S. 134 f.; vgl. zum früheren Recht: Kühn, S. 190 f.; aA OLG Bremen, VersR 1987, 772, 773 f.; Litzenburger, NJW 2002, 1244, 1247; bei Ansprüchen auf Schadensersatz statt der Leistung auch Reinicke/Tiedtke, Rn. 651. Umstritten ist, inwiefern eine Freizeichnung von der Haftung für einfache Erfüllungsgehilfen möglich ist, Stoffels, Rn. 982.

den verboten (§ 309 Nr. 7 a BGB)[1156] und für sonstige Schäden nur bei einfacher Fahrlässigkeit grundsätzlich erlaubt (§ 309 Nr. 7 b BGB)[1157].

§ 309 Nr. 7 a BGB ist für den Kunsthandel nur scheinbar unbedeutend. Dass hier mit Körper- und Gesundheitsschäden praktisch nicht zu rechnen ist – was z.B. für elektrifizierte Kunstwerke schon nicht zutrifft – entbindet bei Klauselgestaltungen, die Schadensersatz- und Aufwendungsersatzansprüche nicht generell ausnehmen, nicht von der Tatbestandsabbildung.[1158] Pflichtverletzung i.S.d. § 309 Nr. 7 BGB ist auch die mangelhafte Sachverschaffung (vgl. § 433 I 2 BGB).[1159] Die Nichtbeachtung von § 309 Nr. 7 a und b BGB macht Haftungsausschlüsse unwirksam. Es gilt das Verbot der geltungserhaltenden Reduktion.[1160]

Ziff. 5 S. 2 der vom DK empfohlenen AGB,[1161]

> „Für Sachmängel (...) ist die Haftung des Verkäufers auf Schadensersatz gegenüber einem Käufer, der nicht Verbraucher ist, ausgeschlossen, es sei denn, dem Verkäufer fiele grobes Verschulden zur Last",

ist nach §§ 307 I, II, 310 I 2 BGB unwirksam, weil § 309 Nr. 7 a BGB wegen der Bedeutung der geschützten Rechtsgüter auch im Geschäftsverkehr mit Unternehmern gilt. Im Hinblick auf § 307 I 2 BGB (Transparenzgebot) ist es problematisch, aber wohl noch zulässig,[1162] wenn Körperschäden mit einem Pauschalverweis auf § 309 Nr. 7 BGB ausgenommen werden.[1163]

VII. „Gekauft wie besehen" / „wie die Sache steht und liegt"

Bei „*gekauft wie be[bzw.ge]sehen [bzw. besichtigt]*" soll der Käufer das Kunstwerk mit allen bei einer ordnungsgemäßen Besichtigung ohne Zuziehung eines Sachverständigen erkennbaren Mängeln erwerben.[1164] Dies ist

---

1156 Dies wurde früher aus § 9 AGBG a.F. hergeleitet, vgl. Ulmer/Brandner/Hensen/G. Christensen, § 309 Nr. 7 Rn. 7 m.w.N.

1157 Vgl. § 11 Nr. 7 AGBG.

1158 AA in Fällen praktischer Irrelevanz: MünchKomm/Lorenz, § 475 Rn. 15; v. Westphalen, Verkaufsbedingungen, S. 159.

1159 Ulmer/Brandner/Hensen/G. Christensen, § 309 Nr. 7 Rn. 11 f.

1160 Vgl. BGH, NJW 2007, 3774, 3775 (Kfz-Gesamtfahrleistung); Ulmer/Brandner/Hensen/G. Christensen, § 309 Nr. 7 Rn. 40, Teil 2 (17) Rn. 8. Zum Verbot der geltungserhaltenden Reduktion s. Ulmer/Brandner/Hensen/H. Schmidt, § 306 Rn. 14 ff.; Ulmer/Brandner/Hensen – Fuchs, v. § 307 Rn. 99.

1161 Stand: 23.5.2003; vgl. Fn. 1065.

1162 Vgl. Ulmer/Brandner/Hensen/Fuchs, § 307 Rn. 337.

1163 Versteigerungsbedingungen Hampel, Ziff. 11.3 S. 2 f.

1164 AA Reinicke/Tiedtke, Rn. 748 (Vereinbart sei der Zustand des Gegenstandes zum Zeitpunkt der Übergabe mit *allen* Mängeln). Die Auslegung muss aber im Zweifel zu Gunsten des Käufers erfolgen (Palandt/Weidenkaff, § 444 Rn. 15). Wie hier: BGH, NJW 2005, 3205, 3207 f.

beim Kunsterwerb nach § 442 I 2 BGB ohnehin der Fall.[1165] Die Vertragsklausel „*wie die Sache steht und liegt*“ bedeutet einen vollständigen Haftungsausschluss auch für verborgene Mängel. Das Kunstwerk sei nur so geschuldet, wie es ist.[1166]

Beschaffenheitsvereinbarungen müssen hinreichend bestimmt sein.[1167] Die Klauseln sind zu unbestimmt und daher – den Parteien geht es nicht um die Festlegung der Beschaffenheit – Gewährleistungsausschlüsse.[1168] Beim Verbrauchsgüterkauf verstoßen sie auch als Individualvereinbarung gegen § 475 I 1 BGB (vgl. Erwägungsgrund 22 der VerbrGKRL[1169]).[1170] Sie sind, jedenfalls wenn sie nicht eingegrenzt werden, AGB-rechtswidrig, da sie Schadensersatzansprüche vollumfänglich mitumfassen (vgl. § 309 Nr. 7 BGB).[1171] Bei neu hergestellten Kunstwerken verstoßen sie gegen § 309 Nr. 8 b BGB.[1172]

(Gebrauchtwagen); Dechow, S. 124; Palandt/Weidenkaff, § 444 Rn. 16; Locher, S. 142; Schellhammer, MDR 2002, 301, 306. Kritisch: MünchKomm/H.P. Westermann, § 444 Rn. 7. Dem ähnelt die Klausel „der Käufer hat das Kunstwerk besichtigt und auf seinen Erhaltungszustand überprüft“, Kunsthändlern angeraten von: MünchVertrHdb, Bd. 3/Vinck, XI. 61, Anm. 3 zu § 4 II 1.

1165 S.o. S. 135.

1166 Vgl. Dechow, S. 124; Locher, S. 144; PWW/D. Schmidt, § 444 Rn. 13; Palandt/Weidenkaff, § 444 Rn. 17. Kritisch: MünchKomm/H.P. Westermann, § 444 Rn. 7.

1167 Palandt/Weidenkaff, § 434 Rn. 16.

1168 Vgl. B. Grunewald, § 7 I Rn. 10; dies. in Erman, § 434 Rn. 13; Müller, NJW 2003, 1975, 1976; Tiedtke/Burgmann, NJW 2005, 1153 f.; Thomsen, S. 90; v. Westerholt/Graupner, NJW 1978, 794, 796; a.A. Kornexl, ZnotP 2002, 86, 88 ff.; ders., ZnotP 2002, 131.

1169 „Die Vertragsparteien dürfen die den Verbrauchern eingeräumten Rechte nicht durch Vereinbarung einschränken oder außer Kraft setzen, da dies den gesetzlichen Schutz aushöhlen würde. Dieser Grundsatz hat auch für Klauseln zu gelten, denen zufolge dem Verbraucher jede zum Zeitpunkt des Vertragsschlusses bestehende Vertragswidrigkeit des Verbrauchsguts bekannt war“.

1170 Jauernig/Chr. Berger, § 475 Rn. 9; M. Müller, NJW 2003, 1975, 1976; Reinicke/Tiedtke, Rn. 746, 748; Tiedtke/Burgmann, NJW 2005, 1153, 1154, ebenfalls mit Verweis auf Erwägungsgrund 22 der VerbrGKRL. Eine Umgehung i.S.d. § 475 I 2 BGB bejaht Ulmer/Brandner/Hensen/G. Christensen, Teil 2 (17) Rn. 4; a.A. Deckenbrock/Dötsch, ZGS 2004, 62 ff.: Im Rahmen von Individualverträgen sei immerhin die Schadensersatzhaftung wirksam ausgeschlossen.

1171 Vgl. OLG Hamm, NJW-RR 2005, 1220 ff. (Privatverkauf eines Gebrauchtwagens); Ulmer/Brandner/Hensen/G. Christensen, Teil 2 (17) Rn. 8; Reinicke/Tiedtke, Rn. 650; a.A. MünchKomm, 4. Aufl. – Basedow, § 307 Rn. 78.

1172 Vgl. Ulmer/Brandner/Hensen/G. Christensen, § 309 Nr. 8 Rn. 29. Zum Anwendungsbereich des § 309 Nr. 8 b BGB s.u. S. 201.

VIII. Minderungsausschluss nach Handelsbrauch/Verkehrssitte

Das RG entschied im *„Pissarro"*-Fall, Minderungsrechte seien bei Unechtheit nach Handelsbrauch und Verkehrssitte ausgeschlossen.[1173] Davon kann jedenfalls im heutigen Kunsthandel nicht die Rede sein.[1174] Beim Verbrauchsgüterkauf ist das Minderungsrecht zwingend (§ 475 I BGB). Wegen der schwierigen Minderwertbestimmung und der bei Unechtheit bisweilen extrem hohen Minderungsbeträge, wurden Minderungsrechte oft explizit ausgeschlossen.[1175]

IX. Konkludenter Gewährleistungsausschluss

Ein konkludenter Gewährleistungsausschluss wird bei bestimmten Geschäftstypen angenommen. Beim Verbrauchsgüterkauf ist er nur eingeschränkt bejahbar (§ 475 I, III BGB).[1176] Argumentieren ließe sich, die entsprechende Eigenschaft sei geschäftsunwesentlich.[1177] Es ist aber nicht auf den Geschäftstyp, sondern auf den Einzelfall abzustellen. Nicht bei jedem Flohmarkt- oder Trödlerkauf ist die Gewährleistung ausgeschlossen.[1178] Verbindliche Beschaffenheitsvereinbarungen sind möglich.[1179] Abzustellen ist auf Verkäufersachkunde, Art der Ware, Kaufpreis[1180] und Begleitumstände. Nicht geschäftswesentlich ist die Echtheit aller Briefmarken einer umfangreichen Sammlung, bei der der Käufer naturgemäß ein gewisses Risiko eingeht, wenn nicht die Echtheit einzelner Stücke vereinbart ist.[1181] Konkludente Haftungsausschlüsse erfassen nur Mängel nach § 434 I Nr. 2 BGB.

1173 Mit Verweis auf ein Gutachten des sachverständigen Kunsthändlers *Cassirer*: RG, JW 1927, 764 ff. mit abl. Anm. Werner; zustimmend jedoch Bernheimer, S. 45 f.; Hoffmann, S. 2; Meeske, S. 65.

1174 Braunfels, S. 122 Fn. 459; Dechow, S. 46, 106; Goepfert, S. 98, Locher, S. 145; Schack, KuR, Rn. 390 Fn. 77; Thomsen, S. 90; v. Westerholt/Graupner, NJW 1978, 794, 795; vgl. schon Werner, JW 1927, 764 f.

1175 Thomsen, S. 90; v. Westerholt/Graupner, NJW 1978, 794, 795.

1176 Schack, KuR, Rn. 401.

1177 Schack, KuR, Rn. 124, 412.

1178 So aber Wrede, S. 33; zum früheren Recht: Heinbuch, Aktuelle Rechtsfragen, S. 208; ders., NJW 1985, 15, 21; Picker, S. 111; Thomsen, S. 90; v. Westerholt/Graupner, NJW 1978, 794, 796. vgl. zur Anfechtung Schack, AT, Rn. 282; ders., KuR, Rn. 124, 412; Köhler, § 7 Rn. 21.

1179 Vgl. Faust, AT, § 21 Rn. 13.

1180 Keineswegs handelt es sich nur um niedrigpreisige Ramschware.

1181 Vgl. einen konkludenten Gewährleistungsausschluss bejahend: OLG Stettin, JW 1926, 2003 (Briefmarkensammlung); OLG Stuttgart, NJW 1969, 610, 611 f. (Briefmarkensammlung); MünchKomm/H.P. Westermann, § 444 Rn. 5.

Der BGH nimmt mit teilweiser Zustimmung der Literatur an, pauschale Gewährleistungsausschlüsse seien regelmäßig so auszulegen, dass sie sich nicht auf Beschaffenheitsvereinbarungen (§ 434 I 1 BGB) erstrecken, sondern nur auf Mängel nach § 434 I 2 Nr. 1 und 2 BGB. Sonst wären Beschaffenheitsvereinbarungen für Käufer außer bei Verkäuferarglist (§ 444 Alt. 1 BGB) „ohne Sinn und Wert“.[1182]

Das stimmt nicht ganz. Beschaffenheitsangaben schaffen eine Grundvorstellung. Da Vereinbarungen trotz Haftungsausschlusses nicht gänzlich sanktionslos bleiben (vgl. nur § 309 Nr. 7 b BGB), haben sie eine Grundverlässlichkeit. Der Vorrang der Beschaffenheitsvereinbarung weitet § 444 BGB aus[1183] und ist nur partiell mit dem Verbot widersprüchlichen Verhaltens zu erklären. Ein solches wäre jedenfalls nicht vergleichbar mit Arglistfällen (vgl. § 444 Alt. 1 BGB) oder versteckten Haftungsausschlüssen für einen mit Garantien demonstrierten uneingeschränkten Einstandswillen (vgl. § 444 Alt. 2 BGB). Zumindest, wenn der Haftungsausschluss eindeutig und konkret ist, weiß der Käufer, worauf er sich einlässt.[1184]

Als Auslegungsregel ist der BGH-Ansatz aber gut vertretbar, auslegungsbedürftige Haftungsausschlüsse sind im Zweifel eng und zu Gunsten des Käufers auszulegen.[1185] Sie gilt aber nur für pauschale und insofern auslegungsbedürftige Haftungsausschlüsse. Legen Verkäufer sich nicht auf Original und Zuschreibung fest, haften sie für Fälschungen grundsätzlich nur bei Arglist. Eine Überforderung ist dies nicht. Die Betonung des Käufer- und Vertrauensschutzes ist begrüßenswert.

Für die BGH-Auslegungsregel ist kein Raum, wenn Haftungsausschlüsse eindeutig und konkret gegen bestimmte Beschaffenheitsangaben gerichtet sind (§ 444 Alt. 2 BGB *e contrario*).[1186] Hier setzen die Ausschlüsse sich durch. Sonst würden Verkäuferwille und geltende Auslegungsregeln missachtet. Bei eindeutigen Willenserklärungen ist für Auslegungen kein Raum.[1187] Die Beschaffenheits-

---

1182 BGH, NJW 2007, 1346, 1349 (Krad) = BGHZ 170, 86, 96 f.; LG Krefeld, NJW-RR 2008, 213, 214 (Goldgehalt einer Münze); AG Menden, NJW-RR 2006, 638 (Farbabweichung); Lorenz, http://www.lrz.de/~Lorenz/urteile/viiizr92_06.htm; abgerufen am 1.4.2012; Reinking, DAR 2007, 255 f.; Vogt, Rn. 33; Palandt, 70. Aufl. – Weidenkaff, § 434 Rn. 4; aA OLG Frankfurt a.M., NJW 2007, 1423; Gutzeit, NJW 2007, S. 1350, 1351; vgl. Emmert, NJW 2006, 1765, 1768.

1183 Gutzeit, NJW 2007, S. 1350, 1351.

1184 Gutzeit, NJW 2007, S. 1350, 1351; vgl. Emmert, NJW 2006, 1765, 1768.

1185 Vgl. Palandt/Ellenberger, § 133 Rn. 24; Palandt/Weidenkaff, § 444 Rn. 15.

1186 Lorenz, http://www.lrz.de/~Lorenz/urteile/viiizr92_06.htm; abgerufen am 1.4.2012.

1187 Palandt/Ellenberger, § 133 Rn. 6.

angabe wäre der Zusicherungsgarantie angenähert und der Verkäufer angesichts des im Kunsthandel verbleibenden Restrisikos an Angaben gehindert, die im Interesse des Käufers liegen – ein untragbares Ergebnis.

XI. Identitätsaliud und Gewährleistungsausschluss

Nach dem objektiven Empfängerhorizont einschränkend auszulegen sind wiederum individualvertraglich vereinbarte Gewährleistungsausschlüsse, die den Nachlieferungsanspruch (§§ 437 Nr. 1, 439 I Alt. 2 BGB) nicht ausdrücklich auch für die Lieferung eines Identitätsaliuds (§ 434 III Alt. 1 BGB) ausschließen. Zwar ist auch dieser Nachlieferungsanspruch grundsätzlich – sofern nicht von § 475 I 1 BGB geschützt – abdingbar.[1188] Dennoch gelten Gewährleistungsausschlüsse grundsätzlich nur für Abweichungen von Eigenschaften und Umständen, die genau der vereinbarten Sache zugedacht sind.[1189] Andernfalls würde der Verkäufer sich so erheblich in Widerspruch zu seinem Leistungsversprechen setzen, dass er gegen Treu und Glauben (§ 242 BGB) verstieße. Denn seine Lieferung entgegen der vereinbarten körperlichen Festlegung wäre sanktionslos als Erfüllung anzusehen,[1190] sofern nicht, insbesondere bei Arglist, § 444 BGB griffe[1191].

Für den Käufer günstig auswirken kann sich eine einschränkende Auslegung allerdings nur beim Nichtverbrauchsgüterkauf, bei dem der Nachlieferungsanspruch abdingbar ist.[1192] Beim Verbrauchsgüterkauf ist der Ausschluss des Nachlieferungsanspruchs hingegen schon nach § 475 I 1 BGB unwirksam. Bei AGB-Haftungsfreizeichnungen sind neben dem Verbot der geltungserhaltenden Reduktion[1193] zudem immer die §§ 305 ff. BGB und bei „neu hergestellten" Kunstwerken[1194] insbesondere § 309 Nr. 8 b aa), cc), dd) und ee) BGB zu beachten.

Zwar ist beim Privatverkauf im Rahmen formfreier Verträge davon auszugehen, dass der Anspruch auf Nacherfüllung mangels einer ausdrücklichen Abrede konkludent abgedungen ist, weil der Käufer hier vernünftigerweise keine Nacherfüllung erwarten kann.[1195] Dies gilt jedoch nicht für den Nachlieferungsanspruch bei der Lieferung eines Identitätsaliuds.

1188 Vgl. u. S. 200.

1189 Vgl. AG Aachen, NJW-RR 2005, 1143 (Bass); Mangold, S. 245.

1190 AG Aachen, NJW-RR 2005, 1143 (Bass) (vgl. zust. AG Menden, NJW-RR 2006, 638 (Farbabweichung), wo es aber um ein peius i.S.d. § 434 I 1 BGB ging); Jayme in Reichelt, S. 23, 36; Mangold, S. 245f.; Stölting, ZGS 2005, 299, 304.

1191 Vgl. Palandt/Weidenkaff, § 444 Rn. 2.

1192 Dazu s.u. S. 200. Auch im Fall des AG Aachen (NJW-RR 2005, 1143 (Bass)) ging es um einen Nichtverbrauchsgüterkauf mit einem wohl individualvertraglichen Haftungsausschluss.

1193 Dazu s.o. S. 163.

1194 Dazu s.u. S. 183ff.

1195 Jauernig/Chr. Berger, § 439 Rn. 5.

Ein sich als Druck erweisendes Gemälde ist freilich wie schon ausgeführt[1196] kein aliud (insb. kein Identitätsaliud), sondern ein peius (§ 434 I 1 BGB). Bei seiner Lieferung durch einen Privatverkäufer wäre bei einem individualvertraglichen Gewährleistungsausschluss ein etwaiger Nacherfüllungsanspruch auch ohne ausdrückliche Inbezugnahme ausgeschlossen.[1197]

Verlangte man auch bei der Lieferung eines sich als Druck erweisenden Gemäldes beim individualvertraglichen Privatverkauf einen ausdrücklichen Ausschluss des Nachlieferungsanspruchs,[1198] müsste dies für alle Beschaffenheiten gelten, da eine Eingrenzung auf „gänzlich andere Sachen" unpraktikabel ist. Zwar sind Nachlieferungen für nach § 434 I BGB sachmangelhafte Kunstwerke ohnehin nur selten möglich.[1199] Dennoch würde man die Wirkung von Haftungsausschlüssen noch zu weitgehend beschneiden.

B. Haftungsfreizeichnung (Verbrauchsgüterkauf)

Verbraucher genießen gegenüber Unternehmern grundsätzlich (§ 474 I 2 BGB) den Sonderschutz des Verbrauchsgüterkaufs (§§ 474 ff. BGB). Beim Verbrauchsgüterkauf (§ 474 I 1 BGB) ist eine vor Mitteilung eines Mangels an den Unternehmer getroffene Vereinbarung, die zum Nachteil des Verbrauchers von den §§ 433–435, 437, 439–443, 474–477 BGB abweicht, unwirksam (§ 475 I 1 BGB).[1200] Vergleiche (§ 779 BGB) bleiben möglich.[1201] Unabdingbar sind Nacherfüllungsanspruch, Rücktritt und Minderung. Ausgenommen ist der Schadensersatzanspruch (§ 475 III BGB). Ihn sichert § 276 III BGB bei Vorsatz. Außerdem gilt § 444 BGB[1202] und bei AGB greifen §§ 309 Nr. 7, 307 I, II BGB (§ 475 III BGB).[1203]

1196 S.o. S. 115.

1197 Im Fall AG Ulm, Urt. v. 9.6.2004 – 4 C 1004/04 – „*Hermann Gradl*" (n.v.) nahm das Gericht irrig an, ein sich als Druck erweisendes Gemälde sei nach § 434 III Alt. 1 BGB mangelhaft. Gegen den eigentlich nach § 434 I 1 BGB zu behandelnden Mangel konnte sich der ausdrücklich auf die Echtheit bezogene Haftungsausschluss durchsetzen. Der Entscheidung ist daher i.E. zuzustimmen.

1198 So offenbar Mangold, S. 244 ff.

1199 Vgl. Chr. Berger, KUR 2003, 137, 141.

1200 „Nicht berufen" (§ 475 I 2 BGB) stellt klar, dass § 139 BGB nicht greift, vgl. Palandt/Weidenkaff, § 475 Rn. 3, 5.

1201 Marx/Arens, 6. Teil Rn. 116 f.; Palandt/Weidenkaff, § 475 Rn. 3 a.

1202 S.o. S. 149 ff.

1203 Zu § 309 Nr. 7 BGB bereits o. S. 162 f.; zu § 307 I, II BGB s.u. S. 206.

I. Öffentliche Versteigerung i.S.v. § 474 I 2 BGB

Haftungsfreizeichnungen der Versteigerer gegenüber Verbrauchern hängen davon ab, ob die Privilegierung des § 474 I 2 BGB gilt. Sonst sind die bisherigen Rechtsprechungsgrundsätze zugunsten der Versteigerer wegen § 475 BGB überholt.[1204]

Für Verbraucher ist der Erwerb in Kunstauktionen ein Verbrauchsgüterkauf, wenn der Versteigerer Kommissionär, Vertreter eines Unternehmers oder Verkäufer von Eigenware ist (arg. e § 474 I 2 BGB).[1205] Der Kauf *gebrauchter Sachen* in einer öffentlichen Versteigerung, an der der Verbraucher persönlich teilnehmen kann, ist zwar ebenfalls ein Verbrauchsgüterkauf (§ 474 I 1 BGB). Doch gelten für ihn nach dem einschränkenden Rechtssatz[1206] des § 474 I 2 BGB, basierend auf Art. 1 III VerbrGKRL, die allgemeinen Regeln.[1207]

Die Option des Art. 1 III VerbrGKRL nutzten u.a. auch Großbritannien und Frankreich. Immerhin 17 von 27 Mitgliedstaaten, darunter Italien und Österreich, verzichteten. In Spanien sind administrative Versteigerungen privilegiert.[1208]

Online-Auktionen sind von § 474 I 2 BGB nicht erfasst.[1209] Er gilt nur für Versteigerungen (§ 156 BGB)[1210], die frei zugänglich sind.[1211] Der Erwerber soll sich einen Eindruck vom Versteigerungsgut verschaffen können.[1212] Auch Zwangsversteigerungen sind nicht erfasst. Die dort verkauften Güter sind keine „Verbrauchsgüter" (Art. 1 II lit. b Spiegelstrich 1 VerbrGKRL).[1213] Bei Versteigerungen gepfändeter Kunstwerke gibt es keine Kaufverträge. § 806 ZPO schließt die Gewährleistung aus.[1214]

Ob für den Begriff der öffentlichen Versteigerung in § 474 I 2 BGB die Legaldefinition der öffentlichen Versteigerung aus § 383 III 1 BGB gilt, ist strittig. Danach ist eine öffentliche Versteigerung eine Versteigerung, die durch einen

1204 Palandt, 64. Aufl. – Heinrichs, § 309 Rn. 78; Reinicke/Tiedtke, Rn. 644; zu den Rechtsprechungsgrundsätzen s.u. S. 211 f.

1205 Müller-Katzenburg, NJW 2006, 553, 556.

1206 Vgl. Larenz, Methodenlehre, S. 259 f.

1207 Bamberger/Roth/Faust § 474 Rn. 21; Lorenz, EwiR 2006, 67; aA schon kein Verbrauchsgüterkauf: Chr. Berger, KUR 2003, 137, 142.

1208 Art. 2 I 2 Gesetz Nr. 23/2003 über Garantien beim Verkauf von Verbrauchsgütern. Eine umfassende Übersicht bietet: Twigg-Flesner, S. 693, 712 f., http://www.eu-consumer-law.org/consumerstudy_par-t2h_de.pdf; abgerufen am 1.4.2012.

1209 Chr. Berger, KUR 2003, 137, 142; Kompaktkomm/Tonner § 474 Rn. 11; Wertenbruch, NJW 2004, 1977, 1981.

1210 MünchKomm/Lorenz, § 474 Rn. 13; ders., EwiR 2006, 67, 68.

1211 Wertenbruch, NJW 2004, 1977, 1981.

1212 Chr. Berger, KUR 2003, 137, 142.

1213 Weisner, JuS 2001, 759, 760 Fn. 11.

1214 S.o. S. 31.

für den Versteigerungsort bestellten Gerichtsvollzieher oder zu Versteigerungen befugten anderen Beamten oder öffentlich angestellten Versteigerer öffentlich erfolgt.

Der Begriff der öffentlichen Versteigerung findet sich in einer Reihe von Vorschriften:[1215] § 935 II BGB ermöglicht einen gutgläubigen Erwerb an abhanden gekommenen Sachen, die im Wege öffentlicher Versteigerung veräußert werden. Generell dienen öffentliche Versteigerungen als objektives Preisbildungsverfahren, wenn Markt- oder Börsenpreise fehlen, Zeit drängt und ein höchstmöglicher Preis erzielt werden soll.[1216]

1. Meinungsstand

Der BGH und ein Großteil der Literatur nehmen an, der Begriff „öffentliche Versteigerung“ in § 474 I 2 BGB werde von § 383 III 1 BGB[1217] definiert, der freiwillige öffentliche Versteigerungen mitumfasse.[1218] Nach einer Mindermeinung geht

---

1215 § 383 I 1, III 1 BGB (Selbsthilfeverkauf hinterlegungsunfähiger Sachen wegen Gläubigerverzugs), § 383 I 2, III 1 i.V.m. § 372 S. 2 BGB (Selbsthilferverkauf hinterlegungsfähiger Sachen) § 445 BGB (Haftungsbegrenzung beim Pfandverkauf, vgl. § 461 BGB a.F.), § 935 II 3. Fall BGB (gutgläubiger Erwerb), § 966 II 1 BGB (Fundversteigerung), § 979 I 1 BGB (Fundversteigerung bei Fund in öffentlicher Behörde oder Verkehrsanstalt) (ggf. i.V.m. § 983 BGB (Versteigerung unanbringbarer Sachen in Behördenbesitz), § 1219 I BGB (Notverkauf bei drohendem Pfandverderb), §§ 1228 I, 1233, 1235 I BGB (Pfandverkauf) (ggf. i.V.m. § 1003 I 2 BGB (Verwendungen im EBV), §§ 2022 I 2, 1003 I 2 BGB (Verwendungen des Erbschaftsbesitzers), § 753 I 1 BGB (Aufhebung von Bruchteilsgemeinschaften), §§ 731 S. 2, 753 I 1 BGB (Auseinandersetzung von GbR), §§ 2042, 753 I 1 BGB (Auseinandersetzung von Erbengemeinschaften), § 371 I, II 1 HGB (Befriedigungsrecht beim kaufmännischem Zurückbehaltungsrecht) oder § 398 HGB (Befriedigung aus eigenem Kommissionsgut)), § 373 II 1, 1. Hs. HGB (Selbsthilfeverkauf wegen Gläubigerverzugs beim Handelskauf) (ggf. i.V.m. § 379 II HGB (Notverkauf durch Käufer beim Handelskauf), § 388 II HGB (Notverkauf durch Kommissionär), §§ 391 S. 1, 379 II HGB (Notverkauf durch Kommittenten), § 419 III 3 HGB (Selbsthilfeverkauf durch Frachtführer) oder § 471 II 3, 1. Hs. HGB (Selbsthilfeverkauf durch Lagerhalter)), § 376 I 1 a.E., III HGB (konkrete Schadensberechnung wegen Verzugs beim Fixhandelskauf).

1216 Dünkel, S. 69.

1217 vgl. zum Geltungsbereich des § 383 III 1 BGB im früheren Recht: Dünkel, S. 51.

1218 Vgl. BGH, ZGS 2006, 115 ff. – „*Hirschfänger*“ = NJW 2006, 613 ff.; BGH, NJW-RR 2010, 1210 f. (freikoppende Stute); LG Oldenburg, Urt. v. 30.3.2006 – 9 O 2979/05, Fundstelle: juris, unter Ziffer 22 f. (Auktionspferd); Bemmann, AUR 2006, 189, 192; Chr. Berger, KUR 2003, 137, 142; Ebel, JA 2004, 566, 567 f.; Bamberger/Roth/Faust § 474 Rn. 20; Palandt/Grüneberg, § 383 Rn. 4; Kappus (Stand: 2006), Rn. 25; MünchKomm/Lorenz, § 474 Rn. 12 f.; ders., EwiR 2006, 67 f.; Mangold, S. 143 ff.; Reuter, ZGS 2005, 88, 89; Schack, KuR, Rn. 112 Fn. 33, Rn. 510; Palandt/Weidenkaff, § 474 Rn. 2; vgl. auch Dorff, S. 29 ff., 33, 128; Dünkel, S. 69 f.; Frank/Veh, JA 1983, 249, 251 ff.

es nur um Versteigerungen „gesetzlicher Art“.[1219] Andere orientieren sich allein an Art. 1 III VerbrGKRL.[1220] Öffentliche Versteigerung i.S.d. § 474 I 2 BGB sei jede für den Verbraucher frei zugängliche Versteigerung i.S.d. § 156 BGB.[1221] Zum Teil wird sogar eine Versteigerung vor individuell abgegrenztem Publikum für ausreichend erachtet.[1222]

2. Auswirkungen

Nach Ansicht des BGH setzt eine öffentliche Versteigerung regelmäßig die öffentliche Bestellung des Versteigerers gemäß § 34 b V GewO voraus, anders als nach der Gegenansicht, nach der es auf eine bestimmte Legitimation des Versteigerers nicht ankommt. Denn die öffentliche Versteigerung i.S.d. § 383 III 1 BGB hat zwei Voraussetzungen: Die Versteigerung muss öffentlich von einer hierzu befugten Person durchgeführt werden.

Öffentlich ist eine Versteigerung, wenn sie einem größeren, nicht individuell abgegrenzten Personenkreis zugänglich ist.[1223] Das ist bei nahezu allen bedeutenden Kunstversteigerungen der Fall.[1224]

Zu einer öffentlichen Versteigerung nach § 383 III 1 BGB befugt sind der örtlich zuständige Gerichtsvollzieher (§ 246 GVGA), ein Notar (§ 20 III BNotO)

1219 Staudinger/Matusche-Beckmann, § 474 Rn. 46f. vgl. aber Rn. 38; Ringstmeier/Homann, ZIP 2002, 505; 509; vgl. Ebel, JA 2004, 566, 567f.; vgl. Bernheimer, S. 43; Brocki, GewArch, 1961, 27, 28; Staub/Koenige, § 366 Rn. 49 α.

1220 LG Berlin, Urt. v. 8.4.2005 – 56 S 80/04, Fundstelle juris – „Hirschfänger“ (aufgehoben durch BGH, ZGS 2006, 115ff.); Ulmer/Brandner/Hensen, 10. Aufl. – Hensen, Anh. § 310 Rn. 927; Marx/Arens, 6. Teil Rn. 60; Palandt, 64. Aufl. – Putzo, § 474 Rn. 2; Wertenbruch, NJW 2004, 1977, 1981 (die Anwendung des § 383 III BGB aber akzeptierend in Soergel, § 474 Rn. 77); Winkler, NJ 2006, 267f.

1221 LG Berlin, Urt. v. 8.4.2005 – 56 S 80/04, Fundstelle juris – „*Hirschfänger*“; Marx/Arens, 6. Teil Rn. 60; Palandt, 64. Aufl., – Putzo, § 474 Rn. 2; Wertenbruch, NJW 2004, 1977, 1981; Winkler, NJ 2006, 267f.; Wrede, S. 258.

1222 Marx/Arens, 6. Teil Rn. 60, 113.

1223 Frank/Veh, JA 1983, 249, 250; Marx/Arens, § 34 b GewO Rn. 28. Von allgemeiner Zugänglichkeit sprechen: Dünkel, S. 51; Erman/Buck-Heeb, § 383 Rn. 3. Zwar sind nach § 383 III 2 BGB auch Zeit und Ort der Versteigerung unter allgemeiner Bezeichnung der Sache öffentlich bekannt zu machen. Dies ist aber keine Voraussetzung für eine öffentliche Versteigerung. § 383 III 2 BGB fordert die Bekanntmachung lediglich zusätzlich zu der bereits in Satz 1 definierten öffentlichen Versteigerung, Dechange, S. 27f.; Dünkel, S. 53; Frank/Veh, JA 249, 250. Bei einer nicht bekannt gemachten Versteigerung, von der nur ein kleiner Kreis von Eingeweihten weiß, besteht aber schon keine Öffentlichkeit, Dünkel, S. 53f. Fn. 27; Frank/Veh, JA 1983, 249, 250.

1224 Vgl. Landmann/Rohmer/Bleutge, § 34 b GewO Rn. 6 a; Marx/Arens, § 34 b GewO Rn. 27, § 4 VerstV Rn. 9; Versteigerungen allgemeiner Art müssen aber nicht zwingend öffentlich abgehalten werden, Bleutge, WiVerw 1987, 218, 222.

als Fall eines gewerbeunabhängigen[1225] „befugten anderen Beamten", sowie der „öffentlich angestellte Versteigerer". Dieser wird in § 34 b V GewO näher bestimmt und muss nicht tatsächlich öffentlich angestellt sein.[1226] Gemeint sind die aus dem Kreise der gewerbsmäßigen Versteigerer auf Antrag von den zuständigen Landesbehörden öffentlich bestellten Versteigerer.[1227]

Auf die öffentliche Bestellung haben besonders sachkundige Versteigerer Anspruch (§ 34 b V 1 GewO).[1228] Dies sind natürliche Personen, die bei Antragsstellung besonders vertrauenswürdig und erfahren sind, bestimmte Rechtskenntnisse haben und nachweislich über überdurchschnittliche Waren- und Sachkenntnisse verfügen.[1229] Sind sie nicht für ein Spezialgebiet (vgl. § 34 b V 2 GewO) bestellt, müssen sie Grundkenntnisse über Eigenschaften, Qualitäten und Preise der gängigen Hausratsgegenstände besitzen.[1230]

Öffentlich bestellte Versteigerer werden vereidigt, ihre Aufgabe gewissenhaft und unparteiisch zu erfüllen (§ 34 b V 3 GewO). Gewissenhaft meint, Aufgaben mit der Sorgfalt eines ordentlichen Versteigerers zu erfüllen und stets den aktuellen Wissens- und Erfahrungsstand hinsichtlich des Versteigerungsgutes, der Marktpreise und der Marktgegebenheiten inne zu haben und anzuwenden; unparteiisch meint, sich als ehrlicher Makler zu verstehen, die Interessen der Einlieferer- und Bieterseite in objektiver Weise zu berücksichtigen und keine Seite zu bevorzugen oder zu benachteiligen.[1231]

1225 Dorff, S. 6.

1226 Dorff, S. 30; K. Schmidt, JuS 1990, 411, 412; Wertenbruch, NJW 2004, 1977, 1981. Angestellte juristischer Personen können nicht öffentlich bestellt werden. Sie können schon keine einfache Erlaubnis nach § 34 b I GewO erhalten, sind nämlich selbst dann keine Gewerbetreibenden i.S.d. § 34 b I GewO, wenn sie eine Versteigerung leiten (Landmann/Rohmer/Bleutge, § 34 b GewO Rn. 27 a; Marx/Arens, § 34 b GewO Rn. 25, 78).

1227 BGH, NJW 1990, 899, 900 – *„Hamburger Stadtsiegel"*; Reuter, ZGS 2005, 88; K. Schmidt, JuS 1990, 411, 412; Wertenbruch, NJW 2004, 1977, 1981. Als das BGB in Kraft trat, verwendete auch die GewO den Terminus „ öffentlich angestellter Versteigerer", vgl. Dorff, S. 30 Fn. 5; Dünkel, S. 52; kritisch: Müller-Katzenburg, NJW 2006, 553, 556.

1228 Seit Novellierung der GewO von 1994 (Gesetz zur Änderung der Gewerbeordnung und sonstiger gewerberechtlicher Vorschriften vom 23.11.1994, BGBl. 1994, Teil I, S. 3475 ff.). Zuvor handelte es sich um eine Ermessensentscheidung (vgl. Brocki, GewArch 1961, 27, 29 f.); Landmann/Rohmer/Bleutge, § 34 b GewO Rn. 26; Dorff, S. 35, 38; 52 ff.; Marx/Arens, § 34 b GewO Rn. 12, 49, 80. Zu den Zuständigkeiten in den einzelnen Bundesländern s. Landmann/Rohmer/Bleutge, § 34 b GewO Rn. 30.

1229 Vgl. Braunfels, S. 94.

1230 Landmann/Rohmer/Bleutge, § 34 b GewO Rn. 27 c; vgl. Dorff, S. 36; a.A. Marx/Arens, § 34 b GewO Rn. 81: Angesichts der Warenvielfalt könne man von dem allgemein bestellten Auktionator keine Grundkenntnisse verlangen.

1231 Landmann/Rohmer/Bleutge, § 34 b GewO Rn. 27 e.

Die öffentlich bestellten Versteigerer sind keine Beamten,[1232] verfügen aber über eine besondere Sachkunde-Legitimation.[1233] Wie alle gewerbsmäßigen Versteigerer fremder beweglicher Sachen[1234] sind sie Inhaber einer behördlichen Erlaubnis nach § 34 I 1 GewO.[1235] Diese ist nur zu versagen, wenn Antragssteller die für den Gewerbebetrieb erforderliche Zuverlässigkeit nicht besitzen (§ 34 b IV Nr. 1 GewO) oder in ungeordneten Vermögensverhältnissen leben (§ 34 b IV Nr. 2 GewO).

Zur Zeit des Inkrafttretens des BGB war eine Versteigerungserlaubnis wegen der Erlaubnisfreiheit des Versteigerungsgewerbes (§ 36 GewO a.F.) unnötig.[1236] Der öffentlich bestellte Versteigerer hat nach wie vor eine Sonderstellung, weil die allgemeine Versteigerungserlaubnis ohne Rücksicht auf Sach- und Fachkunde des Antragsstellers erteilt wird (vgl. § 34 b IV GewO).[1237] Ob der Versteigerer seinen gesetzlichen und vertraglichen Verpflichtungen nachkommt, kontrolliert die Aufsichtsbehörde erst bei Berufsausübung.[1238]

Nahezu alle größeren Auktionshäuser haben einen öffentlich bestellten Versteigerer.[1239] Auktionshäuser, die ihre Auktionen von einem gewerblichen, aber nicht öffentlich bestellten Versteigerer durchführen lassen,[1240] betreiben, sofern ihre Versteigerungen nicht ausnahmsweise von Gerichtsvollziehern oder Notaren

1232 Dorff, S. 99, 103; Dünkel, S. 60; Frank/Veh, JA 1983, 249, 251.

1233 BGH, ZGS 2006, 115, 117 – *„Hirschfänger“*; Reuter, ZGS 2005, 88, 89.

1234 Frank/Veh, JA 1983, 249, 251.

1235 § 34 b V 1 GewO spricht vom Versteigerer, der bestellt werden kann (Landmann/Rohmer/Bleutge, § 34 b GewO Rn. 27 b). Versteigerer, die nur über eine Erlaubnis verfügen, erst recht solche, die nur gelegentlich eine Versteigerung durchführen (Gelegenheitsversteigerer) und im Rahmen einer gemeinnützigen oder sozialen Zwecken dienenden Versteigerung erlaubnisfrei versteigern (Landmann/Rohmer/Bleutge, § 34 b GewO Rn. 6, Dorff, S. 6), dürfen keine Tätigkeiten ausüben, die öffentlich bestellten Versteigerern vorbehalten sind.

1236 Brocki, GewArch, 1961, 27, 31; Dünkel, S. 28, 53; Marx/Arens, Einl. Rn. 2, § 34 b GewO Rn. 1 f., 77.

1237 Braunfels, S. 91.

1238 Dorff, S. 53; Marx/Arens, § 34 b GewO Rn. 50.

1239 Z.B. Bassenge (Tilman Bassenge); Hampel (Holger Hampel); Hartung & Hartung (Karl Hartung († Oktober 2012)); Hauswedell & Nolte (Ernst Nolte); Auktionshaus Dr. Jürgen Fischer (Dr. Jürgen Fischer, Monia Becker); Kastern (Karl Heinz Kastern); Ketterer (Robert Ketterer, Christoph Calaminus); Lempertz (Henrik Hanstein); Metz (John Metz, Mike Metz); Nagel (Uwe Jourdan, Andreas Heilig); Neumeister (Katrin Stoll); Kunstauktionshaus Schlosser (Joseph Schlosser); Ursula Nusser (Ursula Nusser); Van Ham Kunstauktionen (Markus Eisenbeis); Villa Grisebach (Peter Graf zu Eltz, Bernd Schultz, Dr. Markus Krause).

1240 Z.B. Kunstauktionshaus Chiemgau; Auktionshaus Fine Art; Leo Spik; Kunstauktionshaus Winterberg; Quittenbaum. Das Verfahren der öffentlichen Bestellung vor der nach den allgemeinen Verwaltungsvorschriften (Ziffer 3.2.5) zuständigen Industrie- und Handelskammer ist zeit- und kostenintensiv.

abgehalten werden, keine i.S.d. § 383 III 1 BGB öffentlichen Versteigerungen. § 474 I 2 BGB gilt nicht.

Allerdings müssen die öffentlich bestellten Versteigerer nicht mit dem Veranstalter identisch sein.[1241] Auch Kapitalgesellschaften (Versteigerungs-GmbH[1242]) können in den Genuss der Haftungsprivilegierung kommen. Da die Bestellung personenbezogen ist und § 383 III 1 BGB verlangt, dass die Versteigerung durch den öffentlich bestellten Versteigerer „zu erfolgen" hat, sind Gewährleistungsausschlüsse immer nur bei Zuschlag durch einen öffentlich bestellten Versteigerer oder einer ihm nach § 383 III 1 BGB gleichgestellten Person vereinbar.[1243]

3. Stellungnahme

a) Wortlaut

Der Wortlaut des § 474 I 2 BGB spricht von einer öffentlichen Versteigerung. Für die in der Literatur geäußerte Annahme, diese Begriffsverwendung sei die Folge eines Übertragungsfehlers bei der Umsetzung der VerbrGKRL,[1244] gibt es keine Anhaltspunkte. Art. 1 III VerbrGKRL setzt Öffentlichkeit voraus.

b) Gesetzessystematik

Die Gesetzessystematik spricht für das enge Begriffsverständnis des BGH. Die Legaldefinition der öffentlichen Versteigerung in § 383 III 1 BGB hat allgemeine Gültigkeit und gilt nach h.M. grundsätzlich für alle diese Verfahrensart betreffenden Normen des BGB und HGB. Innerhalb eines Gesetzes werden gleiche Begriffe einheitlich ausgelegt, wenn nicht der Gesetzgeber erkennbar davon abgewichen ist (Grundsatz der Gesetzeseinheit).[1245] Dies ist vorliegend nicht der

---

1241 BGH, NJW-RR 2010, 1210 ff. (freikoppende Stute; Fortführung von BGH, ZGS 2006, 115 ff. – *„Hirschfänger"* = NJW 2006, 613 ff.); sie müssen nicht Geschäftsführer des Auktionsveranstalters sein, Reuter, ZGS 88, 91.

1242 Z.B. Auktionshaus Metz GmbH; Quittenbaum Kunstauktionen GmbH; Villa Grisebach Auktionen GmbH.

1243 Vgl. BGH, NJW-RR 2010, 1210 f. (freikoppende Stute); Wertenbruch, NJW 2004, 1977, 1981; Winkler, NJ 2006, 267, 268, wegen dieses den „Zufälligkeiten unterworfenen" Umstandes die BGH-Rspr. für absurd erachtend.

1244 Marx/Arens, 6. Teil Rn. 60, 113.

1245 Vgl. BGH, ZGS 2006, 115, 116 – *„Hirschfänger"*; Chr. Berger, KUR 2003, 137, 142; Bamberger/Roth/Faust § 474 Rn. 20; Marx/Arens, 6. Teil Rn. 1; Staudinger/Matusche-Beckmann, § 474 Rn. 46; Reuter, ZGS 2005, 88, 89. Zum Geltungsbereich des § 383 III 1 BGB auch: Dechange, S. 10; Dünkel, S. 51; Palandt/Grüneberg, § 383 Rn. 4; Palandt/Weidenkaff, § 445 Rn. 6; Palandt/Bassenge, § 935 Rn. 11; ders., § 966 Rn. 2; ders., § 979 Rn. 1; ders., § 1219 Rn. 1; ders., § 1235 Rn. 1; Palandt/Sprau, § 753 Rn. 2; Baumbach/Hopt/Hopt, § 374 Rn. 11.

Fall. Für den Begriff der öffentlichen Versteigerung in § 935 II 3. Fall BGB zog der BGH bereits in seiner „*Hamburger-Stadtsiegel*"-Entscheidung die Legaldefinition des § 383 III 1 BGB heran.[1246] Anhaltspunkte dafür, dass diese für § 474 I 2 BGB nicht gilt, sind nicht erkennbar.[1247]

Die Übernahme des Wortlauts „an der der Verbraucher persönlich teilnehmen kann" aus Art. 1 III VerbrGKRL war überflüssig, da eine öffentliche Versteigerung (§ 383 III 1 BGB) ohnehin nur unter dieser Voraussetzung gegeben ist.[1248] Die Übernahme deutet aber nicht darauf hin, dass der Gesetzgeber in § 474 I 2 BGB allein auf die Zugänglichkeit durch den Verbraucher abstellte,[1249] sondern sie erfolgte klarstellend zur Vermeidung von Richtlinienkonflikten.[1250]

c) Vorgaben der VerbrGKRL

Der Begriff der öffentlichen Versteigerung wird in der VerbrGKRL nicht näher definiert. Nach Art. 1 III VerbrGKRL kommt es auf eine bestimmte Legitimation des Versteigerers nicht an. Er umfasst auch nicht amtliche, aber der Öffentlichkeit zugängliche Versteigerungen ohne Rücksicht auf die Person des Versteigerers.[1251] Die Richtlinie hätte es zugelassen, grundsätzlich alle Versteigerungen mit persönlicher Teilnahmemöglichkeit ohne Rücksicht auf die Person des Versteigerers aus dem Anwendungsbereich der besonderen Vorschriften herauszunehmen.[1252]

Richtet sich die Definition der öffentlichen Versteigerung i.S.d. § 474 I 2 BGB nach § 383 III 1 BGB, zöge das deutsche Recht die Ausnahme des § 474 I 2 BGB enger.[1253] Art. 1 III VerbrGKRL steht der Anwendung der Legaldefinition (§ 383 III 1 BGB) aber nicht im Wege.[1254] Art. 8 II VerbrGKRL lässt es zu, dass Mitgliedstaaten zum Zwecke eines höheren Schutzniveaus für die Verbraucher strengere Bestimmungen erlassen oder aufrechterhalten.

1246 BGH, NJW 1990, 899, 900; vgl. Dünkel, S. 39.

1247 BGH, ZGS 2006, 115, 116 f. – „*Hirschfänger*".

1248 LG Berlin, Urt. v. 8.4.2005 – 56 S 80/04, Fundstelle juris – „*Hirschfänger*"; Wertenbruch, NJW 2004, 1977, 1981; Winkler, NJ 2006, 267; insofern zustimmend BGH, ZGS 2006, 115, 116 – „*Hirschfänger*".

1249 So aber LG Berlin, Urt. v. 8.4.2005 – 56 S 80/04, Fundstelle juris – „*Hirschfänger*"; Wertenbruch, NJW 2004, 1977, 1981.

1250 BGH, ZGS 2006, 115, 116 – „*Hirschfänger*"; Reuter, ZGS 2005, 88, 89.

1251 LG Berlin, Urt. v. 8.4.2005 – 56 S 80/04, Fundstelle juris – „*Hirschfänger*"; Bamberger/Roth/Faust, § 474 Rn. 20.

1252 Staudinger/Matusche-Beckmann, § 474 Rn. 46; Bamberger/Roth/Faust, § 474 Rn. 20; offen gelassen von BGH, ZGS 2006, 115, 116 – „*Hirschfänger*".

1253 Bamberger/Roth/Faust § 474 Rn. 20.

1254 BGH, ZGS 2006, 115, 116 – „*Hirschfänger*"; zustimmend Lorenz, EwiR 2006, 67.

d) Sinn und Zweck von Art. 1 III VerbrGKRL und § 474 I 2 BGB

Der Richtliniengeber wollte mit Art. 1 III VerbrGKRL „der speziellen Situation in einigen Mitgliedstaaten“ Rechnung tragen[1255] und also nicht eine besondere Vertriebsmethode privilegieren.[1256] Jeder Mitgliedstaat kann das Erfordernis einer Sonderbehandlung selbst ermessen.

§ 474 I 2 BGB sollte insbesondere Haftungsausschlüsse bei öffentlichen Fundsachenversteigerungen (§ 979 BGB) und bei Versteigerungen hinterlegungsunfähiger Sachen (§ 383 BGB) vor der Unzulässigkeit bewahren.[1257] „Ohne entsprechende Ausnahmeregelung würden z.B. bei den jährlich stattfindenden Koffer- und Fundsachenversteigerungen der Verkehrsbetriebe zwingend Gewährleistungsansprüche gegen diese begründet.“[1258]

Das ist zutreffend. Lässt die Behörde oder Verkehrsanstalt die Fundsache gem. § 979 I BGB durch einen ihrer Beamten versteigern, ist die öffentliche Hand Verkäufer und Versteigerer. Da der Versteigerer gegenüber dem Käufer keinen Wissensvorsprung hat, ist die Haftungsprivilegierung ein sinnvoller Schutz vor einer unübersehbaren Haftung.[1259]

Fundsachenversteigerungen und Versteigerungen hinterlegungsunfähiger Sachen wurden im Gesetzgebungsverfahren aber nur beispielhaft als besonders sinnvolle Privilegierungen erwähnt („*insbesondere*“[1260]).[1261] Auch der Gesetzgeber wollte also „nicht allgemein die Vertriebsform Versteigerung gegenüber anderen Formen des Verbrauchsgüterkaufs begünstigen, sondern vielmehr im

1255 Begründung zum Gemeinsamen Standpunkt (EG) Nr. 51/98, vom Rat festgelegt am 24. September 1998, im Hinblick auf den Erlass der Richtlinie des Europäischen Parlaments und des Rates zu bestimmten Aspekten des Verbrauchsgüterkaufs und der Garantien für Verbrauchsgüter, Amtsbl. Nr. C 333 vom 30. Oktober 1998, S. 46, 53.

1256 BGH, ZGS 2006, 115, 116 – „*Hirschfänger*“; aA Bemmann, AUR 2006, 189, 190; AnwKomm 2002/Pfeiffer, Art. 1 Kauf-RL Rn. 11.

1257 Stellungnahme des Bundesrates zum Entwurf der Bundesregierung für ein Gesetz zur Modernisierung des Schuldrechts, BR-Drs. 338/1/01, S. 61 = BT-Drucks. 14/6857, S. 31; daran anschließend: Gegenäußerung der Bundesregierung zur Stellungnahme des Bundesrates, BT-Drucks. 14/6857, S. 62 f.; Beschlussempfehlung und Bericht des Rechtsausschusses des Bundestags vom 9.10.2001, BT-Drucks. 14/7052, S. 198; vgl. Staudinger/Matusche-Beckmann, § 474 Rn. 44.

1258 Stellungnahme des Bundesrates zum Entwurf der Bundesregierung für ein Gesetz zur Modernisierung des Schuldrechts, BR-Drs. 338/1/01, S. 61 = BT-Drucks. 14/6857, S. 31.

1259 BGH, ZGS 2006, 115, 117 – „*Hirschfänger*“; Staudinger/Matusche-Beckmann, § 474 Rn. 44.

1260 Stellungnahme des Bundesrates zum Entwurf der Bundesregierung für ein Gesetz zur Modernisierung des Schuldrechts, BR-Drs. 338/1/01, S. 60 f. = BT-Drucks. 14/6857, S. 31; vgl. Beschlussempfehlung und Bericht des Rechtsausschusses des Bundestags vom 9.10.2001, BT-Drucks. 14/7052, S. 198: Praktisch bedeutsam werde § 474 I 2 BGB „*vor allem* bei der Versteigerung von Fundsachen“.

1261 Bemmann, AUR 2006, 189, 192.

Hinblick auf bestimmte öffentliche Versteigerungen i.S.v. § 383 III 1 BGB die nach altem Recht bestehende Möglichkeit eines Gewährleistungsausschlusses erhalten". Er beabsichtigte nicht, „dem Begriff der öffentlichen Versteigerung in § 474 I 2 BGB einen weitergehenden Inhalt beizumessen, als er durch § 383 III 1 BGB vorgegeben ist".[1262] Demnach sind nicht alle öffentlich zugänglichen Versteigerungen privilegiert, aber jedenfalls Fundsachenversteigerungen und Versteigerungen hinterlegungsfähiger Sachen. Die Privilegierung zumindest des öffentlich bestellten Versteigerers ergibt sich aus § 383 III 1 BGB, der noch die strengsten Anforderungen an eine öffentliche Versteigerung stellt.

Unterfielen alle Versteigerer den Regeln der §§ 474 ff. BGB, belastete der starre § 475 I, III BGB angesichts der Vielzahl zu versteigernder Gegenstände und der begrenzten Zeit, sie eingehend zu untersuchen, das Versteigerungsgewerbe in weit stärkerem Maße als die Kunsthändler. Dabei können Verbraucher von Versteigerern nicht denselben Schutz erwarten wie von Spezialhändlern.[1263] Versteigerungen sind teilspekulativ.[1264] Der BGH rechtfertigte mit der Vielzahl fremder Gegenstände, für die Versteigerer ersichtlich nicht unbedingt einstehen wollen, deren Haftungsausschlüsse.[1265] Nach wie vor besteht Anlass, Kunstauktionen von den strengen Vorschriften des Verbrauchsgüterkaufs auszunehmen.[1266]

Der BGH vertritt nun aber die Ansicht, für eine generelle Ausnahme von den Vorschriften über den Verbrauchsgüterkauf bestehe weder Bedürfnis noch Rechtfertigung. Es sei nicht ersichtlich, warum allgemein ein Verkäufer, der gebrauchte Sachen im Wege der Versteigerung veräußere, anderen Haftungsregeln unterliege als derjenige, der dafür die Form des Vertragsschlusses nach den §§ 145 ff. BGB wähle.[1267] Daran ist aus Sicht des Versteigerers richtig, dass offenbar das Versteigerungswesen trotz der strengen Regeln des Verbrauchsgüterkaufs nicht zum Erliegen kommt. Das zeigen 17 Länder, in denen Versteigerungen den Regeln des Verbrauchsgüterkaufs voll unterliegen. Dennoch äußert sich der BGH hier nur insofern kohärent, als er nicht vom Standpunkt des Versteigerers, sondern von dem des Einlieferers argumentiert.

1262 BGH, ZGS 2006, 115, 116 – „*Hirschfänger*".

1263 Vgl. LG Berlin, Urt. v. 8.4.2005 – 56 S 80/04, Fundstelle juris – „*Hirschfänger*"; Wertenbruch, NJW 2004, 1977, 1981; Winkler, NJ 2006, 267, 268.

1264 Vgl. Staudinger/Matusche-Beckmann, § 474 Rn. 44.

1265 S.u. S. 215 f.

1266 AA Haas in Haas/Medicus/Rolland/Schäfer/Wendtland, Kap. 5 Rn. 434; Müller-Katzenburg, Weltkunst 2004, Heft 5, S. 68, 69; dies., NJW 2006, 553, 556.

1267 BGH, ZGS 2006, 115, 117 – „*Hirschfänger*"; zustimmend Lorenz, EwiR 2006, 67; ablehnend Winkler, NJ 2006, 267, 268.

Hätte der Gesetzgeber auf die Besonderheiten einer bestimmten Vertriebsform und damit aller Versteigerer Rücksicht nehmen wollen,[1268] hätte er dies jedoch deutlicher machen müssen. Die Begrenzung des Anwendungsbereichs von § 474 I 2 BGB auf öffentliche Versteigerungen nach § 383 III 1 BGB entspricht dem Sinn und Zweck der Vorschriften über den Verbrauchsgüterkauf, wonach der Verkäufer dem Verbraucher gegenüber grundsätzlich für die Vertragsgemäßheit der Kaufsache haften soll (vgl. Erwägungsgrund 9 S. 1 f. der VerbrGKRL).[1269] Ausnahmevorschriften sind eng auszulegen.[1270]

Kann aber die Wirksamkeit eines Gewährleistungsausschlusses bei Versteigerungen sinnvoll von der öffentlichen Bestellung abhängen?[1271] Öffentlich bestellte Versteigerer sind nach der Rechtsauffassung des BGH besser gestellt als Versteigerer, die nur eine allgemeine Versteigerungserlaubnis haben. Müssten sie nicht erst recht für die Vertragsgemäßheit der Kaufsache haften?

Verbraucher bringen ihnen besonderes Vertrauen entgegen. Einen „amtlichen" Anschein haben zwar auch Versteigerungen durch Versteigerer mit einfacher Erlaubnis.[1272] Öffentlich bestellte Versteigerer suggerieren aber besondere Kompetenz und Sicherheit, werben mit ihrer Bestellung und haben als Gewerbetreibende ein eigenes wirtschaftliches Interesse am Absatz des Versteigerungsguts.[1273] Die Ausgangslage ist dabei für alle Kunstversteigerer gleich, da sie vor denselben Sachmängelrisiken stehen.

Zu rechtfertigen ist die Haftungsprivilegierung trotz Vertrauensinanspruchnahme nur mit einer besonderen Verlässlichkeit öffentlich bestellter Versteigerer, bei der Sicherheit Vertrauen kompensiert. Bei Versteigerungen durch öffentlich bestellte Versteigerer übernehmen § 34 b I–VIII GewO und die nach § 34 b VIII GewO erlassene VerstV den sonst von §§ 474 ff. BGB gewährleisten Verbraucherschutz.[1274] GewO und VerstV sind verbraucherschützend. § 34 b I–VIII GewO ist auf Verbraucherversteigerungen beschränkt und bei Versteigerungen unanwendbar, zu denen als Bieter nur Personen zugelassen werden, die Waren der angebotenen Art für ihren Geschäftsbetrieb ersteigern wollen (§ 34 b X Nr. 3 GewO).[1275]

1268 So LG Berlin, Urt. v. 8.4.2005 – 56 S 80/04, Fundstelle juris – „*Hirschfänger*"; Wertenbruch, NJW 2004, 1977, 1981; vgl. Staudinger/Matusche-Beckmann, § 474 Rn. 44.

1269 BGH, ZGS 2006, 115, 117 – „*Hirschfänger*".

1270 Mangold, S. 146; vgl. Larenz, Methodenlehre, S. 355 f.

1271 Verneinend: Wertenbruch, NJW 2004, 1977, 1981.

1272 Bleutge, WiVerw 1987, 218, 237.

1273 Vgl. Dorff, S. 103.

1274 BGH, ZGS 2006, 115, 117 – „*Hirschfänger*"; Reuter, ZGS 2005, 88, 89.

1275 Reuter, ZGS 2005, 88, 89.

Die Pflichten der VerstV[1276] gelten zwar grundsätzlich für alle Versteigerer gleichermaßen.[1277] Der typische Vorsprung des Unternehmers in puncto Gewandtheit und Wissen, an den der privatrechtliche Verbraucherschutz anknüpft, wird aber neutralisiert, wenn ein gem. § 34 b V GewO zur Unparteilichkeit verpflichteter öffentlich bestellter Versteigerer dem Verbraucher als Vermittler gegenübertritt.[1278] Er bietet vermöge seiner öffentlichen Anstellung die „besondere Gewähr für Zuverlässigkeit und Tüchtigkeit" und „für die ordnungsgemäße Durchführung der Versteigerung einschließlich einer zutreffenden Beschreibung der angebotenen Gegenstände", wodurch das Sachmängelrisiko für den Verbraucher sinkt.[1279] Dass die öffentliche Bestellung auch Mittel der Gewerbepolitik im Rahmen einer wirtschaftsfördernden Daseinsvorsorge ist,[1280] ist irrelevant.

Vor dem Hintergrund der aufgezeigten Verzahnung öffentlichen und privaten Rechts[1281] ist das mögliche „Weniger" an privatrechtlichem Verbraucherschutz gerechtfertigt.[1282] Ein Urteil über einen vollständigen Haftungsausschluss ist damit nicht gefällt. Die öffentliche Bestellung entbindet nur von den strengen Vorgaben der §§ 474 ff. BGB. Eine abstrakte Verlässlichkeit ist im Konfliktfall eine unzureichende Vertrauenskompensation. Der BGH äußerte zu § 935 II BGB: „Das Vertrauen auf die unter öffentlicher Autorität vorgenommene Veräußerung soll bei einer Versteigerung nicht gefährdet werden."[1283] GewO und VerstV lösen den Widerspruch, dass der besonders verlässliche Versteigerer weniger haftet, nur soweit es um §§ 474 ff. BGB geht.

Einen gewissen, über den Mindestschutz des § 444 BGB hinausgehenden Käuferschutz sichern die fortgeltenden Rechtsprechungsgrundsätze zum

1276 Vom 12.1.1961 (BGBl. I S. 43) i.d.F. der Bekannmachung vom 1.6.1976 (BGBl I, S. 1345) nebst Art. 7 VO vom 28.11.1979 (BGBl I S. 1986), ergangen aufgrund der Ermächtigungsnorm des § 34 b VIII GewO.

1277 Dorff, S. 34, 103; Frank/Veh, JA 1983, 249, 251.

1278 Reuter, ZGS 2005, 88, 89.

1279 BGH, ZGS 2006, 115, 117 – „*Hirschfänger*"; insofern zustimmend: Soergel/Wertenbruch, § 474 Rn. 77; a.A. Winkler, NJ 2006, 267, 268.

1280 Brocki, GewArch 1961, 27, 31; Marx/Arens, § 34 b GewO Rn. 78; vgl. Winkler, NJ 2006, 267, 268.

1281 Zur Verknüpfung öffentlichen und privaten Rechts vgl. Röhl/Röhl, S. 426 ff., 437.

1282 AA Winkler, NJ 2006, 267, 268; wie hier: BGH, ZGS 2006, 115, 117 – „*Hirschfänger*"; Reuter, ZGS 2005, 88, 89. Insb. darf ein öffentlich bestellter Versteigerer angesichts der Verpflichtung zur Unparteilichkeit nach § 34 V GewO die von dem Veranstalter der entsprechenden Versteigerung aufgestellten Versteigerungsbedingungen nicht unbesehen akzeptieren, sondern ist verpflichtet, Versteigerungsaufträge abzulehnen, wenn sie die Verwendung rechtswidriger Versteigerungsbedingungen einschliessen, Reuter, ZGS 88, 91 f.

1283 BGH, NJW 1990, 899, 900 – „*Hamburger Stadtsiegel*" mit Veweis auf Mot. zum BGB III, 349.

Gewährleistungsausschluss in Auktionen.[1284] Eine Gleichbehandlung des Kunstauktionshandels mit dem Kunsteinzelhandel ist nicht geboten. Bei der möglichen Durchbrechung der Haftungsausschlüsse wegen Sorgfaltswidrigkeiten ist der herausgehobenen Stellung des öffentlich bestellten Versteigerers mit einem scharfen Sorgfaltsmaßstab Rechnung zu tragen.[1285] Ansonsten entstünde das Paradoxon, dass ausgerechnet Auktionatoren in herausgehobener Position, höchstem Renommee und entsprechendem Vertrauensvorschuss am geringsten haften. Die Behörden müssen die öffentlich bestellten Versteigerer gewissenhaft auswählen, streng überwachen und ihnen die Bestellung bei Unzuverlässigkeit rasch entziehen. Unter diesen Voraussetzungen ist ein öffentlich bestellter Versteigerer auch gegenüber Kunsthändlern in einer Sonderposition.[1286]

e) Zwischenergebnis

Der Begriff der öffentlichen Versteigerung in § 474 I 2 BGB richtet sich nach § 383 III 1 BGB. § 383 III 1 BGB und damit auch § 474 I 2 BGB stellen auf die Integrität der zur Versteigerung berufenen Person ab. Die Gewähr dieser Integrität bietet der öffentlich bestellte Versteigerer unabhängig davon, ob er auch Veranstalter der Auktion ist.[1287] Ob der Versteigerer auf eigene Rechnung, als Kommissionär oder als Vertreter des Einlieferers handelt, ist nach dem Wortlaut des § 474 I 2 BGB unerheblich.[1288]

f) Begrenzung auf gesetzliche Versteigerungen?

Erfasst der Begriff der öffentlichen Versteigerung in § 474 I 2 BGB über die Definition des § 383 III 1 BGB neben den unfreiwilligen auch freiwillige öffentliche Versteigerungen?

1284 S.u. S. 211 ff.

1285 Die Bestellung wurde bisher im Sorgfaltsmaßstab unzureichend berücksichtigt; berücksichtigt allerdings in: KG, NJW-RR 2001, 1098 f. (Grundstücksauktionator); OLG München, Urt. v. 16.10.1980 – 14 U 299/80, S. 9 ff. (n.v.) (Fall „Bodensee-Kunstauktion" nach Rückverweisung durch BGH), einbeziehend, ob der Versteigerer sich in den Versteigerungsbedingungen als vereidigter Schätzer und Sachverständiger anpreist.

1286 Wrede, S. 28.

1287 BGH, NJW-RR 2010, 1210 ff. (freikoppende Stute).

1288 Bemmann, AUR 2006, 189, 192 f.

aa) Begriffsbestimmungen

Die aus Sicht des Eigentümers unfreiwilligen Versteigerungen sind die im BGB und HGB ausdrücklich festgeschriebenen öffentlichen Versteigerungen „gesetzlicher Art“[1289]. Sie erfolgen öffentlich aufgrund öffentlich-rechtlicher Ermächtigung durch eine zu solchen Akten öffentlich ermächtigte für eigene oder fremde Rechnung handelnde Person.[1290] Sie werden ohne (z.B. Fund- und Selbsthilfeversteigerungen) oder gegen (z.B. Pfandversteigerungen) den Willen des Eigentümers der zu versteigernden Sache zwangsweise angeordnet und durchgeführt.[1291]

Unter freiwilligen öffentlichen Versteigerungen versteht man gewerbliche Versteigerungen,[1292] bei denen der Eigentümer außerhalb der gesetzlich genannten Fälle öffentlicher Versteigerungen die Veräußerung aus freiem Willen zu einem selbst gewählten Zeitpunkt auf seine Kosten betreiben lässt.[1293] Bedeutende Kunstauktionen erfolgen in dieser Form.

bb) Stellungnahme

Die Ansicht, der Begriff der öffentlichen Versteigerung in § 383 III 1 BGB erfasse nur Versteigerungen „gesetzlicher Art“[1294] findet im Gesetzeswortlaut keinen Anhalt.[1295] Der Begriff steht eher zufällig im Zusammenhang mit der gesetzlichen Versteigerung hinterlegungsunfähiger Sachen.[1296]

Der BGH entschied bereits in seiner „*Hamburger Stadtsiegel*“-Entscheidung, dass mit den öffentlichen Versteigerungen i.S.d. § 383 III 1 BGB nicht nur Versteigerungen „gesetzlicher Art“ gemeint seien. „Auch ein Erwerb in freiwilliger Versteigerung wird, soweit die in § 383 III BGB genannten Voraussetzungen

1289 Vgl. Brocki, GewArch 1961, 27, 28, der auf Günther, Versteigerer, Berlin und Köln 1955, S. 107, 108 u. 251, 254 verweist; Dorff, S. 131; Dünkel, S. 48 Fn. 12.

1290 Vgl. Staub/Koenige, § 366 Rn. 49 α).

1291 Landmann/Rohmer/Bleutge, § 34 b GewO Rn. 26; Dorff, S. 29 ff., 30 f. Fn. 9, S. 108, 112.

1292 Eine für eine öffentliche Versteigerung vorgesehene Person führt keine Gelegenheitsversteigerung durch, Dorff, S. 108.

1293 Becker, Archivmitteilungen, 2/94, S. 47, 48; Dechange, S. 7; Dünkel, S. 48 Fn. 12; vgl. Dorff, S. 33, 52, 108, 117, 120.

1294 So Staudinger/Matusche-Beckmann, § 474 Rn. 47; Ringstmeier/Homann, ZIP 2002, 505, 509.

1295 LG Oldenburg, Urt. v. 30.3.2006 – 9 O 2979/05, Fundstelle: juris, Tz. 23 (Auktionspferd); Reuter, ZGS 2005, 88, 89; K. Schmidt, JuS 1990, 411, 412; Soergel/Wertenbruch, § 474 Rn. 78.

1296 Reuter, ZGS 2005, 88, 89.

erfüllt sind, gem. § 935 II BGB geschützt."[1297] Die Kritik hiergegen[1298] stützt sich u.a. auf die Eigentumsgarantie des Art. 14 I GG, richtet sich im Kern aber gegen eine gesetzgeberische Entscheidung. Selbst wenn der Gesetzgeber den Geltungsbereich des § 383 III 1 BGB nicht gekannt haben sollte, konzipierte er § 474 I 2 BGB nicht nur für gesetzliche öffentliche Versteigerungen.[1299] § 474 I 2 BGB enthält keine Beschränkung.[1300] Für die Privilegierung gesetzlicher öffentlicher Versteigerungen spricht zwar ein vergleichsweise geringes wirtschaftliches Eigeninteresse öffentlich bestellter Versteigerer[1301] und die wichtige Neutralitätsgewähr zum Schutze vor Güterverwertungen ohne Rücksicht auf berechtigte Interessen Betroffener[1302]. Allerdings erscheint eine Haftungsprivilegierung über die gesetzlichen Versteigerungen hinaus sinnvoll, weil das Integritätsargument noch greift.[1303]

g) Teleologische Reduktion?

Seinem Wortlaut nach privilegiert § 474 I 2 BGB neben dem Versteigerer auch den einliefernden Unternehmer beim Agenturgeschäft. Bei gesetzlichen öffentlichen Versteigerungen ist dies akzeptabel, weil Versteigerer-Eigenware nicht zum Ausruf kommt. Bei freiwilligen öffentlichen Versteigerungen ist die Privilegierung von Einlieferern und Versteigerer-Eigenware im Ergebnis jedoch fragwürdig. Der BGH nennt die Freistellung von § 475 BGB wo sie nicht „im Interesse der versteigernden öffentlichen Hand geboten ist", *„hinnehmbar"*, und hält den Einlieferer für privilegiert. Das Gewerberecht sehe die öffentliche Bestellung eines Versteigerers vor, um *„dem Publikum"* die Möglichkeit zu geben, sich

1297 BGH, NJW 1990, 899, 900 („Das gilt ebenso für im Gesetz nicht ausdrücklich genannte Fälle einer öffentlichen Versteigerung") mit Verweis auf Soergel, 11. Aufl. – Mühl, § 935 Rn. 14; Dünkel, S. 69f. Zustimmend: Peege, KUR 2007, 111ff.; Picker, 279; Schack, KuR, Rn. 112 Fn. 30 Rn. 491. Dernburg, § 188, S. 388, verzichtet auf die öffentliche Bestellung.

1298 Bischof, KUR 2007, 62ff.; Brocki, GewArch 1961, 27, 28; Günther, Versteigerer, Berlin und Köln 1955, S. 107, 108 u. 251, 254; Dorff, S. 83ff., 117ff., 125ff., 131; Staub/Koenige § 366 Rn. 49 α; Behrens/de Lazzer, S. 156; Hübner, S. 146f.; Westermann, § 49 III 2, S. 408: Der Begriff der öffentlichen Versteigerung in § 935 II 3. Fall BGB erfasse nur öffentliche Versteigerungen „gesetzlicher Art". Die Extension widerspreche Art. 14 I 2 GG (Dorff, S. 130f.). Bedenklich sei insb. die privatrechtliche Eingriffsbefugnis des Einlieferers in Art. 14 GG (Dorff, S. 120f.); vgl. Frank/Veh, JA 1983, 249, 255.

1299 AA Staudinger/Matusche-Beckmann, § 474 Rn. 44, 47.

1300 LG Oldenburg, Urt. v. 30.3.2006 – 9 O 2979/05, Fundstelle: juris, Tz. 23 (Auktionspferd); Chr. Berger, KUR 2003, 137, 142; Reuter, ZGS 2005, 88, 89; Soergel/Wertenbruch, § 474 Rn. 78.

1301 Dorff, S. 103, 109.

1302 Dorff, S. 37; Marx/Arens, § 34 b GewO Rn. 79.

1303 Vgl. Soergel/Wertenbruch, § 474 Rn. 78.

besonders qualifizierter Personen *„zu bedienen"*. Darüber hinaus sei kein Grund ersichtlich, warum *„der Verkäufer, der (...) im Wege der Versteigerung veräußert"* privilegiert sein sollte.[1304]

Trotzdem bedarf es keiner teleologischen Reduktion. Denn anders als § 445 BGB verkürzt § 474 I 2 BGB die Haftung nicht automatisch, sondern ermöglicht nur einen großzügigeren von § 475 I BGB befreiten Haftungsausschluss. Die Wertung des § 475 I BGB lässt sich bei der Inhaltskontrolle von AGB-Haftungsfreizeichnungen zum Nachteil des unternehmerischen Einlieferers und des Versteigerers bei Eigenware heranziehen (§ 307 I, II BGB).[1305]

h) Ergebnis

§ 474 I 2 BGB gilt für alle öffentlichen Versteigerungen i.S.d. § 383 III 1 BGB. Nur wenn er nicht greift, gelten für Versteigerungen gebrauchter Sachen die Regeln des Verbrauchsgüterkaufs.[1306] Eine teleologische Reduktion bei Eigen- und Agenturgeschäften ist wegen der Korrekturmöglichkeiten des § 307 I, II BGB nicht geboten. Verbraucher stehen in öffentlichen Versteigerungen (§ 383 III 1 BGB) grundsätzlich schlechter als bei sonstigen Versteigerern und Händlern, haben aber gem. § 935 II 3. Fall BGB eine „Eigentumserwerbsgarantie"[1307]. Ein Streben nach öffentlicher Bestellung ist ordnungspolitisch begrüßenswert.[1308]

II. Kunstwerke als neu hergestellte und gebrauchte Sachen

Die Privilegierung des § 474 I 2 BGB gilt im Übrigen nur für die Versteigerung *gebrauchter Sachen.*

Für die Gewährleistungshaftung ist zunächst i.d.R. unerheblich, ob und inwiefern Kunstwerke neu hergestellt oder gebraucht sind. Ein Unterschied besteht nur beim Unternehmerrückgriff, der im Rahmen des Verbrauchsgüterkaufs beim Kauf neu hergestellter Sachen nach §§ 478, 479 BGB privilegiert ist. Aber das Gewährleistungsrecht ist für den Verkauf gebrauchter Sachen teilweise nachgiebiger. Für die Zulässigkeit und Ausgestaltung von Haftungsausschlüssen und Verjährungsverkürzungen gelten strengere Regeln für den Verkäufer neu hergestellter Sachen und mildere für den gebrauchter Sachen. Ob daraus folgt, der

---

1304 BGH, ZGS 2006, 115, 117 – *„Hirschfänger"* (Hervorhebungen hinzugefügt).
1305 Vgl. u. S. 207, 269.
1306 Lorenz, EwiR 2006, 67f.
1307 Frank/Veh, JA 1983, 249, 255.
1308 Mangold, S. 147.

Gerechtigkeitsgehalt des Gewährleistungsrechts sei beim Verkauf gebrauchter Sachen deutlich geringer,[1309] mag dahinstehen.

Von der neu hergestellten Sache spricht das Gesetz in § 309 Nr. 8 b BGB (vgl. § 11 Nr. 10 AGBG a.F.) und in §§ 478 I, II, 479 II 1 BGB. Für Pflichtverletzungen, die in einem Mangel einer neu hergestellten Kaufsache bestehen, gilt bei AGB der Kontrollmaßstab ohne Wertungsmöglichkeit des § 309 Nr. 8 b BGB, der schärfer ist als der sonst geltende § 307 I, II BGB.[1310] §§ 478, 479 BGB beschränken ihre Regressprivilegierung auf neu hergestellte Sachen, weil Mängel nur hier typischerweise schon am Anfang der Lieferkette stehen.[1311] Bei gebrauchten Sachen fehlt i.d.R. eine geschlossene Vertriebskette.[1312]

Von der gebrauchten Sache spricht das Gesetz in § 475 II BGB (zurückgehend auf Art. 7 I 2, 3 VerbrGKRL) und in § 474 I 2 BGB (zurückgehend auf Art. 1 III VerbrGKRL). § 475 II BGB erlaubt beim Verbrauchsgüterkauf eine Verkürzung der Verjährungsfrist für andere als Schadensersatzansprüche (vgl. §§ 475 III, 202 I BGB) nur bei gebrauchten Sachen. § 474 I 2 BGB erklärt beim Verbrauchsgüterkauf neben § 476 BGB insbesondere die Grenzen des § 475 BGB von vornherein für unanwendbar, sofern gebrauchte Sachen in einer öffentlichen Versteigerung verkauft werden, an der der Verbraucher persönlich teilnehmen kann.

Die Begriffe „neu“ und „gebraucht“ sind an sich nicht vollkommen komplementär. Das Gegenteil von „neu hergestellt“ ist „nicht neu hergestellt“ oder „alt“[1313], das Gegenteil von „gebraucht“ ist „ungebraucht“[1314]. Der Begriff der ungebrauchten Sache findet sich in § 34 b VI Nr. 5 b GewO. § 34 b VI Nr. 5 b, VIII Nr. 2 GewO i.V.m. § 6 VerstV verbietet grundsätzlich das Versteigern „ungebrauchter“ Sachen, um unlauteren Wettbewerb mit dem Einzelhandel zu verhindern.[1315] Sachen, die hiernach als gebraucht gelten, sind dies nicht automatisch i.S.d. BGB-Vorschriften (funktionsdifferente Auslegung).

Der Gesetzgeber hätte auch in §§ 478 II, III, 479 II BGB den Begriff der ungebrauchten Sache verwenden können, die VerbrGKRL spricht nur von Gegenständen bzw. Gütern und gebrauchten Gütern. Den Begriff der neu hergestellten Sache gab es aber schon in § 11 Nr. 10 AGBG a.F., es war sinnvoll, ihn in § 309 Nr. 8 b BGB fortzuführen.

1309 So Ulmer/Brandner/Hensen/Fuchs, § 307 Rn. 231; Stoffels, Rn. 519.
1310 Stoffels, Rn. 953.
1311 Haas in Haas/Medicus/Rolland/Schäfer/Wendtland, Kap. 5 Rn. 480.
1312 RegE, BT-Drucks. 14/6040, S. 248.
1313 Vgl. Fackler/Konermann, S. 67.
1314 Vgl. Fackler/Konermann, S. 67; Reinicke/Tiedtke, Rn. 728.
1315 S.o. S. 29 f.

Ungebraucht sind im allgemeinen Sprachgebrauch Sachen, die weder vom Verkäufer noch von Dritten tatsächlich benutzt wurden.[1316] Das Begriffspaar „gebraucht" bzw. „ungebraucht" wirkt sonach für Kunstwerke ebenso unpassend wie für Zierfische, weil sie grundsätzlich keine risikoerhöhende Gebrauchsverwendung haben. Tatsächlich hat es aber beim Gebrauch im praktischen Sinne nicht sein Bewenden:[1317]

Zwar ist nach dem allgemeinen Sprachgebrauch nicht jede nicht neu hergestellte Sache zwingend schon gebraucht.[1318] Der Gesetzgeber verwendet aber den Begriff der gebrauchten Sache im Einklang mit der VerbrGKRL[1319] als Komplementärbegriff zur neu hergestellten Sache. Seine Begründung zu § 475 II BGB bezieht sich ausdrücklich auf die Rechtsprechung zu § 309 Nr. 8 b BGB (§ 11 Nr. 10 AGBG a.F.).[1320] Der BGH führte aus: „Der in § 11 Nr. 10 AGB-Gesetz verwendete Begriff ‚neu hergestellte Sachen' ist als Abgrenzung zu den ‚gebrauchten' zu verstehen, die mit einem höheren Sachmangelrisiko behaftet sind, das im Geschäftsverkehr regelmäßig durch einen entsprechenden Preisabschlag berücksichtigt wird (...) Der Grund für die unterschiedliche Behandlung in § 11 Nr. 10 AGB-Gesetz liegt also (...) in den (...) besonderen Gefahren und Risiken."[1321]

Entsprechend ermöglicht der Gesetzgeber die Verjährungsverkürzung beim Verkauf gebrauchter Sachen aus demselben Grund, wie er AGB-Klauseln beim Verkauf nicht neu hergestellter Sachen einer milderen AGB-Kontrolle unterstellt. Bei neu hergestellten ist das Sachmängelrisiko typischerweise weniger hoch und zugleich besser und mit geringerem Aufwand beherrschbar als bei gebrauchten, wo auch der Käufer von höheren Mängelrisiken ausgeht.[1322] „Die Qualität und die Leistung, die der Verbraucher vernünftigerweise erwarten kann, hängen unter anderem davon ab, ob die Güter neu oder gebraucht sind" (Erwägungsgrund 8 Satz 4 der VerbrGKRL).

1316 Vgl. BGH, NJW 2007, 674, 676 (Hengstfohlen); Jauernig/Chr. Berger, § 474 Rn. 6; Staudinger/Matusche-Beckmann, § 474 Rn. 41; Palandt/Weidenkaff, § 475 Rn. 11.

1317 Vgl. Bemmann, AUR 2006 189, 192; Brückner/Böhme, MDR 2002, 1406, 1407; Staudinger/Coester-Waltjen, § 309 Nr. 8 Rn. 24; MünchKomm/Lorenz, § 474 Rn. 14; MünchKomm/Wurmnest, § 309 Nr. 8 Rn. 15; vgl. zu § 11 Nr. 10 AGBG: Staudinger (1998) – Coester-Waltjen, § 11 Nr. 10 AGBG Rn. 6 f.

1318 Jauernig/Chr. Berger § 474 Rn. 6; MünchKomm/Lorenz, § 474 Rn. 14; vgl. v. Hoyningen-Huene, NJW 1975, 962, 963 sowie v. Westerholt/Graupner, NJW 1978, 794, 796 Fn. 23.

1319 Erwägungsgrund 8 Satz 4 der VerbrGKRL: „Die Qualität und die Leistung, die der Verbraucher vernünftigerweise erwarten kann, hängen unter anderem davon ab, ob die Güter neu oder gebraucht sind".

1320 RegE, BT-Drucks. 14/6040, S. 245; Staudinger/Matusche-Beckmann, § 475 Rn. 81; Reuter, ZGS 88, 90.

1321 BGH, NJW-RR 1986, 52, 53 (Regenbogenforelle).

1322 Zu § 309 b BGB: Brückner/Böhme, MDR 2002, 1406, 1407; Ulmer/Brandner/Hensen/G. Christensen, § 309 Nr. 8 Rn. 23; Schneider, S. 162 Fn. 1010.

Da der Reformgesetzgeber davon ausging, dass jede Sache entweder neu hergestellt oder gebraucht ist, erscheint eine teleologische Extension unter Wahrung des von der VerbrGKRL bezweckten Verbraucherschutzes bei §§ 474 I 2, 475 II BGB zwingend. Die Begriffe „neu hergestellt“ und „gebraucht“ können einheitlich und in gegenseitiger Abgrenzung begrifflich konsistent ausgelegt werden. Sie sind nicht autonom,[1323] sondern bedingen einander. Die Gebrauchtheit ist auch über den allgemeinen Sprachgebrauch hinaus negatives Definitionsmerkmal der Neuheit.[1324]

Wie lange Kunstwerke neu hergestellte Sachen sind und ob, wann und inwiefern gebrauchte Sachen, ist nicht legaldefiniert und richtet sich weniger nach Verkehrsanschauung und allgemeinem Sprachgebrauch als nach dem Sinn und Zweck der jeweiligen Norm.[1325] Er besteht bei §§ 309 Nr. 8 b, 474 I 2, 475 II BGB in der Risikosteuerung von Haftungsreduzierungen. § 475 II BGB etwa soll alle Mängelrisiken erfassen, die es gerechtfertigt erscheinen lassen, die Verjährung auf ein Jahr zu reduzieren. Art. 7 I 2 VerbrGKRL lässt die Verkürzung der Verjährungsfrist nach § 475 II BGB zu, weil gebrauchten Sachen häufig schwer erkennbare Mängel anhaften.[1326] Das höhere für den Verkäufer nicht wesentlich besser beherrschbare Risiko bewog den Gesetzgeber auch zu § 474 I 2 BGB.[1327]

Es geht mithin nicht etwa (nur) um eine auf Wahrnehmung beruhende Tatsachenfeststellung.[1328] Vielmehr geht es um eine Abgrenzung nach Risikoaspekten danach, ob schwer erkennbare bzw. schwer beherrschbare Mängelrisken bestehen, die es gerechtfertigt erscheinen lassen, den Verkäufer haftungsrechtlich zu privilegieren.[1329] Diese kann der Verkäufer nicht mehr ohne Weiteres in Beschaffenheitsvereinbarungen spezifizieren, was ihm andernfalls aus Transparenzgründen und gegebenenfalls auch wegen eventuell bestehender Aufklärungspflichten vor einer pauschalen Besserstellung abzuverlangen wäre.

Die Erwartungshaltung des Käufers nach dem Erscheinungsbild des Kunstwerkes und ihm bekannter Umstände ist allerdings schon ausweislich der VerbrGKRL nicht völlig unmaßgeblich. Denn sie macht von „neu oder gebraucht“ „die Qualität und die Leistung“ abhängig, „die der Verbraucher vernünftiger-

---

1323 So aber Jauernig/Chr. Berger § 474 Rn. 6, § 475 Rn. 7, MünchKomm/Lorenz, § 474 Rn. 14.

1324 Vgl. Reinicke/Tiedtke, Rn. 728; Reuter, ZGS 88, 90; Stoffels, Rn. 953; Vogt, Rn. 6; vgl. auch Bamberger/Roth/Becker, § 309 Nr. 8 Rn. 23; Staudinger/Matusche-Beckmann, § 475 Rn. 81.

1325 Dies verkennt Wrede, S. 285 f.; wie hier: Stoffels, Rn. 924 f.; MünchKomm/Wurmnest, § 309 Nr. 8 Rn. 16.

1326 Chr. Berger, KUR 2003, 137, 140.

1327 Vgl. Chr. Berger, KUR 2003, 137, 140; Reuter, ZGS 88, 90.

1328 Vgl. Larenz, Methodenlehre, S. 288 zur Neuheit der Sache in § 950 I 1 BGB.

1329 Staudinger/Coester-Waltjen, § 309 Nr. 8 Rn. 24; vgl. zu § 11 Nr. 10 AGBG: Staudinger (1998)- Coester-Waltjen, § 11 Nr. 10 AGBG Rn. 8. I.Ü.: Bamberger/Roth/Faust § 474 Rn. 18; Staudinger/Matusche-Beckmann, § 475 Rn. 84.

weise erwarten kann".[1330] Erscheint dem Käufer durch besonderes Zutun des Verkäufers ein Kunstwerk als neu hergestellt – ein elektronisches Multiple etwa, das nur scheinbar originalverpackt, tatsächlich schon mehrere Stunden in Betrieb war – ist es als neu hergestellt zu behandeln. Der Käufer ist wegen der Annahme geringer Mängelrisiken schutzbedürftig.[1331] Der sich auf privilegierende Vorschriften berufende Verkäufer verhält sich widersprüchlich.[1332]

Letztlich sind jedoch die wenigsten gehandelten Kunstwerke neu hergestellt.[1333] Denn nach dem Sinn und Zweck der Unterscheidung von neu hergestellten und gebrauchten Sachen können nicht nur gegebenenfalls mögliche Ingebrauchnahmen, Ausstellungen oder Umgestaltungen, sondern auch reine Lagerungen oder Veräußerungen grundsätzlich die Gebrauchtheit begründen, sofern sie Mängelrisiken erhöhen, die schwer erkennbar bzw. schwer beherrschbar sind. Relevant ist insbesondere, ob Dritte risikoerhöhend in Beziehung zur Sache treten.

Da nicht bei allen Werken Mängelrisiken erhöht sind, sind sie freilich nicht pauschal – auch nicht mit Wortlautergänzungen in §§ 474 I 2, 475 II BGB[1334] – gebrauchten Sachen gleichzustellen.[1335] Dies widerspräche auch § 309 Nr. 8 b BGB, wonach sie ebenfalls nicht von vornherein gebraucht sind.[1336] Für Gesetzesanalogien[1337] fehlt es an einer nicht nur der Sprachlichkeit geschuldeten Regelungslücke.

Eine „neu hergestellte" Sachen setzt zunächst das Produkt eines Erzeugungsprozesses voraus, das bei den Beteiligten das berechtigte Vertrauen auf Mangelfreiheit auslöst.[1338] Da dies bei Kunstwerken i.d.R. zutrifft, selbst wenn sie aus alten Teilen komponiert sind, sind Kunstwerke, die unmittelbar nach Fertigstellung in den Handel gelangen, neu.[1339] Noch neu hergestellt sind grundsätzlich

---

1330 Erwägungsgrund 8 Satz 4 der VerbrGKRL.

1331 Vgl. Staudinger/Coester-Waltjen, § 309 Nr. 8 Rn. 21; MünchKomm, 4. Aufl. – Basedow, § 11 Nr. 10 AGBG Rn. 11; Staudinger (1998) – Coester-Waltjen, § 11 Nr. 10 Rn. 5.

1332 Ansonsten richten sich Neuheit und Gebrauchtheit zum Schutze des Käufers jedoch grundsätzlich ausschließlich nach objektiven Kriterien; vgl. dazu u. S. 197 ff.

1333 Chr. Berger, KUR 2003, 137, 141; Ulmer/Brandner/Hensen, 9. Aufl. – Hensen, Anh. §§ 9–11 Rn. 866.

1334 Einen Passus „und Tierkäufe" befürwortet Adolphsen, Agrarrecht 2001, 203, 207; vgl. Bemmann, AUR 2006, 189, 191; Brückner/Böhme, MDR 2002, 1406, 1409; a.A. BGH, NJW 2007, 674, 676 (Hengstfohlen).

1335 Für den Tierkauf befürwortet von Eichelberger, ZGS 2007, 98, 100 mwN.; a.A. BGH, NJW 2007, 674, 676 (Hengstfohlen).

1336 Daran kann der Hinweis von Brückner/Böhme, MDR 2002, 1406, 1409, nichts ändern, dass beim Verbrauchsgütekauf die Inhaltskontrolle nach § 309 Nr. 8 b BGB nahezu bedeutungslos sei.

1337 Für den Tierkauf angedacht: Adolphsen, Agrarrecht 2001, 203, 207; Bemmann, AUR 2006, 189, 191.

1338 Vgl. Ulmer/Brandner/Hensen/G. Christensen, § 309 Nr. 8 Rn. 24; Stoffels, Rn. 924.

1339 Bamberger/Roth/J. Becker, § 309 Nr. 8 Rn. 23; Chr. Berger, KUR 2003, 137, 141.

auch Kunstwerke, die noch nicht in den Verkehr gelangt sind.[1340] Noch nicht in den Verkehr gelangt sind Sachen, die vom Hersteller oder Händler zur Weiterveräußerung an Endbenutzer oder Endverbraucher angeboten werden und nicht zuvor für eigene Zwecke benutzt worden sind.[1341] Über Materialeigenschaften kann der Händler sich beim Künstler erkundigen und den Käufer informieren.

Kunstwerke stehen aber nicht während ihrer gesamten Existenz neu hergestellten Sachen gleich.[1342] Dass sie „beim Betrachten immer wieder quasi eine Epiphanie" erleben[1343], spielt für die Haftungsnormen keine Rolle. Die Gebrauchteigenschaft von Antiquitäten ist auch nicht etwa schon deshalb zu verneinen, weil „alt" wertsteigernd und nicht „schlecht", sondern „gut" sei.[1344]

1. Die zum Verlust der Neuheit führenden Umstände im Einzelnen

Zum Verlust der Neuheit im Einzelnen:

a) Praktischer Gebrauch

Ein bestimmungsgemäßer praktischer Gebrauch eines Kunstwerkes kann die Neuheit beenden („*gebrauchte* Sache").[1345] Benutzbare Kunstwerke werden durch Verschleiß zu Gebrauchtsachen. Anders als Kfz und Gegenstände der Gebrauchskunst[1346] werden Kunstwerke jedoch i.e.S. i.d.R. nicht tatsächlich benutzt, sondern besessen und betrachtet.[1347] Besitz und Betrachtung sind nicht risikoerhöhend[1348] und führen nicht zur Gebrauchtheit.[1349] Tatsächlich benutz-

1340 Vgl. Bamberger/Roth/J. Becker, § 309 Nr. 8 Rn. 23; Wolf/Horn/Lindacher/Wolf, § 11 Nr. 10 Rn. 3; vgl. BGH, NJW-RR 1986, 52, 53 (Regenbogenforelle); OLG Schleswig, ZGS 2006, 277, 278 f. (Hengstfohlen); AnwaltKomm – Hennrichs, § 309 Rn. 23; Locher, AGB, S. 90; ders., Aktuelle Fragen, S. 35.

1341 Wolf/Horn/Lindacher/Wolf, § 11 Nr. 10 Rn. 3.

1342 Schack, KuR, Rn. 397 Fn. 100; aA Wrede, S. 252 ff., 256, 259.

1343 Wrede, S. 252.

1344 AA bei Antiquitäten sei ein Gebrauch zwar denkbar, aber in definitorischer Hinsicht unerheblich: Haas in Haas/Medicus/Rolland/Schäfer/Wendtland, Kap. 5 Rn. 434; vgl. v. Hoyningen-Huene, Rn. 230; Schubert, JR 1975, 373.

1345 Vgl. Bamberger/Roth/J. Becker, § 309 Nr. 8 Rn. 23; Reinicke/Tiedtke, Rn. 728; Wolf/Horn/Lindacher/Wolf, § 11 Nr. 10 Rn. 3; vgl. BGH, NJW-RR 1986, 52, 53 (Regenbogenforelle); OLG Schleswig, ZGS 2006, 277, 278 f. (Hengstfohlen); AnwaltKomm – Hennrichs, § 309 Rn. 23; Locher, AGB, S. 90; ders., Aktuelle Fragen, S. 35.

1346 Vgl. Bernsdorff/Kleine-Tebbe/Kleine-Tebbe, Teil A § 1 Rn. 25.

1347 Chr. Berger, KUR 2003, 137, 140; Wrede, S. 12 f., 22, 56 f., 85, 91 ff., 136, 252, 260, 263; vgl. Behrens/de Lazzer, S. 29; Klein, S. 163.

1348 Vgl. Klein, S. 185.

1349 AA vgl. Schneider, S. 40.

bar sind multifunktionale Wohninstallationen[1350] von *Andrea Zittel,* kinetische Skulpturen von *Rebecca Horn* etc. Sie sind mit verschleißrelevanter Benutzung bzw. Aktivierung gebrauchte Sachen. Verkaufsausstellungen und gelegentliche Vorführungen durch den Galeristen genügen, da nicht risikoerhöhend, nach der Verkehrsanschauung nicht.[1351] Das Mängelrisiko ist für die Vertragsparteien äußerst gering, der Käufer darf die Qualität neu hergestellter Sachen erwarten. Dass der Galerist ein nicht in Beschaffenheitsvereinbarungen konkretisiertes Mangelrisiko entsprechend den Haftungsvorgaben für neu hergestellte Sachen trägt, ist angemessen. Unbeachtlich sind auch der rein ästhetisch bzw. ideelle oder materielle Gebrauch[1352], der ökonomische Gebrauchswert[1353] und urheberrechtliche Nutzungen[1354]. Andernfalls würde schon jedes verwirklichte Erwerbsmotiv genügen.

b) Ausstellung

Nach verbreiteter Auffassung begründen alle Ausstellungen ohne Verkaufszweck generell die Gebrauchtheit.[1355] Damit könnten sich Eigentümer jedoch leicht selbst durch Ausstellungen im Freundes- und Familienkreis privilegieren. Auch würden Wertsteigerungen durch echtheitsbekräftigende und risikoverringernde Ausstellungen zugleich haftungsprivilegierend wirken. Materialrisiken drohen indes erst bei längeren Transporten, längeren Ausstellungen oder materialanfälligen Werken. Nur dann begründen Ausstellungen Gebrauchteigenschaften – ungeachtet der Tatsache, dass ausgestellte Werke wegen § 434 I 1 BGB nicht als neu verkauft werden dürfen.

c) Umgestaltung

Vom Erwerber umgestaltete Kunstwerke werden trotz der damit einhergehenden teilweisen Neuherstellung zu gebrauchten Sachen, selbst wenn Umgestaltungen

1350 „A-Z Living Units“, http://www.zittel.org/works_horizontal.php?a_id=38&tag=furniture; abgerufen am 1.4.2012.

1351 Vgl. Bamberger/Roth/Faust, § 474 Rn. 18; MünchKomm/Lorenz, § 474 Rn. 16. Ein Wagen z.B. ist noch nicht nach einer Probefahrt gebraucht bzw. alt, sondern erst, wenn er als Vorführwagen verwendet wurde, Ulmer/Brandner/Hensen/G. Christensen, § 309 Nr. 8 Rn. 25; Reinicke/Tiedtke, Rn. 617.

1352 Vgl. o. S. 80.

1353 Vgl. Klein, S. 69 ff.

1354 AA eine urheberrechtliche Nutzung als Gebrauch einstufend: Wrede, S. 56, 96.

1355 Chr. Berger, KUR 2003, 137, 140; MünchKomm/Lorenz, § 474 Rn. 15 f.; Palandt/Weidenkaff, § 475 Rn. 11; vgl. PWW/D. Schmidt, § 475 Rn. 10, der aber neben der Ausstellung keinen Gebrauch zu sehen scheint; vgl. Wrede, S. 227.

wie bei Werken *Charlotte Posenenskes*[1356] konzeptionell erwünscht sind. Wer ein Werk, das der Künstler aus seinem Besitz entlassen hat, umgestaltet, tritt als Dritter schon wegen der Gefahren für die Originaleigenschaft bei Grenzüberschreitungen zur Sache risikoerhöhend in Beziehung. Es spielt keine Rolle, dass bei Kunstwerken, die darauf angelegt sind, von ihren Betrachtern dem Körper angepasst und durch den Raum bewegt zu werden,[1357] gewisse Gebrauchsspuren wie bei kultischen Gegenständen[1358] oder zur Jagd eingesetzten Vogelattrappen[1359] als sichtbare Biographie besonders wirkmächtig sind.[1360] Gebrauchte Arbeiten schließlich verlieren ihre Gebrauchtheit durch Überarbeitungen nur, wenn das Resultat neue Sachen sind.[1361]

d) Zeitablauf

Die Neuheit i.S.v. § 309 Nr. 8 b BGB kann auch durch Lagerung, also durch reinen Zeitablauf entfallen, wenn seit Herstellung ein signifikantes Sachmängelrisiko entstanden ist, das bei Veräußerung meist mit einem Preisnachlass berücksichtigt wird.[1362] Manche meinen, die Lagerung mache die Sache nicht zugleich zur gebrauchten.[1363] Mit dieser Sonderbehandlung gäbe es eine im BGB nicht genannte Kategorie von Sachen, die nicht neu hergestellt, aber „ungebraucht" sind. Sie wären von den Vorgaben des § 309 Nr. 8 b BGB ausgenommen, nicht aber auch von §§ 474 I 2, 475 II BGB privilegiert. Dies ist inkonsequent und vom Gesetzgeber, der nur zwischen „neu" und „gebraucht" unterscheidet,[1364] nicht intendiert. Die hinter den privilegierenden Normen stehende Risikobewertung ist identisch. Daher ist im Rahmen der Haftungsnormen ein Kunstwerk, das nicht

1356 „Vierkantrohre", dazu s. Brunn, artnet v. 14.4.2010, http://www.artnet.de/magazine/charlotte-posenenske/; abgerufen am 1.4.2012.

1357 Z.B. die „Paßstücke" von *Franz West*, vgl. Karich, FAZ v. 16.2.2007, S. 34.

1358 Vgl. Kühn, S. 178 f.

1359 Vgl. Curti, Weltkunst 2003, 882, 883.

1360 Vgl. Kühn, S. 178 f.

1361 Vgl. Ulmer/Brandner/Hensen/G. Christensen, § 309 Nr. 8 Rn. 24; Marx/Arens, § 34 b GewO Rn. 115, 6. Teil Rn. 61.

1362 Ulmer/Brandner/Hensen/G. Christensen, § 309 Nr. 8 Rn. 25; Staudinger/Coester-Waltjen, § 309 Nr. 8 Rn. 21, 23; MünchKomm/Lorenz, § 474 Rn. 14; Reinicke/Tiedtke, Rn. 617 f.; Stoffels, Rn. 925; MünchKomm/Wurmnest, § 309 Nr. 8 Rn. 14 ff.; vgl. Feißel/Fesel, BVDG Info 8 sowie zum früheren Recht: Staudinger (1998) – Coester-Waltjen, § 11 Nr. 10 AGBG Rn. 5, 7.

1363 Jauernig/Chr. Berger § 474 Rn. 6: „Längere Lagerung (‚Ladenhüter') macht Sache nicht zur gebrauchten (aber zur nicht ‚neu hergestellten' iSv § 309 Nr 8 b)"; MünchKomm/Lorenz, § 474 Rn. 14: Es „kann auch eine nicht neu hergestellte Sache ungebraucht sein, etwa bei längerer Lagerung".

1364 Vgl. RegE, BT-Drucks. 14/6040, S. 245.

neu hergestellt ist, zwingend gebraucht. Zugunsten einer möglichst einheitlichen und mithin einfachen Abgrenzung im Rahmen der Haftungsnormen muss die Lagerung zur Begründung der Gebrauchteigenschaft i.S.d. §§ 474 I 2, 475 II BGB auch nicht etwa länger sein als für den Verlust der Neuheit.

Entscheidend ist, ob ein grundsätzlich wertmindernder, zu Mängelrisiken führender Alterungsprozess eingesetzt hat.[1365] Dass beim Handel mit Kunstwerken und Antiquitäten Haftungsausschlüsse für Echtheit und nicht für Funktionstauglichkeit im Mittelpunkt stehen, ist unerheblich.[1366] Dies gilt auch für den Umstand, dass ein Preisnachlass im Kunsthandel oft wenig wahrscheinlich ist. Mit der Zeit auftretende schwer eruierbare Materialrisiken dürfen nicht außer Betracht bleiben. Da es auch auf eine Risikowahrnehmung durch den Käufer nicht ankommt, muss es genügen, dass das Risiko sich hätte preissenkend auswirken können. Führt die Lagerung von Kunstwerken jedoch nicht zu einem signifikanten Mängelrisiko, sind „Ladenhüter“ grundsätzlich noch neu hergestellt.[1367]

Die Neuheitsgrenze ist nicht statisch, sondern von der Art des Kunstwerkes abhängig.[1368] Eine gewisse Orientierung bietet die Rechtsprechung zum Kfz-Handel, wonach als „fabrikneu“ verkaufte Standfahrzeuge mangelhaft sind, wenn seit Herstellung mehr als 12 Monate vergangen sind.[1369] Allerdings hat § 434 I BGB einen anderen Schutzzweck als §§ 309 Nr. 8 b, 478 I, II, 479 II 1 BGB.[1370] Außerdem richtet sich die Wertschätzung von Kfz wesentlich nach der Dauer der Lagerung. Eine lange, selbst technisch unbedenkliche Standzeit ist für Neuwagen ein wertmindernder Faktor. „Jedes Kraftfahrzeug unterliegt einem Alterungsprozess, der mit dem Verlassen des Herstellungsbetriebes einsetzt. Grundsätzlich verschlechtert sich der Zustand des Fahrzeugs durch Zeitablauf aufgrund von Materialermüdung, Oxydation und anderen physikalischen Veränderungen. Selbst eine Aufbewahrung unter optimalen Bedingungen vermag dies nur zu verlangsamen, aber nicht zu verhindern.“[1371]

Die Wertschätzung von Kunstwerken verringert sich mit der Dauer ihrer Lagerung in deutlich geringerem Maße. Anders als bei massenhaft produzierten Gebrauchsgegenständen, bei denen die gesetzliche Wertung neu = „gut“ und alt

1365 Vgl. MünchKomm/Lorenz, § 474 Rn. 16; Reinicke/Tiedtke, Rn. 618.

1366 AA v. Hoyningen-Huene, Rn. 230.

1367 Vgl. Chr. Berger, KUR 2003, 137, 141 Fn. 41; Locher, Aktuelle Fragen, S. 35; Soergel/Wertenbruch, § 474 Rn. 87.

1368 Vgl. Chr. Berger, KUR 2003, 137, 141 Fn. 41; Jauernig/Stadler, § 309 Rn. 11 „ohne zu lange Wartezeit“.

1369 BGH, NJW 2004, 160.

1370 Vgl. Bamberger/Roth/Faust, § 474 Rn. 18; vgl. zu § 11 Nr. 10 AGBG: Staudinger (1998) – Coester-Waltjen, § 11 Nr. 10 AGBG Rn. 7.

1371 BGH, NJW, 2004, 160.

= „schlecht“ typischerweise zutrifft, sind sogar Wertzuwächse zu erhoffen.[1372] Allerdings kann auch ein Wertzuwachs die Neuheit nicht erhalten. Antiquitäten sind nicht neu hergestellt, sondern gebraucht.[1373] Erst recht unbeachtlich sind Wertzuwächse, die auf Wertverluste folgen; so bei Kfz, die nach 30 Jahren das Mindestalter für historische Fahrzeuge erreichen[1374] und damit einen anfänglichen Wertverlust unter Umständen mehr als kompensieren. Die Neuheit ist nicht wieder begründbar. Sonst käme es auch zu erheblichen Rechtsunsicherheiten.[1375]

Der für die Neuheitsgrenze entscheidende, zu Mängelrisiken führende Alterungsprozess setzt bei Kunstwerken mit besonderen Verschleißrisiken früher ein als bei Werken aus konventionellen Materialien.[1376] Video-Kunst der 1980er Jahre ist nicht mehr neu hergestellt.[1377] Jedenfalls Gemälde sind nach 12 Monaten aber noch als neu zu behandeln. Das Risiko von Sprungbildungen (Krakelee) und verblassenden Farben ist vermeidbar und wegen § 442 I BGB kaum mangelrelevant. Je weniger technikbasiert Werke sind, desto eher können Verkäufer Materialfehler erkennen und in Beschaffenheitsvereinbarungen spezifizieren.

Gehört die Werkalterung zum Herstellungsprozess, kann die Neuheit bis zum Erreichen der gewünschten Qualität[1378] bejaht werden.[1379] Ausgenommen sind Werke vergänglicher Kunst, bei denen konzeptionell sogar ein Totalzerfall erwünscht ist. Hier ist die Grenze zwischen Neu und Alt besonders wahrnehmbar und die längere Werkexistenz für den Käufer auch pekuniär von Bedeutung.

1372 Beckmann/Kräkel/Schauenberg, ZfB, 1997, 41, 52; Fackler/Konermann, S. 52; v. Hoyningen-Huene, NJW 1975, 962, 963. Bei Originalwerken der bildenden Kunst trägt der Gesetzgeber diesem Phänomen mit dem Folgerecht (§ 26 UrhG) Rechnung.

1373 Vgl. Bamberger/Roth/Faust § 474 Rn. 18; MünchKomm/Lorenz, § 474 Rn. 16; Schneider, S. 40; MünchKomm/Wurmnest, § 309 Nr. 8 Rn. 15 f.; zu § 11 Nr. 10 AGBG: Staudinger (1998)- Coester-Waltjen, § 11 Nr. 10 AGBG Rn. 8. I.Ü.: Staudinger/Matusche-Beckmann, § 475 Rn. 84; Schrader, FS Kirchner, S. 343, 354.

1374 Das sind laut Technical Code 2010 der Fédération Internationale des Véhicules Anciens (FIVA) mechanisch angetriebene Straßenfahrzeuge, die mindestens 30 Jahre alt sind, in historisch korrektem Zustand erhalten und gewartet und nicht für den alltäglichen Gebrauch verwendet werden und Teil des technischen und kulturellen Erbes sind, http://www.fiva.org/EN/Downloads/Technical%20Code-%20%202010%20ENG%2001012010.pdf; abgerufen am 1.4.2012.

1375 Vgl. Artz in Bülow/Artz, S. 409 f. Rn. 34.

1376 Feißel/Fesel, BVDG Info 8; a.A. zur Neuheit von Anlagen und Maschinen Hoeren/Martinek/Malzer, § 434 Rn. 131.

1377 Feißel/Fesel, BVDG Info 8.

1378 So sieht *Horst Wackerbarth* Beschädigungen seiner roten Couch als auratische Gebrauchsspuren, vgl. Langer, FAZ v. 11.4.1986, S. 25.

1379 Nur für Wein bejahend: Ulmer/Brandner/Hensen/G. Christensen, § 309 Nr. 8 Rn. 24; MünchKomm/ Wurmnest, § 309 Nr. 8 Rn. 16.

e) Zuordnungs-/Echtheitsrisiken

Nicht unberücksichtigt bleiben dürfen schließlich Unechtheitsrisiken. Zuschreibungsschwierigkeiten und die Haftung des Verkäufers für den jeweils aktuellsten Forschungsstand[1380] lassen etwa Verjährungsverkürzungen auch beim Verbrauchsgüterkauf billigenswert erscheinen.[1381] Eine Neuheitsgrenze besteht daher auch dort, wo mit dem Alter Zuordnungs- bzw. Echtheitsrisiken steigen.[1382] Bei Werken im Besitz des Künstlers oder seines Galeristen ist dies nicht der Fall. Dass Fälschungen von Werken zeitgenössischer Künstler existieren und wegen der Zeitnähe weder stilistisch noch naturwissenschaftlich-technisch leicht enttarnbar sind[1383], spielt hier keine Rolle.

Der Verlust der Neuheit von Kunstwerken wird zum Teil mit der Erstübereignung bejaht[1384] unerheblich, ob an Händler, die öffentliche Hand oder Privatpersonen.[1385] Es wäre wie bei Kfz, die ihre Neuheit verlieren, wenn sie – wenn auch nur einen Tag – auf einen anderen Halter zugelassen waren. Grund ist dort das erhöhte Risiko unerkannter Mängel oder Manipulationen der Fahrleistung.[1386]

In der Tat steigen Zuordnungsrisiken mit jedem Eigentums- und Lagerortwechsel.[1387] Nicht aber schon der Ersterwerber darf mit dem Erwerb in den Genuss haftungsrechtlicher Privilegierungen kommen.[1388] Der Ersterwerb erhöht nur die Zuordnungs- und Erhaltungszustandsrisiken der Zweit- und Dritterwerber. Für diese ist schon das abstrakte Risiko einer unsachgemäßen Lagerung für den Erhaltungszustand beachtlich. Der Ersteigentümer ist anders als ein Kom-

---

1380 S.o. S. 117f.

1381 Chr. Berger, KUR 2003, 137, 140; Müller-Katzenburg, Weltkunst 2004, Heft 5, S. 68, 69.

1382 Allein darauf abstellend und alten Werken immer die Neuheit absprechend: Ulmer/Brandner/Hensen/G. Christensen, § 309 Nr. 8 Rn. 24; Staudinger (1998) – Coester-Waltjen, § 11 Nr. 10 AGBG Rn. 8; vgl. Dietlein, Weltkunst 1978, 2867, 2869.

1383 S.o. S. 44.

1384 Braunfels, S. 121; Kappus (Stand: 1998), Rn. 32; MünchVertrHdb, Bd. 4,1(1998)/Locher, VI. 13, S. 1273; ders., Aktuelle Fragen, S. 35; Thomsen, S. 95 Fn. 169; vgl. Schneider, S. 162f. Zusätzlich auf einen Wechsel des Lagerortes abgestellend: Locher, AGB, S. 90; vgl. MünchKomm/Wurmnest, § 309 Nr. 8 Rn. 15. Den Ortwechsel für ausreichend haltend: Feißel/Fesel, BVDG Info 8.

1385 MünchVertrHdb, Bd. 4,1(1998)/Locher, VI. 13, S. 1273; ders., Aktuelle Fragen, S. 35.

1386 Ulmer/Brandner/Hensen/G. Christensen, § 309 Nr. 8 Rn. 25; a.A. MünchKomm/Lorenz, § 474 Rn. 16. Auf die Umstände des Einzelfalls abstellend: Staudinger/Matusche-Beckmann, § 475 Rn. 60.

1387 S. S. 44, 216.

1388 Vgl. Schneider, 162, 40; MünchVertrHdb, Bd. 3/Vinck, XI. 61, Anm. 3 (gerechtfertigt, die Haftung insofern nicht auszuschließen); a.A. Locher, Aktuelle Fragen, S. 35f., der einen totalen Haftungsausschluss in diesem Fall immerhin nach § 9 AGBG für unwirksam hält.

missionär oder Vertreter nicht zur treuhänderischen Sorgfalt[1389] verpflichtet. Inwiefern er tatsächlich auf die Sache eingewirkt hat,[1390] ist unbeachtlich. Zur Meidung paradoxer Ergebnisse dürfen aber die Risiken und Schutzinteressen der Zweit- und Dritterwerber im Rahmen der Haftungsprivilegierung nicht zu Gunsten des Ersterwerbers wirken. Die Haftungsprivilegierung will allein dem Veräußerer das Risikohändling erleichtern. In den Genuss erwerbsmäßiger Haftungsprivilegierungen können daher nur Zweit- und Dritterwerber und von ihnen zwischengeschaltete Kommissionäre gelangen. Situationen reinen Durchgangserwerbs sind ausgenommen.

Beachtliche Zuordnungsschwierigkeiten auch für den Erstwerber bestehen hingegen bei auf alt gemachten neuen Fälschungen. Sie sind zwar grundsätzlich neu,[1391] jedoch als gebraucht zu behandeln.[1392] Zwar ist das Äquivalenzverhältnis oft besonders empfindlich gestört.[1393] Dies ist aber angesichts der Unwägbarkeiten hinzunehmen.

f) Zwischenergebnis

In den Haftungsnormen verwendet das Gesetz die Begriffe „neu hergestellt" und „gebraucht" komplementär. Die meisten gehandelten Kunstwerke sind gebraucht. Neu hergestellt sind sie grundsätzlich von ihrer Fertigstellung bis zur Zweitveräußerung (Versteigerungsverkauf etc.). Benutzbare Kunstwerke werden durch verschleißrelevante Benutzung bzw. Aktivierung zu Gebrauchtsachen. Längere Ausstellungen ohne Verkaufszweck können bei materialanfälligen Werken und längeren Transportwegen Gebrauchteigenschaften begründen. Auch konzeptionell erwünschte Umgestaltungen genügen. Die reine Lagerung begründet einen Gebrauch erst, wenn sie nach geraumer Zeit das Erhaltungszustandsrisiko so signifikant erhöht, dass der Verkäufer es nicht mehr ohne Weiteres in Beschaffenheitsvereinbarungen spezifizieren kann. Antiquitäten sind Gebrauchtsachen. Auf alt gemachte neue Fälschungen stehen Gebrauchtsachen gleich.

1389 Vgl. Palandt/Bassenge, § 903 Rn. 34; Palandt/Ellenberger, Überbl. v. § 104 Rn. 25.

1390 Vgl. Brückner/Böhme, MDR 2002, 1406, 1408.

1391 Braunfels, S. 121 Fn. 457; Dittmann, Handelsblatt v. 9./10.6.1978, S. 26; Schneider, S. 162; vgl. Marx/Arens, § 34 b GewO Rn. 115, 6. Teil Rn. 61.

1392 Vgl. Goepfert, S. 116; Schneider, S. 162.

1393 Braunfels, S. 121 Fn. 457.

2. *Normenspezifische Besonderheiten*

Im Folgenden zu normenspezifischen Besonderheiten:

a) Kunstwerke als neu hergestellte Sachen i.S.d. §§ 478 I, II, 479 II 1 BGB

§§ 478 I, II, 479 II 1 BGB gehen davon aus, dass Kunstwerke auch bei längerer Lagerung oder Veräußerung neu hergestellte Sachen bleiben (vgl. §§ 478 V, 479 III BGB).[1394] „Neu hergestellt" ist also auf den unteren Vertriebsstufen weiter als beim Erstverkauf und in § 309 Nr. 8 b BGB. Nach dem Telos der §§ 478 I, II, 479 II 1 BGB ist es der Gegenbegriff zur Gebrauchtheit i.S. eines praktischen Gebrauchs.[1395] Er erfasst auch auf alt gemachte neue Fälschungen.

b) Kunstwerke als gebrauchte Sachen i.S.d. § 474 I 2 BGB

Die Einordnung von Kunstwerken und Antiquitäten als gebrauchte Sachen wirkt bei § 474 I 2 BGB besonders weit. Nach vorzugswürdiger Ansicht gilt er jedoch nicht ausschließlich für Fund- und geringwertige Sachen, sondern auch für Kunst und Antiquitäten sofern sie gebrauchte Sachen sind.[1396] In Auktionen werden i.d.R. gebrauchte Sachen versteigert.[1397] Entscheidend ist, dass die für gebrauchte Sachen typische eingeschränkte Erkennbarkeit und Beherrschbarkeit der Qualität vorliegt.[1398] Für eine funktionsdifferente Auslegung der „gebrauchten Sache" gegenüber § 475 II BGB besteht keine Veranlassung. Es gelten die entsprechenden Ausführungen.[1399]

Richtig ist zwar, dass sich das altersbedingte Mängelrisiko von Kunstwerken, das vor allem in unterschwelligen Zuschreibungsschwierigkeiten besteht, regelmäßig nicht wie bei gebrauchten Kfz auswirkt. Während dort ein niedriger Preis

---

1394 Vgl. MünchKomm/Lorenz, § 478 Rn. 8, 35.

1395 MünchKomm/Lorenz, § 478 Rn. 8.

1396 BGH, ZGS 2006, 115 ff. – „*Hirschfänger*"; Bemmann, AUR 2006, 189, 192; Jauernig/Chr. Berger, § 474 Rn. 5; ders., KUR 2003, 137, 142; Bamberger/Roth/Faust § 474 Rn. 18; aA Haas in Haas/Medicus/Rolland/Schäfer/Wendtland, Kap. 5 Rn. 434; vgl. Müller-Katzenburg, Weltkunst 2004, Heft 5, S. 68, 69; dies., NJW 2006, 553, 556. Wrede, S. 252, 259 f., hält einen Kunstgebrauch für undenkbar.

1397 S. bereits o. S. 184; i.Ü. auch: Braun, WM 1992, 893; Braunfels, S. 121; Goepfert, S. 116; MünchVertrHdb, Bd. 4,1(1998)/Locher, VI. 13, S. 1273; Schneider, S. 162; Wolf/Horn/Lindacher/Wolf, § 9 A 145. Die Gebrauchtheit unterstellen pauschal: Dietlein, Die Weltkunst 1978, 2867, 2869; Staudinger/Matusche-Beckmann, § 444 Rn. 22; Thomsen, S. 95.

1398 Vgl. Bamberger/Roth/Faust § 474 Rn. 18; MünchKomm/Lorenz, § 474 Rn. 16.

1399 S.o. S. 187 ff.

häufig Rückschlüsse auf Güte und Erhaltungszustand zulässt,[1400] sinkt bei Kunstwerken, sofern ohne Vorbehalt als echt verkauft, nicht der Preis.[1401] Zudem ist die Unechtheit als Äquivalenzstörung besonders gravierend[1402] und anders als die Verkehrsuntüchtigkeit von Kfz auch unbehebbar. Die Urheberschaft ist überdies ein an sich feststehendes Merkmal,[1403] so dass Verkäufer anders als bei technischen Defekten, die im Gebrauchtwagenhandel im Vordergrund stehen,[1404] ein geringes Risiko eingehen, wegen Mängeln in Anspruch genommen zu werden, die bei Gefahrübergang unvorhanden waren.

Aber die Ansicht[1405], nach der § 474 I 2 BGB auf Kunstwerke und Antiquitäten unanwendbar ist, überzeugt nicht.[1406] Kunstauktions- und Gebrauchtwagenhandel sind vergleichbar, weil Herkunft, Schicksal und Behandlung alter Sachen schwer feststellbar sind.[1407] Der Gebrauchtwagenhandel hat es vergleichsweise einfach, weil die Kette der Voreigentümer verbrieft und nachvollziehbar ist.[1408] Kunstwissenschaftliche Erkenntnisse sind wandelbar und Falschzuschreibungen selbst bei akribischen Nachforschungen nicht ausgeschlossen.[1409]

Der Wortlaut des § 474 I 2 BGB, „gebrauchte Sachen“, ist weder auf geringwertige Güter noch auf Fundsachen beschränkt.[1410] Auch ist das Merkmal der Gebrauchtheit bei Kunstwerken und Antiquitäten nicht in definitorischer Hinsicht unerheblich.[1411] Die gesetzgeberische Entscheidung ist bindend. Dass die Kunstauktionshäuser eine besondere Sachkunde für sich in Anspruch nehmen,[1412] ist für die Privilegierung des § 474 I 2 BGB ebenso unerheblich, wie der Umstand, dass sie recht hohe Provisionen vereinbaren.[1413]

1400 v. Hoyningen-Huene, NJW 1975, 962, 963 mit Verweis auf OLG Celle, NJW 1963, 351 (Gebrauchtfahrzeug).

1401 AnwKomm/Kollmann, § 307 Rn. 24, 26.

1402 Vgl. Braunfels, S. 129 ff.; v. Hoyningen-Huene, Rn. 230, 261; ders., NJW 1975, 962, 963; Schmidt-Salzer, Rn. F.72, S. 205; E. Schneider, DB 1981, 199, 202; Schneider, S. 165, 168; Schubert, JR 1975, 371, 373; Thomsen, S. 96 f.; v. Westerholt/Graupner, NJW 1978, 794, 796.

1403 Schubert, JR 1975, 371, 373; Thomsen, S. 98.

1404 BGH, NJW 1970, 29, 31 (Gebrauchtfahrzeug); v. Hoyningen-Huene, NJW 1975, 962 f.

1405 S.o. in Fn. 1396.

1406 Vgl. bereits o. S. 177.

1407 Dietlein, Die Weltkunst 1978, 2867, 2869; Goepfert, S. 117.

1408 Kappus (Stand: 1998), Rn. 37 Fn. 122.

1409 Braun, AcP 190 (1990), 182, 186; ders., WM 1992, 893, 895, 900; ders., JZ 1998, 197; Braunfels, S. 157; Goepfert, S. 117; Locher, JZ 1975, 419; Picker, Weltkunst 1975, 443; Schneider, S. 164 f.

1410 Chr. Berger, KUR 2003, 137, 142.

1411 So aber Haas in Haas/Medicus/Rolland/Schäfer/Wendtland, Kap. 5 Rn. 434; vgl. Wrede, S. 252; v. Hoyningen-Huene, Rn. 230.

1412 Vgl. Müller-Katzenburg, Weltkunst 2004, Heft 5, S. 68, 69.

1413 Zu den Provisionen s.o. S. 127.

c) Kunstwerke als gebrauchte Sache i.S.d. § 34 b VI Nr. 5 b GewO

Die Gebrauchtheit i.S.d. § 34 b VI Nr. 5 b GewO bewertet sich dem Telos des § 34 b VI Nr. 5 b GewO entsprechend – Verhinderung unlauteren Wettbewerbs mit dem Einzelhandel[1414] – traditionell nach eigenständigen Kriterien. Die Kriterien zur Gebrauchtheit i.S. der BGB-Normen sind nicht maßgeblich. Als ungebraucht i.S.d. § 34 b VI Nr. 5 b GewO gelten zunächst Sachen, die nicht für die Bedürfnisse eines bestimmten Verbrauchers zugerichtet wurden oder durch Letztverbraucher Verwendung fanden.[1415] Ein Werk, das aus dem unmittelbaren Künstlerbesitz in den Verkauf gelangt, ist ungebraucht.[1416] Aber schon eine Schenkung des Künstler an seine Frau macht das Werk zum gebrauchten.[1417] Die Entstehungszeit ist grundsätzlich unmaßgeblich.[1418] Längere Lagerung beendet die Neuheit, begründet aber keine Gebrauchtheit. Orientteppiche, die als Geldanlage zusammengerollt jahrzehntelang ohne Gebrauchsspuren gelagert werden[1419], sind ungebraucht, gelten aber zur Vermeidung von Abgrenzungsschwierigkeiten als gebraucht, wenn sie mehr als 100 Jahre alt sind.[1420]

d) Zusammenfassung

§§ 478 I, II, 479 II 1 BGB gehen davon aus, dass Kunstwerke auch bei längerer Lagerung oder Veräußerung neu hergestellte Sachen bleiben. § 474 I 2 BGB gilt nicht ausschließlich für Fund- und geringwertige Sachen, sondern auch für Kunst und Antiquitäten, sofern sie gebrauchte Sachen sind. Das richtet sich nach den Grundsätzen, die auch für § 475 II BGB gelten. Der Begriff der Ungebrauchtheit in § 34 b VI Nr. 5 b GewO bestimmt sich nach eigenständigen Kriterien.

3. Unbeachtlichkeit von Parteivereinbarungen

Die Versteigerungsbedingungen enthalten i.d.R. die Wendung „Die Sachen sind gebraucht".[1421] Die Ansicht, damit könne bei neu hergestellten Kunstwerken der

1414 S. schon o. S. 29f., 184.
1415 Fackler/Konermann, S. 16; Marx/Arens, § 34 b GewO Rn. 115; 6. Teil Rn. 61; Schneider, S. 39.
1416 Vgl. Marx/Arens, § 34 b GewO Rn. 116, 6. Teil Rn. 61; Schneider, S. 40, 163.
1417 Marx/Arens, § 34 b GewO Rn. 116; Schneider, S. 40.
1418 Schneider, S. 39f.
1419 Vgl. Fackler/Konermann, S. 67; vgl. OLG Stuttgart, WRP 1978, 316, 317 (Orientteppiche).
1420 OLG Stuttgart, WRP 1978, 316, 317 (Orientteppiche); Fackler/Konermann, S. 16; Schneider, S. 39f.
1421 Vgl. Versteigerungsbedingungen: Lempertz Ziff. 3 S. 8; Nagel Ziff. 2 S. 2; Michael Zeller Ziff. 2 b S. 2.

strenge Kontrollmaßstab des § 309 Nr. 8 b BGB ausgeschlossen[1422], eine Verjährungsverkürzung nach § 475 II BGB ermöglicht[1423] und die Privilegierung des § 474 I 2 BGB herbeigeführt werden[1424], ist nicht überzeugend. Wie vom BGH zu § 474 I 2 BGB und § 475 II BGB entschieden, richten sich Neuheit und Gebrauchtheit grundsätzlich nach objektiven Kriterien. Die Klausel enthält eine auch im Hinblick auf § 34 b VI Nr. 5 b GewO[1425] unbeachtliche Rechtsansicht.[1426] Die Privilegierung des § 475 II BGB beruht auf der „Eigenart" der Ware (16. Erwägungsgrund der VerbrGKRL), ist gem. § 475 I BGB und Art. 1 I, 7 I 1 f. VerbrGKRL zwingend und setzt sich ohne Rückgriff auf § 475 I 2 BGB gegenüber unzutreffenden Bezeichnungen durch.[1427]

Klauseln im offenen Widerspruch zur Neuheit werden nicht Vertragsbestandteil (§ 305 c I BGB).[1428] § 306 a BGB stellt klar, dass § 309 Nr. 8 b BGB zwingendes, unumgängliches Recht ist.[1429] Damit verstößt die Klausel nicht erst gegen den subsidiären § 307 II Nr. 1 BGB,[1430] der keine zwingenden Rechtsvorschriften in Bezug nimmt,[1431] und auch nicht gegen § 307 I 1 BGB, der nur greift, sofern nicht schon § 309 Nr. 8 b BGB greift (vgl. § 310 I 1 BGB).[1432]

1422 Staudinger/Coester-Waltjen, § 309 Nr. 8 Rn. 21. Schon zu § 11 Nr. 10 AGBG: MünchKomm, 4. Aufl. – Basedow, § 11 Nr. 10 AGBG Rn. 11; Staudinger (1998)- Coester-Waltjen, § 11 Nr. 10 Rn. 5; Wolf/Horn/Lindacher/Wolf, § 11 Nr. 10 Rn. 3 f.; Dietlein, Weltkunst 1978, 2867, 2869.

1423 OLG Schleswig, ZGS 2006, 277, 279 f. (Hengstfohlen); Bamberger/Roth/Faust, § 475 Rn. 18; Bamberger/Roth/Faust § 474 Rn. 17; PWW, 2. Aufl. – D. Schmidt, § 475 Rn. 10.

1424 OLG Schleswig, ZGS 2006, 277, 278 f. (Hengstfohlen); Bamberger/Roth/Faust § 474 Rn. 17; Kappus (Stand: 2006), Rn. 25; Staudinger/Matusche-Beckmann, § 474 Rn. 42 ff., anders aber für den Fall des § 475 II BGB, vgl. dies., § 475 Rn. 58 f., 79 f.

1425 Wegen drohender Versteigerungsmissbräuche: Fackler/Konermann, S. 16; Schneider, S. 40.

1426 BGH, NJW 2007, 674, 677 (Hengstfohlen); LG Oldenburg, Urt. v. 30.3.2006 – 9 O 2979/05, Fundstelle: juris, Tz. 24 (Auktionspferd); Bemmann, AUR 2006 189, 192; Jauernig/Chr. Berger § 475 Rn. 9; ders., KUR 2003, 137, 140; Staudinger/Matusche-Beckmann, § 475 Rn. 58 f., 79 f.; MünchKomm/Lorenz, § 474 Rn. 15, § 475 Rn. 20; AnwKomm 2002/Pfeiffer, Art. 7 Kauf-RL Rn. 7; Reinicke/Tiedtke, Rn. 727; Palandt/Weidenkaff, § 475 Rn. 11; im Ergebnis auch: Ulmer/Brandner/Hensen/G. Christensen, § 309 Nr. 8 Rn. 26; Reuter, ZGS 2005, 88, 90; schon zu § 11 Nr. 10 AGBG: Braunfels, S. 121 Fn. 457; Kappus (Stand: 1998), Rn. 32; MünchVertrHdb, Bd. 4,1(1998)/Locher, VI. 13, S. 1273; Schneider, S. 163.

1427 MünchKomm/Lorenz, § 475 Rn. 20; a.A. wohl Jauernig/Chr. Berger, § 475 Rn. 9; ders., KUR 2003, 137, 140, eine Umgehung i.S.v. § 475 I 2 bejahend.

1428 Vgl. Staudinger/Matusche-Beckmann, § 475 Rn. 58 f.; vgl. auch Bamberger/Roth/Faust, § 475 Rn. 11 f.; ähnlich Ulmer/Brandner/Hensen/G. Christensen, § 309 Nr. 8 Rn. 26; aA Kappus (Stand: 2006), Rn. 25.

1429 Vgl. zu §§ 7 und 11 Nr. 10 AGBG: Braunfels, S. 121; Schneider, S. 163; zur Klarstellungsfunktion des § 306 a BGB: Ulmer/Brandner/Hensen/H. Schmidt, § 306 a Rn. 3, 7.

1430 So aber zu § 9 II Nr. 1 AGBG: Kappus (Stand: 1998), Rn. 32 Fn. 90.

1431 Zur Unanwendbarkeit des § 307 II Nr. 1 BGB vgl. bereits o. Fn. 1106.

1432 Vgl. Ulmer/Brandner/Hensen/H. Schmidt, § 306 a Rn. 7.

Auch im Hinblick auf den zwingenden (vgl. § 475 I BGB und Art. 1 I, III, 7 I 1 VerbrGKRL) § 474 I 2 BGB scheitert die Klausel unmittelbar und nicht erst an § 307 II Nr. 1 BGB.[1433] Der Versteigerer kann den bei öffentlichen Versteigerungen vergleichsweise niedrigen Verbraucherschutz nicht auf neu hergestellte Sachen ausdehnen. Das spekulative Element und das geringere Vertrauen in das Versteigerungsgut rechtfertigt § 474 I 2 BGB, aber keine Ausdehnungen.

Individualvereinbarungen, Kunstwerke als gebraucht zu verkaufen, sind im Hinblick auf das in § 309 Nr. 8 b BGB zum Ausdruck kommende Käuferschutzbedürfnis ebenfalls unbeachtlich, selbst wenn sich die Unwirksamkeit nicht aus § 117 I BGB ergibt.[1434] Da auch geringfügig ältere Werke grundsätzlich neu hergestellt sind,[1435] hilft es dem Verkäufer kaum, Verkaufsausstellungen statt mit „neue Werke", mit der Entstehungszeit anzukündigen.[1436] Zwar wird eine als gebraucht verkaufte Sache nur als eine solche geschuldet.[1437] Dies betrifft aber nur die Frage, ob überhaupt ein Mangel vorliegt. Die Erwartungen sinken bei „gebrauchten" Werken nur geringfügig. Der Verweis auf geringere Preise und eine Verkäuferhemmschwelle vor Tatbestandsumgehungen[1438] geht daher ins Leere.[1439]

Ein ausnahmsweise als neu versteigertes gebrauchtes Kunstwerk wäre im Rahmen des § 474 I 2 BGB allerdings als neu zu behandeln.[1440] Der Käufer ist wegen der Annahme geringer Mängelrisiken schutzbedürftig.[1441] § 474 I 2 BGB ermöglicht die Abweichung von zwingenden Normen, will aber nicht deren Anwendung verhindern.[1442] Hinter Individualvereinbarungen, wonach neu hergestellte Werke geschuldet sind, treten Gebrauchtheitsklauseln zurück (§ 305 b BGB).[1443]

1433 AA Kappus (Stand: 2006), Rn. 25.

1434 Vgl. Staudinger/Matusche-Beckmann, § 475 Rn. 58f.; Reuter, ZGS 2005, 88, 90; aA Ulmer/Brandner/Hensen/G. Christensen, § 309 Nr. 8 Rn. 26; Soergel/Wertenbruch, § 474 Rn. 86.

1435 S.o. S. 190ff.

1436 So aber Feißel/Fesel, BVDG Info 8.

1437 Vgl. OLG Schleswig, ZGS 2006, 277, 279 (Hengstfohlen); Ulmer/Brandner/Hensen/G. Christensen, § 309 Nr. 8 Rn. 26; Bamberger/Roth/Faust, § 474 Rn. 17.

1438 OLG Schleswig, ZGS 2006, 277, 279 (Hengstfohlen); Bamberger/Roth/Faust § 474 Rn. 17; vgl. zu § 11 Nr. 10 AGBG a.F.: Staudinger (1998) – Coester-Waltjen, § 11 Nr. 10 AGBG Rn. 5.

1439 Staudinger/Matusche-Beckmann, § 474 Rn. 43.

1440 Bamberger/Roth/Faust § 474 Rn. 17; Feißel/Fesel, BVDG Info 8; Staudinger/Matusche-Beckmann, § 474 Rn. 45.

1441 Vgl. o. S. 186f., Fn. 1331.

1442 Staudinger/Matusche-Beckmann, § 474 Rn. 45.

1443 Feißel/Fesel, BVDG Info 8; Schneider, S. 163; vgl. Ulmer/Brandner/Hensen/G. Christensen, § 309 Nr. 8 Rn. 26; Staudinger/Coester-Waltjen, § 309 Nr. 8 Rn. 21; Bamberger/Roth/Faust § 474 Rn. 17; Staudinger/Matusche-Beckmann, § 475 Rn. 58f., 82. Schon zu § 11 Nr. 10 AGBG MünchKomm, 4. Aufl. – Basedow, § 11 Nr. 10 AGBG Rn. 11; Staudinger (1998)-Coester-Waltjen, § 11 Nr. 10 Rn. 5; Wolf/Horn/Lindacher/Wolf, § 11 Nr. 10 Rn. 3. Zu § 4 AGBG: Braunfels, S. 121; Schneider, S. 163.

Auf alt gemachte neue Fälschungen sind zum Schutze gutgläubiger Verkäufer als gebraucht einzustufen.[1444] Sofern es bei scheinbar gebrauchten Kunstwerken ausnahmsweise widersprüchlich ist, sich auf einen Haftungsausschluss zu berufen, der nach Maßgabe des § 309 Nr. 8 b BGB bei neu hergestellten Sachen unzulässig wäre, muss auf Gebrauchtumstände hingewiesen werden, um § 309 Nr. 8 b BGB zu entgehen.[1445] Verkäufer können Rechtsunsicherheiten bei der Einordnung nicht beseitigen,[1446] aber Hinweise geben.[1447]

C. Individualvertragliche Haftungsfreizeichnung (Nicht-VerbrGK)

Außerhalb der Regeln des Verbrauchsgüterkaufs sind Gewährleistungsrechte auch bei neu hergestellten Kunstwerken individualvertraglich grundsätzlich vollständig abdingbar und erst recht beschränkbar (§§ 276 III, 444, 475 I, III BGB *e contrario*, Grundsatz der Vertragsfreiheit). Der Käufer muss sich darauf nicht einlassen.[1448]

Unzutreffend ist daher eine zum früheren Recht vertretene Ansicht, beim Kauf von Kunstwerken müsse zur Meidung einer unzulässigen Rechtlosstellung immer ein Minderungs- oder Rücktrittsrecht verbleiben, wenn nicht die Zuschreibung schwierig sei oder der Haftungsausschluss sich aus der Art des Geschäftes und der Verkehrsanschauung ergebe.[1449] Mit diesen einzelfallabhängigen Ausnahmekriterien entstehen erhebliche Rechtsunsicherheiten. Gegenüber Kunsthändlern sind Verbraucher bereits nach §§ 474 ff. BGB geschützt. In den übrigen Konstellationen genügt der Schutz des § 444 BGB.

Pauschalausschlüsse, wie z.B. „*unter Ausschluss jeder Gewährleistung*“,[1450] weichen Beschaffenheitsvereinbarungen.[1451] Sie erfassen auch nicht den Nachlieferungsanspruch beim Identitätsaliud (§ 434 III Alt. 1 BGB; §§ 133, 157, 242 BGB)[1452] oder die nach § 434 I 1 BGB mangelhafte Art- und Individualabweichung (Gemälde

---

1444 Vgl. bereits o. S. 194; a.A. wohl Chr. Berger, KUR 2003, 137, 141; i.E. wie hier: Ulmer/Brandner/Hensen/G. Christensen, § 309 Nr. 8 Rn. 26; zu §§ 9 und 11 Nr. 10 AGBG: Dietlein, Die Weltkunst 1978, 2867, 2869; Goepfert, S. 116; Ulmer/Brandner/Hensen, AGBG, 9. Aufl. – Hensen, § 11 Nr. 10 Rn. 8; Kühn, S. 174; Schneider, S. 162; a.A. § 309 Nr. 8 b BGB anwendbar: Braunfels, S. 121 Fn. 457 (zu § 11 Nr. 10 AGBG).

1445 Vgl. Staudinger/Matusche-Beckmann, § 475 Rn. 82. Schon zu § 11 Nr. 10 AGBG: Staudinger (1998)- Coester-Waltjen, § 11 Nr. 10 AGBG Rn. 7.

1446 Vgl. OLG Schleswig, ZGS 2006, 277, 279 (Hengstfohlen).

1447 Vgl. Bemmann, AUR 2006 189, 192.

1448 Brox/Walker, BS, § 4 Rn. 31; Emmert, NJW 2006, 1765, 1768; vgl. Bamberger/Roth/H. Schmidt, v. § 307 Rn. 1; Stoffels, Rn. 383.

1449 Vertreten von Locher, Aktuelle Fragen, S. 34.

1450 Schellhammer, MDR 2002, 301, 306.

1451 S.o. S. 166 f.

1452 S. bereits o. S. 167.

stellt sich als Druck heraus). Die Beschaffenheitsvereinbarung geht vor. Nur ausdrückliche Vereinbarungen setzen sich bis zur Grenze des § 444 BGB durch.[1453] Ist die Lieferung offensichtlich ohne Bezug zum Anspruch des Käufers, ist § 434 III BGB bereits unanwendbar, weil der Empfänger nicht vom Erfüllungswillen des Leistenden ausgeht.[1454]

D. AGB-Haftungsfreizeichnung (Nicht-VerbrGK/neue Werke)

Für AGB-Haftungsfreizeichnungen bei neu hergestellten Kunstwerken ist außerhalb der Regeln des Verbrauchsgüterkaufs (sonst gilt bereits § 475 I BGB, vgl. § 309 S. 1 BGB) § 309 Nr. 8 b BGB zu beachten, insbesondere dessen Doppelbuchstaben aa und bb.[1455]

Sie gelten beim Verkauf beweglicher Sachen wegen §§ 310 I 1, 475 I BGB unmittelbar nur zwischen Verbrauchern, die jedoch selten neue Werke unter AGB-Verwendung verkaufen. Bei Verkauf bzw. Versteigerung neu hergestellter Sachen an Unternehmer gelten § 309 Nr. 8 b aa und bb BGB nicht unmittelbar (§ 310 I 1 BGB).[1456] Mittelbar über §§ 307 I, II, 310 I 2 BGB gelten sie aber weitgehend auch gegenüber Unternehmern.[1457]

Nach § 309 Nr. 8 b aa Var. 1 BGB dürfen nie alle der in § 437 BGB aufgeführten Rechte ausgeschlossen werden. Ein Mindestbestand muss bleiben.[1458] Ausschlüsse einzelner Mängelrechte können eine Klauselunwirksamkeit nach § 307 I, II BGB begründen.[1459] Aus § 309 Nr. 8 b bb BGB ergibt sich insofern, dass ein Nacherfüllungsrecht als Mindestbestand nicht genügt. Bei einem Fehlschlag müssen sowohl das Rücktritts- als auch das Minderungsrecht auf-

1453 AG Aachen, NJW-RR 2005, 1143 (Bass); Mangold, S. 246. Im Fall des AG Ulm, Urt. v. 9.6.2004 – 4 C 1004/04 – „*Hermann Gradl*“ (n.v.) konnte sich der Haftungsausschluss durchsetzen, weil er sich ausdrücklich auf die Echtheit bezog.

1454 Der innere Wille des Leistenden ist unmaßgeblich, vgl. RegE, BT-Drucks 14/6040, S. 216; Jauernig/Chr. Berger, § 434 Rn. 21; Staudinger/Matusche-Beckmann, § 434 Rn. 114; Reinicke/Tiedke, Rn. 362 ff.; Schlechtriem, SchR BT, Rn. 36; MünchKomm/H.P. Westermann, § 434 Rn. 45; vgl. Canaris, Karlsruher Forum 2002 – S. 5, 66; a.A. Musielak, NJW 2003, 89, 91 f.; dagegen aber zutreffend Reinicke/Tiedke, Rn. 366 f.

1455 § 309 Nr. 8 a BGB gilt ausdrücklich nicht für Pflichtverletzungen, die in einem Mangel der Kaufsache bestehen. Stattdessen gilt § 309 Nr. 8 b bb BGB; vgl. Gegenäußerung der Bundesregierung zur Stellungnahme des Bundesrates zum Entwurf der Bundesregierung für ein Gesetz zur Modernisierung des Schuldrechts, BT-Drucks. 14/6857, S. 53.

1456 Der Anwendungsbereich des § 11 Nr. 10 AGBG a.F. war weiter.

1457 RegE, BT-Drucks. 14/6040, S. 157 f.

1458 Bamberger/Roth/J. Becker, § 309 Nr. 8 Rn. 27; Ulmer/Brandner/Hensen/G. Christensen, § 309 Nr. 8 Rn. 35 f.; Stoffels, Rn. 928.

1459 Ulmer/Brandner/Hensen/G. Christensen, § 309 Nr. 8 Rn. 35, 37.

leben.[1460] Diese Gestaltung ist auch für neue Kunstwerke zulässig, wenngleich hier i.d.R. von einem Nacherfüllungsfehlschlag auszugehen ist.[1461]

In Zusammenschau der Doppelbuchstaben aa und bb des § 309 Nr. 8 b BGB ergibt sich, dass dem Käufer grundsätzlich (vgl. § 309 Nr. 8 b bb BGB) zumindest das Rücktrittsrecht verbleiben muss.[1462] Dem Käufer ist das Behaltenmüssen einer mangelhaften Sache unzumutbar.[1463]

Ein Minderungsrecht muss daneben nicht bestehen.[1464] Es ist zwar ebenfalls von hohem Gerechtigkeitsgehalt (vgl. § 309 Nr. 8 b bb BGB) und wirkt filigraner als der Rücktritt.[1465] Dieser bietet dem Käufer aber ausreichend Schutz. Minderung ist ein Weniger. Die Rückgabeverpflichtung ist hinnehmbar, selbst wenn eine gleichwertige Sache unbeschaffbar ist.[1466] § 346 III BGB und der Wegfall der §§ 350ff. BGB a.F. schützen den Rücktritt vor Entwertungen.[1467] Die Minderung wird auch von § 309 Nr. 8 b bb BGB nur für den Fall neben dem Rücktritt gesichert, dass der Verkäufer die Nacherfüllung auf eine Nacherfüllungsart beschränkt und diese fehlschlägt. Die Verkäuferprivilegierung wird durch das Verbleiben beider Mängelrechte ausgeglichen.[1468]

Der Nacherfüllungsanspruch darf nach gefestigter werkvertraglicher BGH-Rechtsprechung,[1469] die nun auch für das Kaufrecht gilt, nicht vollständig ausgeschlossen werden.[1470]

1460 RegE, BT-Drucks. 14/6040, S. 158; Ulmer/Brandner/Hensen/G. Christensen, § 309 Nr. 8 Rn. 48f.; Stoffels, Rn. 520, 937f.; Stölting, ZGS 2005, 299, 300.

1461 Ein Fehlschlag liegt auch bei Unmöglichkeit der Nacherfüllung vor; vgl. RegE, BT-Drucks. 14/6040, S. 233; BGH, NJW 1994, 1004, 1005; Palandt/Grüneberg, § 309 Rn. 69; Palandt/Weidenkaff, § 440 Rn. 6.

1462 Bamberger/Roth/J. Becker, § 309 Nr. 8 Rn. 34; PWW/KP Berger, § 309 Rn. 55; Ulmer/Brandner/Hensen/G. Christensen, § 309 Nr. 8 Rn. 37, 46; AnwaltKomm – Hennrichs, v. § 309 Rn. 26; Stoffels, Rn. 929; MünchKomm/Wurmnest, § 309 Nr. 8 Rn. 24; für das Wandlungsrecht offen gelassen von BGH, NJW-RR 1990, 1141 (Möbelhaus).

1463 Ulmer/Brandner/Hensen/G. Christensen, § 309 Nr. 8 Rn. 37; Stoffels, Rn. 929; MünchKomm/Wurmnest, § 309 Nr. 8 Rn. 24. Zum Wandlungsrecht und § 11 Nr. 10 AGBG: BGH, NJW 1981, 1501, 1502 (Elektromotor); BGH, NJW 1993, 2436, 2438 (Software); Schrader, FS Kirchner, S. 343, 354.

1464 Ulmer/Brandner/Hensen/G. Christensen, § 309 Nr. 8 Rn. 37; Palandt/Grüneberg, § 309 Rn. 63f.; Stoffels, Rn. 929; MünchKomm/Wurmnest, § 309 Nr. 8 Rn. 24; a.A. Bamberger/Roth/J. Becker, § 309 Nr. 8 Rn. 34; Wolf/Horn/Lindacher, § 11 Nr. 10 a AGBG Rn. 16; Soergel, 12. Aufl. – Stein, § 11 AGBG Rn. 97.

1465 Peters, JZ 1991, 385, 388.

1466 AA Wolf/Horn/Lindacher/Wolf, § 11 Nr. 10 a Rn. 16.

1467 Ulmer/Brandner/Hensen/G. Christensen, § 309 Nr. 8 Rn. 37.

1468 Ulmer/Brandner/Hensen/G. Christensen, § 309 Nr. 8 Rn. 37, 48f.; B. Grunewald, S. 243f.

1469 BGH, NJW 1979, 2095 (Heizungsmontage).

1470 Ulmer/Brandner/Hensen/G. Christensen, § 309 Nr. 8 Rn. 37, 46; Stölting, ZGS 2005, 299, 300; a.A. Bamberger/Roth/J. Becker, § 309 Nr. 8 Rn. 28, weil der Ausschluss des Nacherfüllungs-

Nach § 309 Nr. 8 b aa Var. 1 BGB ist auch ein vollständiger Anspruchsausschluss „bezüglich einzelner Teile" (reale Sachteile sowie Mangelarten und -ursachen[1471]) unwirksam. Komplettfreizeichnungen, z.B. für unverschuldete Mängel, sind hiernach unwirksam.[1472]

Nach § 309 Nr. 8 b aa Var. 2 BGB sind Klauseln unwirksam, die den Verwender von der Gewährleistung freistellen und dem Käufer lediglich Ansprüche gegen Dritte einräumen. Laut § 309 Nr. 8 b aa Var. 3 BGB genügt es auch nicht, wenn Ansprüche gegen den Verwender von der vorherigen gerichtlichen Inanspruchnahme Dritter abhängig gemacht werden. Dem Käufer neu hergestellter Sachen ist ein notfalls gerichtliches Vorgehen gegen einen ihm unbekannten und jedenfalls nicht frei gewählten Dritten unzumutbar.[1473] Dies kann ungeachtet seiner Solvenz und Seriosität auch der Künstler sein.[1474]

§ 309 Nr. 8 b aa Var. 1 BGB ist eine Grundsicherung der Mängelrechte und gilt daher über §§ 307 I, II, 310 I 2 BGB auch gegenüber Unternehmern.[1475] Der Nacherfüllungsanspruch darf für unerhebliche Mängel ausgeschlossen werden.[1476] Der Rücktritt ist von vornherein auf erhebliche Mängel beschränkt (§ 323 V 2 BGB)[1477] und unantastbar.[1478] Die Wertung des § 309 Nr. 8 b aa Var. 3 BGB ist im unternehmerischen Geschäftsverkehr unanwendbar. Die gerichtliche Inanspruchnahme eines Dritten ist, wenn sie aussichtsreich ist, zumutbar.[1479] Der Grundgedanke des § 309 Nr. 8 b bb BGB gilt.[1480] Das Minderungsrecht ist abdingbar.[1481]

Die Minderung ist bei neu hergestellten Kunstwerken mithin das einzige in AGB vollständig abdingbare Mangelrecht.

---

rechts den Verwender weitaus mehr benachteilige als den Kunden.

1471 Ulmer/Brandner/Hensen/G. Christensen, § 309 Nr. 8 Rn. 33, 35 f.; Palandt/Grüneberg, § 309 Rn. 66; Stoffels, Rn. 930; MünchKomm/Wurmnest, § 309 Nr. 8 Rn. 25.

1472 BGH, NJW-RR 1990, 856 (Hallenneubau); Ulmer/Brandner/Hensen/G. Christensen, § 309 Nr. 8 Rn. 36; Palandt/Grüneberg, § 309 Rn. 66.

1473 Ulmer/Brandner/Hensen/G. Christensen, § 309 Rn. 38; Stoffels, Rn. 931.

1474 Vgl. Stoffels, Rn. 931.

1475 Bamberger/Roth/J. Becker, § 309 Nr. 8 Rn. 26; Ulmer/Brandner/Hensen/G. Christensen, § 309 Nr. 8 Rn. 46; Palandt/Grüneberg, § 309 Rn. 67; Stoffels, Rn. 957.

1476 Hassemer, ZGS 2002, 95, 99.

1477 Spricht für die Beachtlichkeit des Erheblichkeitskriteriums, vgl. Stölting, ZGS 2005, 299, 302 f.

1478 BGH, NJW 1981, 1501, 1502; BGH, NJW 1991, 2630, 2632; Ulmer/Brandner/Hensen/G. Christensen, § 309 Nr. 8 Rn. 46.

1479 Ulmer/Brandner/Hensen/G. Christensen, § 309 Nr. 8 Rn. 47; Bamberger/Roth/J. Becker, § 309 Nr. 8 Rn. 26.

1480 RegE, BT-Drucks. 14/6040, S. 158; BGH, NJW 1998, 677, 678 (Baggerlader); BGH, NJW 1993, 2436, 2438 (Software); BGH, NJW 1981, 1501, 1502 (Elektromotor); Reinicke/Tiedtke, Rn. 648.

1481 Ulmer/Brandner/Hensen/G. Christensen, § 309 Nr. 8 Rn. 70.

I. Klauselpraxis (Einzelhandel)

Nach den vom BVDG empfohlenen Geschäftsbedingungen übernimmt die Galerie gegenüber Unternehmern bei Werken, die nicht neu hergestellt sind

> „keine Haftung für die Vollständigkeit und Richtigkeit der in den Katalogen, Prospekten etc. enthaltenen Angaben zum Kunstgegenstand, soweit der Galerie die Unrichtigkeit oder Unvollständigkeit nicht bekannt sein musste.“[1482]

Verkauft sie als Kommissionär, sind Gewährleistungsrechte gegenüber Unternehmern ausgeschlossen, sofern

> „es sich bei dem Kaufgegenstand nicht um ein neu hergestelltes Werk handelt. Dies gilt auch für Fälschungen, soweit der Galerie die mangelnde Echtheit des Werkes nicht hätte bekannt sein müssen.“[1483]

Die Klauseln sind nicht nach § 309 Nr. 8 b aa Var. 1 BGB zu beanstanden (vgl. § 310 I 1 BGB). Auch sein über §§ 307 I, II, 310 I 2 BGB gegenüber Unternehmern geltender Grundgedanke ist nicht verletzt. Auf alt gemachte neue Fälschungen sind ohnehin nicht als neu hergestellt zu behandeln.[1484] Die Unwirksamkeit aus § 307 I, II BGB kann sich nur aus sonstigen Gründen ergeben.[1485]

Nach den vom DK empfohlenen AGB ist die Haftung des als Kommissionär handelnden Verkäufers

> „für Sach- und Rechtsmängel gegenüber einem Käufer, der nicht Verbraucher ist, ausgeschlossen, es sei denn, dem Verkäufer fiele grobes Verschulden zur Last“.[1486]

Diese Komplettfreizeichnung ist nach §§ 307 I, II, 310 I 2 BGB wegen Verletzung des Grundgedankens des § 309 Nr. 8 b aa Var. 1 BGB grundsätzlich unwirksam, weil sie nicht auf gebrauchte Sachen beschränkt ist. Die wenigsten Mitglieder des DK handeln jedoch mit Gegenwartskunst.[1487] Ist der Verkauf eines neu hergestellten Kunstwerkes für den Klauselverwender ein extremer Ausnahmefall, verbleibt es bei der Ausübungskontrolle nach § 242 BGB. Ansonsten ist eine tatbestandliche Klauselkonkretisierung zu erwarten.[1488]

1482 Ziff. 10.1 S. 2.

1483 Ziff. 10.2 S. 194.

1484 S.o. S. 194.

1485 S.u. S. 206, 266 ff.

1486 Ziff. 5 S. 4.

1487 Vgl. DK Mitgliederverzeichnis, http://www.deutscherkunsthandel.org/mitgliederverzeichnis.html?-no_cache=1; abgerufen am 1.4.2012.

1488 Nach diesem Kriterium die Inhaltskontrolle von der Ausübungskontrolle abgrenzend: Ulmer/Brandner/Hensen/Fuchs, v. § 307 Rn. 64 m.w.N.

II. Klauselpraxis (Auktion)

Versteigerungen neu hergestellter Werke sind grundsätzlich verboten,[1489] betroffene Kaufverträge aber nicht nach § 134 BGB unwirksam. Die Verbotsnormen sind nur an die Versteigerer gerichtete wertneutrale Ordnungsvorschriften.[1490] Bei AGB-Haftungsfreizeichnungen sind Versteigerer an die für Kunsthändler geltenden Vorgaben gebunden. Bei „B2C"-Geschäften gilt schon § 475 I BGB, weil § 474 I 2 BGB nicht greift. Bei Versteigerungen an Unternehmer wirkt § 309 Nr. b aa Var. 1 BGB über §§ 307 I, II, 310 I 2 BGB. Die Versteigerer können ihre Haftung in beiden Fällen nicht wie üblich auf schuldhafte Pflichtverletzungen beschränken. Ein entsprechender Haftungsausschluss ist mit Rechtspositionen, die Ersteigerern gegen Einlieferer bzw. Erstverkäufer (bei Kommissions- bzw. Eigenware) eingeräumt werden, nicht kompensierbar. Selbst im Falle einer subsidiären Versteigererhaftung verbliebe angesichts der Freistellung bei sorgfaltsgemäßem Verhalten eine bei neu hergestellten Sachen inakzeptable Schutzlücke.[1491]

Sofern Versteigerungen neu hergestellter Werke selten und verboten sind, sind Haftungsfreizeichnungen nicht deshalb unwirksam, weil sie nicht auf gebrauchte Werke begrenzt sind. Eine ausdrückliche Begrenzung ist nicht zu erwarten. I.d.R. werden die Werke zu Recht als gebraucht bezeichnet. Ist die Freizeichnung dann nicht schon im Wege der objektiven Auslegung[1492] auf Versteigerungen nicht neu hergestellter Sachen beschränkt, greift allein die Ausübungskontrolle des § 242 BGB[1493]. Versteigerern ist es verwehrt, sich bei neu hergestellten Werken auf ihre Freizeichnung zu berufen.

E. AGB-Haftungsfreizeichnung (Nicht-VerbrGK/gebrauchte Werke)

Nun zur Frage, inwieweit AGB-Haftungsfreizeichnungen für nicht neu hergestellte Kunstwerke außerhalb der Regeln des Verbrauchsgüterkaufs im Kunsteinzel- und Kunstauktionshandel zulässig sind.

1489 S.o. S. 29 f., 184.

1490 BGHZ 149, 129, 139 (ricardo.de).

1491 Vgl. Ulmer/Brandner/Hensen/G. Christensen, § 309 Nr. 8 Rn. 38 f.

1492 Vgl. o. Fn. 1104.

1493 Vgl. Ulmer/Brandner/Hensen/H. Schmidt, Teil 4 (8) Rn. 3.

I. Allgemeines

1. Kontrollmaßstab des § 307 I, II BGB

Die Inhaltskontrolle richtet sich (neben § 309 Nr. 7 BGB) nach § 307 I, II BGB. § 307 I 1 BGB erwähnt das Gebot von Treu und Glauben (§ 242 BGB), Kontrollmaßstab vor Inkrafttreten des AGBG.[1494] Unwirksam sind unangemessene Benachteiligungen von einigem Gewicht.[1495] Benachteiligungen sind unangemessen, wenn der Verwender durch einseitige Vertragsgestaltung missbräuchlich eigene Interessen auf Kosten seines Vertragspartners durchzusetzen versucht, ohne von vornherein dessen Belange hinreichend zu berücksichtigen und ihm einen angemessenen Ausgleich zuzugestehen.[1496] In einer umfassenden Würdigung sind unter Berücksichtigung des gesamten Vertragsinhaltes, der Geschäftsart und des Kaufgegenstandes[1497] sämtliche Parteiinteressen zu bedenken und gegeneinander abzuwägen.[1498] § 307 II BGB enthält Konkretisierungen. Bei Verbraucherverträgen ist § 310 III Nr. 3 BGB zu beachten.[1499] Der neu eingeführte § 307 I 2 BGB beinhaltet das schon nach ständiger Rechtsprechung geltende Transparenzgebot.[1500]

2. Leitbildprägende Auswirkungen der §§ 474ff. BGB

Nach § 307 II Nr. 1 BGB ist eine unangemessene Benachteiligung im Zweifel anzunehmen, wenn eine Bestimmung mit wesentlichen Grundgedanken der gesetzlichen Regelung, von der abgewichen wird, nicht zu vereinbaren ist. Prägen die Regeln des Verbrauchsgüterkaufs das Leitbild des Kaufrechts jenseits ihrer Anwendbarkeit? Es sind Sonderregeln, die grundsätzlich nicht verallgemeinerungsfähig sind.[1501] Verallgemeinerungen sind von der VerbrGKRL nicht geboten (vgl. Art. 1 I, II a, c VerbrGKRL). Auch soweit sie außerhalb der §§ 474–479 BGB umgesetzt wurde, besteht grundsätzlich keine Leitbildfunktion für Verträge jen-

1494 Bamberger/Roth/J. Becker, § 307 Rn. 14; Ulmer/Brandner/Hensen/Fuchs, v. § 307 Rn. 62.

1495 Braunfels, S. 126; Palandt/Grüneberg, § 307 Rn. 12.

1496 BGH, NJW 2005, 1774, 1775 (Beförderungsbedingungen); BGH, NJW 2001, 2331 (Bierbelieferungsvertrag); BGHZ 143, 103, 113 (Treib- und Schmierstoffe); Palandt/Grüneberg, § 307 Rn. 12; Bamberger/Roth/H. Schmidt, § 307 Rn. 27; Stoffels, Rn. 468.

1497 Reinicke/Tiedtke, Rn. 640.

1498 Ulmer/Brandner/Hensen/Fuchs, § 307 Rn. 103ff.; Bamberger/Roth/H. Schmidt, § 307 Rn. 27, 30; Stoffels, Rn. 466ff.; MünchKomm/Wurmnest, § 307 Rn. 33.

1499 Dazu Ulmer/Brandner/Hensen/Fuchs, § 307 Rn. 115, 402ff.

1500 Vgl. BGHZ 106, 42, 49f.; BGH, NJW 2000, 651, 652; vgl. Palandt/Grüneberg, § 307 Rn. 20; Bamberger/Roth/H. Schmidt, § 307 Rn. 40f.; v. Hoyningen-Huene, Rn. 199ff.

1501 Palandt/Grüneberg, § 307 Rn. 29; Mangold, S. 250; Bamberger/Roth/H. Schmidt, § 307 Rn. 51; a.A. Wrede, S. 250.

seits des „B2C"-Verhältnisses.[1502] Man wird aber die Wertung des § 475 I BGB bei der Inhaltskontrolle von Versteigerungsbedingungen bei Eigengeschäften zum Nachteil des Versteigerers und beim Agenturgeschäft zum Nachteil des unternehmerischen Einlieferers berücksichtigen müssen (§ 307 I, II BGB).[1503]

II. AGB-Haftungsfreizeichnung (Kommissionsgeschäft/Auktion)

Zunächst geht es um die AGB-Haftungsfreizeichnungen der Versteigerer für nicht neu hergestellte Werke beim Kommissionsgeschäft. Versteigerungsbedingungen der Kommissionäre enthalten üblicherweise AGB-Haftungsfreizeichnungen.[1504] Angestrebt ist haftungsrechtlich die Position von Vertretern.[1505]

In den Fällen „*Jawlensky*" und „*Bodensee-Kunstauktion*"[1506] war die AGB-Haftungsfreizeichnung vollumfänglich. Exemplarisch die des „*Jawlensky*"-Falls:

> „Der Versteigerer übernimmt keine Haftung für Mängel (...). Die nach bestem Wissen und Gewissen vorgenommenen Katalogbeschreibungen sind keine zugesicherten Eigenschaften gemäß §§ 459 ff. BGB. Nach dem Zuschlag können (...) Beanstandungen nicht berücksichtigt werden."[1507]

Die heute üblichen Haftungsfreizeichnungen sind differenzierter, unterscheiden aber i.d.R. ebenfalls nicht zwischen Verbrauchern und Unternehmern.[1508] Versteigerer, die keine öffentlichen Versteigerungen i.S.d. § 474 I 2 BGB durchführen, müssen § 475 BGB beachten.[1509] Die Begrenzung der Einstandspflicht auf Fälle, in denen Objektbeschreibungen sorgfaltswidrig erfolgen, ist unwirksam.[1510]

1502 Vgl. Artz, JuS, 2002, 528, 530; Palandt/Grüneberg, § 307 Rn. 29; Bamberger/Roth/H. Schmidt, § 307 Rn. 51 f.

1503 Vgl. S. 183, 269.

1504 Vgl. schon OLG Kiel, LZ, XV. Jg. 1921, S. 464 f. – „*Kupferstich*"; Kaufmann, JW 1931, 3034; Trinks, S. 165. Individualabsprachen sind selten. Einem Ersteigerer mag es aber im Vorfeld der Auktion gelingen, einen teilweisen Verzicht auf den Haftungsausschluss zu erreichen, Marx/Arens, 5. Teil, Rn. 14.

1505 Braun, JZ 1993, 855; ders., WM 1992, 893; Wertenbruch, NJW 2004, 1977, 1981.

1506 „Alle zur Versteigerung gelangenden Gegenstände (...) werden in dem Zustand versteigert, wie sie sich befinden, ohne Gewähr und Haftung für offene und versteckte Mängel sowie Zuschreibungen. Spätere Beanstandungen, gleich welcher Art, müssen unberücksichtigt bleiben. Die Katalogbeschreibungen sind nach bestem Wissen und Gewissen vorgenommen, stellen jedoch keine zugesicherten Eigenschaften i.S. §§ 459 ff. dar. Für Katalogbeschreibungen und dazugehörige schriftliche Erläuterungen sowie mündliche Angaben kann nicht gehaftet werden."

1507 BGHZ 63, 369, 370 – „*Jawlensky*".

1508 Die Einheitlichkeit dient der Transparenz, vgl. Wrede, S. 316. Zur Lage vor der Schuldrechtsreform: MünchVertrHdb, Bd. 4,1(1998)/Locher, VI. 13, S. 1272.

1509 Vgl. die Versteigerungsbedingungen Quittenbaum, Ziff. 4, wo freilich der Nacherfüllungsanspruch unerwähnt ist und für Funktionsfähigkeit und Sicherheit von elektrischen Geräten keine Haftung übernommen wird.

1510 Problematisch sind insofern z.B. die Versteigerungsbedingungen Hugo Ruef, Ziff. 3 S. 4 ff., bei Versteigerungen, die nicht von einem öffentlich bestellten Versteigerer durchgeführt werden.

Mitunter wird die Haftungsfreizeichnung auf „B2B"-Geschäfte begrenzt:

> „Der Käufer, *sofern Unternehmer*, kann den Versteigerer nicht wegen Sachmängeln in Anspruch nehmen, wenn dieser seine *Sorgfaltspflichten* erfüllt hat"[1511] [Hervorhebungen, auch nachfolgend, hinzugefügt].

Versteigerer ohne Beschränkung des § 475 BGB formulieren zum Teil:

> „Der Ausschluss (...) gilt nicht, wenn (...) der Versteigerer die fehlende Echtheit (...) *hätte erkennen können.*"[1512]

Oder:

> „Der Versteigerer haftet nur für *grob fahrlässige* oder vorsätzliche Falschangaben."[1513]

Zum Teil ergänzt:

> „Er erklärt sich jedoch bereit, rechtzeitig vorgetragene begründete Mängelrügen (...) dem Einlieferer bekannt zu geben (...)."[1514]

I.d.R. wird ein stärkerer Zugriff auf den Einlieferer eröffnet (Regress):

> „Der Versteigerer *verpflichtet sich* jedoch, wegen rechtzeitig vorgetragener, begründeter Mängelrügen innerhalb der Verjährungsfrist von 12 Monaten ab dem Zeitpunkt des Zuschlages seine Ansprüche gegenüber dem Einlieferer (...) *geltend zu machen.*"[1515]

Teilweise über die begründete Mängelrüge hinausgehend, weiter spezifizierend:

> „Der Versteigerer verpflichtet sich jedoch, bei Abweichungen von Katalogbeschreibungen, *welche den Wert oder die Tauglichkeit aufheben oder nicht unerheblich mindern,* (...) seine Rechte gegenüber dem Einlieferer, *nötigenfalls auch gerichtlich*, geltend zu machen."[1516]

1511 Versteigerungsbedingungen Kunstauktionshaus Winterberg, Ziff. 6 S. 4.

1512 Versteigerungsbedingungen Hauswedell & Nolte, Ziff. 7 S. 6; vgl. Van Ham, Ziff. 2.4; Villa Grisebach, § 9 II a) ff.; Auktionshaus Dr. Jürgen Fischer, Ziff. 2.4 S. 1.

1513 Vgl. Versteigerungsbedingungen Kunstauktionshauses Chiemgau, Ziff. VII 1 S. 4; vgl. auch Nagel, Ziff. 6 S. 1; Walter Ginhart, Ziff. 6 S. 1.

1514 Versteigerungsbedingungen Auktionshaus Dr. Jürgen Fischer, Ziff. 2.4 S. 2; vgl. Auktionshaus Jeschke Van Vliet, Versteigerungsbedingungen Ziff. 9 S. 3.

1515 Versteigerungsbedingungen Kunstauktionshaus Winterberg, Ziff. 6 S. 5; gleichlautend Bassenge, Ziff. 3 S. 6; vgl. Auktionshaus Karl & Faber, Ziff. 19 S. 1; Nagel, Ziff. 1 c) S. 1; Auktionshaus Schlosser, Ziff. VII S. 7 f.; Walter Ginhart, Ziff. 1 c) S. 1; teilweise heißt es „wird (...) geltend machen", z.B. Versteigerungsbedingungen Kunstauktionshaus Chiemgau, Ziff. VII 2 S. 5; Auktionshaus Michael Zeller, Ziff. 7 a) S. 2; vgl. auch die frühere Konditionenempfehlung des BDK e.V. (BKA-Bekannmachung Nr. 62/81 vom 5.6.1981).

1516 Versteigerungsbedingungen Neumeister, Ziff. 13 S. 1; vgl. Hampel, Ziff. 11.2 S. 2, mit dem Zusatz: „im Sinne kundenfreundlichen Verhaltens"; vgl. Karl & Faber, Ziff. 19 S. 1.

Bisweilen ergänzt:

„(…) wenn der Käufer nachgewiesen hat, dass Katalogangaben über die Urheberschaft (…) unrichtig sind und auch nicht mit der anerkannten Meinung der Experten am Tag der Auktion übereinstimmten.“[1517]

Der Sachmangelnachweis wird teilweise spezifiziert:

„Zur Geltendmachung eines Sachmangels ist die Vorlage des Gutachtens eines anerkannten Sachverständigen, welches den Mangel nachweist, auf Kosten des Käufers erforderlich.“[1518]

Oder schlicht:

„(…) wenn der Käufer die dafür notwendigen sachlichen und rechtlichen Voraussetzungen nachweist.“[1519]

Teilweise dem Käufer entgegenkommend:

„Der Unrichtigkeitsnachweis gilt auch als geführt, wenn ein international anerkannter Experte für den im Katalog angegebenen Urheber die Aufnahme des Kunstwerkes in das von ihm erstellte Werkverzeichnis („Catalogue Raisonné“) verweigert.“[1520]

Teilweise ergänzend:

„Zu einer gerichtlichen Geltendmachung ist das Auktionshaus nur bei vorheriger Vollmachterteilung, Kostenübernahmeerklärung des den Zuschlag erhaltenden Bieters sowie angemessener Verfahrenskostenvorschussleistung desselben verpflichtet.“[1521]

Weiter:

„(…) im Falle einer erfolgreichen Inanspruchnahme des Einlieferers stellt der Versteigerer den Erwerber *schadlos*.“[1522]

Oder:

Im Falle erfolgreicher Inanspruchnahme des Einlieferers erstattet der Versteigerer dem Erwerber den *Kaufpreis samt Aufgeld* (…).“[1523]

1517 Versteigerungsbedingungen Karl & Faber Ziff. 19 S. 1.

1518 Versteigerungsbedingungen Nagel, Ziff. 1 c) S. 2; Walter Ginhart, Ziff. 1 c) S. 2.

1519 Versteigerungsbedingungen Auktionshaus Michael Zeller, Ziff. 7 a) S. 2.

1520 Versteigerungsbedingungen Van Ham, Ziff. 2.4 S. 3.

1521 Versteigerungsbedingungen Kunstauktionshaus Chiemgau, Ziff. VII 2 S. 7; vgl. kürzer: Schlosser, Ziff. VII S. 9.

1522 Versteigerungsbedingungen Hampel, Ziff. 11.2 S. 2, 2. Hs.

1523 Versteigerungsbedingungen Kunstauktionshaus Winterberg, Ziff. 6 S. 6f.; gleichlautend: Versteigerungsbedingungen Bassenge, Ziff. 3 S. 6f.

Oder:

> „Im Falle erfolgreicher Inanspruchnahme des Einlieferers erstattet der Versteigerer dem Käufer *ausschließlich den Zuschlagspreis*[1524] Zug um Zug gegen Rückgabe des Gegenstandes. Der Käufer bleibt zur Entrichtung des Aufgeldes als Dienstleistungsentgelt verpflichtet."[1525]

Der Zugriff auf den Einlieferer wird teilweise durch Abtretung ermöglicht:

> „Der Versteigerer ist unabhängig von dem Anspruchsausschluss *verpflichtet*, dem Käufer seine Rechte gegen den Einlieferer *zur Abtretung anzubieten*, wenn er diesen nicht anderweitig schadlos hält. Im Fall des Angebots der Abtretung ist der Käufer verpflichtet, auch dann *zunächst* aus dem abgetretenen Recht vorzugehen, wenn die Haftung des Versteigerers für Mängel des Objekts nicht ausgeschlossen ist."[1526]

Oder ähnlich:

> „Der Versteigerer kann vom Käufer den Erlass seiner Gewährleistungspflichten Zug um Zug gegen *Abtretung seiner Gewährleistungsansprüche* gegen den Einlieferer verlangen. Unbeschadet des Ausschlusses der Gewährleistung des Versteigerers *verpflichtet* sich dieser, rechtzeitig vorgetragene *Mängelrügen des Käufers* innerhalb der gesetzlichen Gewährleistungsfrist dem Einlieferer *zu übermitteln*, soweit es ihm aus tatsächlichen Gründen nicht unmöglich ist (...)."[1527]

Missverständlich ist:

> „Der Versteigerer *verpflichtet* sich (...) bei Abweichungen von den Katalogangaben (...) seine Rechte gegenüber dem Einlieferer *gerichtlich geltend zu machen.* (...) Im Falle einer erfolgreichen Inanspruchnahme des Einlieferers erstattet der Versteigerer dem Erwerber ausschließlich den gesamten Kaufpreis. *Darüber hinaus verpflichtet sich der Versteigerer* für die Dauer von zwei Jahren bei erwiesener Unechtheit zur Rückgabe der vollständigen Kommission, wenn der Gegenstand in unverändertem Zustand zurückgegeben wird. Im übrigen ist eine Haftung wegen Mängeln ausgeschlossen."[1528]

„Vollständige Kommission" meint nicht die vollständige Rückabwicklung, sondern nur die Erstattung des Aufgeldes.

Für leichte Fahrlässigkeit wollen Versteigerer auf Schadensersatz nicht haften, räumen aber i.d.R. die Ersatzpflicht für verletzte „Kardinalpflichten" ein,[1529]

1524 Zum Teil auch: „ausschließlich den Kaufpreis, jedoch keine sonstigen dem Käufer entstandenen Kosten und Aufwendungen", z.B. Versteigerungsbedingungen, Neumeister, Ziff. 13 S. 2; vgl. Karl & Faber, Ziff. 19 S. 2.

1525 Versteigerungsbedingungen Nagel, Ziff. 1 c) S. 3 f.; Walter Ginhart, Ziff. 1 c) S. 3 f.

1526 Versteigerungsbedingungen Hauswedell & Nolte, Ziff. 6 f.

1527 Versteigerungsbedingungen Metz, § 8.5 f.

1528 Vgl. Versteigerungsbedingungen Lempertz, Ziff. 4 S. 1 ff.

1529 Z.B. in den Versteigerungsbedingungen Schlosser, Ziff. VIII S. 2; vgl. Hampel, Ziff. 11.3 S. 2 f.; Lempertz Ziff. 5; Auktionshaus Metz, § 8.4 S. 3; Neumeister, Ziff. 14; Van Ham, Ziff. 2.5.; aber z.B. nicht in den Versteigerungsbedingungen Michael Zeller, Ziff. 7 b).

was präzisierungsbedürftig ist (§ 307 I 2 BGB). „Vertragswesentliche Pflicht" ist unzureichend.[1530] Auch § 309 Nr. 7 BGB wird oft unzureichend abgebildet.

Manche begrenzen Schadensersatzansprüche auf die *Höhe des Limits bzw. Schätzpreises,*[1531] die Höhe des *Zuschlags*[1532] oder auf *vorhersehbare Schäden*[1533]. Manche gewähren nur Schadensersatz – und nur ab grober Fahrlässigkeit:

> „Schadensersatzansprüche des Käufers gegen den Versteigerer (…) sind – gleich aus welchem Rechtsgrund – ausgeschlossen. Dies gilt nicht für Schäden, die auf einem vorsätzlichen oder *grob fahrlässigen* Verhalten des Versteigerers (…) beruhen. Die Haftung für Schäden aus der Verletzung des Lebens, des Körpers oder der Gesundheit bleibt unberührt."[1534]

Das Minderungsrecht wird zum Teil kategorisch ausgeschlossen.[1535]

1. Meinungsstand

a) Rechtsprechung

Der BGH hielt in den Entscheidungen *„Jawlensky"* (1975)[1536] und *„Bodensee-Kunstauktion"* (1980)[1537] umfangreiche AGB-Haftungsfreizeichnungen wie schon im Gebrauchtwagenhandel auch für Versteigerer bei Kommissionsgeschäften im Falle der Unechtheit für grundsätzlich wirksam. 1921 erklärte bereits das OLG Kiel den vollständigen Ausschluss der Mängelrechte in Versteigerungsbedingungen[1538] für wirksam.[1539] Der BGH setzte Grenzen. Mit Verweis auf Treu und Glauben versagte er Versteigerern, sich auf Freizeichnungen zu berufen, hätten sie die Mängel mit der im Verkehr erforderlichen Sorgfalt erkennen können.[1540]

In der „*Jawlensky*"-Entscheidung entschied er mit dem Kontrollmaßstab des § 242 BGB, der Ausschluss des Wandlungsrechts sei unangemessen, sofern Ver-

1530 BGH, NJW-RR 2005, 1496, 1505 f.

1531 Versteigerungsbedingungen Nagel, Ziff. 6 S. 2 ff.; Walter Ginhart, Ziff. 6 S. 2 ff.

1532 Versteigerungsbedingungen Auktionshaus Metz, § 8.4 S. 2 ff.

1533 Versteigerungsbedingungen Hampel, Ziff. 11.3 S. 3.

1534 Versteigerungsbedingungen Ketterer, Ziff. 10 (i.V.m. Ziff. 9 (Gewährleistungsausschluss)).

1535 Versteigerungsbedingungen Van Ham, Ziff. 2.4 S. 2.

1536 BGHZ 63, 369 ff.; Braun, Kunstprozesse, S. 123 ff.

1537 BGH, NJW 1980, 1619 ff.

1538 „Da Gelegenheit geboten ist, sich von der Eigenschaft und dem Zustande der Gegenstände zu überzeugen, können Reklamationen nach Zuschlag nicht berücksichtigt werden."

1539 OLG Kiel, LZ, XV. Jg. 1921, S. 464 f. – *„Kupferstich"*.

1540 BGHZ 63, 369, 374 f. – „*Jawlensky*" mit Verweis auf BGH, NJW 1966, 1070 f. (Gebrauchtfahrzeug); BGH, NJW 1980, 1619, 1621 f. – „*Bodensee-Kunstauktion*". Zu Gebrauchtwagen: BGH, NJW 1970, 29, 31; BGH, NJW 1977, 1055 f.; BGH, NJW 1979, 1886, 1887; BGHZ 74, 383 ff.; zu Radio-/Fernsehgeräten: BGH, NJW 1993, 657, 659. Zur Ähnlichkeit: Reinicke/Tiedtke, Rn. 644.

steigerer Untersuchungspflichten grob fahrlässig verletzten oder sich über einen sich aufdrängenden Zweifel hinwegsetzten. Nicht umsonst heiße es, Angaben seien „mit bestem Wissen und Gewissen“ und „mit großer Sorgfalt“ vorgenommen.[1541] Der sorgfältige Versteigerer setze nicht einseitig unangemessen eigene Interessen durch, sofern er Bietern zeitlich angemessen die Objektbesichtigung ermögliche. Bieter könnten die Echtheit prüfen und gegebenenfalls weitere Auskünfte einholen.

In der Entscheidung *„Bodensee-Kunstauktion“* bestätigte der BGH dies vor dem Hintergrund des in Kraft getretenen AGBG. Er modifizierte die Sorgfaltsanforderungen. Schon eine leicht fahrlässige Verletzung von Nachforschungsobliegenheiten schade. Die Freizeichnung sei nicht nach § 9 AGBG a.F. unwirksam, vielmehr sei es Versteigerern aus Treu und Glauben (§ 242 BGB) im Einzelfall wegen unzulässiger Rechtsausübung verwehrt, sich auf den Ausschluss des Wandlungsrechts zu berufen.

Sie trügen die Beweislast für die Beachtung der im Verkehr erforderlichen Sorgfalt, jedenfalls wenn sie schrieben: „Angaben nach bestem Wissen und Gewissen“.[1542] Diesen Grundsätzen folgte das LG München I in seiner unveröffentlichten *„de Smet“*-[1543] und das OLG Hamm in seiner *„Carl Schuch“*-Entscheidung.[1544]

b) Schrifttum

Bei gebrauchten Sachen generell bejaht das überwiegende Schrifttum die Zulässigkeit umfangreicher Haftungsfreizeichnungen.[1545] Die BGH-Grundsätze fanden sich bereits zuvor im Schrifttum.[1546] Sie haben nach wie vor Befürworter, teilweise aber

---

1541 BGHZ 63, 369, 375 – *„Jawlensky“*.

1542 BGH, NJW 1980, 1619, 1621 f.

1543 LG München I, Urt. v. 13.5.1991 – 33 O 25230/88, S. 11 f. – *„Gustave de Smet“* (n.v.).

1544 OLG Hamm, NJW 1994, 1967 f. – *„Carl Schuch“*; i.E. auch OLG München NJW 2012, 2891, 2893 f. – *„Buddha-Skulptur“;* zur vergleichbaren Gerichtspraxis in der Schweiz: Glaus in Schwander/Studer, S. 109, 122 ff. Den BGH-Grundsätzen nicht gefolgt ist das LG Köln, GRUR-RR 2012, 444 ff. – *„Campendonk“*. Es hielt den Gewährleistungsausschluss trotz angenommener Sorgfaltspflichtverletzung offenbar für wirksam (vgl. LG Köln, GRUR-RR 2012, 444, 448) und bejahte nach erfolgter Arglistanfechtung (§ 123 I Alt. 1 BGB) einen Schadensersatzanspruch des Käufers gem. den §§ 280 I, 311 II Nr. 1 BGB; vgl. dazu Elmenhorst/Decker, GRUR-RR 2012, 417, 418.

1545 MünchKomm, 4. Aufl. – Basedow, § 307 Rn. 63, 78; § 309 Nr. 8 Rn. 22; Palandt/Grüneberg, § 307 Rn. 101, § 309 Rn. 85; AnwKomm/Kollmann, § 307 Rn. 24, 26, § 309 Rn. 171; Schellhammer, MDR 2002, 301, 306 f.; Schumacher, MDR 2002, 973, 980; Stoffels, Rn. 953; Tiedtke/Burgmann, NJW 2005, 1153, 1156; zum früheren Recht: Ulmer/Brandner/Hensen/G. Christensen, Teil 2 (17) Rn. 3; Palandt, 61. Aufl., – Heinrichs, § 11 AGBG Rn. 72; Honsell, JZ 2001, 278, 282; Kappus (Stand: 1998), Rn. 37.

1546 Vgl. Kaufmann, JW 1931, 3034, 3035 f.; Locher, S. 142 f., 213 ff.

abweichend, was den dogmatischen Ansatz der Entscheidung *„Bodensee-Kunstauktion“* anbelangt.[1547] Manche wollen nur grobe Fahrlässigkeit sanktionieren,[1548] manche verlangen, dass der Versteigerer dem Ersteigerer gegen den Einlieferer zudem eine Rechtsposition einräumt[1549] oder mangelhafte Werke innerhalb kurzer Ausschlussfrist zurücknimmt[1550]. Andere halten das Rechtsprechungsergebnis für unsachgemäß. Der Haftungsausschluss sei eine unwirksame Käufer-Rechtlosstellung. Nur Haftungsbeschränkungen seien akzeptabel.[1551]

1547 Chr. Berger, KUR 2003, 137, 142f.; Canaris, Handelsrecht, § 30 Rn. 88; Wolf/Horn/Lindacher/Dammann, Klauseln, Rn. A 240; Kappus (Stand: 2006), Rn. 24ff.; Schack, KuR, Rn. 404ff.; Wertenbruch, NJW 2004, 1977, 1980f. Kritik am dogmatischen Ansatz üben: Ulmer/Brandner/Hensen/Fuchs, v. § 307 Rn. 63, § 307 Rn. 272; Erman/Roloff, § 307 Rn. 59; Ulmer/Brandner/Hensen/H. Schmidt, Teil 4 (8) Rn. 3. Schon zum früheren Recht: Bernet/Schönwerth, Weltkunst 1998, 1531, 1532; Boochs/Ganteführer, S. 73ff.; Ulmer/Brandner/Hensen, 9. Aufl. – Brandner, § 9 Rn. 34, 36; Braun, AcP 190 (1990) 182, 185ff.; ders., WM 1992, 893, 896ff., 900; ders., JZ 1998, 197ff.; Braunfels, S. 127ff., 169ff.; Dechow, S. 127; Dietlein, Weltkunst 1978, 2867, 2869f.; Flume, JZ 1991, 633, 636ff.; Goepfert, S. 115ff., 118 Fn. 50; Schlosser/Coester-Waltjen/Graba/Graba, § 9 Rn. 91; Ulmer/Brandner/Hensen, 9. Aufl. – Hensen, Anh. §§ 9–11 Rn. 866f.; Kappus (Stand: 1998), Rn. 33ff., 37; Kühn, S. 178ff., 185ff., 187 Fn. 59; M. Löhr, GRUR 1976, 411, 413ff.; Picker, Weltkunst 1975, 443; Schneider, S. 163ff., 166f., 171ff.; Schrader, FS Kirchner, S. 343, 354f., 356ff.; Schütte, FS Hartung, S. 117, 127ff.; Wolf/Horn/Lindacher/Wolf, § 9 Rn. A 145, § 11 Nr. 10 Rn. 25f.; schon vor der *„Jawlensky“*-Entscheidung zu § 242: Kaufmann, JW 1931, 3034, 3035f.; Locher, S. 143f., 213ff. (vgl. dort S. 143f.); ders., JZ 1975, 419 f; ders., VI, 13, S. 1274, Anm. 7.

1548 Ulmer/Brandner/Hensen/H. Schmidt, Teil 4 (8) Rn. 3. Schon früher: Dietlein, Weltkunst 1978, 2867, 2870; Locher, S. 143, 214 (zweifelnd aber MünchVertrHdb, Bd. 4,1(1998)/Locher, VI. 13, Anm. 8); Schlosser/Coester-Waltjen – Graba, AGBG, § 9 Rn. 91. Nach Kühn, S. 187, sollen Sorgfaltsverstöße nur zur c.i.c.-Haftung führen, die er als Vertreter des objektiven Fehlerbegriffs unverdrängt sieht und die in AGB unabdingbar wäre (vgl. Kühn, S. 189ff.).

1549 Chr. Berger, KUR 2003, 137, 143; Canaris, Handelsrecht, § 30 Rn. 88; wohl auch Wertenbruch, NJW 2004, 1977, 1981f.; schon zum früheren Recht: Braun, WM 1992, 893, 900; ders., JZ 1998, 197, 198f.; Hager, AcP 180 (1980), 239, 247f.; M. Löhr, GRUR 1976, 411, 414f.; D. Löhr, Weltkunst 1993, 859; Wolf/Horn/Lindacher/Wolf, § 9 Rn. A 145; vgl. Thomsen, S. 102ff., 110ff., für den Fall, dass man mit der Rspr. den Haftungsausschluss nicht wie von ihr vertreten ohnehin für unzulässig hält; vgl. Kühn, S. 178ff., 182ff.; a.A. Ulmer/Brandner/Hensen/H. Schmidt, Teil 4 (8) Rn. 3; kritisch auch Schack, KuR, Rn. 409; unentschlossen: Kappus (Stand: 2006), Rn. 25; schon zum früheren Recht ablehnend: Goepfert, S. 113ff., 130; Schlosser/Coester-Waltjen/Graba/Graba, § 9 Rn. 91; Ulmer/Brandner/Hensen, 9. Aufl. – Hensen, Anh. §§ 9–11 Rn. 867; Schneider, S. 171ff.; Schrader, FS Kirchner, S. 343, 358f.

1550 Chr. Berger, KUR 2003, 137, 143; Braun, WM 1992, 893, 900; Braunfels, S. 162, 174ff.; vgl. schon Bernheimer, S. 46f.; vgl. auch E. Schneider, DB 1981, 199, 202.

1551 Zum früheren Recht: Dittmann, Handelsblatt v. 9./10.6.1978, S. 26; Heinbuch, Aktuelle Rechtsfragen, S. 208ff.; ders., NJW 1984, 15, 22; v. Hoyningen-Huene, NJW 1975, 962f.; v. ders., Inhaltskontrolle, Rn. 195; Reimer, GRUR 1975, 614, 615f.; Schmidt-Salzer, Rn. F.72,

2. Stellungnahme

Die Freizeichnungsklauseln und die BGH-Rechtsprechung sind vor dem Hintergrund der Gesetzesänderung einer Prüfung zu unterziehen. Umfangreiche Gewährleistungsausschlüsse sind im Auktionshandel so verbreitet, dass sie die beteiligten Käuferkreise nicht nach § 305 c I BGB überraschen.[1552] Aus der Üblichkeit folgt jedoch nicht die Angemessenheit.[1553] Sie ist nach § 307 I, II BGB zu prüfen.

Im Falle sorgfältigen Versteigererverhaltens kommt es mit dem Rechtsprechungsansatz zu einem haftungsfreien Raum. Die ausgewogenen Regeln des dispositiven Rechts über den Ausgleich widerstreitender Interessen sind verdrängt.

Für die Inhaltskontrolle nach § 307 I, II BGB ist auf den typischerweise beteiligten Durchschnittskunden abzustellen. Zu berücksichtigen sind die Risikolage beim Handel mit Kunstwerken in Versteigerungen, die Risikonähe und die Versicherbarkeit, das Äquivalenzinteresse des Erwerbers und das Geschäftsinteresse der Versteigerer sowie die im selben Rechtsverhältnis zugestandenen Kompensationen.[1554] Beachtlich sind auch die anerkannten Standards korrekten Verhaltens (Verkehrssitte, Handelsbrauch, Standesrichtlinien, Branchenüblichkeit).[1555]

a) Beteiligte Personenkreise

Sofern AGB-Haftungsfreizeichnungen nicht zwischen Verbrauchern und Unternehmern unterscheiden, muss sich die Inhaltskontrolle an den Verbrauchern orientieren. Viele Bieter sind sachkundig.[1556] Darunter viele Händler und Museumsvertreter, die aber nicht mehr bis zu 90% der Bieterschaft ausmachen.[1557] Ende der 1980er Jahre waren bereits 60% Privatkunden.[1558] Sammler sind oft erfahren oder gut beraten. Auktionen richten sich aber auch an Laien[1559]

S. 205; E. Schneider, DB 1981, 199, 202; Schubert, JR 1975, 371, 373 f.; Thomsen, S. 95 ff.; v. Westerholt/Graupner, NJW 1978, 794, 796. Schon zu § 242: Schubert, JR 1975, 371, 373 f.

1552 Schack, KuR, Rn. 405; zu § 3 AGBG: Braun, AcP 190 (1990) 182, 185; Dietlein, Weltkunst 1978, 2867; Picker, Weltkunst 1975, 443; Schack, KuR, Rn. 405; schon zu § 242: BGHZ 63, 369, 375 – „*Jawlensky*".

1553 Vgl. v. Hoyningen-Huene, Rn. 211.

1554 Vgl. Ulmer/Brandner/Hensen/Fuchs, § 307 Rn. 110 ff.

1555 Vgl. Ulmer/Brandner/Hensen/Fuchs, § 307 Rn. 140.

1556 Braun, AcP 190 (1990), 182, 186; ders., WM 1992, 893, 897; Kappus (Stand: 1998), Rn. 37 Fn. 120; Rn. 38; MünchKomm/H.P. Westermann, § 434 Rn. 72.

1557 So aber Kappus (Stand: 2006), Rn. 7 Fn. 29. *Sotheby's* schätzt, 60% seiner Kunden seien Händler (Merryman/Elsen/Urice, S. 1118); Braunfels, S. 90, ging mit Picker, S. 54, davon aus, ca. 50% des Auktionsumsatzes gingen an den wiederverkaufenden Handel.

1558 Hollein, S. 27 Fn. 27.

1559 Vgl. OLG Stuttgart, NJW 1983, 1200 – „*Heinrich von Zügel*".

und das Laienpublikum nimmt zu.[1560] Die Behauptung, in Wahrheit kaufe nur eine verschwindende Minderheit,[1561] beachtet dies zu wenig. Der Vorwurf, die Kritik an den Haftungsausschlüssen basiere auf grundlosen Verbraucherschutztendenzen und Vorurteilen gegenüber dem Auktionshandel[1562] ist vor dem Hintergrund der VerbrGKRL fragwürdig. Nur bei Versteigerungen, die nicht § 383 III 1 BGB entsprechen, sind Verbraucher ohne Weiteres geschützt.[1563]

Für die Inhaltskontrolle sind wegen §§ 474 I 2, 475 I BGB allein öffentliche Versteigerungen (§ 383 III 1 BGB) relevant. Sie genießen im Hinblick auf § 474 I 2 BGB einen Vertrauensvorschuss.[1564] Selbst wenn Versteigerer eine Monopolstellung hätten, was sie nicht haben,[1565] wäre diese für die Inhaltskontrolle unbeachtlich.[1566] Es steht Versteigerern frei, Käufern entgegenzukommen, um konkurrenzfähig zu bleiben.[1567]

b) Risikolage

Für die Beurteilung von AGB-Haftungsfreizeichnungen sind Risikolage und -beherrschbarkeit entscheidend.[1568] Das Haftungsrisiko der Kunstauktionshäuser ist erheblich. Sie verkaufen so gut wie ausschließlich gebrauchte Werke, die zumindest abstrakt risikobehaftet sind.[1569] Die Rechtsprechung betont zu Recht die eingeschränkten Untersuchungsmöglichkeiten bei einer Vielzahl unterschiedlicher Gegenstände.[1570] Ein Auktionshaus versteigert mehrere tausend Objekte pro Jahr.[1571] Üblich sind hierzulande zwischen 10 und 20 Auktionen zu Spezialgebieten mit bis zu über tausend Einzellosen oder 4 generelle Auktionen

---

1560 Boll, S. 370; Drinkuth, S. 39 ff.

1561 Braun, WM 1992, 893, 896 Fn. 36; vgl. aber ders., AcP 190 (1990), 182, 186.

1562 Vgl. Braun, WM 1992, 893, 896 f.; Flume, JZ 1991, 633, 636: „mehr emotionale als juristische Stellungnahme".

1563 Chr. Berger, KUR 2003, 137, 142.

1564 S.o. S. 178 f.

1565 Vgl. o. S. 29; i.Ü.: Braunfels, S. 133; Kaufmann, JW 1931, 3034, 3035; Schneider, S. 168; aA Schlosser/Coester-Waltjen/Graba/Graba, § 9 Rn. 91; Locher, S. 143 f., 214; Schubert, JR 1975, 371, 373; v. Westerholt/Graupner, NJW 1978, 794, 796; vgl. Goepfert, S. 118.

1566 Braunfels, S. 132 f.; Schneider, S. 168; aA Locher, S. 143 f., 214.

1567 Dies verkennt Thomsen, S. 210 f.; vgl. Braun, AcP 190 (1990), 182, 189.

1568 Ulmer/Brandner/Hensen/Fuchs, § 307 Rn. 156.

1569 S.o. S. 29 f., 183 ff.

1570 BGH, NJW 1980, 1619, 1621 – *„Bodensee-Kunstauktion"*; vgl. auch schon BGHZ 63, 369, 374 – *„Jawlensky"*, darin die Schwierigkeiten der Echtheitsfeststellung durch häufige Eigentümerwechsel betonend; OLG Düsseldorf, NJW-RR 1993, 1522 ff. – *„Barockschrank"*; OLG Düsseldorf, OLGZ 78, 317, 319 -*„Artz und de Klerk"* (Fall eines als Vertreter handelnden Versteigerers).

1571 Vgl. Chr. Berger, KUR 2003, 137, 139, 142.

mit bis zu über dreitausend Einzellosen.[1572] Zwischen Einlieferung und Versteigerung liegen üblicherweise zwischen einem bis drei Monate.[1573] Manche Werke werden erst kurz vor Katalogerstellung eingeliefert. Daraus ergibt sich bei einem begrenzten Mitarbeiterstamm selbst bei großen Auktionshäusern wie Lempertz oder der Villa Grisebach mit 23 bzw. 18 Experten[1574] eine recht kurze Vorbereitungs- und Recherchezeit. Daher werden Auktionen häufig zum Fälschungsabsatz genutzt.[1575]

Versteigerer können zwar relativ rasch externe Experten konsultieren,[1576] doch ist ihnen dies nicht immer abzuverlangen. Selbst wenn sie Umfang und Vielzahl der Versteigerungen im Rahmen des wirtschaftlich noch Machbaren beschränkten, bliebe mit dem BGH festzuhalten, dass den Versteigerer als Kommissionär typischerweise ein erhebliches Risiko zu Echtheit und Herkunftsangaben der fremden Kunstgegenstände trifft. „Angesichts des häufigen Eigentumswechsels (...) ist er vielfach gar nicht in der Lage, durch zumutbare eigene Nachforschungen Sicherheit über die Echtheit des Werkes zu erlangen. Er bleibt daher weitgehend auf die Angaben seiner Auftraggeber sowie auf Expertisen angewiesen. Das gilt nicht nur für Werke sogenannter alter Meister, sondern auch für (...) Kunstwerke des 20. Jahrhunderts, die durch die Kriegswirren und die staatliche Unterdrückung ganzer Kunstrichtungen oft ein sehr wechselvolles Schicksal gehabt haben."[1577]

Die Bieterschaft bringt Versteigerern und den zum Ausruf kommenden Kunstwerken geringeres Vertrauen entgegen als Spezialhändlern.[1578] Sie will die Gewinnmarge des Handels einsparen und hofft auf Trouvaillen.[1579] Unerheblich ist, dass Trouvaillen bei der Kompetenz und Bieterzahl kaum zu erwarten sind und professionellen Fachleuten eher auffallen als unerfahrenen Interessenten[1580]. Den Bietern ist das mit dem Erwerb in Auktionen verbundene „Eigenwagnis"

1572 Im Fall „Bodensee-Kunstauktion" des BGH sogar weit über 6000 Objekte, davon über 400 Gemälde, BGH, NJW 1980, 1619ff.; vgl. Herchenröder, Die Kunstmärkte, S. 236.

1573 Eine Übersicht findet sich in Weltkunst 2006, Heft 9, S. 73.

1574 http://www.lempertz.com/experten.html; abgerufen am 1.4.2012; https://www.villa-grisebach.de/de/-experten/; abgerufen am 1.4.2012. Für einen internationalen Vergleich s. Drinkuth, S. 289, Tafel 8 und 9.

1575 Almeroth, S. 195f.

1576 v. Hoyningen-Huene, NJW 1975, 962, 963; Schneider, S. 164.

1577 BGHZ 63, 369, 374f. – *„Jawlensky"*; bestätigt in BGH, NJW 1980, 1619, 1621 – *„Bodensee-Kunstauktion"*; zustimmend Braun, AcP 190 (1990), 182, 186; ders., WM 1992, 893, 895, 900; ders., JZ 1998, 197; Braunfels, S. 127; Dechow, S. 127; Goepfert, S. 117; Schlosser/Coester-Waltjen/Graba/Graba, § 9 Rn. 91; Locher, JZ 1975, 419; Picker, Weltkunst 1975, 443; Schneider, S. 164f.; Wolf/Horn/Lindacher/Wolf, § 9 Rn. A 145.

1578 Kappus (Stand: 2006), Rn. 25 Fn. 83; Staudinger/Matusche-Beckmann, § 474 Rn. 44.

1579 Kappus (Stand: 1998), Rn. 37; vgl. Flume, JZ 1991, 633, 636.

1580 Beckmann/Kräkel/Schauenberg, ZfB, 1997, 41, 52.

bekannt.[1581] Auch die öffentliche Bestellung ändert nicht den Gesamtrahmen der Versteigerung.

Die Risikolage spricht insofern für die Zulässigkeit von Freizeichnungen. Daran ändert nichts, dass sich ein im eigenen Namen handelnder Kommissionär stärker hinter den Gegenstand stellt als vielleicht ein Stellvertreter.[1582] Das Risiko des Versteigerers darf mit Freizeichnungen allerdings nicht zum alleinigen Gegenstand des Ersteigerers gemacht werden.[1583] Sofern er nicht Sachkenner ist, kann er es nicht besser beherrschen.[1584] Er kapriziert sich zwar auf nur wenige Objekte. Wichtig ist jedoch, wer dem Risiko näher steht (Risikonähe).[1585] Mängel sind weniger Sache des Käufers als des Verkäufers.[1586] Der Versteigerer ist es, der mit Falschzuschreibungen das Risiko schafft. Die Obliegenheit des Käufers zur Risikovermeidung ist beschränkt (vgl. § 442 I BGB). Die Vertrauenswürdigkeit des Einlieferers kann nur der Versteigerer beurteilen.[1587] Der öffentlich bestellte Versteigerer hat eine besondere Vertrauensstellung.[1588]

c) Geschäftsinteressen

Die Annahme, man könne den Versteigerern die branchenspezifischen Schwierigkeiten nicht zugutehalten,[1589] ist nicht überzeugend. Ein Plädoyer für die Entschleunigung des Auktionswesens[1590] richtet sich nachgerade gegen die Handelsform der Auktion selbst.[1591] Zwar sprechen Einlieferungen kurz vor Katalogerstellung nicht zu Gunsten der Versteigerer.[1592] Schließlich kann man erwarten, dass sie Einlieferungen für die jeweilige Versteigerung rechtzeitig stoppen. Sie müssen auch einer „rasanten Fluktuation der oft viel zu kurz eingearbeiteten ‚Experten'"[1593] vorbeugen und sich vorsichtiger Beschreibungen bedienen.[1594] Würde man aber Frei-

1581 Braun, AcP 190 (1990, 182, 186; Goepfert, S. 117 f.; Kaufmann, JW 1931, 3034, 3035.

1582 So aber Schmidt-Salzer, Rn. F.72, S. 205.

1583 v. Hoyningen-Huene, Rn. 195; Schneider, S. 164.

1584 Vgl. Braunfels, S. 127 f.; v. Hoyningen-Huene, Rn. 195; Schneider, S. 164; Schrader, FS Kirchner, S. 343, 357.

1585 Ulmer/Brandner/Hensen/Fuchs, § 307 Rn. 156.

1586 S. bereits o. S. 22 f.

1587 Behrens/de Lazzer, S. 35; Schack, KuR, Rn. 114.

1588 Vgl. Glaus in Schwander/Studer, S. 109, 123.

1589 Heinbuch, Aktuelle Rechtsfragen, S. 210; v. Hoyningen-Huene, Rn. 195; ders., NJW 1975, 962, 963; Schmidt-Salzer, Rn. F.72, S. 205; Schrader, FS Kirchner, S. 343, 354; Thomsen, S. 98 f., 113 f.

1590 Schrader, FS Kirchner, S. 343, 357.

1591 Braunfels, S. 159; Schneider, S. 164 f. Fn. 1025.

1592 So aber Dechow, S. 127.

1593 Herchenröder, Kunstmärkte im Wandel, S. 332.

1594 Schmidt-Salzer, Rn. F.72, S. 205.

zeichnungen untersagen, würden Katalogangaben auch dann relativiert werden, wenn an der Echtheit nach Abschluss zumutbarer Untersuchungen an sich kein Zweifel besteht. Damit würden Kaufinteresse und angemessene Preisbildung torpediert[1595] ohne dem Bieterinteresse zu dienen.[1596]

Versteigerer wollen Verträge schnell und ohne Haftungsprozesse abwickeln.[1597] Sie sind nicht dadurch geschützt, dass Käufer die Unechtheit beweisen müssen.[1598] Den Kauferlös müssen sie gem. § 384 II 2. Hs. HGB grundsätzlich unverzüglich an den Einlieferer weiter reichen,[1599] können aber einer Inanspruchnahme durch den Käufer nicht entgegenhalten, ihn abgeführt zu haben[1600]. Verständlicherweise wollen sie nicht beim Einlieferer Regress nehmen müssen, der eventuell insolvent oder unauffindbar bzw. flüchtig ist.[1601] Eine Verpflichtung des Einlieferers in den Einlieferungsbedingungen, den Versteigerungserlös gegen Sachrückgabe herauszugeben, ist dann – ungeachtet der Frage ihrer Wirksamkeit – nutzlos. Auch ist die frühere Verjährungsfrist von sechs Monaten[1602] nun erheblich länger, wenngleich (arg. e § 475 II BGB) grundsätzlich (§ 202 I BGB, § 307 BGB) verkürzbar[1603].

Immerhin kommen aber Auktionshäuser, deren Versteigerungen nicht § 383 III 1 BGB entsprechen, auch mit der weitgehenden Unabdingbarkeit der Mängelrechte zurecht. Dies gilt auch in EU-Staaten, die, wie Österreich, Versteigerungen ausnahmslos den Verbrauchsgüterkaufbestimmungen unterstellen, davon betroffen etwa das Wiener Auktionshaus *Dorotheum*. Auch in New York stehen Versteigerer für ihre Angaben ein.[1604]

1595 Vgl. Beckmann/Kräkel/Schauenberg, ZfB, 1997, 41, 48 f. („No News is Bad News").

1596 Braun, AcP 190 (1990), 182, 187.

1597 Braun, AcP 190 (1990), 182, 186; Braunfels, S. 156 ff.; Schneider, S. 164 f.

1598 So aber v. Hoyningen-Huene, NJW 1975, 962, 963.

1599 BGH, NJW 1980, 1619, 1621 – „*Bodensee-Kunstauktion*"; OLG Hamm, NJW 1994, 1967 – „*Carl Schuch*"; Chr. Berger, KUR 2003, 137, 142; Staub/Koller, § 384 Rn. 42; Röhricht/HGB-Lenz, § 384 Rn. 14.

1600 Canaris, Handelsrecht, § 30 Rn. 87.

1601 Chr. Berger, KUR 2003, 137, 142; Braunfels, S. 157 ff.

1602 § 477 I 1 BGB a.F.; vgl. Schneider, S. 165.

1603 RegE, BT-Drucks. 14/1640, S. 159, S. 229; Chr. Berger, KUR 2003, 137, 141; Stoffels, Rn. 947. Eine Verkürzung von unter sechs Monaten ist nach § 307 I, II Nr. 1 BGB unwirksam (vgl. § 477 I 1 BGB a.F., § 11 Nr. 10 f AGBG a.F.); Mansel/Budzikiewicz, S. 202 Rn. 116; Stölting, ZGS 2005, 299, 301; vgl. Chr. Berger, KUR 2003, 137, 143.

1604 An act to amend the general business law, in relation to auction requirements, A1730D-2009, Section 29.1, http://open.nysenate.gov/legislation/bill/A1730D-2009; abgerufen am 1.4.2012.

d) Versicherbarkeit

Von Bedeutung ist, welche Partei ihr Schadensrisiko besser unter einen möglichen und zumutbaren Versicherungsschutz stellen kann.[1605] Ein solcher ist aber weder vorgeschrieben noch branchenüblich.[1606] In der Literatur wird zu Recht angenommen, die Versicherbarkeit spreche nicht gegen Freizeichnungen. Sie ist Versteigerern nicht wesentlich besser möglich als Ersteigerern.[1607]

Ersteigerer können das Echtheitsrisiko erst versichern, wenn sie das Bezugsobjekt, das Kunstwerk, erworben haben.[1608] Sie können auf Garantieübernahmen drängen.[1609] Das wird ihnen aber selten gelingen.[1610]

Das Regressrisiko des Versteigerers als Eigenschadenrisiko wird von den üblichen Vermögensschaden-Haftpflichtversicherungen[1611] gem. der AVB[1612] nicht abgedeckt. Versichert werden nur für größere Versicherungsgruppen gleichgeartete, für die Erfassung im Versicherungsbetrieb geeignete Standardrisiken.[1613] Die üblichen Versicherungen schützen beim Zuschlag unter Limit, der Herausgabe anderer Gegenständen etc.[1614] Erfasst sind nur Vermögensschäden infolge fahrlässiger Pflichtverletzungen, nicht aber allgemeine Gewährleistungsansprüche.[1615] Für Gutachtertätigkeiten bedürfte es Sondervereinbarungen.[1616] Der Haftpflichtversicherungsvertrag für Gutachtertätigkeiten umfasst grundsätzlich nicht Expertisetätigkeiten im Zusammenhang mit Kaufverträgen des Versicherungsnehmers.[1617] Zu Sondervereinbarungen sind Versicherer wegen des schwer kalkulierbaren Risikos allenfalls zu hohen Versicherungsprämien bereit. Schon

1605 Ulmer/Brandner/Hensen/Fuchs, § 307 Rn. 156, 159f.

1606 Nach Kunth in Reichelt, S. 129, 134, schließen jedoch weniger versierte Auktionshäuser gerne Versicherungen gegen Fehlexpertisen ihrer Experten ab.

1607 Braunfels, S. 160f.; Schneider, S. 167f.; aA Thomsen, S. 99.

1608 Schneider, S. 168.

1609 Braunfels, S. 161.

1610 Vgl. Schneider, S. 168; Thomsen, S. 97.

1611 Vgl. *Greenwood v. Koven*, 880 F. Supp. 186 (S.D.N.Y. 1995), Merryman/Elsen/Urice, S. 1029.

1612 Allgemeine Versicherungsbedingungen.

1613 Weyers/Wandt, Rn. 885.

1614 Vgl. R+V Vermögensschaden-Haftpflicht, Tarif 01/2008, S. 117, http://allfinanz.comon-service.de/formular/allg_schadenvhaft09.pdf; abgerufen am 1.4.2012.

1615 Vgl. Prölss/Martin/Lücke, Nr. 1 AHB Rn. 9, 47.

1616 Allianz Versicherung, Besondere Bedingung zur Vermögensschaden-Haftpflichtversicherung für freiberufliche Versteigerer und Auktionatoren, HV 4011/05; AXA, Risikobeschreibung und Besondere Bedingungen zur Vermögensschaden-Haftpflichtversicherung für private Auktionatoren, Ziff. 1; Zürich Versicherung, Besondere Bedingungen und Risikobeschreibungen (BBR) zur Vermögensschaden-Haftpflichtversicherung von Versteigerern und Auktionatoren, Ausgabe 10.2005, Ziff. 1.

1617 Vgl. OGH Wien, Urt. v. 29.10.2007 – 7 Ob 164/07d, beck-online – BeckRS 2009 07992.

die Versicherungssummen sind wegen der Preisentwicklungen schwer bestimmbar.[1618] Die geschätzte Zahl der jährlich versteigerten Gegenstände, die Bilanzsumme und die Anzahl der Mitarbeiter[1619] sind schwache Anhaltspunkte. Denkbar sind Projektdeckungen für Einzelobjekte, jedoch ist die Inanspruchnahme auf Ersatz des entgangenen Gewinns allenfalls bei hoher Prämienleistung versicherbar.[1620]

e) Äquivalenzprinzip

Das Äquivalenzprinzip gehört zu den wesentlichen Grundgedanken (§ 307 II Nr. 1 BGB) der für schuldrechtliche Verträge geltenden Regeln.[1621] Seine Bedeutung ist mit dem in § 433 I 2 BGB auch für den Stückkauf niedergelegten Anspruch auf mangelfreie Sachverschaffung unterstrichen. Die synallagmatische Hauptleistungspflicht ist eine wesentliche Pflicht aus der Natur des Kaufvertrages (Kardinalpflicht, § 307 II Nr. 2 BGB).[1622]

Bei nicht neu hergestellten Sachen ist freilich gewissenhaft zu prüfen, ob Freizeichnungen tatsächlich die „Erreichung des Vertragszwecks gefährden“. Mitunter führen erst sie zu ausgewogenen Verträgen.[1623] Allerdings dürfen sie in AGB das Äquivalenzprinzip nur bei überzeugenden Gründen beeinträchtigen (Verhältnismäßigkeitsprinzip[1624]). Generell sind die Rechte aus § 437 BGB von § 475 BGB und den auch für Verträge zwischen Unternehmern über §§ 310 I 2, 307 I, II BGB geltenden § 309 Nr. 7 b und 8 b BGB schon gut geschützt. Gut genug für den Handel mit nicht neu hergestellten Kunstwerken?[1625]

Aus den strengeren Regeln beim Verkauf neu hergestellter Sachen gegenüber denen beim Verkauf nicht neu hergestellter Sachen wird teilweise gefolgert, beim Letzteren sei der Gerechtigkeitsgehalt des Gewährleistungsrechts deutlich gerin-

---

1618 Vgl. Braunfels, S. 160f.

1619 Vgl. Schneider, S. 167.

1620 Vgl. Tettinger, AcP 205 (2005), 1, 25f.

1621 Vgl. BGHZ 96, 103, 109 m.w.N. (Leasinggegenstand); Braunfels, S. 129; Ulmer/Brandner/Hensen/Fuchs, § 307 Rn. 215.

1622 PWW/KP Berger, § 307 Rn. 27; Staudinger/Coester, § 307 Rn. 456; Ulmer/Brandner/Hensen/Fuchs, § 307 Rn. 273f., 316; Palandt/Grüneberg, § 307 Rn. 101; Haas in Haas/Medicus/Rolland/Schäfer/Wendtland, Kap. 5 Rn. 294; AnwKomm/Kollmann, § 307 Rn. 27, 34; Bamberger/Roth/H. Schmidt, § 307 Rn. 36; Schulze/Ebers, JuS 2004, 462, 466; Tiedtke/Burgmann, NJW 2005, 1153, 1155; v. Westphalen, NJW 2002, 12, 22f.; ders., Verkaufsbedingungen, S. 139. Schon zu § 9 II Nr. 2 AGBG a.F.: Schrader, FS Kirchner, S. 343, 358f.

1623 Vgl. Schneider, S. 165.

1624 Anerkanntes Bewertungskriterium, vgl. Ulmer/Brandner/Hensen/Fuchs, § 307 Rn. 97, 105.

1625 Bei Gebrauchtwaren wird dies grundsätzlich bejaht, vgl. Palandt/Grüneberg, § 307 Rn. 101; Litzenburger, NJW 2002, 1244; Stoffels, Rn. 519.

ger.[1626] Aber selbst dann wäre er aufgrund der Besonderheiten oft hochpreisiger Kunstwerke (drohender Wertverlust bei Unechtheit, geringe Preiseinwirkung unterschwelliger Zuordnungsschwierigkeiten etc.[1627]) immer noch höher als bei den meisten Gebrauchtwaren. Das Äquivalenzprinzip ist gerade im Hinblick auf die Echtheit von hoher Bedeutung.[1628] Das schwächt den vom BGH gezogenen Vergleich des Kunsthandels mit dem Gebrauchtwagenhandel zur Rechtfertigung der Haftungsausschlüsse. Dort sah er sie geradezu als ein Gebot der wirtschaftlichen Vernunft.[1629]

Gegen umfängliche AGB-Haftungsfreizeichnungen spricht, dass sie pauschal alle Mängel und Einzelstücke erfassen, ohne deren Wert und Eigenart in Bezug zu nehmen.[1630] Die Kategorie der nicht neu hergestellten Kunstwerke ist weit gefächert, objektbezogene Auslegungen hingegen sind unmöglich[1631].

aa) Zwingend verbleibende Rechte gegen Einlieferer

Der Ersteigerer hat gegen den Einlieferer mangels Vertrags keine Vertragsansprüche. Eine analoge Anwendung der Mängelrechte scheidet aus. Die Vertragsbeziehung allein zum Kommissionär ist Wesensmerkmal des Kommissionsvertrages.[1632]

Dieser kann deshalb auch nicht als echter Vertrag zugunsten des Ersteigerers (§ 328 I BGB) ausgelegt werden.[1633] Er würde zudem keinen (Haupt-)leistungsanspruch begründen, sondern Sekundäransprüche bei fahrlässigen Falschangaben,[1634] was Grenzen zum Vertrag mit Schutzwirkung zugunsten Dritter ver-

1626 S. bereits o. S. 183 f.

1627 S.o. S. 195 f.

1628 Braunfels, S. 129 ff.; v. Hoyningen-Huene, Rn. 230, 261; ders., NJW 1975, 962, 963; Schmidt-Salzer, Rn. F.72, S. 205; E. Schneider, DB 1981, 199, 202; Schneider, S. 165, 168; Schubert, JR 1975, 371, 373; Thomsen, S. 96 f., 101; v. Westerholt/Graupner, NJW 1978, 794, 796.

1629 Vgl. BGHZ 63, 369, 374 f. – „*Jawlensky*“; BGH, NJW 1966, 1071 (Gebrauchtfahrzeug); wie hier: v. Hoyningen-Huene, NJW 1975, 962, 963; Schmidt-Salzer, Rn. F.72, S. 205; Schubert, JR 1975, 371, 373; Thomsen, S. 96 f.; v. Westerholt/Graupner, NJW 1978, 794, 796 Fn. 23.

1630 Heinbuch, NJW 1985, 15, 22; E. Schneider, DB 1981, 199, 200; Schrader, FS Kirchner, S. 343, 358; Ulmer/Brandner/Hensen, 8. Aufl. – Hensen, Anh. §§ 9–11 Rn. 866; vgl. Beckmann/Kräkel/Schauenberg, ZfB, 1997, 41, 48: „Zusammenhang zwischen dem Tauschwert eines Gutes und dem Informationsbedarf der Kaufinteressenten“.

1631 Vgl. Ulmer/Brandner/Hensen/G. Christensen, Teil 2 (17) Rn. 15.

1632 Hammel, WIB 1997, 1318; Schneider, S. 173.

1633 Schneider, S. 173; angedacht von BGHZ 63, 369, 375 f. – „*Jawlensky*“; bejaht von Kühn, S. 171 f., für den Fall, dass die Einlieferungsbedingungen bestimmen, dass der Einlieferer für alle Sachmängel haftet.

1634 Braunfels, S. 144.

wischen würde.[1635] Zudem wären Geheimhaltungsinteressen des Versteigerers gefährdet. Ohne Nennung des Einlieferers könnten Ersteigerer ihre Ansprüche nicht geltend machen.[1636]

Der Kommissionsvertrag ist auch kein Vertrag mit Schutzwirkungen zugunsten des Ersteigerers.[1637] Ein solcher (Rechtsgrundlage str., ergänzende Vertragsauslegung (§§ 133, 157 BGB)[1638] oder richterliche Rechtsfortbildung (§ 242 BGB)[1639], aber eher nicht § 311 III 1 BGB[1640]) setzt eine den Schuldner treffende Risikokumulierung voraus. Sie ist für den Kommittenten nicht gegeben, weil der Schaden außer beim seltenen Selbsteintritt nach § 400 HGB nie den Versteigerer, sondern immer nur den Käufer trifft.[1641] Es bleiben mithin die eher seltenen deliktischen Ansprüche (§ 823 II 1 BGB i.V.m. § 263 I StGB, § 826 BGB).[1642]

bb) Zwingend verbleibende Rechte gegen Versteigerer

Gegen den Versteigerer verbleiben bei wirksamer Haftungsfreizeichnung alle Mängelrechte gemeinsam nur in den seltenen Fällen des § 444 BGB (Arglist und Zusicherungsgarantie). Bei Arglist bleibt auch § 123 BGB.[1643] Das unabdingbare Anfechtungsrecht nach § 119 II BGB ist entgegen einer Mindermeinung[1644]

1635 Vgl. Braunfels, S. 144f.; zur Abgrenzung: Palandt/Grüneberg, Einf. v. § 328 Rn. 1, § 328 Rn. 13. Eine Vereinbarung des Sachmängelgewährleistungsrechts im Innenverhältnis schließt zwar Nacherfüllungsansprüche (§§ 437 Nr. 1, 439 BGB) als Fortführung des Primäranspruchs (§ 433 I 2 BGB) ein. Sie sind beim Kunsterwerb jedoch kaum bedeutend.

1636 Braun, WM 1992, 893, 898; ders., JZ 1993, 855.

1637 Braunfels, S. 145; Schneider, S. 174; Thomsen, S. 108ff.

1638 Palandt/Grüneberg, § 328 Rn. 14; Staudinger/Löwisch, § 311 Rn. 161.

1639 Bayer, JuS 1996, 473, 475, MünchKomm/Gottwald, § 328 Rn. 165ff.

1640 So aber AnwKomm/Krebs, § 311 Rn. 65, 99, 120f. § 311 III 1 BGB bezieht sich jedoch auf vorvertragliche Schuldverhältnisse (Staudinger/Löwisch, § 311 Rn. 161) und auf Pflichten nach § 241 II BGB. Der Vertrag mit Schutzwirkung zugunsten Dritter besteht indes auch bei Leistungspflichtverletzungen (vgl. Palandt/Grüneberg, § 328 Rn. 15).

1641 Braunfels, S. 145; Thomsen, S. 109f.; vgl. zum Vertrag mit Schutzwirkung zugunsten Dritter: BGHZ 66, 51ff. (Gemüseblatt).

1642 Braun, WM 1992, 893, 894; ders., JZ 1993, 855; Braunfels, S. 141; Schneider, S. 173.

1643 Das entspricht der früheren Rechtslage, vgl. dazu Braunfels, S. 138; Dietlein, Die Weltkunst 1978, 2867, 2869; Schneider, S. 166 Fn. 1039.

1644 Bamberger/Roth/Faust, § 437 Rn. 182; Larenz/Wolf, § 36 Rn. 49; Reischl, JuS 2003, 1076, 1078; Wrede, S. 137, 180, mit Verweis auf die im französischen und Schweizer Recht neben den Gewährleistungsregeln anwendbaren Irrtumsregeln (dazu Müller-Chen/Renold in Mosimann/Renold/Raschèr, Kap. 6 Rn. 171, Kap. 8 Rn. 13; v. Graffenried in Schwander/Studer, S. 53, 61ff.; schon zum früheren Recht insb. wegen § 477 I 1 BGB a.F.: Schröder, FS Kegel, S. 397, 410ff., 413; Schubert, JR 1975, 371, 373f.

nach wie vor[1645] vom Gewährleistungsrecht verdrängt,[1646] und zwar nicht erst ab Gefahrübergang,[1647] sondern mit Abschluss des Kaufvertrages[1648]. Dies selbst dann, wenn die Gewährleistung wirksam ausgeschlossen ist.[1649] Sonst würde der Verkäufer sein „Recht zur Nacherfüllung“ verlieren,[1650] § 442 I 2 BGB umgangen[1651] und die Verjährungsfrist des § 438 I Nr. 3 BGB von der Zehn-Jahres-Anfechtungsfrist (§ 121 II BGB)[1652] ausgehebelt.[1653] Zum Schutze der Mangelvoraussetzungen gilt die Verdrängung auch für einen unerheblichen Mangelverdacht.[1654] Mithin scheidet § 119 II BGB als Bewertungskriterium von Haftungsfreizeichnungen aus.[1655] Deliktische Ansprüche sind selten.

aaa) Nachlieferungsanspruch beim Identitätsaliud

Haftungsfreizeichnungen sind unwirksam, sofern sie den Nachlieferungsanspruch bei der Lieferung eines Identitätsaliuds (§ 434 III Alt. 1 BGB) erfassen. Der Verkäufer setzt sich hier erheblich und entgegen § 307 I 1, II Nr. 1 BGB in Widerspruch zum Leistungsversprechen.[1656] Die Klausel kann nicht durch Ausgrenzung des entsprechenden Nachlieferungsanspruchs im Wege objektiver Auslegung aufrecht erhalten werden. Das wäre nur bei nach Sinn und Zweck der Regelung nicht erfassten seltenen Sonderfällen möglich.[1657] Für eine praktisch fernliegende Fallgestaltung hätte der Gesetzgeber nicht § 434 III Alt. 1 BGB geschaffen.

1645 Vgl. OLG Kiel, LZ, XV. Jg. 1921, S. 464 f. – „*Kupferstich*“; RG, Gruch. 66 (1923), 452, 454 – „*Spitzweg*“; RGZ 135, 339, 340 – „*Ruisdael*“; Becker-Eberhard, JuS 1992, 461, 463 f.; Flume, S. 132 ff.; ders., AT, S. 484 ff.; Picker, Weltkunst 1982, 3117 f.; Müller, JZ 1988, 381, 387 f.; Schneider, DB 1981, 199, 200; v. Westerholt/Graupner, NJW 1978, 794, 796.

1646 Vgl. RegE, BT-Drucks. 14/6040, S. 210.

1647 Brüggemeier, WM 2002, 1376, 1378; Erman/B. Grunewald, v. § 437 Rn. 23 ff.; Schellhammer, Rn. 129.

1648 Jauernig/Chr. Berger, § 437 Rn. 32; Medicus, AT, Rn. 775; Reinicke/Tiedke, Rn. 797 ff.; vgl. Oechsler, Rn. 285, 299; Schack, KuR, Rn. 414 f.; ders., AT, Rn. 290 f.

1649 Schack, KuR, Rn. 415; Wertenbruch, NJW 2004, 1977, 1979; zum früheren Recht: BGHZ 63, 369 ff., 376 – „*Jawlensky*“; v. Westerholt/Graupner, NJW 1978, 794, 796.

1650 Jauernig/Chr. Berger, § 437 Rn. 32; Reinicke/Tiedke, Rn. 799.

1651 Medicus, AT Rn. 775; Reinicke/Tiedke, Rn. 799; Schack, KuR, Rn. 415.

1652 Früher nach § 121 II BGB a.F. dreißig Jahre.

1653 Schack, KuR, Rn. 414 f.; Wertenbruch, NJW 2004, 1977, 1979, wobei man ihn so missverstehen könnte, als vergleiche er hier die gewährleistungsrechtliche Verjährungsfrist mit der allgemeinen Verjährungsfrist des § 195 BGB.

1654 Vgl. OLG Düssldorf, NJW 1992, 1326 f. – „*Warhol*“.

1655 AA Schubert, JR 1975, 371, 374 (§ 119 II BGB sei unverdrängt).

1656 Vgl. o. S. 167.

1657 Vgl. Ulmer/Brandner/Hensen/H. Schmidt, § 306 Rn. 15; Ulmer/Brandner/Hensen/P. Ulmer/C. Schäfer, § 305 c Rn. 86, 101.

Außer beim aliud sind Nacherfüllungen beim Kunsterwerb ohnehin selten möglich.[1658] Nicht geteilt wird die Ansicht[1659], der Nacherfüllungsanspruch gehöre auch insofern bei nicht neu hergestellten Werken über den Verbrauchsgüterkauf hinaus zum gesetzlichen Leitbild. Er dient hier keinem wesentlichen Käuferschutzbedürfnis.[1660] Klauseln scheitern nicht schon, weil sie ihn nicht gänzlich belassen.

bbb) Schadensersatzansprüche

Im Unterschied zu früher hat der Ersteigerer bei Mängeln bereits gegen den fahrlässigen Versteigerer Schadensersatzansprüche, die bei grober Fahrlässigkeit auch nicht abdingbar sind.[1661] Dies ist mit der Beweislastumkehr des § 280 I 2 BGB eine erhebliche Besserstellung. Nachlässigkeiten wären selbst dann härter sanktioniert, wenn eine Freizeichnung von einer Schadensersatzhaftung *bei nur leichter Fahrlässigkeit* wirksam wäre. Ob eine solche wirksam ist, ist strittig.[1662] Sie ist nicht schon aus einem Umkehrschluss zu § 309 Nr. 7 b BGB gestattet,[1663] sondern nach § 307 I, II BGB unwirksam, wenn sie unangemessen benachteiligt.[1664] Das ist nicht der Fall:

(1) Inanspruchnahme besonderen Vertrauens

Nach allgemeiner Ansicht greift die Freizeichnung nicht, wenn der Klauselverwender besonderes Vertrauen für sich in Anspruch genommen hat.[1665] Bei Versteigerern ist dies nicht generell im erforderlichen Maße anzunehmen.[1666] Besondere Vertrauensinanspruchnahme führt nicht schon zur Klauselunwirksamkeit nach

1658 Vgl. Chr. Berger, KUR 2003, 137, 138.

1659 Vgl. Stölting, ZGS 2005, 299, 303.

1660 Vgl. Bamberger/Roth/J. Becker, § 309 Nr. 8 Rn. 28.

1661 S.o. S. 162f.

1662 Für die Wirksamkeit: Mangold, S. 243; wohl auch Schack, KuR, Rn. 407; aA Boochs/Ganteführer, S. 76; Dietlein, Die Weltkunst 1978, 2867, 2870; Kühn, S. 190.

1663 BT-Drucks. 14/6857, S. 53; Arnold, ZGS 2004, 16, 17; Ulmer/Brandner/Hensen/G. Christensen, § 309 Nr. 7 Rn. 37; Ulmer/Brandner/Hensen/Fuchs, § 307 Rn. 287; a.A. Stöber, DAR 2004, 570, 573.

1664 Ulmer/Brandner/Hensen/Fuchs, § 307 Rn. 287; Koller, ZIP 1986, 1089.

1665 BGH, NJW-RR 1986, 271, 272 (Klimaanlage); Braunfels, S. 188 Fn. 682; Ulmer/Brandner/Hensen/Fuchs, § 307 Rn. 272; Palandt/Grüneberg, § 309 Rn. 50.

1666 So offenbar auch OLG Düsseldorf, OLGZ 78, 317ff. – „*Artz und de Klerk*"; Schack, KuR, Rn. 407.

§ 307 I, II BGB, sondern verhindert im Einzelfall, dass sich der Versteigerer auf seinen Haftungsausschluss berufen kann (Ausübungskontrolle, § 242 BGB).[1667]

(2) Kardinalpflichtenrechtsprechung

Nach der fortgeltenden[1668] Kardinalpflichtenrechtsprechung sind Freizeichnungen nach § 307 I, II Nr. 2 BGB bei der Verletzung von Kardinalpflichten unwirksam, wenn es sonst zur Sanktionslosigkeit käme. Kardinalpflichten sind die wesentlichen Vertragspflichten, deren Erfüllung die ordnungsgemäße Vertragsdurchführung erst ermöglicht, auf die der Partner daher vertraut und vertrauen darf, also insbesondere die im Gegenseitigkeitsverhältnis stehenden Hauptleistungspflichten.[1669]

(a) Meinungsstand

Wegen der in § 433 I 2 BGB normierten Pflicht zur mangelfreien Sachverschaffung sind viele der Ansicht, bei Sachmängeln seien Schadensersatzansprüche grundsätzlich nur für nicht vorhersehbare, vertragsuntypische Schäden abdingbar.[1670] Andere meinen, eine Freizeichnung für leichte Fahrlässigkeit sei grund-

---

1667 Vgl. BGH, NJW-RR 1986, 271, 272 (Klimaanlage); Ulmer/Brandner/Hensen/Fuchs, § 307 Rn. 272; aA Braunfels, S. 188 Fn. 682; Palandt/Grüneberg, § 309 Rn. 50.

1668 Vgl. BGH, NJW 2005, 1774 (Beförderungsbedingungen); BGH, NJW-RR 2005, 1496, 1505 f. (Vertragshändlervertrag). Ihr Anknüpfungspunkt (§ 9 II Nr. 2 AGBG a.F.) besteht in § 307 II Nr. 2 BGB fort, vgl. Arnold, ZGS 2004, 16, 18; v. Westphalen, NJW 2002, 12, 22 f. Der Gesetzgeber (BT-Drucks. 14/6857, S. 53) verzichtete daher, Klauseln zu untersagen, die das Recht des anderen Teils ausschließen, bei zu vertretenen Pflichtverletzungen Schadensersatz statt der Leistung zu verlangen; vgl. Ulmer/Brandner/Hensen/G. Christensen, § 309 Nr. 7 Rn. 32; Ulmer/Brandner/Hensen/Fuchs, § 307 Rn. 289; AnwKomm/Kollmann, § 307 Rn. 32.

1669 St. Rspr., s. nur BGHZ 89, 363, 367 ff. (Kaltlagerung); BGH, NJW 1985, 3016, 3018 (Textilveredelungsvertrag); BGHZ 145, 203, 244 (Neuwagenkaufsbedingungen); vgl. Ulmer/Brandner/Hensen/G. Christensen, § 309 Rn. 32 ff.; Ulmer/Brandner/Hensen/Fuchs, § 307 Rn. 240, 273 f., 288 f.; Stoffels, Rn. 501, 522, 528, 976; vgl. RegE, BT-Drucks. 7/3919, S. 9, 23.

1670 Arnold, ZGS 2004, 16, 20 f.; PWW/KP Berger, § 307 Rn. 27; Ulmer/Brandner/Hensen/G. Christensen, § 309 Nr. 7 Rn. 37 ff.; Teil 2 (17) Rn. 8; Staudinger/Coester, § 307 Rn. 456; Koch, WM 2002, 1273, 1279 ff.; Bamberger/Roth/H. Schmidt, § 307 Rn. 36; Schulze/Ebers, JuS 2003, 462, 466 f.; Stoffels, Rn. 976; v. Westphalen, NJW 2002, 12, 22 f.; ders. ZGS 2003, 107, 109 ff.; ders., Verkaufsbedingungen, S. 135 ff.; vgl. LG Essen, NJW 2004, 527 (Tierarztkosten). Noch weitgehender heißt es zum Teil sogar, eine Haftungsbeschränkung sei bei jedweder leichtfahrlässigen Vertragsverletzung unabhängig von deren Wesentlichkeit unzulässig, sofern vorhersehbare, vertragstypische Schäden betroffen sind, Stölting, ZGS 2005, 299, 301 f. In diese Richtung wohl auch BGH, NJW 2005, 422, 424 (Autowaschanlage); ohne Differenzierung: Fromm/Nordemann/A. Nordemann, § 10 Rn. 76.

sätzlich möglich.[1671] Manche beschränken ihre Zulässigkeit auf den Verkauf gebrauchter Sachen und setzen die Unanwendbarkeit des § 475 BGB voraus.[1672] Manche differenzieren nach Mangel- und Mangelfolgeschäden, wobei einige nur den Haftungsausschluss für Mangelfolgeschäden zulassen wollen[1673] und andere allein den für Mangelschäden[1674].

(b) Stellungnahme

Die in § 433 I 2 BGB normierte synallagmatische Hauptpflicht ist eine Kardinalpflicht,[1675] aber die Pflicht zur mangelfreien Leistung soll in erster Linie die Verkäuferhaftung ins allgemeine Leistungsstörungsrecht integrieren.[1676] Zwar ist § 309 Nr. 7 b und 8 b BGB nicht zwingend abschließend.[1677] Aber die Freizeichnung bei leichter Fahrlässigkeit beurteilt sich nach § 307 I, II Nr. 2 BGB entscheidend danach, ob sie die Erreichung des Vertragszwecks gefährdet.[1678] Dies ist nicht der Fall: Bei neu hergestellten Sachen hat der Käufer zwingend ein Rücktrittsrecht.[1679] Bei gebrauchten Sachen verbliebe dieses nach der Rechtsprechung ab leichter Fahrlässigkeit. Schadensersatzansprüche, insbesondere solche auf entgangenen Gewinn (§ 252 BGB), gehören nicht zum Kern der Äquivalenz.[1680] Deshalb sind sie grundsätzlich sogar beim Verbrauchsgüterkauf abdingbar (§ 475 III BGB).[1681] § 309 Nr. 8 b BGB ist mit § 309 Nr. 7 b BGB Indiz dafür, dass bei Sachmängeln ein Haftungsausschluss für leichte Fahrlässigkeit selbst bei neuen

1671 Ulmer/Brandner/Hensen/Fuchs, § 307 Rn. 292ff., 316; Haas in Haas/Medicus/Rolland/Schäfer/Wendtland, Kap. 5 Rn. 294f.; Reuter, ZGS 2005, 88, 94f.; Stöber, DAR 2004, 570, 573; Tettinger, AcP 205 2005, 1ff., ein wesentliches Kriterium darin sehend, ob der Verkäufer mit der Nacherfüllungsverpflichtung belastet bleibt. Jedenfalls bei gebrauchten Sachen: Hampel, JuS 2003, 465, 469.

1672 Palandt/Grüneberg, § 307 Rn. 101; Litzenburger, NJW 2002, 1244, 1245; Mangold, S. 243; zwischen neuen und nicht neuen Sachen unterscheidet auch AnwKomm/Kollmann, § 307 Rn. 24ff.; zum Gebrauchtwagenkauf: Vogt, Rn. 36.

1673 Artz, JuS 2002, 528, 531f.; vgl. Litzenburger, NJW 2002, 1244, 1245; Fliegner, AnwBl 2000, 676, 677.

1674 Bamberger/Roth/J. Becker, § 309 Nr. 8 Rn. 30, 35; Reinicke/Tiedtke, Rn. 624, 647; Tiedtke/Burgmann, NJW 2005, 1153, 1156f.

1675 S. bereits o. S. 220.

1676 RegE, BT-Drucks. 14/6040, S. 94 („zielt vor allem darauf ab (...). Diese Ziel wird dadurch erreicht, dass"); vgl. Haas in Haas/Medicus/Rolland/Schäfer/Wendtland, Kap. 5 Rn. 294f.

1677 v. Westphalen, NJW 2002, 12, 24.

1678 Ulmer/Brandner/Hensen/Fuchs, § 307 Rn. 276.

1679 Vgl. Reinicke/Tiedtke, Rn. 624; Tiedtke/Burgmann, NJW 2005, 1153, 1156.

1680 Vgl. Thomsen, S. 101.

1681 Ulmer/Brandner/Hensen/Fuchs, § 307 Rn. 295; Reinicke/Tiedtke, Rn. 625; Tiedtke/Burgmann, NJW 2005, 1153, 1155.

Sachen wirksam ist.[1682] Bei gebrauchten Sachen ist § 309 Nr. 8 b BGB schon nicht einschlägig[1683] und außerhalb von § 475 BGB grundsätzlich sogar das Rücktrittsrecht abdingbar (vgl. § 309 Nr. 8 b bb BGB „neu hergestellte Sache").[1684]

Zwar bestimmt § 325 BGB, dass Rücktritt und Schadensersatz statt der Leistung auch kumulativ bestehen (vgl. § 437 Nr. 2 BGB a.E. „und"),[1685] so dass der Käufer statt des kleinen auch den großen Schadensersatz wählen und über das Rückabwicklungsinteresse hinausgehen kann.[1686] Er schützt aber in erster Linie vorm Verlust des Schadensersatzanspruchs durch eine voreilige Rücktrittserklärung und erhebt das Wahlrecht zwischen Schadensersatz und Rücktritt nicht zum wesentlichen Grundgedanken der gesetzlichen Regelung i.S.v. § 307 II Nr. 1 BGB.[1687] Eine Gleichstellung des leicht fahrlässigen Klauselverwenders mit dem sorgfältigen ist zwar nicht ideal,[1688] bei gebrauchten Sachen aber korrigiert, wenn das Rücktrittsrecht nur für den sorgfältig Handelnden abdingbar ist.

Mangel- und Mangelfolgeschäden sind kaum eindeutig unterscheidbar.[1689] Letztere sind wenig voraussehbar.[1690] Gegen die Abdingbarkeit des Anspruch aus §§ 437 Nr. 3, 280 I BGB könnte bei Sachschäden die Möglichkeit von Betriebshaftpflichtversicherungen sprechen.[1691] Im Kunsthandel aber gefährdet die Freizeichnung von Sachschäden, anders als die eines Autowaschanlagenbetreibers, nicht die Erreichung des Vertragszwecks. Dort ist die *schadensfreie Reinigung* Kardinalpflicht, der Sachschaden das vertragstypische Risiko.[1692]

1682 Haas in Haas/Medicus/Rolland/Schäfer/Wendtland, Kap. 5 Rn. 294f.

1683 Litzenburger, NJW 2002, 1244, 1245; vgl. Hampel, JuS 2003, 465, 469; AnwKomm/Kollmann, § 307 Rn. 24ff.

1684 Palandt/Grüneberg, § 307 Rn. 101, § 309 Rn. 60; Litzenburger, NJW 2002, 1244, 1245.

1685 Ulmer/Brandner/Hensen/G. Christensen, § 309 Nr. 7 Rn. 38; Koch, WM 2002, 2173, 2179; v. Westphalen, NJW 2002, 12, 22, 24; ders., Verkaufsbedingungen, S. 135ff. Auch Litzenburger, NJW 2002, 1244, 1245, räumt ein, dass die Freizeichnung für leicht fahrlässig verursachte Schäden das Wahlrecht zwischen Rücktritt und Schadensersatz statt der Leistung ins Leere laufen lasse.

1686 v. Westphalen, NJW 2002, 12, 24; ders., Verkaufsbedingungen, S. 137, 143; ders., VertragsR, Teil 10 Rn. 52f.; vgl. Soergel/Gsell, § 325 Rn. 3ff.

1687 Ulmer/Brandner/Hensen/Fuchs, § 307 Rn. 293; Reinicke/Tiedtke, Rn. 625; Tiedtke/Burgmann, NJW 2005, 1153, 1155; insofern zustimmend Arnold, ZGS 2004, 16, 19.

1688 v. Westphalen, Verkaufsbedingungen, S. 163; vgl. Goepfert, S. 119.

1689 Ostendorf, ZGS 2006, 222, 224; Stölting, ZGS 2005, 299, 300.

1690 Artz, JuS 2002, 528, 532.

1691 Koch, WM 2002, 2173, 2180; v. Westphalen, NJW 2002, 12, 23; ders., ZGS 2003, 107, 111; ders., Verkaufsbedingungen, S. 139; zustimmend insofern Ulmer/Brandner/Hensen/Fuchs, § 307 Rn. 290.

1692 Dort ist die Haftungsfreizeichnung unwirksam, vgl. BGH, NJW 2005, 422 (Autowaschanlage); Ulmer/Brandner/Hensen/H. Schmidt, Teil 2 (4) Rn. 1.

Mangelschäden waren früher nur bei Arglist oder Zusicherungen zu ersetzen.[1693] Ein Anspruch auf Schadensersatz statt der Leistung ist zwar nicht unbedeutend. Schließlich tritt der Anspruch aus §§ 437 Nr. 3, 280 I, III, 281 BGB an die Stelle des Anspruchs auf die Primärleistung (§ 281 IV BGB).[1694] Der Vertragszweck ist aber ohnehin unerreichbar.[1695] Zwar stellen die jeweiligen Anspruchsvoraussetzungen (ergebnislose Nachfristsetzung, § 281 I 1 BGB; Erheblichkeit des Mangels, § 281 I 3 BGB, vgl. § 311 a II 3 BGB) sicher, dass die Pflichtverletzung gewichtig ist.[1696] Ein verbleibendes Rücktrittsrecht ist aber eine hinreichende Kompensation.

Damit ist bei leichter Fahrlässigkeit der Anspruch auf Schadensersatz außerhalb des Anwendungsbereichs des § 309 Nr. 7 a BGB mit einem Rücktrittsrecht ersetzbar, das bei neu hergestellten Sachen schon gem. § 309 Nr. 8 b aa und bb BGB grundsätzlich verbleiben muss[1697]. Eine unabdingbare Schadensersatzhaftung trotz Rücktrittsrechts würde auch insbesondere den Besonderheiten des Auktionshandels bei objektiv-generalisierender Betrachtung unter Abwägung aller Umstände nicht gerecht werden.[1698]

(c) Vergleich mit Rechtslage des Agenten

Freizeichnungen der Versteigerer vom Schadensersatzanspruch für leichte Fahrlässigkeit wurden bisher vor allem für den als Stellvertreter nach §§ 280 I, 311 III BGB sachwalterisch haftenden Versteigerer diskutiert. Das OLG Düsseldorf hielt sie im *„Artz und de Klerk“*-Fall für zulässig, sofern dem Käufer zur Geltendmachung von Gewährleistungsrechten der Einlieferer genannt werde. Gemessen an der Interessenbewertung der *„Jawlensky“*-Entscheidung sei dann eine unangemessene Benachteiligung ausgeschlossen. Schlage die Inanspruchnahme des Einlieferers wegen Aussichtslosigkeit oder Unzumutbarkeit fehl, könne gegebe-

1693 Tiedtke/Burgmann, NJW 2005, 1153, 1156.

1694 Koch, WM 2002, 2173, 2179; v. Westphalen, NJW 2002, 12, 22; ders., Verkaufsbedingungen, S. 161 f.

1695 Ulmer/Brandner/Hensen/Fuchs, § 307 Rn. 293 ff.; insofern zustimmend Arnold, ZGS 2004, 16, 19; Ulmer/Brandner/Hensen/G. Christensen, § 309 Nr. 7 Rn. 38.

1696 Vgl. Ulmer/Brandner/Hensen/G. Christensen, § 309 Nr. 7 Rn. 38; Koch, WM 2002, 2173, 2179; vgl. v. Westphalen, Verkaufsbedingungen, S. 161.

1697 Bamberger/Roth/J. Becker, § 309 Nr. 8 Rn. 34; PWW/KP Berger, § 309 Rn. 55; Ulmer/Brandner/Hensen/G. Christensen, § 309 Nr. 8 Rn. 37, 46; AnwaltKomm – Hennrichs, v. § 309 Rn. 26; Stoffels, Rn. 929; MünchKomm/Wurmnest, § 309 Nr. 8 Rn. 24; für das Wandlungsrecht offen gelassen von BGH, NJW-RR 1990, 1141 (Möbelhaus).

1698 Vgl. zu diesem Kriterium: Ulmer/Brandner/Hensen/Fuchs, § 307 Rn. 276, 279, 293 f.; v. Hoyningen-Huene, Rn. 228, 260 f.; AnwKomm/Kollmann, § 307 Rn. 37; vgl. Begründung des Regierungsentwurfs zum AGB-Gesetz, BT-Drucks. 7/3919; S. 22 f.; a.A. Stoffels, Rn. 500.

nenfalls nach Treu und Glauben die Eigenhaftung des Versteigerers wieder aufleben.[1699]

Die Entscheidung stieß auf Zustimmung[1700] und Kritik[1701] unter Bezugnahme auf die Kardinalpflichtenrechtsprechung. Die Erfüllung von Sorgfaltspflichten sei eine Kardinalpflicht gegenüber dem Ersteigerer (§ 307 II Nr. 2 BGB).[1702] Die Provisionen gebe es für Organisationsaufgaben, aber insbesondere für Sachkunde und Beachtung von Sorgfaltspflichten bei der Werkbeschreibung.[1703] Ließe man die Freizeichnung zu, drohe die Gefahr der Pflichtenvernachlässigung. Die Haftung für grobe Fahrlässigkeit erfasse schließlich nur sich aufdrängende Mängel.[1704]

Diese Gefahr ist indes auch beim Kommissionsgeschäft nicht allzu groß. Versteigerer wollen ihrem Renommee gerecht werden.[1705] Sie tragen als Kommissionäre bei einer Rückabwicklung des Ausführungsgeschäfts ein nicht unerhebliches Regressrisiko.[1706] Vom Einlieferer droht die Inanspruchnahme aus §§ 280 I, 311 II Nr. 1, 241 II BGB (c.i.c.)[1707] oder bei Vertragsbeziehung zur Zeit der Pflichtverletzung (§ 384 I 1. Hs. HGB) aus §§ 280 I, 241 II BGB (pVV)[1708]. Ersterenfalls ist er so zu stellen, wie er ohne das schädigende Verhalten stünde,[1709] zweiterenfalls sind ihm alle Schäden zu ersetzen, die auf der Pflichtverletzung beruhen[1710]. Schon das negative Interesse umfasst die Rückabwicklungskosten[1711], unter Umständen einen entgangenen Gewinn[1712] und kann das Erfüllungsinteresse übersteigen.[1713]

Die Provision nach Rückabwicklung bekommt der Versteigerer nur, wenn die Gründe der Mangelhaftigkeit allein beim Kommittenten liegen (was kein Ver-

---

1699 OLG Düsseldorf, OLGZ 78, 317 ff.
1700 Behrens/de Lazzer, S. 35; Schack, KuR, Rn. 407; Thomsen, S. 117.
1701 Braunfels, S. 187 f.; Schneider, S. 180 f.; vgl. Kühn, S. 190; Boochs/Ganteführer, S. 76; Dietlein, Die Weltkunst 1978, 2867, 2870.
1702 Zu § 9 II Nr. 2 AGBG: Braunfels, S. 187 f.; Kühn, S. 190; Schneider, S. 180 f.; zu § 307 BGB vgl. Wolf/Horn/Lindacher/Dammann, Klauseln, Rn. A 241.
1703 Braunfels, S. 188 f.; Kühn, S. 190; Schneider, S. 180.
1704 Braunfels, S. 187 f.; Schneider, S. 180.
1705 Vgl. Beckmann/Kräkel/Schauenberg, ZfB, 1997, 41, 49 Fn. 33.
1706 S.o. S. 218.
1707 Vgl. Röhricht/HGB-Lenz, § 384 Rn. 3; Koller/HGB-Roth, § 384 Rn. 5.
1708 Schlegelberger/Hefermehl, § 384 Rn. 42.
1709 Vgl. Palandt/Grüneberg, § 311 Rn. 54.
1710 Palandt/Grüneberg, § 280 Rn. 32.
1711 Thomsen, S. 114.
1712 Vgl. BGH, NJW 1988, 2234, 2236 (Frischfleisch).
1713 Vgl. BGH, NJW 1992, 2564, 2565 (Ruf eines Gastbetriebes).

schulden voraussetzt, § 396 I 2, 2. Hs. HGB, „nur“).[1714] Dem Anspruch steht zwar nicht schon die Falschzuschreibung entgegen,[1715] jedoch zumindest ein grob fahrlässiges Versteigererverhalten.[1716] Dann liegen die Gründe der Mangelhaftigkeit nicht allein beim Kommittenten (Risikosphäre des Kommissionärs[1717]). Nach hier vertretener Ansicht schadet nach dem Rechtsgedanken des § 645 I 1 BGB bereits ein leicht fahrlässiges Versteigererverhalten.[1718] Hiernach trägt der Werkunternehmer die Vergütungsgefahr, wenn er die Verschlechterung oder den Untergang des Werks zu vertreten hat (§ 276 BGB). Es genügt, dass er die vom Besteller gelieferten Stoffe nicht auf ihre Eignung prüft oder den Besteller nicht auf Bedenken gegen dessen Anweisungen oder die Eignung der von diesem überlassenen Stoffe hinweist.[1719]

Beim Agenturgeschäft haben die Einlieferer gegen sorgfaltswidrige Versteigerer Schadensersatzansprüche aus §§ 280 I, 311 II Nr. 1, 241 II BGB (c.i.c.) bzw. aus § 98 HGB. Letzterer ist für den Versteigerer als Handelsmakler lex specialis zu §§ 280 I, 241 II BGB (pVV)[1720] und ist nicht auf das negative Interesse beschränkt[1721]. Das Äquivalenzinteresse des Ersteigerers ist mit den Gewährleistungsrechten gegen den Einlieferer hinreichend geschützt.[1722] Der Gefahr, auf

1714 Oetker/HGB-Bergmann, § 396 Rn. 4, 9; Röhricht/HGB-Lenz, § 396 Rn. 5; vgl. Schlegelberger/Hefermehl, § 396 Rn. 16.

1715 Oetker/HGB-Bergmann, § 396 Rn. 9; MünchKommHGB/Häuser, § 396 Rn. 14, 18, 36; Staub/Koller, § 396 Rn. 11; vgl. aber Ensthaler/Achilles, GK-HGB, § 396 Rn. 4.

1716 Ein (Handels-)Makler verwirkt seinen Lohnanspruch in entsprechender Anwendung des § 654 BGB, vgl. Oetker/HGB-Kotzian-Marggraf, § 99 Rn. 5 f.; Palandt/Sprau, § 654 Rn. 1, 6.

1717 Vgl. Baumbach/Hopt/Hopt, § 396 Rn. 2.

1718 Vgl. Canaris, Handelsrecht, § 30 Rn. 43: „Ist (…) z.B. bei einer Verkaufskommission das Kommissionsgut mit einem *unerkennbaren* Mangel behaftet und tritt der Dritte deshalb vom Vertrag mit dem Kommissionär zurück, behält dieser den Provisionsanspruch (..)“ [Hervorhebung hinzugefügt]; aA MünchKommHGB/Häuser, § 396 Rn. 36: Die Pflichtverletzung könne sich nur in Form eines Schadensersatzanspruchs auswirken, mit dem der Kommitent gegen den Provisionsanspruch und etwaige Aufwendungsersatzansprüche aufrechnen könne (vgl. MünchKommHGB/Häuser, § 396 Rn. 35 f., § 396 Rn. 60). Bei einer Schlechterfüllung im Rahmen des § 611 BGB kann der Dienstberechtigte bereits Gezahltes entweder nach § 812 I 1 Alt. 1 BGB oder nach §§ 280 I, 241 II BGB als Mindestschaden (vgl. LG Karlsruhe, NJW-RR 2005, 1507 f.) ersetzt verlangen.

1719 Palandt/Sprau, § 645 Rn. 7.

1720 Vgl. Oetker/HGB-Kotzian-Marggraf, § 98 Rn. 1; Koller/HGB-Roth, § 93 Rn. 26, § 98 Rn. 1; aA Anspruchskonkrrenz: MünchKommHGB/v. Hoyningen-Huene, § 93 Rn. 62; Staub/Thiessen, § 93 Rn. 186, § 98 Rn. 4, 15. Beim Zivilmakler greifen §§ 280 I, 241 II BGB (pVV), vgl. Palandt/Sprau, § 652 Rn. 18.

1721 Oetker/HGB-Kotzian-Marggraf, § 98 Rn. 4; Koller/HGB-Roth, § 98 Rn. 2. Der Versteigerer sollte aus Gründen der Vertragsgerechtigkeit festlegen, dass bei Sorgfaltspflichtverletzungen, die zur Rückabwicklung des Kaufvertrags führen, sein Provisionsanspruch entfällt.

1722 Behrens/de Lazzer, S. 35; Schack, KuR, Rn. 407; Thomsen, S. 117; aA Braunfels, S. 187; Schneider, S. 180 Fn. 1133.

einen insolventen Vertragspartner zu stoßen, ist mit einer disziplinierend wirkenden subsidiären Eigenhaftung des Versteigerers zu begegnen. Der als Stellvertreter handelnde Versteigerer haftet also nicht zwingend nur ab grober Fahrlässigkeit. Er haftet aber auch nicht stärker als ein Kommissionär. Zur Meidung einer Klauselunwirksamkeit nach § 307 I, II BGB muss er die subsidiäre Eigenhaftung in seinen Versteigerungsbedingungen deutlich machen.[1723]

(3) Beschränkung des Schadenshaftungsumfangs

Die Vereinbarung von Haftungshöchstgrenzen (z.B. in Relation zum Kaufpreis[1724]), die Begrenzung auf vorhersehbare Schäden oder die Verwahrung gegen die Haftung auf entgangenen Gewinn ist in dem Maße unbedenklich, in dem die Haftung ausgeschlossen werden könnte.[1725] Im Rahmen des § 309 Nr. 7 BGB ist sie unzulässig.[1726] Gegenüber Unternehmern kann die Haftung auch bei grober Fahrlässigkeit auf vertragstypische, vorhersehbare Schäden – wozu auch der entgangene Gewinn gehört – begrenzt werden, weil der Vertragszweck ungefährdet bleibt.[1727]

cc) Zwischenergebnis

Die zwingend verbleibenden Rechte des Ersteigerers sind begrenzt. Eine vollständige Haftungsfreizeichnung wird dem Äquivalenzinteresse des Ersteigerers grundsätzlich nicht gerecht und ist mit der Vertrauensstellung des öffentlich bestellten Versteigerers nicht vereinbar und isoliert betrachtet unzulässig. Der Kommissionär kann die Schadensersatzhaftung für leichte Fahrlässigkeit durch ein Rücktrittsrecht ersetzen.

f) Kompensationsmöglichkeiten

Wie geschehen, ist in die Bewertung der Gewährleistungsausschlüsse einzubeziehen, ob Benachteiligungen in angemessener Weise ausgeglichen werden:[1728]

1723 Vgl. S. 228 f., 273 ff.
1724 Vgl. v. Westphalen, ZGS 2003, 107, 113.
1725 Ulmer/Brandner/Hensen/Fuchs, § 307 Rn. 300; vgl. Chr. Berger, KUR 2003, 137, 141; Triebel/Hölzle, BB 2002, 521, 536.
1726 Ulmer/Brandner/Hensen/G. Christensen, § 309 Nr. 7 Rn. 26, 29; Ulmer/Brandner/Hensen/Fuchs, § 307 Rn. 284.
1727 Ulmer/Brandner/Hensen/Fuchs, § 307 Rn. 286, 301.
1728 Vgl. Braunfels, S. 137; Ulmer/Brandner/Hensen/Fuchs, § 307 Rn. 116, 144, 151; Palandt/Grüneberg, § 307 Rn. 13 f.

aa) Unbeachtlichkeit der Preise

Zuschlagspreis (Kaufpreis), Ausrufpreis, im Katalog genannter Schätzpreis und ein dem Bieter i.d.R. unbekannter Mindestpreis (Limit, Mindestgebot)[1729] müssen grundsätzlich ebenso außer Betracht bleiben wie sonst Fixpreise. Es gibt keine gerechten Preise.[1730] Den Zuschlagspreis bestimmen die Bieter. Die oft aus taktischen Gründen niedrigen Schätzpreise und deutlich niedrigeren Ausrufpreise sind zur Kompensation von Mängelrisiken noch weniger geeignet als geringe Fixpreise.[1731]

bb) Vorbesichtigung

Schon das OLG Kiel argumentierte 1921 zur Rechtfertigung eines vollständigen AGB-Gewährleistungsausschlusses, der Ersteigerer hätte über die Echtheit der Kupferstiche durch eine sorgfältige Besichtigung jedenfalls mit Hilfe eines Sachverständigen immerhin ein gewisses Urteil gewinnen können.[1732] Der BGH forderte zu Recht eine „angemessene" Vorbesichtigungsfrist und hielt mehr als drei Wochen für ausreichend,[1733] in der der Ersteigerer das Versteigerungsgut begutachten und weitere Auskünfte einholen könne.[1734]

§ 4 S. 1 VerstV schreibt zur Wahrung der Bieterinteressen[1735] eine Vorbesichtigung von nur zwei Stunden vor. Üblich ist eine bis zu einer Woche. Auktionskataloge sind i.d.R. zwei bis vier Wochen vor Auktion verfügbar. Zuverlässige Untersuchungen sind jedoch kaum möglich.[1736] Naturwissenschaftlich-technische Untersuchungen scheiden auch bei Fristen von über drei Wochen aus.[1737] Zudem ist der Bietinteressent eines Zuschlags nicht sicher und scheut deshalb Expertisekosten.

1729 Hierzu im Einzelnen Braunfels, S. 80ff.

1730 Röhl/Röhl, S. 344f.

1731 Braunfels, S. 133ff.; v. Hoyningen-Huene, Rn. 179f.; Schneider, S. 168; vgl. Ulmer/Brandner/Hensen/Fuchs, § 307 Rn. 145; Palandt/Grüneberg, § 307 Rn. 18.

1732 OLG Kiel, LZ, XV. Jg. 1921, S. 464f. – *„Kupferstich"*.

1733 BGH, NJW 1980, 1619, 1621 – *„Bodensee-Kunstauktion"*.

1734 BGHZ 63, 369, 374f. – *„Jawlensky"*; BGH, NJW 1980, 1619, 1621 – *„Bodensee-Kunstauktion"*; zustimmend: Dietlein, Die Weltkunst 1978, 2867, 2870; Goepfert, S. 118 Fn. 45; Kappus (Stand: 1998), Rn. 33; Picker, Weltkunst 1975, 443; i.E. wohl auch Wolf/Lindacher/Pfeiffer/Dammann, Klauseln, Rn. A 239; vgl. bereits Kaufmann, JW 1931, 3034, 3035.

1735 Marx/Arens, 2. Teil, § 4 VerstV Rn. 1.

1736 S.o. S. 53; i.Ü. auch Almeroth, S. 197f.; Braunfels, S. 138; v. Hoyningen-Huene, Rn. 195; ders., NJW 1975, 962, 963; Schack, KuR, Rn. 114; E. Schneider, DB 1981, 199, 200; Schubert, JR 1975, 371, 373; Schrader, FS Kirchner, S. 343, 357; Thomsen, S. 97; vgl. BGH, NJW 1985, 850, 851 (Briefmarkenauktion) (wirkliche Mängelprüfung erst nach Übergabe).

1737 Vgl. BGH, NJW 1980, 1619, 1621 – *„Bodensee-Kunstauktion"*.

Sorgloses Vertrauen auf Katalogangaben[1738] ist aber nur bedingt schutzwürdig. Bei hochpreisigen Objekten ist es ratsam, sich an den Experten zu wenden, in Zeitnot auf den Kauf zu verzichten,[1739] oder sich vor Auktion ein zeitlich begrenztes Rückgaberecht bei einer Negativexpertise einräumen zu lassen[1740]. Bietinteressenten ist es grundsätzlich möglich, beim Auktionshaus individuell nähere Informationen einzuholen. Eine Kommunikation ist keineswegs ausgeschlossen.[1741]

cc) Zusicherungsgarantien

Im Gebrauchtwagenhandel bejahte der BGH dogmatisch fragwürdig die Zusicherung aller wesentlichen wertbildenden Faktoren.[1742] Dort verloren Freizeichnungen damit deutlich an Bedeutung.[1743] Konkludente Garantien sind aber bei Versteigerungen fernliegend und ausdrückliche selten. Der Verweis auf die im Gebrauchtwagenhandel zulässigen Haftungsfreizeichnungen ist daher wenig belastbar.

dd) Verschuldenskriterium

Der Versteigerer kann sich nach der BGH-Rechtsprechung nicht auf seine Haftungsfreizeichnung berufen, wenn er die ihm obliegenden Sorgfaltspflichten schuldhaft verletzt hat. Das Ergebnis ist praxisgerecht, interessengerechter als die gesetzliche Regelung[1744] und für Versteigerungen außerhalb des Anwendungsbereichs des § 475 BGB nach wie vor gut vertretbar.[1745] Es ist nicht übermäßig „auktionatorfreundlich"[1746] und auch rechtspolitisch angemessen.

1738 Vgl. Almeroth, S. 197; Beckmann/Kräkel/Schauenberg, ZfB, 1997, 41, 48; Heinbuch, NJW 1984, 15; Schubert, JR 1975, 371, 373.

1739 Vgl. BGHZ 63, 369, 375 – „*Jawlensky*"; BGH, NJW 1980, 1619, 1621 – „*Bodensee-Kunstauktion*".

1740 Vgl. *Kohler v. Hindman*, 80 F.3d 1181 (7th Cir. 1996); Merryman/Elsen/Urice, S. 1017, 1020.

1741 AA Thomsen, S. 97; vgl. Schneider, S. 166.

1742 S.o. S. 122.

1743 Thomsen, S. 96.

1744 Braun, Kunstprozesse, S. 135.

1745 Chr. Berger, KUR 2003, 137, 142; Wertenbruch, NJW 2004, 1977, 1980; schon vor der Schuldrechtsreform: Braunfels, S. 164f.; Dietlein, Die Weltkunst 1978, 2867, 2869; Goepfert, S. 118; Ulmer/Brandner/Hensen, 9. Aufl. – Hensen, Anh. §§ 9–11 Rn. 866; Kappus (Stand: 1998), Rn. 37; MünchVertrHdb, Bd. 4,1(1998)/Locher, VI. 13, Anm. 7; Picker, Weltkunst 1975, 443; Schneider, S. 168f., 171f.; vgl. Hager, NJW 1975, 2276, 2278 zum Gebrauchtwagenhandel.

1746 Braun, WM 1992, 893, 894f.; vgl. Picker, Weltkunst 1975, 443.

Ersteigerer haben die berechtigte Erwartung, dass Versteigerer für Mängel einstehen, die sie in zumutbarer Weise haben entdecken können.[1747] Denn Versteigerer sind keine bloßen Zwischenhändler,[1748] sondern übernehmen eine wichtige börsen- und treuhandsähnliche Mittlerfunktion[1749] in einem hochpreisigen, schadensträchtigen Risikogeschäft, wo sie zwischen Einlieferer und Käufer vertrauensvoll vermitteln und eine i.d.R. beachtliche Provision erhalten.[1750] Die hohen Provisionen[1751] sind nur gerechtfertigt, wenn für das Versteigerungsgut eine gewisse Gewähr übernommen wird,[1752] um bestehende Informationsasymmetrien[1753] auszugleichen und die ordnungsgemäße Vertragsdurchführung zu ermöglichen.[1754] Die im zumutbaren Maße sorgfältige Prüfung der Kunstwerke ist Dienstleistung und Pflicht,[1755] für die voll einzustehen ist.

Mit dem Verschuldenskriterium wird zugleich korrigiert, dass Freizeichnungen pauschal alle Einzelstücke und Mängel erfassen, ohne Wert, Eigenart und Bedeutung in Bezug zu nehmen.[1756] Ein Sorgfaltsmaßstab, der mit Mangel- und Objektbedeutung steigt, verknüpft Freizeichnungen angemessen mit dem, was Versteigerern im Einzelfall zumutbar ist.[1757] Zugleich wird das Nichtvorliegen konkludenter Zusicherungsgarantien passgenau ersetzt.[1758]

1747 Ulmer/Brandner/Hensen, 9. Aufl. – Hensen, Anh. §§ 9–11 Rn. 866.

1748 Für Zwischenhändler gelten allenfalls geringe Untersuchungspflichten, vgl. RegE, BT-Drucks. 14/6040, S. 210; Palandt/Grüneberg, § 280 Rn. 19.

1749 Beckmann/Kräkel/Schauenberg, ZfB, 1997, 41, 47; v. Hoyningen-Huene, NJW 1973, 1473, 1478; E. Schneider, DB 1981, 199; Kappus (Stand: 1998), Rn. 6; vgl. MünchVertrHdb, Bd. 4,1(1998)/Locher, VI. 13, S. 1274, Anm. 10; Wolf/Horn/Lindacher/Wolf, § 9 Rn. A 141; vgl. BGH, NJW 1985, 850, 851 (Briefmarkenauktion): Auktionator zur Wahrung der Interessen beider Vertragspartner verpflichtet.

1750 Braunfels, S. 164f., 188; v. Hoyningen-Huene, NJW 1973, 1473, 1478f.; Schneider, S. 129 Fn. 739, S. 131; E. Schneider, DB 1981, 199, 202; Kappus (Stand: 1998), Rn. 6.

1751 Vgl. o. S. 127.

1752 Vgl. Heinbuch, NJW 1984, 15, 22; v. Hoyningen-Huene, NJW 1975, 962, 963; Schmidt-Salzer, Rn. F.72, S. 205; E. Schneider, DB 1981, 199, 202, die jedoch für eine sehr weitgehende Unwirksamkeit von Gewährleistungsausschlüssen eintreten; insofern mit Recht abweichend: Braunfels, S. 132 (der Käufer erkaufe sich die Gewährleistungshaftung nicht durch eine bestimmte Geldzahlung, dürfe aber eine sorgfältige Objektprüfung erwarten); Kühn, S. 179f.; Schneider, S. 168.

1753 Dazu s. bereits o. S. 23f.

1754 BGH, NJW 1980, 1619, 1621 – „*Bodensee-Kunstauktion*“; Behrens/de Lazzer, S. 35; Dietlein, Die Weltkunst 1978, 2867, 2870; Flume, JZ 1991, 633, 637; v. Hoyningen-Huene, NJW 1975, 962, 963; Kappus (Stand: 1998), Rn. 37; Koller, ZIP 1986, 1089, 1099f.

1755 Braunfels, S. 132; Kühn, S. 179f.

1756 S. bereits o. S. 221.

1757 Schneider, S. 171f.

1758 Vgl. Braunfels, S. 164.

Aus Sicht des Versteigerers ist es insbesondere angemessen, dass er mit dem Verschuldenskriterium nicht für eine erst aufgrund gewandelten Forschungsstandes erkennbar werdende Unechtheit einstehen muss, sondern maximal für den bei Verkauf bestehenden objektiven Kenntnisstand (Stand der Wissenschaft).[1759] Denn ein Verschulden trifft ihn nur, wenn er die Unechtheit bei Wahrung der im Verkehr erforderlichen Sorgfalt hätte erkennen können.[1760]

Die Ansicht, erst der grob fahrlässige Versteigerer dürfe sich auf seine Freizeichnung nicht berufen,[1761] gerät nicht mit der Kardinalpflichtenrechtsprechung in Konflikt[1762] und beachtet, dass der Erwerb in Auktionen stets ein gewisses, dem Käufer bekanntes Risiko birgt. Sie schafft jedoch keinen angemessenen Interessenausgleich. Versteigerer könnten sich wesentlicher Berufspflichten entledigen und Ersteigerer weitgehend rechtlos stellen.[1763] Zugleich wären Klauseln nach § 307 I, II Nr. 2 BGB unwirksam, mit denen Versteigerer gegenüber den Einlieferern sicher stellen, dass letztlich diese im Falle eines sich durchsetzenden Haftungsausschlusses dem Käufer gegenüber ausgleichspflichtig sind. Einlieferer würden sonst über Gebühr belastet. Die Versteigerer sind ihnen ebenfalls zur Sorgfalt verpflichtet.[1764]

Der BGH verkleinerte die Haftungslücke mit der Verschärfung des Verschuldensgrades auf leichte Fahrlässigkeit angemessen. Der Sorgfaltsmaßstab öffentlich bestellter Versteigerer ist hoch.[1765] Die Gefahr, gerade in Auktionen auf unechte Werke zu stoßen und rechtlos zu stehen,[1766] ist eingedämmt. Es ist auch sachgerecht, den Käufer einen Teil des spezifischen Auktionsrisikos mittragen zu lassen.

aaa) Beweislast

Zutreffend geht der BGH davon aus, der Versteigerer trage jedenfalls dann die Beweislast für die Sorgfaltsbeachtung, wenn er Angaben „nach bestem Wissen

1759 Vgl. Bernet/Schönwerth, Weltkunst 1998, 1531, 1532; Boochs/Ganteführer, S. 76; Canaris, Karlsruher Forum 2002, S. 5, 31; Ehmann/Sutschet, JZ 2004, 62, 71.

1760 Chr. Berger, KUR 2003, 137, 139; Wertenbruch, NJW 2004, 1977, 1978; vgl. Palandt/Grüneberg, § 276 Rn. 20.

1761 Ulmer/Brandner/Hensen/H. Schmidt, Teil 4 (8) Rn. 3; zum früheren Recht: Dietlein, Die Weltkunst 1978, 2867, 2870; Schlosser/Coester-Waltjen/Graba/Graba, § 9 Rn. 91.

1762 Zu dieser s.o. S. 225 ff.

1763 Emmerich, JuS 1980, 678; Schubert, JR 1975, 371, 373.

1764 Vgl. u. S. 251.

1765 S.o. S. 180.

1766 Befürchtet von Schubert, JR 1975, 371, 373; v. Hoyningen-Huene, NJW 1975, 962, 963; Schmidt-Salzer, Rn. F.72, S. 205.

und Gewissen“ verspreche.[1767] Die nach allgemeinen Grundsätzen den Käufer treffende Beweislast[1768] verkehrt sich auch unter Anwendung des § 280 I 2 BGB. Dieser wäre aus Billigkeitsgründen entsprechend anwendbar, weil die Einhaltung der Sorgfaltspflichten im Verantwortungsbereich des Versteigerers liegt.[1769] Die Klausel muss aber verdeutlichen, dass der Versteigerer seine Sorgfalt nachweisen muss (vgl. § 307 I 2 BGB).[1770]

bbb) Rechtsdogmatische Einwände

Der Ersatz der verschuldensunabhängigen Gewährleistungshaftung durch eine Verschuldenshaftung ist nicht systemwidrig.[1771] Zwar werden die Haftungsvoraussetzungen denen aus §§ 280 I, 311 II Nr. 1, 241 II BGB (c.i.c.) und aus §§ 280 I, 241 II BGB bzw. §§ 280 I, III, 282 BGB (pVV) angenähert.[1772] Das Gewährleistungsrecht, ohnehin um verschuldensabhängige Schadensersatzansprüche ergänzt, wird aber nur in seinem Anwendungsbereich schmaler.[1773] Der Schutzzweck „Äquivalenzausgleich“ bleibt gewahrt.

Der BGH reduzierte die Freizeichnungsklauseln über die auf § 242 BGB gestützte Figur der unzulässigen Rechtsausübung letztlich auf das rechte Maß.[1774] Das ist auf Kritik gestoßen, weil er die Grenze zur geltungserhaltenden Reduktion überschreitet[1775] und das Transparenzgebot (§ 307 I 2 BGB) missachtet[1776]. § 242 BGB ist neben § 307 I, II BGB nur dann eigenständig zur Verhinderung indivi-

1767 BGH, NJW 1980, 1619, 1622 – „*Bodensee-Kunstauktion*“; OLG Hamm, NJW 1994, 1967, 1968 – „*Carl Schuch*“.

1768 Braun, WM 1992, 893, 894.

1769 Für eine analoge Anwendung bereits des § 282 a.F.: Braunfels, S. 163 Fn. 602; Goepfert, S. 118 f.; Wolf/Horn/Lindacher/Wolf, § 9 Rn. A 147–160; angedacht von BGH, NJW 1980, 1619, 1622 – „*Bodensee-Kunstauktion*“; vgl. BGH, NJW 1992, 367 aA wohl Braun, WM 1992, 893, 894; E. Schneider, DB 1981, 199, 202.

1770 Vgl. Ulmer/Brandner/Hensen/H. Schmidt, Teil 4 (8) Rn. 3.

1771 So aber Heinbuch, Aktuelle Rechtsfragen, S. 208 ff.; ders., NJW 1985, 15, 22; Kühn, S. 185 f.; vgl. Schmidt-Salzer, Rn. F.72, S. 205.

1772 Vgl. Heinbuch, NJW 1985, 15, 22.

1773 Vgl. Schrader, FS Kirchner, S. 343, 358.

1774 Vgl. BGH, NJW 1980, 1619, 1621 f. – „*Bodensee-Kunstauktion*“; befürwortend: Dietlein, Die Weltkunst 1978, 2867, 2870; Flume, JZ 1991, 633, 637 Fn. 32; Kappus (Stand: 1998), Rn. 37.

1775 Ulmer/Brandner/Hensen, 9. Aufl. – Brandner, § 9 Rn. 34, 36; Braunfels, S. 169 ff.; Ulmer/Brandner/Hensen/Fuchs, v. § 307 Rn. 63; Goepfert, S. 118 Fn. 50; Schlosser/Coester-Waltjen/Graba/Graba, § 9 Rn. 91; Ulmer/Brandner/Hensen, 8. Aufl. – Hensen, Anh. §§ 9–11 Rn. 866 f.; Kühn, S. 186; Schneider, S. 166 f., 171 f.; Schrader, FS Kirchner, S. 343, 358; Wolf/Horn/Lindacher/Wolf, § 9 Rn. A 145, § 11 Nr. 10 Rn. 25 f.

1776 Vgl. Braunfels, S. 171; AnwaltKomm – Hennrichs, v. § 309 Rn. 24; Ulmer/Brandner/Hensen, 8. Aufl.- Hensen, Anh. §§ 9–11 Rn. 867; Schneider, S. 167; Wolf/Horn/Lindacher/Wolf, § 11 Nr. 10 Rn. 26.

duellen Rechtsmissbrauchs anwendbar, wenn zuvor die Klausel für angemessen befunden wurde und das Versagen der Versteigerer über seltene Einzelfälle nicht hinausgeht.[1777] Dies ist nicht der Fall.[1778] Das Verschuldenskorrektiv kann daher nur berücksichtigt werden, wenn die Freizeichnung selbst verdeutlicht, dass sie nur bei Einhaltung der dem Versteigerer obliegenden Sorgfaltspflichten greift.[1779] Dann ist sie grundsätzlich wirksam.[1780] Ansonsten verstößt sie gegen § 307 I, II BGB.[1781]

ccc) Ansprüche Ersteigerer gegen sorgfaltswidrigen Versteigerer

Die Formulierung des BGH, der unsorgfältige Versteigerer könne sich nicht auf seine Freizeichnung berufen, deutet darauf hin, dem Käufer stünden hier alle Mängelrechte zur Verfügung. Möglich ist zumindest ein Rücktritt.[1782] Zur Rückabwicklung kam es in den Fällen *„de Smet"*, *„Carl Schuch"* und *„Bodensee-Kunstauktion"*.[1783] Der Ersteigerer hat einen Anspruch auf Rückzahlung von Kauferlös und Aufgeld einschließlich Mehrwertsteuer Zug um Zug gegen Herausgabe der Kaufsache (§§ 346 I, 348 I BGB). Ein Minderungsrecht muss daneben nicht verbleiben.[1784]

In Fortführung der Entscheidungen „*Jawlensky*" und „*Bodensee-Kunstauktion*" ergibt sich nun grundsätzlich schon bei einer leicht fahrlässigen Pflicht-

1777 Ulmer/Brandner/Hensen/Fuchs, v. § 307 Rn. 64; schon zum AGBG: Ulmer/Brandner/Hensen, 9. Aufl.- Brandner, § 9 Rn. 34; Ulmer/Brandner/Hensen, 8. Aufl. – Hensen, Anh. §§ 9–11 Rn. 867.

1778 Ulmer/Brandner/Hensen/Fuchs, v. § 307 Rn. 63 f.; Vgl. zu § 9 AGBG: Braunfels, S. 170 f.; Ulmer/Brandner/Hensen, 8. Aufl. – Hensen, Anh. §§ 9–11 Rn. 867; Schneider, S. 166 f.; Schrader, FS Kirchner, S. 343, 358.

1779 Vgl. Versteigerungsbedingungen Bassenge, Ziff. 3 S. 4; Winterberg, Ziff. 6 S. 4; Braunfels, S. 171; Ulmer/Brandner/Hensen, 9. Aufl. – Hensen, Anh. § 310 Rn. 927; Ulmer/Brandner/Hensen, 9. Aufl.- Hensen, Anh. §§ 9–11 Rn. 866; Erman/Roloff, § 307 Rn. 59; Schneider, S. 167; Wolf/Horn/Lindacher/Wolf, § 11 Nr. 10 Rn. 26.

1780 Vgl. Schneider, S. 171 f.

1781 Bereits einen Verstoß nach § 9 AGBG bejahend: Kühn, S. 186; Schneider, S. 169; Wolf/Horn/Lindacher/Wolf, § 11 Nr. 10 Rn. 26; a.A. Flume, JZ 1991, 633, 637 Fn. 32.

1782 Vgl. BGHZ 63, 369, 375 – „*Jawlensky*"; BGH, NJW 1980, 1619, 1622 – „*Bodensee-Kunstauktion*"; Braunfels, S. 163; v. Hoyningen-Huene, NJW 1975, 962, 963; Schmidt-Salzer, Rn. F.72, S. 205; E. Schneider, DB 1981, 199, 202; Schrader, FS Kirchner, S. 343, 358 f.; Thomsen, S. 96 ff.

1783 LG München I, Urt. v. 13.5.1991 – 33 O 25230/88, S. 6 ff. – „*Gustave de Smet*" (n.v.); OLG Hamm, NJW 1994, 1967 f. – „*Carl Schuch*"; OLG München, Urt. v. 16.10.1980 – 14 U 299/80, S. 6 f.- „*Bodensee-Kunstauktion*" (nach BGH-Rückverweisung, n.v.).

1784 Vgl. o. S. 202; vgl. Braunfels, S. 122 Fn. 459; a.A. Ulmer/Brandner/Hensen, 8. Aufl. – Hensen, Anh. § 9–11 Rn. 867.

verletzung zusätzlich ein Schadensersatzanspruch aus § 437 Nr. 3 BGB.[1785] Er ist für grobe Fahrlässigkeit unabdingbar (§ 309 Nr. 7 b BGB), für leichte indessen abdingbar.[1786] Dem Versteigerer steht es hier frei, die Mängelrechte auf einen Rücktritt zu beschränken.[1787] Die gesetzliche Haftungsverschärfung schafft einen begrüßenswerten Sorgfaltsdruck und verschärft den Rechtsprechungsansatz in angemessener Weise.[1788]

Schon früher wurde teilweise eine Schadensersatzhaftung auf das negative Interesses bejaht.[1789] Die Interessenabwägung fordere einen nicht zu schwachen Ausgleich.[1790] C.i.c-Ansprüche waren jedoch im Anwendungsbereich des Gewährleistungsrechts bei fahrlässigen Pflichtverletzungen verdrängt.[1791] Das Versprechen, nach „bestem Wissen und Gewissen" vorzugehen, begründet keine selbständige Beratungspflicht[1792] und erst recht keine Garantie.[1793]

Zur Meidung der Klauselunwirksamkeit und des dispositiven Rechts (§ 306 II BGB)[1794] muss die Bestimmung verständlich machen, welche Rechte im Falle der Sorgfaltswidrigkeit verbleiben (vgl. § 307 I 2 BGB).[1795] Bei Auslegungszweifeln sind es unter Umständen alle (§ 305 c II BGB).

ddd) Zwischenergebnis

Unwirksam sind Klauseln, wonach Versteigerer nur ab grober Fahrlässigkeit für Falschangaben einstehen, und die dem Käufer bei leichter Fahrlässigkeit nicht mindestens einen Rücktritt ermöglichen.

1785 Schack, KuR, Rn. 407.

1786 S.o. S. 224 ff.

1787 S.o. S. 226 ff.; vgl. Ulmer/Brandner/Hensen/H. Schmidt, Teil 4 (8) Rn. 3.

1788 Vgl. schon zum früheren Recht: Behrens/de Lazzer, S. 35; Dietlein, Die Weltkunst 1978, 2867, 2870; Flume, JZ 1991, 633, 637; Kappus (Stand: 1998), Rn. 37; Koller, ZIP 1986, 1089, 1099 f.

1789 Behrens/de Lazzer, S. 35; Boochs/Ganteführer, S. 76; Dietlein, Die Weltkunst 1978, 2867, 2870; Flume, JZ 1991, 633, 637; vgl. Schrader, FS Kirchner, S. 343, 359 in Anlehnung an die Grundsätze der Prospekthaftung; vgl. Heinbuch, Aktuelle Rechtsfragen, S. 206.

1790 Dietlein, Die Weltkunst 1978, 2867, 2870.

1791 Braunfels, S. 172, 174; Palandt, 61. Aufl. – Putzo, v. § 459 Rn. 7; Wolf/Horn/Lindacher/Wolf, § 11 Nr. 10 Rn. 26; s.o. S. 59.

1792 Braunfels, S. 173. Generell sprechen gegen Beratungspflichten schon die Anpassungen des Gewährleistungsrechts (weiter Beschaffenheitsbegriff, Schadensersatzhaftung bei Verschulden, angemessene Verjährungsfrist); vgl. Mertens, AcP, 2003, 818, 850 ff.; Schaub, AcP 202 (2002), 757, 788, 790 f., 793, 795 f., 801.

1793 So aber Flume, JZ 1991, 633, 637; wie hier Braunfels, S. 172 Fn. 637.

1794 Vgl. Ulmer/Brandner/Hensen/Fuchs, § 307 Rn. 360.

1795 Vgl. Ulmer/Brandner/Hensen/Fuchs, § 307 Rn. 338; Wolf/Horn/Lindacher/Wolf, § 11 Nr. 10 Rn. 26.

eee) Anmerkungen

Ein Rücktrittsrecht bei leichter Fahrlässigkeit ist nicht entbehrlich durch das Versprechen ungewisser Maßnahmen gegen den Einlieferer. Klauseln, wonach Versteigerer den Erlass ihrer Gewährleistungspflichten Zug um Zug gegen Abtretung intern vereinbarter Gewährleistungsansprüche[1796] gegen den Einlieferer verlangen können,[1797] sind unwirksam. Der sorgfaltswidrige Versteigerer darf sich seiner Haftung nicht entziehen.

Bei Rückabwicklungen wegen unsorgfältiger Objektbeschreibungen dürfen Versteigerer nicht das Aufgeld einbehalten. Sie würden sich eine Leistung ohne Gegenleistung sichern.

Die Spezifizierung des Sachmangelnachweises ist unwirksam nach § 309 Nr. 12 BGB, wenn die bestehende Beweislast zum Nachteil des Käufers verändert wird.[1798] Dem Käufer dienliche Klauseln, nach denen der Unrichtigkeitsnachweis unter bestimmten Bedingungen als unwiderleglich *geführt* gilt,[1799] sind zulässig. Klauseln, die es bei Vermutungen belassen,[1800] sind oft nur deklaratorisch. Klauseln, die das Vorgehen gegen den Einlieferer von einem spezifischen Sachmangelnachweis abhängig machen, bemessen sich nach § 307 I, II BGB. § 309 Nr. 12 BGB bezieht sich auf Beweislastregeln zu bestehenden Rechtspositionen, nicht auf die Ausformung ersatzweise eingeräumter Mängelrechte.[1801]

ee) Rechtsposition Ersteigerer gegen Einlieferer

Ist umfangreichen Haftungsfreizeichnungen nur dann Wirkung zuzusprechen, wenn Versteigerer dem Käufer zugleich eine Rechtsposition gegen den Einlieferer verschaffen, wie es viele auch aus Reputationsgründen[1802] tun?

aaa) Meinungsstand

Der BGH erwog dies. Der Versteigerer könne gegebenenfalls aus einer schuldhaften Verletzung des Kommissionsvertrages ihm gegen den Einlieferer zustehende Ansprüche abtreten oder dem Käufer unmittelbare Ansprüche gegen den

1796 Dazu s.u. S. 246ff.
1797 Vgl. Versteigerungsbedingungen Metz, § 8.5.
1798 Vgl. Ulmer/Brandner/Hensen/Habersack, § 309 Nr. 12 Rn. 1, 8.
1799 Z.B. Versteigerungsbedingungen Van Ham, Ziff. 2.4 S. 3, s.o. S. 209.
1800 Vgl. Versteigerungsbedingungen Villa Grisebach, § 9 II b.
1801 Vgl. Staudinger/Coester-Waltjen, § 309 Nr. 12 Rn. 7.
1802 Vgl. S. 208ff., 240ff., vgl. Braun, JZ 1998, 197, 198; ders. WM 1992, 893, 894, 898, 900; Wertenbruch, NJW 2004, 1977, 1981.

Einlieferer verschaffen, etwa im Kommissionsvertrag als Vertrag zugunsten des Käufers.[1803] Viele halten die Freizeichnungen auch ohne dies für wirksam.[1804] Andere meinen, der Ersteigerer dürfe nicht „ohne Not“[1805] rechtlos gestellt werden.[1806] Davon gehen offenbar auch die Versteigerer aus. Die Mitglieder des BDK sind laut Verhaltenskodex verpflichtet, „soweit sie die eigene Haftung für Mängel versteigerter Sachen beschränken, durch Vertragsgestaltung eine Haftungsbrücke zwischen Erwerber und Einlieferer herzustellen.“[1807]

bbb) Klauselpraxis

In ihren Versteigerungsbedingungen verpflichten sich einige, ihre Ansprüche gegen die Einlieferer geltend zu machen – teilweise auch dazu, nötigenfalls gerichtlich vorzugehen – und die Käufer im Erfolgsfall schadlos zu stellen, ihnen zumindest den Kaufpreis zu erstatten. Manche verpflichten sich, ihre Rechte gegen den Einlieferer zur Abtretung anzubieten, wenn sie den Käufer nicht anderweitig schadlos halten; ergänzend teilweise dazu, rechtzeitig vorgetragene Mängelrügen des Käufers dem Einlieferer zu übermitteln, soweit es ihnen aus tatsächlichen Gründen nicht unmöglich ist. Teilweise zwingen sie den Käufer, zunächst aus abgetretenem Recht vorzugehen.[1808]

In den Einlieferungsbedingungen bestimmen sie üblicherweise:

> „Der Einlieferer steht dem Versteigerer in entsprechender Anwendung des Kaufrechts für Sach- und Rechtsmängel der versteigerten Objekte ein.“[1809]

1803 BGHZ 63, 369, 375 f. – „*Jawlensky*“; vgl. BGH, NJW 1980, 1619, 1622 – „*Bodensee-Kunstauktion*“.

1804 Ulmer/Brandner/Hensen/H. Schmidt, Teil 4 (8) Rn. 2 f.; schon zum früheren Recht: Schlosser/Coester-Waltjen/Graba/Graba, § 9 Rn. 91; Ulmer/Brandner/Hensen, 9. Aufl. – Hensen, Anh. §§ 9–11 Rn. 867; Schneider, S. 171 ff.; Schrader, FS Kirchner, S. 343, 358 f.; offenbar auch Goepfert, S. 113 ff.

1805 Braun, WM 1992, 893, 900.

1806 OLG München NJW 2012, 2891, 2893 f. – „*Buddha-Skulptur*“; Chr. Berger, KUR 2003, 137, 143; Canaris, Handelsrecht, § 30 Rn. 88; zum früheren Recht: Braun, WM 1992, 893, 898; Kappus (Stand: 1998), Rn. 33, 35 ff.; in diese Richtung auch Dietlein, Die Weltkunst 1978, 2867, 2870; vgl. Vertreter, umfangreiche Haftungsfreizeichnungen ohnehin unwirksam: Fn. 1551.

1807 Ziff. 2 Verhaltenskodex für den Bundesverband Deutscher Kunstversteigerer e.V., http://arbeitskreis-kunsthandel.de/mitglieder/kodex-bdk/ (abgerufen am 1.4.2012); dazu D. Löhr, KUR 2006, 154, 155.

1808 Vgl. o. S. 210.

1809 Vgl. Einlieferungsbedingungen: Bassenge, Versteigerungs-Auftrag Muster, Ziff. 4 S. 2; van Ham, Auftragsbedingungen, Ziff. 2.1 S. 2; Hampel, Bedingungen des Versteigerungsauftrages, Ziff. 11.2 S. 2; Auktionshaus Dr. Jürgen Fischer, Versteigerungs-Auftrag, Abs. 2 S. 3; Karl & Faber, Einlieferungsbedingungen, § 4 S. 4; Ketterer, Ziff. 8.1 (http://www.ketterer-

Zum Teil ergänzt:

„Der Einlieferer versichert, dem Versteigerer alle Angaben bezüglich Urheberschaft, Material, Signatur, Restaurierung und Provenienz der eingelieferten Gegenstände vollständig und zutreffend gemacht zu haben; seine Angaben (...) sind Basis für den Auktionskatalog."[1810]

Weiter:

„Dem Einlieferer ist bekannt, dass der Versteigerer (...) dem Käufer nach § 437 BGB haftet. Von diesen Ansprüchen stellt der Einlieferer den Versteigerer vorbehaltlos frei (...)."[1811]

Oder:

„Er (...) erklärt, den Versteigerer wegen aller Ansprüche, die gegen diesen aus Anlass der Versteigerung erhoben werden können, schadlos zu halten"[1812]

Teilweise beschränkt:

„(...), sofern solche Ansprüche nicht auf einem Verschulden des Versteigerers, seines gesetzlichen Vertreters oder seines Erfüllungsgehilfen beruhen."[1813]

---

kunst.de/d/auktionkunst/einlieferungsbedingun-gen-muc.shtml (Stand: 01/09; abgerufen am 1.4.2012)); Lempertz, Ziff. 2 S. 3 (http://www.lempertz.com/einlieferung.html (Stand: 2012; abgerufen am 1.4.2012)); Nagel, Ziff. 3 S. 2 (http://www.auction.de/service07.php (Stand: 2012; abgerufen am 1.4.2012)); Neumeister, Ziff. 10 S. 2 (http://www.neumeister.com/verkaufen/vertragsbedingungen.html; abgerufen am 1.4.2012); Kunstauktionshaus Schlosser, Vertragsbedingungen für den Einlieferer, Ziff. 3 S. 2 (http://www.kunstauktionshaus-schlosser.de/downloads/Einlieferer.pdf; abgerufen am 1.4.2012); Winterberg, Abs. 2 S. 3 (http://www.winterberg-kunst.de/pages/de/c_versteigerungsvertrag.htm; abgerufen am 1.4.2012); Auktionshaus Michael Zeller, Versteigerungsauftragsbedingungen, Ziff. 4, S. 2.

1810 Vgl. Quittenbaum Kunstauktionen, Versteigerungsauftrag Ziff. 1 S. 3; van Ham, Auftragsbedingungen, Ziff. 2.2 S. 1; vgl. Vertragsbedingungen Neumeister, Ziff. 10 S. 1: „volle Gewähr" (http://www.neumeister.com/verkaufen/vertragsbedingungen.html; abgerufen am 1.4.2012).

1811 Vgl. Quittenbaum Kunstauktionen, Versteigerungsauftrag Ziff. 1 S. 4 f.

1812 Vgl. Einlieferungsbedingungen Winterberg, Abs. 2 S. 3 (http://www.winterberg-kunst.de/pages/de/c_versteigerungsvertrag.htm; abgerufen am 1.4.2012); vgl. Einlieferungsbedingungen Ketterer, Ziff. 8.2 S. 1 (http://www.ketterer-kunst.de/d/auktionkunst/einlieferungsbedingungen-muc.shtml (Stand: 01/09; abgerufen am 1.4.2012); Vertragsbedingungen Neumeister, Ziff. 10 S. 1 (http://www.neumeister.com/verkaufen/vertragsbedingungen.html; abgerufen am 1.4.2012); Kunstauktionshaus Schlosser, Vertragsbedingungen für den Einlieferer, Ziff. 3 S. 1 (http://www.kunstauktionshaus-schlosser.de/downloads/Einlieferer.pdf; abgerufen am 1.4.2012); sowie auch Hampel, Bedingungen des Versteigerungsauftrages, Ziff. 11.1 S. 1; Villa Grisebach, Einlieferungsbedingungen, § 15 I S. 1.

1813 Einlieferungsbedingungen Ketterer, Ziff. 8.2 S. 1 (http://www.kettererkunst.de/d/auktionkunst/ein-lieferungsbedingungen-muc.shtml (Stand: 01/09; abgerufen am 1.4.2012)).

Oder:

„(…), es sei denn, die genannten Ansprüche beruhen auf einem grob fahrlässigen Verschulden des Auktionshauses oder seiner Erfüllungsgehilfen.“[1814]

Oder:

„Das gilt nicht, soweit Ansprüche des Käufers auf Umständen beruhen, die ausschließlich durch Verschulden des Versteigerers entstanden sind.“[1815]

Teilweise zusätzlich:

„Die Freistellung umfasst sowohl die Erfüllung begründeter wie die Abwehr unbegründeter Ansprüche.“[1816]

Teilweise unbeschränkt und explizit Schadensersatzansprüche einbeziehend:

„Entscheidet sich der Käufer für (…) einen Schadensersatzanspruch (…) hat der Einlieferer den Versteigerer so zu stellen, dass dieser Anspruch erfüllt werden kann.“[1817]

Zur eigenen Haftung teilweise:

„Der Versteigerer haftet dem Einlieferer nur im Falle vorsätzlicher oder grobfahrlässiger Pflichtverletzung.“[1818]

Oder:

„Der Versteigerer haftet für Vorsatz und grobe Fahrlässigkeit unbeschränkt. Bei fahrlässiger Verletzung vertragswesentlicher Pflichten haftet der Versteigerer bis zur Höhe des Limits. Für leichte Fahrlässigkeit bei der Verletzung einfacher, d.h. nicht vertragswesentlicher Pflichten, ist die Haftung des Versteigerers ausgeschlossen (…).“[1819]

ccc) Stellungnahme

Haftungsfreizeichnungen sind im erörterten Umfang wirksam, wenn es dem Versteigerer unmöglich sein sollte, dem Käufer eine Rechtsposition gegen den Einlieferer einzuräumen. Es ist nicht geboten, dem Käufer einen Rundumschutz zu verschaffen. Kann aber der Versteigerer eine Rechtsposition einräumen, ohne den

1814 Kunstauktionshaus Schlosser, Vertragsbedingungen für den Einlieferer, Ziff. 3 S. 1 (http://www.kunstauktionshaus-schlosser.de/downloads/Einlieferer.pdf; abgerufen am 1.4.2012).

1815 Vgl. Villa Grisebach, Einlieferungsbedingungen, § 15 I S. 2; sowie auch Hampel, Bedingungen des Versteigerungsauftrages, Ziff. 11.1 S. 2.

1816 Einlieferungsbedingungen Ketterer, Ziff. 8.2 (http://www.kettererkunst.de/d/auktion-kunst/ein-lieferungsbedingungen-muc.shtml (Stand: 01/09; abgerufen am 1.4.2012)).

1817 Vgl. van Ham, Auftragsbedingungen, Ziff. 2.5 S. 3.

1818 Vgl. Vertragsbedingungen Neumeister, Ziff. 10 S. 5 (http://www.neumeister.com/verkaufen/ver-tragsbedingungen.html (Stand: 2012; abgerufen am 1.4.2012)).

1819 Aufragsbedingungen Nagel, Ziff. 17 (http://www.auction.de/service07.php; abgerufen am 1.4.2012).

Ersteigerer unangemessen zu benachteiligen, muss er sie zur Verhinderung einer Rechtlosstellung im Falle sorgfaltsgemäßen Versteigererverhaltens einräumen.

ddd) Unmittelbare Vertragsrechte

Unmittelbare vertragliche Rechte des Ersteigerers gegen den Einlieferer bestehen nicht auf dem Wege eines vom BGH[1820] erwogenen Kommissionsvertrages zugunsten des Ersteigerers. Der Vertrag ist weder ein echter Vertrag zugunsten des Ersteigerers noch einer mit Schutzwirkung zu dessen Gunsten.[1821]

eee) Abtretbare Rechte des Versteigerers gegen den Einlieferer

Eine denkbare Lösung ist die vom BGH erwogene Abtretung von Ansprüchen des Versteigerers gegen den Einlieferer. Damit wäre dem Ersteigerer ein Durchgriff ermöglicht (Durchgriffslösung).[1822] Aber welche Ansprüche hat nach der gesetzlichen Ausgangslage der Kommissionär gegen den Kommittenten, die er gegebenenfalls abtreten kann?

Gewährleistungsrechte hat er nach der gesetzlichen Ausgangslage (§§ 383 ff. HGB) keine.[1823] Der BGH verwies auf Ansprüche aus einer schuldhaften Verletzung des Kommissionsvertrages.[1824] Tatsächlich hat der Versteigerer gegen den Einlieferer, der schuldhaft falsche oder unvollständige Angaben über das Kommissionsgut macht, Schadensersatzansprüche aus §§ 280 I, 311 II Nr. 1, 241 II BGB (c.i.c.) oder bei einem zu diesem Zeitpunkt bereits bestehenden Kommissionsvertrag aus §§ 280 I, 241 II BGB (pVV).[1825] Ersterenfalls ist er so zu stellen, wie er ohne das schädigende Einliefererverhalten stünde, zweiterenfalls sind ihm alle Schäden zu ersetzen, die unmittelbar oder mittelbar auf der Pflichtverletzung beruhen[1826].

1820 BGHZ 63, 369, 375 f. – „*Jawlensky*".

1821 S.o. S. 221 f.

1822 BGHZ 63, 369, 375 f. – „*Jawlensky*"; BGH, NJW 1980, 1619, 1622 – „*Bodensee-Kunstauktion*"; Chr. Berger, KUR 2003, 137, 143; Braun, JZ 1998, 197, 198 f.; ders. in AcP 190 (1990), 182, 187; Flume, JZ 1991, 633, 638; Kühn, S. 182 f.; Kappus (Stand: 1998), Rn. 35 (Vorausabtretung); Wertenbruch, NJW 2004, 1977, 1981; ablehnend: Braun, WM 1992, 893, 898; ders., JZ 1993, 855; Braunfels, S. 154 ff. Ansprüche des Versteigerers gegen den Expertiseersteller bleiben bei der Inhaltskontrolle nach § 307 I, II BGB außer Betracht. In den seltenen Fällen, in denen jener die Expertise selbst anfertigen lässt, kann sich eine Abtretungspflicht nur aus § 242 BGB ergeben, Braunfels, S. 140 Fn. 540; vgl. BGHZ 63, 369, 376 – „*Jawlensky*".

1823 Braun, JZ 1998, 197, 198; Kappus (Stand: 1998), Rn. 22; Schneider, S. 175, 181.

1824 BGHZ 63, 369, 375 f. – „*Jawlensky*"; vgl. BGH, NJW 1980, 1619, 1622 – „*Bodensee-Kunstauktion*".

1825 Chr. Berger, KUR 2003, 137, 143; Koller/HGB-Roth, § 396 Rn. 12; zum früheren Recht: Braun, JZ 1998, 197, 198; Braunfels, S. 141, 146; Kühn, S. 184; Schneider, S. 181; Thomsen, S. 111 f.

1826 Vgl. bereits o. S. 229.

Hat er einen Vermögensschaden? Ja, wenn er Ansprüchen oder Gestaltungsrechten des Ersteigerers ausgesetzt ist[1827] – hier also nur bei Verschulden. Eine Abtretung eigener Ansprüche steht für Verschuldensfälle nicht zur Diskussion. Der Versteigerer könnte sich „verschuldensbasierter" Ansprüche auch nicht durch Abtretung entziehen. Keinen Vermögensschaden und damit keinen Anspruch hat er, wenn er Ersteigererrechten nicht ausgesetzt ist, weil er sich auf einen wirksamen Gewährleistungsausschluss beruft.[1828] Keinen Vermögensschaden hat er auch, wenn er darauf verzichtet, sich auf einen wirksamen Ausschluss zu berufen. Der Verzicht bewirkt keine unfreiwillige, sondern freiwillige Vermögenseinbuße. Außerdem ist eine Abtretung hier überflüssig. Abtretbare Schadensersatzansprüche gegen den Einlieferer hat der sorgfältige Versteigerer also mangels Schadens keine.[1829]

Beruft sich der Versteigerer auf einen wirksamen Gewährleistungsausschluss, hat er auch keinen Aufwendungsersatzanspruch aus § 396 II HGB i.V.m. §§ 675, 670 BGB.[1830] Dieser Anspruch soll bestehen, wenn der Versteigerer verzichtet, sich auf einen wirksamen Ausschluss zu berufen.[1831] Dagegen spricht jedoch, dass, wer sich auf eine Haftungsfreizeichnung festlegt, als Vertrauensmann des Einlieferers (vgl. § 384 I 2. Hs. HGB) gebunden ist. Auch bedürfte es keiner Abtretung. Der Versteigerer könnte freilich grundsätzlich die entgangene Provision als entgangenen Gewinn (§§ 249 I, 252 BGB) aus §§ 280 I, 241 II BGB (pVV) geltend machen, wenn er das Versteigerungsgut zurückzieht.[1832] Dann jedoch gibt es keinen Erwerber. Abtretbare Ansprüche gibt es also nach der gesetzlichen Ausgangslage keine.

fff) Drittschadensliquidation

Ist dem Ersteigerer mit einer Drittschadensliquidation zu helfen?[1833] Hiergegen bestehen Bedenken:[1834] Voraussetzung ist ein Anspruchsinhaber ohne finan-

1827 Vgl. Schneider, S. 181.

1828 Chr. Berger, KUR 2003, 137, 143 Fn. 49; vgl. Erman/B. Grunewald, § 444 Rn. 3.

1829 Vgl. Chr. Berger, KUR 2003, 137, 143 Fn. 49; Braunfels, S. 146; Schneider, S. 174; Thomsen, S. 111; vgl. Erman/B. Grunewald, § 444 Rn. 3.

1830 Braunfels, S. 141.

1831 Braunfels, S. 143.

1832 Picker, S. 207 f., mit Verweis auf LG München I, Urt. v. 21.2.1973 – 4 O 851/72 (n.v.); LG Landshut, Urt. v. 9.9.1993 – 44 O 1677/92 (n.v.).

1833 Bejahend: Hager, AcP 180 (1980), 239, 247 f.; MünchVertrHdb, Bd. 4,1(1998)/Locher, VI. 13, S. 1273; M. Löhr, GRUR 1976, 411, 414 f.; Thomsen, S. 110 ff.; angedacht von: Chr. Berger, KUR 2003, 137, 143 Fn. 49; Braun, AcP 190 (1990), 182, 187; vgl. Erman/B. Grunewald, § 444 Rn. 3.

1834 So auch Braun, WM 1992, 893, 899 (für eine Abtretung aber in JZ 1998, 197, 199); Braunfels, S. 145 ff.; Schneider, S. 174; Staub/Koller, § 383 Rn. 72.

ziellen Schaden, ein Geschädigter ohne Anspruchsposition und eine zufällige Schadensverlagerung vom Anspruchsinhaber auf den Geschädigten. Weil der Schädiger aus der Schadensverlagerung keinen Vorteil ziehen soll, ist der Anspruchsinhaber berechtigt und verpflichtet, den Schaden des Dritten zu liquidieren und den für den Geschädigten eingezogenen Schadensersatz weiterzuleiten[1835] oder den komplettierten Schadensersatzanspruch abzutreten (jeweils über § 285 BGB analog).[1836] Weil dies vom Grundsatz abweicht, dass jeder nur seinen eigenen Schaden ersetzt verlangen kann, und zudem die Drittschadensliquidation nicht zu einer Risikoerhöhung zu Lasten des Schuldners führen darf, ist sie nur in wenigen Fallgruppen anerkannt. Eine dieser Gruppen ist die Kommission – allerdings nur zugunsten des geschädigten Kommittenten.[1837]

Und im umgekehrten Fall? Die Voraussetzungen sind zunächst erfüllt: Der Erwerber eines mangelhaften Werkes erleidet einen Schaden, hat aber wegen der Haftungsfreizeichnung keinen Anspruch.[1838] Der Versteigerer hat gegen den schuldhaft handelnden Einlieferer einen Schadensersatzanspruch, aber keinen Schaden.[1839]

Der Schaden trifft den Ersteigerer jedoch nicht infolge zufälliger Schadensverlagerung.[1840] Richtig ist, dass der Ersteigerer Anspruchsberechtigter wäre, hätte der Einlieferer einen Vertreter und nicht einen Kommissionär eingeschaltet.[1841] Der Einlieferer wählt aber die Kommission, um nicht im Kontakt zum Ersteigerer zu stehen. Ohne Sondervereinbarung muss er nicht annehmen, dass der Kommissionär einen Schaden geltend macht, der diesem nie entstehen könnte.[1842] Zu dieser Risikoerhöhung darf die Drittschadensliquidation nicht führen.

Selbst wenn der Versteigerer sich in den Einlieferungsbedingungen eigene Gewährleistungsrechte zuschreibt und gewillt wäre, sie für den Ersteigerer geltend zu machen, stellte die Drittschadensliquidation ein höheres Risiko dar. Zu einer Inanspruchnahmepflicht bedürfte es nämlich noch einer Vereinbarung in

---

1835 Daher ist Brauns Einwand (WM 1992, 893, 899) unstimmig, gegen die Drittschadensliquidation spreche, dass der Auktionator den Einlieferer preisgeben müsste. Es bedarf keiner Hilfskonstruktion (vgl. Chr. Berger, KUR 2003, 137, 143); vgl. wie hier Braunfels, S. 148 Fn. 565.

1836 Braun, WM 1992, 893, 899; Brox/Walker, AS, § 29 Rn. 15 ff.

1837 Vgl. BGHZ 25, 250, 258 (Konnossement); Braun, WM 1992, 893, 899 Fn. 55; Palandt/Grüneberg, v. § 249 Rn. 108; Schneider, S. 174.

1838 Thomsen, S. 111.

1839 S.o. S. 243 f.; vgl. Chr. Berger, KUR 2003, 137, 143; Braunfels, S. 146; Thomsen, S. 111 f.

1840 Braunfels, S. 147 f.; Schneider, S. 174; aA Thomsen, S. 111.

1841 Thomsen, S. 111.

1842 Braunfels, S. 147 f.; Schneider, S. 174.

den Versteigerungsbedingungen.[1843] Dann wäre eine Drittschadensliquidation entbehrlich. Eine „umgekehrte“ Drittschadensliquidation scheidet folglich aus. Das Ziel, dem Geschädigten einen Ersatzanspruch zuzuwenden, genügt nicht.[1844]

ggg) Verschaffung abtretbarer Gewährleistungsrechte

Die Lücke fehlender Gewährleistungsrechte im Innenverhältnis füllt der Versteigerer mit der Bestimmung seiner Einlieferungsbedingungen, wonach Einlieferer ihm wie Verkäufer einstehen sollen.[1845] Er kreiert einen besonderen Freistellungsanspruch,[1846] ein abtretbares Recht[1847] und einen effektiven Erwerberschutz.[1848] Rücktritts- und Minderungsrecht sind als Gestaltungsrechte über §§ 398, 413 BGB abtretbar.[1849] Die Vermögenslosigkeit des Einlieferers ist ein allgemeines Lebensrisiko.[1850] Schadensersatzansprüche bestehen mangels Schadens keine.

Die entsprechende Anwendbarkeit des Gewährleistungsrechts ist in den Einlieferungsbedingungen jedoch nur vereinbar, wenn die Einlieferer dadurch nicht unangemessen benachteiligt werden (§ 307 I, II BGB).

(1) Meinungsstand

Nach der Rechtsprechung[1851] und dem überwiegenden Schrifttum[1852] benachteiligt die in Rede stehende Haftungsklausel selbst sorgfältig handelnde Einlieferer nicht unangemessen. Sie sei eine sinnvolle und interessengerechte Ergänzung

---

1843 Dies verkennt M. Löhr, GRUR 1976, 411, 414 f.; vgl. Thomsen, S. 111.; wie hier Braunfels, S. 147 f.

1844 Braun, WM 1992, 893, 899; Schneider, S. 174.

1845 S.o. S. 240 ff.; vgl. Chr. Berger, KUR 2003, 137, 143; Braun, WM 1992, 893, 898; ders., JZ 1998, 197, 198; Schneider, S. 175, 181; Wertenbruch, NJW 2004, 1977, 1981.

1846 Braun, WM 1992, 893, 898, Braunfels, S. 142.

1847 Braun, JZ 1998, 197, 198; Kappus (Stand: 1998), Rn. 33.

1848 Kappus (Stand: 2006), Rn. 25; Schneider, S. 177.

1849 Palandt/Grüneberg, § 413 Rn. 5.

1850 Kritisch aber Braunfels, S. 151.

1851 OLG Frankfurt, NJW 1993, S. 1477 – „*Marcel Leprin*“; OLG Zweibrücken, NJW 1998, 1409 f. = JZ 1998, 196 f. – „*Purrmann*“ m. Anm. Braun, S. 197 ff.; LG Landshut, Urt. v. 9.9.1993 – 44 O 1677/92, zitiert nach Picker, S. 207 f., 211.

1852 Ensthaler/Achilles, GK-HGB, § 383 Rn. 11; Braun, JZ 1998, 197, 198 f.; Braunfels, S. 142 f.; Canaris, Handelsrecht, § 30 Rn. 88; Horn/HGB-Herrmann, § 384 Rn. 6; v. Hoyningen-Huene, Rn. 195; E/B/J/S/Krüger, § 384 Rn. 33; Röhricht/HGB-Lenz, § 384 Rn. 13; D. Löhr, Weltkunst 1993, 859; Koller/HGB-Roth, § 396 Rn. 12; HK/HGB-Ruß, § 383 Rn. 8; Schneider, S. 181 ff.; Wertenbruch, NJW 2004, 1977, 1981 f.; Wolf/Horn/Lindacher/Wolf, § 9 Rn. A 145; MünchKomm/Wurmnest, § 307 Rn. 89.

einer Regelungslücke in den §§ 383 ff. HGB.[1853] Andere sind der Meinung, sie sei nur individualvertraglich vereinbar.[1854]

(2) Stellungnahme

Die Klauseln sind nicht nach § 305 c BGB überraschend.[1855] Zwar trifft das Gesetz keine Haftungsanordnung,[1856] doch müssen Einlieferer mit einer Ausgestaltung ihrer Haftung in Form üblicher Haftungsklauseln rechnen.[1857] Bei der Inhaltskontrolle ist zu unterscheiden nach Haftungsklauseln zugunsten des Ersteigerers und solchen, die letztlich nur dem Versteigerer dienen:

(3) Haftungsklauseln zugunsten des Ersteigerers

Zunächst die Inhaltskontrolle von Haftungsklauseln, die zugunsten des Ersteigerers für den Fall vereinbart werden, dass die Berufung des sorgfältig handelnden Versteigerers auf seine Haftungsfreizeichnung erfolgreich ist:

Sie sind nicht etwa nach § 307 I, II Nr. 1 BGB unwirksam, weil es zum gesetzlichen Leitbild des Kommissionsgeschäfts gehöre, dass die Einlieferer den Versteigerern keinesfalls Gewähr zu leisten haben.[1858] Die §§ 383 ff. HGB sehen zwar eine Gewährleistungshaftung des Kommittenten nicht vor. Dem Versteigerer steht es aber frei, auf eine Freizeichnung zu verzichten.[1859] Dann hätte er bei seiner Inanspruchnahme einen Regressanspruch,[1860] jedenfalls sofern er die Schlechtleistung aufgrund sorgfältigen Handelns nicht zu vertreten hat.[1861] Nach dem Wesen des Kommissionsgeschäfts muss die Kosten des Geschäfts und seiner Nichterfüllung grundsätzlich der Kommittent tragen, für dessen Rechnung der

---

1853 OLG Frankfurt, NJW 1993, S. 1477 – „*Marcel Leprin*" (zustimmend Braun, JZ 1998, 197, 198); OLG Zweibrücken, NJW 1998, 1409 f. = JZ 1998, 196 f. – „*Purrmann*" m. Anm. Braun, S. 197 ff.

1854 Kappus (Stand: 1998), Rn. 22 Fn. 63; ders. (Stand: 2006), Rn. 17; Kühn, S. 183 ff.; Schack, KuR, Rn. 409, 114; kritisch auch Wolf/Lindacher/Pfeiffer/Dammann, Klauseln, Rn. A 228; Ulmer/Brandner/Hensen/H. Schmidt, Teil 4 (8) Rn. 2, 4.

1855 AA Kappus (Stand: 1998), Rn. 22; ders. (Stand: 2006), Rn. 17.

1856 Kappus (Stand: 1998), Rn. 22; ders. (Stand: 2006), Rn. 17.

1857 Kühn, S. 183 f.

1858 So aber Kappus (Stand: 1998), Rn. 22; ders. (Stand: 2006), Rn. 17; vgl. Kühn, S. 184.

1859 So Braunfels, S. 143; Schneider, S. 182.

1860 Braunfels, S. 141 f., 143; Schneider, S. 182.

1861 Vgl. Oetker/HGB-Bergmann, § 396 Rn. 16; Schlegelberger/Hefermehl, § 383 Rn. 21, § 391 Rn. 14, § 396 Rn. 34; MünchKommHGB/ Häuser, § 396 Rn. 45; Straube/HGB-Griß-Reiterer, § 396 Rn. 9; Staub/Koller, § 396 Rn. 27, 33; Thomsen, S. 98 f. Erst recht bei Mangelkenntnis des Einlieferers, MünchKommHGB/ Häuser, § 391 Rn. 13.

Kommissionär tätig wird.[1862] Schäden, wozu auch solche wegen einer Mängelinanspruchnahme zählen,[1863] trägt insofern der Kommittent nach dem Prinzip des Handelns für fremde Rechnung.[1864] Danach trägt die Nachteile des Geschäfts der Kommittent, der umgekehrt die Vorteile hat und die Fach- und Marktkenntnisse des Kommissionärs nutzt. Er muss für Risiken einstehen, die auch er als Verkäufer hätte tragen müssen.[1865] Ausgenommen sind Betriebs- und allgemeine Lebensrisiken sowie Risiken aus schuldhaftem Kommissionärverhalten.[1866] Der Kommittent ist „Herr des Geschäfts"[1867] (vgl. § 384 I 2. Hs. HGB, Weisungsrecht) und im wirtschaftlichen Sinn Vertragspartei (vgl. § 392 II HGB, fingierte Vorausabtretung)[1868]. Sachmängel sind letztlich ihm zuzurechnen.[1869] Kommittent und Kommissionär sind in einer Situation wie Verkäufer und Käufer, weil das Kommissionsgut dem Kommissionär gegeben wird, um eine Geldsumme zu erhalten.[1870]

Aufwendungen kann der Versteigerer schon nach § 396 II HGB i.V.m. §§ 675, 670 BGB ersetzt verlangen. Das sind freiwillige Vermögensopfer zum Zwecke der Kommissionsausführung.[1871] Schäden des Versteigerers sind Aufwendungen zumindest in Analogie zu § 670 BGB gleichzustellen.[1872] Der Anspruch umfasst jedenfalls die Rückabwicklungskosten, also den ausgekehrten Versteigerungserlös.[1873] Dass der Versteigerer die wirtschaftlichen Folgen der Mangelhaftigkeit des Kommissionsgutes i.d.R. nicht zu tragen hat, ist vergleichsweise unbeachtlich.[1874]

Die Einlieferer sind durch die Vereinbarung der Mängelrechte nicht mehr Ansprüchen ausgesetzt, als hätte der Versteigerer auf die Haftungsfreizeichnung

---

1862 BGHZ 8, 222, 228 f. (Wertpapiere); LG Baden-Baden, NJW 2003, 3714 f. – „*Kupka*"; Oetker/HGB-Bergmann, § 396 Rn. 16; Schlegelberger/Hefermehl, § 396 Rn. 34; K. Schmidt, § 31 IV 3 b, S. 881 ff.

1863 Vgl. K. Schmidt, § 31 IV 3 b, S. 883.

1864 BGHZ 8, 222, 228 f. (Wertpapiere); Oetker/HGB-Bergmann, § 396 Rn. 16; K. Schmidt, § 31 IV 3 b, S. 883; aA Zurechnung nach dem Veranlasserprinzip: Staub/Koller, § 396 Rn. 33.

1865 MünchKommHGB/Häuser, § 383 Rn. 45; Schlegelberger/Hefermehl, § 396 Rn. 39.

1866 MünchKommHGB/Häuser, § 383 Rn. 45, § 396 Rn. 53; vgl. BGHZ 8, 222, 228 (Wertpapiere).

1867 E/B/J/S/Krüger, § 384 Rn. 15.

1868 Staub/Koller, § 383 Rn. 70.

1869 Canaris, Handelsrecht, § 30 Rn. 88.

1870 OLG Frankfurt, NJW 1993, S. 1477 – „*Marcel Leprin*".

1871 Canaris, Handelsrecht, § 30 Rn. 48.

1872 Canaris, Handelsrecht, § 30 Rn. 50; MünchKommHGB/Häuser, § 396 Rn. 45, 53; E/B/J/S/Krüger, § 397 Rn. 12; vgl. auch Straube/HGB-Griß-Reiterer, § 396 Rn. 9; Schlegelberger/Hefermehl, § 396 Rn. 34, 39.

1873 Braunfels, S. 141, 143; Koller/HGB-Roth, § 396 Rn. 8; Schneider, S. 182; Thomsen, S. 98; vgl. LG Baden-Baden, NJW 2003, 3714 f.- „*Kupka*".

1874 AA Wolf/Lindacher/Pfeiffer/Dammann, Klauseln, Rn. A 228.

verzichtet.[1875] Sie haften auch nur bei pflichtgemäßem Versteigererverhalten. Wäre der Versteigerer Vertreter, wären sie ohnehin gewährleistungspflichtig.[1876]

Schack ist der Meinung, Einlieferer seien mit Haftungsklauseln unangemessen benachteiligt, wenn sie in der hypothetischen Rolle eines unmittelbaren Verkäufers ihre Haftung ausschließen könnten.[1877]

Sind sie Kunsthändler, könnten sie es nicht. Bleiben sie dem Ersteigerer auch unbekannt und nehmen kein besonderes Vertrauen in Anspruch, ist doch nicht ersichtlich, warum sie sich ihrer auch Unternehmern gegenüber in AGB unabdingbaren Haftung[1878] nur wegen Zwischenschaltung eines Kommissionärs sollten entziehen können, der weniger Zeit zu tiefgreifenden Recherchen hat als sie.[1879]

Laien-Einlieferer wirken zunächst ähnlich schutzbedürftig wie Erwerber.[1880] In der Verkäuferrolle könnten sie ihre Haftung grundsätzlich auch in AGB weitgehend ausschließen. Der Erwerberschutz ginge zu ihren Lasten, obwohl Versteigerungen erkennbar für alle riskant sind.[1881] Zwar wissen sie über Provenienzen besser als Ersteigerer Bescheid,[1882] sind aber ansonsten auf den Versteigerer angewiesen und haben nicht notwendig mehr Kenntnisse als Erwerber.[1883] Durch zumutbare Nachforschungen sind sie kaum in der Lage, Mängel zu erkennen und verfügen i.d.R. nicht über Expertenkontakte.[1884]

Würden sie aber als Verkäufer auftreten, könnten Käufer ihre Vertrauenswürdigkeit einschätzen. Da sie bei Versteigerungen in den Genuss eines größeren Abnehmerkreises gelangen, am Ansehen des Versteigerers partizipieren und ihnen bei Prozessen nicht der Anstieg von Personal- und Organisationskosten droht, ist ihnen eine Haftung zumutbar.[1885]

Jedenfalls so, wie sie bei Schäden dem Versteigerer haften müssten, also dann, wenn sie schuldhaft falsche oder unvollständige Angaben zu den eingelieferten Werken machen,[1886] müssen sie mittelbar den Ersteigerern einstehen. Sonst blie-

1875 Braunfels, S. 143; Schneider, S. 182.

1876 Braunfels, S. 143; Wertenbruch, NJW 2004, 1977, 1981 f.

1877 Schack, KuR, Rn. 409.

1878 S.u. S. 266 ff.

1879 Anders Kühn, S. 188, beim Agenturgeschäft.

1880 Braun, WM 1992, 893, 897.

1881 Vgl. Braun, WM 1992, 893, 897; Dietlein, Die Weltkunst 1978, 2867, 2869; Goepfert, S. 117 f.; Kappus (Stand: 1998), Rn. 37.

1882 Beckmann/Kräkel/Schauenberg, ZfB, 1997, 41,47 f.; v. Hoyningen-Huene, Rn. 195; Kappus (Stand: 1998), Rn. 37; Thomsen, S. 116.

1883 Kappus (Stand: 1998), Rn. 37; vgl. Beckmann/Kräkel/Schauenberg, ZfB, 1997, 41,47; Goepfert, S. 118.

1884 Kühn, S. 184 f., 188.

1885 Schneider, S. 178.

1886 Vgl. o. S. 243.

ben sie trotz Verschuldens unbehelligt, wenn nur der Versteigerer sorgsam handelte.[1887] So soll ihnen der Haftungsausschluss nicht zu Gute kommen.[1888] Sonst könnte sich auch der Eindruck verfestigen, gefälschte Werke ließen sich gegenüber Kommissionär-Versteigerern relativ gefahrlos als echt ausgeben.[1889]

Muss aber die Haftungsklausel so sein, dass Verbraucher-Einlieferer wie Versteigerer nur im Verschuldensfalle gewährleistungspflichtig sind?

Weil wirtschaftlich betrachtet der Einlieferer Verkäufer ist und das Sachmängelrisiko ihn mehr angeht als den Käufer,[1890] ist es angemessen, ihn als Letztverantwortlichen auch darüber hinaus in Anspruch zu nehmen.[1891] Er kann nicht die Versteigerungsvorteile genießen und zugleich erwarten, als eigentlicher Geschäftsnutznießer „gutes Geld für schlechte Ware" zu behalten und es allenfalls nach Verschuldensnachweis herausgeben zu müssen. Die Rückabwicklung ist angemessen. Bei nur leichter Fahrlässigkeit sollten Schadensersatzansprüche ausgeschlossen sein, wenn der Versteigerer sich insofern seinerseits freigezeichnet hat. Dann halten Haftungsklauseln einer Inhaltskontrolle grundsätzlich stand.

(4) Haftungsklauseln zugunsten des Versteigerers

Unwirksam (§ 307 I, II Nr. 1 BGB) könnten Haftungsklauseln sein, die wegen ihrer Weite teilweise nur den Versteigerern nützen: Klauseln, die Einlieferer verpflichten, die Versteigerer wegen aller Ansprüche, die aus Anlass der Versteigerung erhoben werden können, schadlos zu halten – teilweise explizit Schadensersatzansprüche einbeziehend[1892] auch und gerade, wenn Versteigerer ihre Sorgfaltspflichten nicht erfüllt haben.[1893]

Gegen schuldhaft handelnde Einlieferer bestehen bereits Ansprüche aus § 396 II HGB i.V.m. §§ 675, 670 BGB analog, zudem Ansprüche aus §§ 280 I, 241 II BGB (pVV) bzw. bei vorvertraglichen Pflichtverletzungen aus §§ 280 I, 311 II Nr. 1, 241 II BGB (c.i.c.).[1894] Gibt der Versteigerer eine Mindestpreisgarantie, gelten die Gewährleistungsrechte zu seinem Schutz ohne Weiteres analog.[1895]

1887 Braun, WM 1992, 893, 894; Wertenbruch, NJW 2004, 1977, 1981.

1888 Kühn, S. 182f.

1889 Vgl. Würtenberger in Hürlimann, S. 737, 750.

1890 S.o. S. 22ff.

1891 Braunfels, S. 131, 177; D. Löhr, Weltkunst 1993, 859; Thomsen, S. 114.

1892 Vgl. van Ham, Auftragsbedingungen, Ziff. 2.5 S. 3.

1893 Vgl. Winterberg, Einlieferungsbedingungen Abs. 2 S. 3 (http://www.winterberg-kunst.de/pa-ges/de/c_versteigerungsvertrag.htm; abgerufen am 1.4.2012), Versteigerungsbedingungen Ziff. 6 S. 4 (http://www.winterberg-kunst.de/pages/de/c_versteigerungsbedingungen.htm; abgerufen am 1.4.2012); Braunfels, S. 142; Schneider, S. 181.

1894 S.o. S. 243.

1895 Staub/Koller, § 384 Rn. 37.

Der Anspruch aus § 396 II HGB i.V.m. §§ 675, 670 BGB analog besteht aber nur, wenn der Versteigerer die Schlechtleistung nicht (mit)verschuldet hat.[1896] Nach einem Grundgedanken des Kommissionsrechts, der bei der Vereinbarung von Rückgriffsrechten zu berücksichtigen ist, darf sich der Kommissionär nicht seiner wesentlichen Berufspflichten entledigen. Diese Gefahr besteht womöglich, wenn (selbst schuldlos handelnde) Einlieferer dem sorgfaltswidrigen Versteigerer Gewähr leisten müssten. Könnten Versteigerer beim Versagen der Haftungsfreizeichnung, also bei Sorgfaltswidrigkeiten, Rückgriff nehmen, hätten sie möglicherweise einen nur geringen Anreiz, Sorgfaltspflichten einzuhalten.[1897] Die Einlieferer vertrauen darauf, dass Angaben mit der Sorgfalt eines ordentlichen Kaufmanns erfolgen (§§ 384 I 1. Hs., 347 I HGB).[1898] Ihre sind nur die Basis.[1899] Die Sorgfaltsanforderungen des Versteigerers gehen über die aus § 442 I 2 BGB hinaus. Sie entsprechen denen gegenüber den Bietern.[1900]

Zu bedenken ist aber, dass § 442 I 2 BGB[1901] den Rückgriff bei entsprechender Anwendung des Kaufrechts ohnehin immerhin bei grob fahrlässiger Mangelunkenntnis scheitern lässt.[1902] Der Rückgriff scheitert auch, wenn der Versteigerer wegen Angaben haftet, die ihm nach dem Einlieferungsvertrag versagt waren.[1903]

Außerdem hat der Versteigerer nach hiesiger Ansicht bei von ihm verschuldeten Rückabwicklungen des Kaufvertrages allenfalls einen verminderten Provisionsanspruch.[1904] Klauseln, nach denen Einlieferer zum Vorteil sorgfaltswidriger Versteigerer einstehen sollen, sind also nicht per se nach § 307 I, II Nr. 1 BGB unwirksam, wenngleich wünschenswert ist: Eine Begrenzung der Haftungsklausel auf die Freistellung von Ansprüchen, die nicht auf einem Verschulden des Versteigerers, seines gesetzlichen Vertreters oder seines Erfüllungsgehilfen beruhen,[1905] zumindest aber die Klarstellung, dass der Einlieferer nicht für Umstände haftet, die ausschließlich durch Verschulden des Versteigerers entstanden sind.[1906]

1896 Vgl. Oetker/HGB-Bergmann, § 396 Rn. 16; Straube/HGB-Griß-Reiterer, § 396 Rn. 9; MünchKommHGB/Häuser, § 396 Rn. 45; Schlegelberger/Hefermehl, § 396 Rn. 34.

1897 Vgl. Ulmer/Brandner/Hensen/H. Schmidt, Teil 4 (8) Rn. 4.

1898 Vgl. Röhricht/HGB-Lenz, § 384 Rn. 3.

1899 Vgl. auch o. S. 234 (börsen- und treuhandsähnliche Mittlerfunktion des Versteigerers).

1900 „Maßgebend für die angemessene Sorgfaltsanforderung ist die Art des Geschäfts", Röhricht/HGB-Lenz, § 384 Rn. 2.

1901 Sofern nicht abgedungen, vgl. Palandt/Weidenkaff, § 442 Rn. 4.

1902 Vgl. LG Bielefeld, NJW 1990, 1999 – „*Alexander Koester*"; Schack, KuR, Rn. 408.

1903 Schack, KuR, Rn. 408.

1904 S.o. S. 229f.

1905 Vgl. Einlieferungsbedingungen Ketterer, Ziff. 8.2 S. 1 (http://www.kettererkunst.de/d/auktionkunst/ein-lieferungsbedingungen-muc.shtml (Stand: 01/09; abgerufen am 1.4.2012)).

1906 Eine solche Begrenzung ist in den Einlieferungsbedingungen der Villa Grisebach vorgesehen (§ 15 I 2).

Zwingend unwirksam sind Haftungsklauseln, die die Geltendmachung von Gegenrechten verhindern. Es gilt der Grundsatz kundenfeindlichster Auslegung.[1907] Hat der Einlieferer den Versteigerer von allen gegen diesen geltend gemachten Ansprüchen – auch auf entgangenen Gewinn – *vorbehaltlos* freizustellen,[1908] erweckt dies den Anschein, dem Einlieferer sei die Geltendmachung von Schadensersatzansprüchen verwehrt. Tatsächlich macht sich der Versteigerer bei der Verletzung des Kommissionsvertrags nach allgemeinen Grundsätzen schadensersatzpflichtig.[1909] Handelt er Weisungen des Einlieferers schuldhaft zuwider, haftet er ihm gem. § 385 I 1. Hs. HGB auf das positive Interesse.[1910]

Die Haftungsklausel begründet zudem letztlich eine verschuldensunabhängige Schadensersatzhaftung. So auch, wenn es heißt:

> „Der Einlieferer übernimmt die volle Gewähr für die von ihm (...) gemachten Angaben und stellt (...) von allen Ansprüchen frei, die seitens Dritter aus Anlass der Versteigerung geltend gemacht werden."[1911]

Die Klauseln weichen vom wesentlichen gesetzlichen Grundgedanken ab, dass Schadensersatzansprüche grundsätzlich verschuldensabhängig sind[1912] und der Kommittent für Schadensersatzpflichten aus schuldhaftem Kommissionärverhalten nicht einstehen muss.

Unwirksam ist auch die Beschränkung der Versteigererhaftung gegenüber dem Einlieferer auf Vorsatz und grobe Fahrlässigkeit.[1913] Die Beachtung der Sorgfaltspflichten ist eine Kardinalpflicht.[1914] Der Versteigerer darf sich ihr nicht entziehen.

Klauseln, nach denen Einlieferer zum Vorteil sorgfaltswidriger Versteigerer einstehen müssen, sind folglich nicht per se nach § 307 I, II Nr. 1 BGB unwirksam. Unwirksam sind jedoch Klauseln, die eine verschuldensunabhängige Schadensersatzhaftung begründen, die Geltendmachung von Gegenrechten verhindern oder die Haftung des Versteigerers gegenüber dem Einlieferer auf Vorsatz und grobe Fahrlässigkeit beschränken.

1907 Vgl. BGH, NJW 1999, 276 ff. (Partnerschaft); Ulmer/Brandner/Hensen/Fuchs, § 307 Nr. 7 Rn. 342.

1908 Vgl. Quittenbaum Kunstauktionen, Versteigerungsauftrag Ziff. 1 S. 4 f.

1909 Vgl. MünchKommHGB/Häuser, § 385 Rn. 4.

1910 Vgl. MünchKommHGB/Häuser, § 385 Rn. 5; Koller/HGB-Roth, § 385 Rn. 4.

1911 Vgl. Vertragsbedingungen Neumeister, Ziff. 10 S. 1 (http://www.neumeister.com/ver-kaufen/vertragsbedingungen.html; abgerufen am 1.4.2012).

1912 Vgl. Ulmer/Brandner/Hensen/G. Christensen, § 309 Nr. 7 Rn. 42; Ulmer/Brandner/Hensen/Fuchs, § 307 Rn. 314.

1913 Vgl. Vertragsbedingungen Neumeister, Ziff. 10 S. 5 (http://www.neumeister.com/verkaufen/ver-tragsbedingungen.html (Stand: 2011; abgerufen am 1.4.2012)).

1914 Vgl. zum Verhältnis zum Ersteigerer: Wolf/Horn/Lindacher/Dammann, Klauseln, Rn. A 241.

(5) Zwischenergebnis

Der Versteigerer kann dem Ersteigerer mit Haftungsklauseln abtretbare Rechte verschaffen, wenn seine Freizeichnung wegen eigener Sorgfalt greift. Hierzu verpflichtet ihn das Gebot der Nichtrechtlosstellung, wenn er Erwerber nicht vergleichbar schützt.

Das Verbot geltungserhaltender Reduktion verbietet es, Abtretungsverpflichtungen im Wege ergänzender Vertragsauslegung in die Haftungsfreizeichnung hineinzulesen.[1915] Ungenügend schützen Klauseln, die Abtretungen ins Ermessen des Versteigerers stellen. Der Ersteigerer wäre von dessen Wohlwollen abhängig.[1916]

Zugriffsbegrenzungen bei Unechtheit auf Fälle, in denen die „Katalogangaben über die Urheberschaft nicht mit der anerkannten Meinung der Experten am Tag der Auktion übereinstimmten",[1917] sind zum Schutze des Einlieferers zulässig, da nach verbreiteter Ansicht ohnehin nur dann ein Mangel besteht.[1918]

(6) Verjährungsregelungen

In einigen Einlieferungsbedingungen ist die Verjährung (§ 438 I Nr. 3, II BGB) auf zwölf Monate verkürzt und bestimmt, dass sie erst mit dem Zuschlag[1919] bzw. mit der Auslieferung[1920] an den Einlieferer beginnt. Es stellt sich die Frage nach der Wirksamkeit dieser Gestaltung.

Die Mängelrechte der Haftungsklausel sollen einen Ausgleich bieten, wenn Versteigerer sich erfolgreich auf ihre Haftungsfreizeichnung berufen. Dafür ist eine Verjährungsfrist von zwölf Monaten sicher ausreichend, eine unterhalb von sechs Monaten (§ 477 I 1 BGB a.F.) aber unzureichend. Fristen über zwei Jahre (vgl. § 438 I Nr. 3 BGB) benachteiligen den Einlieferer unangemessen, wenn seine Einstandspflicht nicht ab zwei Jahren nach Zuschlag auf Arglistfälle beschränkt ist (vgl. § 438 III BGB).

Der Fristbeginn mit Sachübergabe an den Einlieferer wurde vom OLG Frankfurt bei einer Verjährungsfrist von sechs Monaten als zulässig befunden.[1921] Bei

1915 Vgl. Ulmer/Brandner/Hensen/G. Christensen, § 309 Nr. 7 Rn. 40.

1916 Vgl. Schneider, S. 177.

1917 Vgl. Versteigerungsbedingungen Karl & Faber Ziff. 19 S. 1.

1918 S.o. Fn. 762.

1919 Kunstantiquariat Winterberg, Einlieferungsbedingungen Abs. 2 S. 4.

1920 Einlieferungsbedingungen: Bassenge, Ziff. 4 S. 3; Michael Zeller, Ziff. 4 S. 2.

1921 OLG Frankfurt, NJW 1993, S. 1477, 1478 f. – „*Marcel Leprin*" (Gemeinsamkeiten von Kommission und Stellvertretung aber überbetonend); zustimmend Staudinger/Matusche-Beckmann, § 438 Rn. 72 (verschobenen Verjährungsbeginn unabhängig von der Fristlänge für

einer kurzen Frist wird dadurch sicher gestellt, dass sie nicht bei der ersten eingehenden Untersuchungsmöglichkeit, der Sachübergabe,[1922] stark verkürzt ist.[1923] Allerdings hat der Einlieferer auf den Übergabezeitpunkt keinen Einfluss. Der Verjährungsbeginn rückt an den Rand der Unbestimmbarkeit.[1924] Angemessen ist daher der Verjährungsbeginn mit Zuschlag. Das Einliefererinteresse überwiegt erst recht bei einer Frist von zwölf und mehr Monaten.

hhh) Der Nachteil der Rechteabtretung und Varianten

Die Versteigerer wählen die Abtretungslösung ungern, weil sie den Ersteigerern die Einlieferer nennen müssten. Das wollen sie mit der Kommission gerade verhindern.[1925] Auch der Einlieferer hat ein Anonymitätsinteresse.[1926] Es tritt jedoch bei begründeten Mängelrügen zurück. Lösungsmöglichkeiten?

(1) Treuhandmodell

Geheimhaltungsinteressen wären eventuell mit der Einschaltung eines zur Verschwiegenheit verpflichteten Treuhänders zu wahren. Er könnte sich für den Einlieferer auf der Grundlage einer gewillkürten passiven Prozeßstandschaft als Beklagter zur Verfügung stellen.[1927] Aus Sicht des Ersteigerers ist hieran nichts zu erinnern. Der Einlieferer allerdings müsste auf die Prozessführung eines Dritten vertrauen, den er sich nicht als Anwalt gewählt hat. Das Treuhandmodell kann daher nur individualvertraglich vereinbart werden.

(2) Weiterleitung begründeter Mängelrügen

Die in einigen Versteigerungsbedingungen erklärte Bereitschaft, begründete Mängelrügen dem Einlieferer bekannt zu geben,[1928] verspricht keinen Nutzen,

zulässig erachtend); i.E. auch Schneider, S. 182 f.; aA MünchVertrHdb, Bd. 4,1(1998)/Locher, VI. 13, Anm. 11.

1922 Vgl. Haberstock, Die Weltkunst 1934, Heft 13, S. 1, 2.

1923 Schneider, S. 182 f.

1924 MünchVertrHdb, Bd. 4,1(1998)/Locher, VI. 13, Anm. 11; vgl. zum Kriterium des gänzlich Unbestimmten: Ulmer/Brandner/Hensen/G. Christensen, Teil 3 (12) Rn. 5.

1925 Braun, WM 1992, 893, 898 f.; ders., JZ 1993, 855; ders., JZ 1998, 197, 198; Kappus (Stand: 1998), Rn. 35; ders. (Stand: 2006), Rn. 25; Schneider, S. 176 f.; Wertenbruch, NJW 2004, 1977, 1981.

1926 Braunfels, S. 5.

1927 Vorgeschlagen von Chr. Berger, KUR 2003, 137, 143.

1928 Vgl. o. S. 208, Auktionshaus Dr. Jürgen Fischer, Versteigerungsbedingungen Ziff. 2.4 S. 2; vgl. Auktionshaus Jeschke Van Vliet, Versteigerungsbedingungen Ziff. 9 S. 3.

da Pflichten nicht begründet werden.[1929] Selbst dann bliebe der Ersteigerer vom Kooperationswillen des Einlieferers abhängig.[1930] Er hat gegen ihn keine Rechte und in Unkenntnis von dessen Identität keine Klagemöglichkeit.[1931] Als Ergänzung einer Rechteabtretung[1932] ist eine Weiterleitungspflicht überflüssig.

(3) Pflichtweise Geltendmachung eigener Mängelrechte

Mängelrechte des Versteigerers, die er nach Belieben geltend machen kann, helfen kaum. Er wird den Konflikt mit gewichtigen Einlieferern meiden.[1933] Die Verpflichtung aber, bei begründeten Mängelrügen die intern vereinbarten Mängelrechte geltend zu machen, um den Ersteigerer bei Erfolg schadlos zu halten,[1934] schließt nötigenfalls ein prozessuales Vorgehen ein.[1935] Eine Klarstellung[1936] ist sinnvoll.

Klagen der Versteigerer gegen ihre Einlieferer sind oft erfolgreich.[1937] Die Rechtsdurchsetzung kann u.a. wegen grob fahrlässiger Mangelunkenntnis (§ 442 I 2 BGB) scheitern.[1938] Wegen der Voraussetzungen an den Fahrlässigkeitsgrad ist aber kaum zu befürchten, dass im Verhältnis zum Ersteigerer ein leicht fahrlässiger Sorgfaltspflichtverstoß verneint, im Prozess gegen den Einlieferer aber eine grob fahrlässige Mangelunkenntnis bejaht wird.[1939] Anders wäre dies, würde die Rechtsdurchsetzung gegen den Einlieferer schon bei leichter Fahrlässigkeit scheitern. Divergierende Entscheidungen wären dann schon eher möglich.

1929 Herchenröder, Die Kunstmärkte, S. 232 f.

1930 OLG München NJW 2012, 2891, 2893 – *„Buddha-Skulptur"*; Braun, WM 1992, 893, 899; ders., JZ 1998, 197, 198; Dietlein, Die Weltkunst 1978, 2867, 2870; Herchenröder, Die Kunstmärkte, S. 232.

1931 Braun, JZ 1998, 197, 198; ders., WM 1992, 893, 899; Braunfels, S. 149 f.; Schneider, S. 176.

1932 Vgl. o. S. 210, Versteigerungsbedingungen Metz, § 8.5 f.

1933 Braunfels, S. 149 f. gegen Dietlein, Die Weltkunst 1978, 2867, 2870.

1934 Vgl. o. S. 208; Bernet/Schönwerth, Weltkunst 1998, 1531, 1532, 1535 Fn. 24; Braun, WM 1992, 893, 899; ders., JZ 1998, 197, 198; Flume, JZ 1991, 633, 638; Wertenbruch, NJW 2004, 1977, 1981.

1935 Zweifelnd: Braunfels, S. 152.

1936 Vgl. o. S. 208.

1937 Erfolgreich: LG Berlin, Urt. v. 31.10.1989 – 31 O 252/88 – *„Apostelkrug"* (n.v.); LG Baden-Baden, NJW 2003, 3714 f. *„Kupka"* (erhärteter Mangelverdacht); nicht erfolgreich: LG Bielefeld, NJW 1990, 1999 – *„Alexander Koester"*; KG, Urt. v. 17.6.2003 – 15 U 103/02 – *„Vuillard"* (n.v.); zuvor LG Berlin, Urt. v. 22.2.2002 – 5 O 391/00 (n.v.).

1938 Vgl. LG Bielefeld, NJW 1990, 1999 – *„Alexander Koester"*.

1939 So aber Braunfels, S. 152, zu § 460 S. 2 BGB a.F.

Der entscheidende Nachteil der Klausel liegt wieder darin, dass die Ersteigerer weitgehend vom käuferfreundlichen Versteigererverhalten abhängen.[1940] Sie können zwar die Nennung des Aktenzeichens verlangen und das geschwärzte Urteil anfordern, um zu prüfen, ob prozessiert wurde (§ 242 BGB, Auskunftsanspruch). Die Prozessführung (Beweisanträge etc.) können sie jedoch nicht steuern.

Was ist zudem, wenn der Versteigerer behauptet, der Einlieferer sei unerreichbar? Die Klausel muss zumindest hierzu eine Offenlegungspflicht vorsehen.

Selbst bei einer gegenüber dem Einlieferer vereinbarten Verjährungsfrist von immerhin zwölf Monaten besteht zudem die Gefahr des Fristablaufs. Denn wenn der Versteigerer die Mängelrüge zurückweist, müsste erst ein Gericht feststellen, ob der Mangel besteht.[1941] Beweiserleichterungen in Versteigerungsbedingungen können das Problem nur mildern. Vom Versteigerer, der meint, die Mängelrüge sei unbegründet, kann nicht verlangt werden, vor gerichtlicher Klärung gegen den Einlieferer Klage zu erheben.[1942] Das Kostenrisiko einer Niederlage ist eventuell auf den Ersteigerer abwälzbar, nicht aber der Imageschaden. Auch eine Rechteabtretung ist nicht zu verlangen.[1943] Der Versteigerer müsste die Einliefereridentität preisgeben, die er verbergen will und für den Einlieferer möglichst geheimzuhalten hat.[1944] Eine Verjährungshemmung (§§ 203 ff., 209 BGB) besteht nicht. Insbesondere nicht nach § 203 BGB, § 204 Nr. 8 BGB oder nach § 206 BGB.

(4) Schadloshaltung gegen Rückabtretung

Der Versteigerer kann sich zwei Optionen ausbedingen: entweder die im Voraus abgetretenen Ansprüche beim Ersteigerer belassen und Namen und Adresse des Einlieferers offen legen oder den Ersteigerer aus Geheimhaltungserwägungen[1945] selbst schadlos halten. Der Ersteigerer müsste ihm dann zurückabtreten für einen Rückgriff auf den Einlieferer.[1946] Der Versteigerer kann mit der Abtretung bis zur Offenlegung warten.

1940 Das verkennen Bernet/Schönwerth, Weltkunst 1998, 1531, 1532, 1535 Fn. 24; wie hier Braun, JZ 1998, 197, 198 f.; ders., JZ 1993, 855, 856; ders., WM 1992, 893, 899; Braunfels, S. 151 f.; Schneider, S. 175.

1941 Braunfels, S. 152 f.; Flume, JZ 1991, 633, 638; Schneider, S. 175.

1942 Braunfels, S. 153.

1943 Braunfels, S. 153; aA Flume, JZ 1991, 633, 638 (Im Falle des Obsiegens müsse der Versteigerer dem Einlieferer Aufgeld und Mehrwertsteuer erstatten).

1944 Braunfels, S. 153.

1945 Bei nicht bloß unergiebigen Gelegenheitsquellen.

1946 Kappus (Stand: 1998), Rn. 36; ders. (Stand: 2006), Rn. 25; vgl. Chr. Berger, KUR 2003, 137, 143.

Hält er den Ersteigerer selbst schadlos, droht die Gefahr, dass der Mangel im Verhältnis zum Einlieferer als unbewiesen gilt.[1947] So scheiterte ein Rückzahlungsanspruch im „*Vuillard*"-Fall des KG.[1948] Helfen könnte eine Streitverkündung (§§ 72ff., 74, 68 ZPO) an den Einlieferer im Vorprozess. Der Versteigerer hat Anlass zur Annahme, für den Fall seines Unterliegens beim Einlieferer Regress nehmen zu können (vgl. § 72 I ZPO). So, wenn er mit einer negativen Feststellungsklage gegen den Käufer auf Feststellung des Nichtvorhandenseins behaupteter Mängel(rechte) unterliegt. Unterliegt er einer Leistungsklage des Käufers, stünde der Mangel ebenfalls fest. Die gleichzeitige Feststellung der Sorgfaltswidrigkeit befreit den Einlieferer nicht von der Haftung. Die Bindung reicht nur, soweit für den Verkünder vorteilhaft (vgl. § 74 III ZPO „gegen"). Die Verkündung offenbart aber die Einliefereridentität (vgl. § 73 S. 2 ZPO).

(5) Rückabwicklung nach Reklamation in kurzer Ausschlussfrist

Einige Versteigerer erklären sich in ihren Versteigerungsbedingungen

> „(...) bereit, zugeschlagene Nummern zurückzunehmen, wenn (...) gegenüber (...) Katalogangaben wesentliche Abweichungen bestehen [und] Reklamationen (...) geltend gemacht werden (...) in keinem Fall später als drei Wochen nach der Auktion (...)."[1949]

Diese Rückabwicklung bei begründeten Reklamationen innerhalb kurzer Ausschlussfrist schafft keine Haftungsbrücke, erfährt aber im Ansatz überwiegend Zuspruch.[1950] *Schack* sieht die Einlieferer benachteiligt, sofern sie als unmittelbare Verkäufer ihre Haftung hätten ausschließen können.[1951] Ihre Interessen treten aber zum Schutze der Ersteigerer zurück.[1952] Die Klausel steht zu deren Gunsten und weniger im Versteigererinteresse.[1953] Das Einlieferervertrauen auf Behaltendürfen des Kauferlöses ist zumindest dann nicht schutzwürdig, wenn die Einlieferer ihn bei kurz gewählten Fristen noch nicht „in Händen halten".

1947 Chr. Berger, KUR 2003, 137, 143.

1948 KG, Urt. v. 17.6.2003 – 15 U 103/02 – „*Vuillard*" (n.v.); zuvor LG Berlin, Urt. v. 22.2.2002 – 5 O 391/00 (n.v.).

1949 Z.B. Versteigerungsbedingungen Auktionshaus Hartung & Hartung, Abs. 5 S. 2f. (http://www.hartung-hartung.de/Home_Conditions.aspx; abgerufen am 1.4.2012); vgl. Versteigerungsbedingungen Jeschke Van Vliet, Ziff. 9 S. 1, 2. Hs. (nur bzgl. Vollständigkeit) (http://www.kunstauktion-berlin.de/agb.html; abgerufen am 1.4.2012).

1950 Achelis, Die Weltkunst 1963, Heft 17, S. 19f.; Bernheimer, S. 46f.; Braun, WM 1992, 893, 900; ders., JZ 1998, 197, 199 Fn. 14; Braunfels, S. 174ff.; Haberstock, Die Weltkunst 1934, Heft 13, S. 1, 2.

1951 Schack, KuR, Rn. 114, 409.

1952 S. bereits o. S. 249f.

1953 In erster Linie eigennützig, behauptet Schack, KuR, Rn. 114, 409.

Braun bemisst die Ausschlussfrist mit 14 Tagen äußerst kurz. Ziel ist der Ablauf jedenfalls vor Auszahlung des Kauferlöses, weil sonst der Versteigerer das Risiko der Unauffindbarkeit und Insolvenz des Einlieferers trüge.[1954] *Flume* favorisiert eine Frist von drei Wochen,[1955] *Braunfels* eine von drei Monaten,[1956] *Berger* gar von sechs[1957] jeweils ab Zuschlag. *Braunfels* befürwortet zur Wahrung der Versteigererinteressen zugleich einen Auszahlungsaufschub gegen den Einlieferer bis zur Klärung, ob wegen rechtzeitiger Mängelrügen eine Kaufrückabwicklung erfolgen müsse.[1958] Ein solcher Auszahlungsaufschub erscheint grundsätzlich sinnvoll.

Die Fristbemessung knüpft nicht allzu sehr daran an, ob der Versteigerer den Erlös ausgezahlt oder einbehalten hat. Hat er ihn ausgezahlt, hat der Einlieferer eine stärkere Rechtsposition, mag auch zu bestimmten Investitionen erst in der Lage sein – muss aber mit Rückzahlungsansprüchen rechnen. Bei einer Wochenfrist bleibt für eingehende Echtheitsuntersuchungen kaum Zeit. Von einer „ruhigen Untersuchung“[1959] kann keine Rede sein. Der Klauselgewinn ist gering.[1960]

Eine Frist von sechs Monaten entspricht der des § 477 BGB a.F. und ist als Verkürzung der Gewährleistungsfrist grundsätzlich unproblematisch.[1961] Sie wirkt jedoch aus Sicht des Einlieferers überraschend (§ 305 c I BGB), zumindest unangemessen benachteiligend (§ 307 I, II Nr. 1 BGB), wenn der Versteigerer während der doch recht langen Zeit den Versteigerungserlös einbehalten dürfte.[1962] Gleiches gilt für eine Frist von vier Monaten. Der Versteigerer muss im Einliefererinteresse[1963] binnen angemessener Frist abrechnen (arg. § 384 II HGB).[1964] Das betont auch der Verhaltenskodex des BDK.[1965] Die Auskehrung erfolgt i.d.R. innerhalb von vier bis sechs, maximal acht Wochen nach der Versteigerung.[1966] Zumutbar erscheint eine Frist von drei Monaten. Die Einlieferer-

1954 Braun, WM 1992, 893, 900 Fn. 62.

1955 Flume, JZ 1991, 633, 637 f. Fn. 35.

1956 Braunfels, S. 176.

1957 Chr. Berger, KUR 2003, 137, 143.

1958 Braunfels, S. 176.

1959 Vgl. Braun, WM 1992, 893, 900.

1960 Chr. Berger, KUR 2003, 137, 143; Braunfels, S. 175; Kappus (Stand: 1998), Rn. 35, Rn. 115.

1961 Chr. Berger, KUR 2003, 137, 143.

1962 Braun, WM 1992, 893, 900.

1963 Boll, S. 262.

1964 Kappus (Stand: 2006), Rn. 16; vgl. Achelis, Die Weltkunst 1963, Heft 17, S. 19 (unverzüglich).

1965 Ziff. 6 Verhaltenskodex für den Bundesverband Deutscher Kunstversteigerer e.V., http://arbeitskreis-kunsthandel.de/mitglieder/kodex-bdk/; abgerufen am 1.4.2012.

1966 Braunfels, S. 175; vgl. Einlieferungsbedingungen Bassenge, Ziff. 9 S. 1: „Der Einlieferer erhält vier Wochen nach der Auktion eine schriftliche Abrechnung über die erfolgten Ver-

interessen sind gewahrt, wenn der Versteigerer das Geld verzinslich anlegt (vgl. § 353 HGB). Eine vorzeitige Auszahlung kann gegen Sicherheitsleistung in entsprechender Höhe verlangt werden.[1967] Auch ist denkbar, dass der Versteigerer zunächst einen Erlösteil auszahlt.

Schacks Bedenken sind selbst dann unbegründet, wenn die Rücknahmeverpflichtung von Einlieferer und Versteigerer nicht auf kurze Ausschlussfristen beschränkt, sondern auf ein Jahr erweitert ist.[1968] Entscheidend ist dann, dass dem Einlieferer der Versteigerungserlös zügig[1969] ausgekehrt wird. Die Versteigerer kommen den Ersteigerern hier über das nötige Maß entgegen[1970] und tragen ein nicht unerhebliches Regressrisiko. Die Rücknahmeverpflichtung des Einlieferers ist nach hier vertretener Ansicht nur *un*wirksam, wenn dieser darüber hinaus i.E. auch für Versteigererverschulden voll einstehen soll.[1971] Das Rücknahmeversprechen des Versteigerers bindet gleichwohl unabhängig von dem des Einlieferers.

(6) Rücknahmegarantien

Die Versteigerungsbedingungen von *Sotheby's* und *Christie's* enthalten seit den 1970er Jahren fünfjährige Rücknahmegarantien bei sich als unecht erweisenden Werken.[1972] Was aus Sicht der Käufer löblich ist, kann sich in Übereinstimmung mit *Schack* leicht als unangemessene Einliefererbenachteiligung erweisen. Eine solche ist jedenfalls nach deutschem Recht anzunehmen, wenn sich die Versteigerer für alle Garantiefälle Regressansprüche einräumen,[1973] ohne sie für eine Zeit ab zwei Jahren nach Zuschlag auf Fälle arglistigen Einliefererverhaltens zu beschränken (vgl. § 438 III BGB).

---

käufe. Drei Wochen später beginnen wir mit der Auszahlung (Überweisung bzw. Verrechnungsscheck) soweit der Erlös bei der Galerie Gerda Bassenge auch eingegangen ist."

1967 Vgl. Braunfels, S. 178.

1968 Vgl. AGB der Villa Grisebach (§ 15 I Einliefererbedingungen i.V.m. § 9 II, IV 1 Versteigerungsbedingungen); vgl. auch AGB des Auktionshauses Van Ham (Ziff. 2.5 Auftragsbedingungen i.V.m. Ziff. 2.4 Versteigerungsbedingungen), vgl. aber auch o. S. 253.

1969 Vgl. Einlieferungsbedingungen: Villa Grisebach, § 8 I; Van Ham, Ziff. 7.1 (grundsätzlich spätestens sechs Wochen nach Auktion).

1970 Vgl. Kappus (Stand: 1998), Rn. 35.

1971 S.o. S. 250 ff.

1972 Christie's, Conditions of Sale (UK), Ziff. 5; (US), Ziff. 6; Sotheby's, Conditions of Business for Buyers Ziff. 4 i.V.m. Section C Authenticity Guarantees; Versionen von 2001 in Merryman/Elsen/Urice, S. 1020 ff.; vgl. Herchenröder, Die Kunstmärkte, S. 234 ff.

1973 Christie's, Consignment Agreement, Ziff. 8 d (in Ziff. 8 d S. 4 bei Sorgfaltsverstößen des Versteigerers Gegenansprüche einräumend); Sotheby's, Conditions of Business for Sellers Ziff. 2.

g) Ergebnis

AGB-Haftungsfreizeichnungen sind nur wirksam, wenn der Versteigerer danach zumindest dann haftet, wenn er den Mangel ab leichter Fahrlässigkeit verschuldet hat. Es muss deutlich sein, dass dann wenigstens ein Rücktrittsrecht besteht und ab grob fahrlässigen Sorgfaltspflichtverletzungen auch ein Schadensersatzanspruch.

Für Fälle pflichtgemäßen Handelns, also einer effektiven Haftungsfreizeichnung, muss er dem Käufer eine Rechtsposition gegen den Einlieferer verschaffen. Die Einlieferungsbedingungen können die Geltung kaufrechtlichen Gewährleistungsrechts bestimmen. Eine vollumfängliche Inanspruchnahme des Einlieferers muss i.E. ausgeschlossen sein, wenn der Versteigerer den Mangel verschuldet hat. Haftungsbrücken sind ineffektiv, wenn sich der Versteigerer nicht zur Einlieferernennung verpflichtet.[1974] Er kann sich für von ihm unverschuldete Mängel ein Wahlrecht einräumen: Entweder er tritt seine Mängelrechte (eventuell antizipiert) ab, damit der Ersteigerer sie gegen den zu benennenden Einlieferer durchsetzen kann (Haftungsbrücke) oder er hält den Ersteigerer selbst schadlos. Dann kann er gegebenenfalls beim Einlieferer Regress nehmen. Alternativ muss er dem Ersteigerer ein Rücktrittsrecht von nicht unter drei Monaten belassen.

h) Friktionen von Einlieferungs- und Versteigerungsbedingungen

Bei der Klauselgestaltung sind Einlieferungs- und Versteigerungsbedingungen spannungs- und irreführungsfrei aufeinander abzustimmen. Im *„Marcel Leprin“*-Fall[1975] des OLG Frankfurt z.B. hieß es in den Einlieferungsbedingungen:

> „Der Einlieferer steht dem Kunsthaus (...) für alle Sach- und Rechtsmängel (...) mit der Maßgabe ein, dass die Verjährungsfrist erst mit der Übergabe der Sache an den Ersteigerer beginnt. *Die Haftung des Einlieferers ist ausgeschlossen, soweit das Kunsthaus gegenüber dem Ersteigerer wirksam einen Haftungsausschluss geltend gemacht hat.*“

und in den Versteigerungsbedingungen:

> „Der Versteigerer übernimmt keine Haftung für Mängel. *Er verpflichtet sich jedoch, wegen rechtzeitig vorgetragener begründeter Mängelrügen innerhalb der Verjährungsfrist von 6 Monaten seine Gewährleistungsansprüche gegenüber dem Einlieferer geltend zu machen* (...)“ [Hervorhebung des Verf.].

Der Versteigerer klagte gegen den Einlieferer auf Rückzahlung des Versteigerungserlöses. Das Gericht verstand die Klauseln wohl zu Recht so, dass die

1974 Braun, JZ 1998, 197, 199.

1975 OLG Frankfurt, NJW 1993, S. 1477 ff.

Haftung des Einlieferers bei der Verjährungsfrist von sechs Monaten praktisch nie ausgeschlossen ist. Der Versteigerer muss den Ausschluss geltend machen, sofern möglich, was nie der Fall ist. Damit ging das Gericht zu Recht von einer „Haftungsbrücke" aus. Doch hätte es die Klauseln wohl besser insgesamt als unwirksam eingestuft. Die Haftungsklausel ist wegen Intransparenz irreführend und nach § 307 I 2 BGB unwirksam, da sie dem Einlieferer einen möglichen Haftungsausschluss suggeriert. Damit ist auch die Haftungsfreizeichnung unwirksam, die nach einer wirksamen Kompensation verlangt.[1976]

Sollte der Versteigerer indes über die Inanspruchnahme des Einlieferers in freiem Ermessen entscheiden dürfen,[1977] könnte er allein Interessen seines für wichtiger befundenen Vertragspartners wahrnehmen, was nicht zur Wirksamkeit führt.[1978]

Anders im *„Purrmann"*-Fall des OLG Zweibrücken: Hier täuschten die Einlieferungsbedingungen nicht über die Inanspruchnahmepflicht hinweg:[1979]

> „Der Einlieferer steht der Galerie in entsprechender Anwendung des Kaufrechts für alle Sach- und Rechtsmängel ein mit der Maßgabe, dass die Verjährungsfrist erst mit der Übergabe der Gegenstände an den Erwerber beginnt."

In den Versteigerungsbedingungen stand:

> „Der Versteigerer übernimmt keine Haftung für Mängel. Er *verpflichtet sich jedoch*, wegen rechtzeitig vorgetragener, begründeter Mängelrügen innerhalb der Verjährungsfrist von 6 Monaten seine Gewährleistungsansprüche gegenüber dem Einlieferer geltend zu machen (...)"[1980] [Hervorhebungen des Verf.].

i) Interessenwahrung im Einzelfall

Nach dem LG Baden-Baden kann der Versteigerer vom Einlieferer den Kauferlös als Aufwendung der Rücknahme selbst dann zurückverlangen, wenn die Rücknahme wegen eines erhärteten Unechtheitsverdachts zur Rufwahrung erfolgt.[1981] Jedoch gehört die besondere Vertrauensstellung des Versteigerers nicht zum Risiko des Kommittenten.[1982] Leistungen, die der Versteigerer ohne Leistungspflicht erbringt, sind nicht ersatzfähig.[1983] Der Verdacht muss daher

1976 Vgl. Braun, JZ 1993, 855, 856.

1977 Braun, JZ 1993, 855, 856; D. Löhr, Weltkunst 1993, 856, 859; zustimmend OLG Zweibrücken, NJW 1998, 1409, 1410 – *„Purrmann"*.

1978 Vgl. Braun, JZ 1993, 855, 856; ders, JZ 1998, 197, 198 f.

1979 Vgl. Braun, JZ 1998, 197, 198 f.; Schneider, S. 175.

1980 OLG Zweibrücken, NJW 1998, 1409, 1410; Braun, JZ 1998, 197, 198 Fn. 4.

1981 LG Baden-Baden, NJW 2003, 3714 f. – *„Kupka"*.

1982 Horn/HGB-Herrmann, § 383 Rn. 10, § 397 Rn. 9; kritisch auch Schack, KuR, Rn. 409.

1983 Vgl. Schlegelberger/Hefermehl, § 396 Rn. 40; Horn/HGB-Herrmann, § 383 Rn. 10.

einem Mangel gleichstehen.[1984] Außerdem darf der Einlieferer nicht davon ausgehen können, dass sich der Versteigerer auf eine zu seinen Gunsten wirkende Haftungsfreizeichnung beruft.[1985] Bestimmt die Haftungsklausel, dass der Einlieferer letztlich nur haftet, wenn sich der Kunstgegenstand als unecht „erweist", muss ein Rückzahlungsanspruch des Versteigerers bei nichterweislicher Unechtheit scheitern.[1986]

Der Versteigerer ist nicht verpflichtet, missbräuchlichen Weisungen des Kommittenten gem. § 384 I 2. Hs. HGB Folge zu leisten und ein Rücktrittsbegehren des Ersteigerers zurückzuweisen. Mit Akzeptanz des Begehrens kommt er Treue- und Sorgfaltspflichten nach, die auch nach Zuschlag für den Käufer bestehen.[1987]

3. Geltung des Haftungskonzeptes für alle Mängel

Was gilt für andere Mängel als die Unechtheit? Die Versteigerungsbedingungen bestimmen teilweise, dass Katalogangaben, die sich nicht auf Urheberschaft, Technik oder Signatur des Kunstwerkes – teilweise erweitert um Material, Restaurierungen und Provenienzen[1988] – beziehen, schon nicht Teil der Beschaffenheitsvereinbarung werden.[1989]

Jedenfalls für Zustandsmängel schließen sie i.d.R. die Haftung aus, indem sie z.B. bestimmen:

> „Der Erhaltungszustand wird im Katalog nicht durchgängig erwähnt, so dass fehlende Angaben ebenfalls keine Beschaffenheitsvereinbarung begründen. (...) Alle Gegenstände werden in dem Erhaltungszustand veräußert, in dem sie sich bei Erteilung des Zuschlages befinden."[1990]

Teilweise heißt es darüber hinaus:

> „Für Funktionsfähigkeit und Sicherheit von elektrischen Geräten wird keine Haftung übernommen."[1991]

1984 Vgl. dazu o. S. 102ff.

1985 In LG Baden-Baden, NJW 2003, 3714f. – „*Kupka*" sind Einlieferer- und Versteigerungsbedingungen nicht Vertragsbestandteil geworden.

1986 Vgl. KG, Urt. v. 17.6.2003 – 15 U 103/02, S. 7f. – „*Vuillard*" (n.v.); zuvor LG Berlin, Urt. v. 22.2.2002 – 5 O 391/00 (n.v.).

1987 OLG Zweibrücken, NJW 1998, 1409, 1410f. – „*Purrmann*"; zustimmend MünchKommHGB/Häuser, § 385 Rn. 25, § 384 Rn. 35; Horn/HGB-Herrmann, § 385 Rn. 5.

1988 Vgl. Versteigerungsbedingungen Quittenbaum, Ziff. 4, S. 4ff.

1989 Versteigerungsbedingungen Van Ham, Ziff, 2.3 S. 1, 3ff.; Villa Grisebach, § 9 I b S. 1, c.

1990 Versteigerungsbedingungen: Lempertz, Ziff. 3, S. 7ff.; vgl. Bassenge, Ziff. 3 S. 3; Hauswedell & Nolte, Ziff. 7 S. 2; Nagel, Ziff. 1 b S. 6, 10; Neumeister, Ziff. 12, S. 5; Van Ham, Ziff, 2.1 S. 10; Villa Grisebach, § 9 I a S. 6.

1991 Quittenbaum, Ziff. 4, S. 7.

Das ist unzulässig. Die Verwahrung gegen Beschaffenheitsvereinbarungen ist wie gesehen unwirksam.[1992] Unwirksam wäre auch, wenn nicht die Beschaffenheitsvereinbarung, sondern die Haftung ausgeschlossen wäre. Das erläuterte Haftungskonzept ist auf alle Mängel anwendbar, sofern die Interessenlage nicht ein anderes erfordert. Dies ist nicht der Fall:

Bejaht man Beschaffenheitsvereinbarungen bei eher randständigen Angaben von vornherein nur ausnahmsweise,[1993] setzt zugleich den Sorgfaltsmaßstab tief und die Erheblichkeitsschwelle hoch, gibt es keine Veranlassung, die Haftungsfreizeichnung für entsprechende Falschangaben als angemessen zu werten. Ohnehin werden Kunstwerke auch ohne Zusatzbestimmung grundsätzlich „gekauft wie besehen“, d.h. der Käufer erwirbt sie mit allen bei einer ordnungsgemäßen Besichtigung ohne Zuziehung eines Sachverständigen erkennbaren Mängeln, vor allem Zustandsmängeln.[1994] Das Äquivalenzverhältnis ist bei Zustandsmängeln zwar selten derart gestört wie in Fällen der Unechtheit.[1995] Selbst verborgene kann aber der Versteigerer anders als der Ersteigerer bei Vorbesichtigungen[1996] in wenig aufwendigen Untersuchungen erkennen.[1997] Diese sind öffentlich bestellten Versteigerern auch unbedingt abzuverlangen, weil sie sonst inakzeptabel anderen Versteigerern gegenüber privilegiert wären. Da es der Erwerber ist, der das Vorliegen des Mangels zum Zeitpunkt des Gefahrübergangs beweisen muss, sind Prozessrisiken moderat.[1998]

Damit stellt der Haftungsausschluss für Zustandsmängel eine unangemessene Benachteiligung dar, was für die Funktionsfähigkeit und Sicherheit von elektrischen Geräten erst recht gilt. Denn irreparable Defekte können zu empfindlichen Äquivalenzstörungen führen und lassen sich bei Vorbesichtigungen kaum zumutbar erkennen. Für Zustandsmängel und Funktionsbeeinträchtigungen sind Haftungsfreizeichnungen daher nur möglich wie für Echtheitsmängel. Jedenfalls Klauseln, die der „wie die Sache steht und liegt“ entsprechen und die Haftung für verborgene Zustandsmängel ausschließen,[1999] sind unwirksam (§ 307 I, II BGB). Bei offenen Mängeln ist eine Freizeichnung ohnehin nur deklaratorisch.

1992 S.o. S. 152ff.

1993 S.o. S. 86, 154.

1994 S.o. S. 135.

1995 Braunfels, S. 179; vgl. v. Westerholt/Graupner, NJW 1978, 794, 796, davon ausgehend, wenigstens in den gravierenden Fällen der Unechtheit dürfe der Käufer nicht völlig rechtlos gestellt werden.

1996 Schneider, S. 170; Schrader, FS Kirchner, S. 343, 357.

1997 Braunfels, S. 179; Schneider, S. 170.

1998 Vgl. Schneider, S. 170.

1999 S.o. S. 164.

Der bei Mängeln, die nicht die Echtheit betreffen, gemilderte Interessenkonflikt[2000] lässt sich mit dem Verschuldenskriterium angemessenen lösen.[2001] Das Minderungsrecht ist abdingbar. Mit dem verbleibenden Rücktrittsrecht droht wegen der in Auktionen tendenziell erhöhten Erheblichkeitsschwelle keine Rückabwicklungspflicht in Bagatellfällen. Die Sorgfaltspflichten in Bezug auf die Funktionstauglichkeit elektrischer Geräte sind eher gering anzusetzen, weil man allzu viel Sachverstand nicht voraussetzen kann.

Goepfert meint, es sei eventuell angemessen, Versteigerern, die sich bei den kapitalen Echtheitsmängeln den Ersteigerern großzügig zeigten, für sonstige Mängel eine umfängliche Freizeichnung in Fällen leichter Fahrlässigkeit zu gestatten.[2002] Dafür gibt es jedoch keine Veranlassung. Festzuhalten ist: Das erläuterte Haftungskonzept ist auf alle Mängel anwendbar.

III. AGB-Haftungsfreizeichnung beim Nachverkauf

Rund 35 % der Auktionlose bleiben jeweils unverkauft.[2003] Versteigerer behalten sich in ihren Einlieferungsbedingungen das Recht vor, sie im „Nachverkauf“ freihändig zu verkaufen. Gewöhnlich legen sie ihre Versteigerungsbedingungen zugrunde.

Das OLG Düsseldorf befand die Haftungsfreizeichnung des als Vertreter handelnden Versteigerers auch im Nachverkauf für zulässig.[2004] *Braunfels* hält die Interessenlagen für vergleichbar.[2005] *Heinbuch* meint, Versteigerer würden beim Nachverkauf die Rolle normaler Händler einnehmen, wodurch diesen kein Wettbewerbsnachteil entstehen dürfe.[2006]

Ist der Nachverkauf von § 474 I 2 BGB privilegiert? Unter dem Gesichtspunkt, dass Ausnahmevorschriften grundsätzlich eng auszulegen sind, ist es vertretbar, dies zu verneinen. Der Nachverkauf ist kein Teil der Versteigerung. Erfolgt er zu Festpreisen (Limitpreis, Ausrufpreis oder Schätzpreis) gilt die Preisangabenverordnung (insb. § 1 I PAngV). Die Ausnahme des § 9 I Nr. 5 PAngV greift nur bei Versteigerungen.[2007] Selbst bei Geboten gibt es keinen Versteigerungswettbewerb. Demnach würde bei „B2C“-Geschäften § 475 BGB gelten. Allerdings würde bei erneuten Versteigerungen die Privilegierung des § 474 I 2 BGB

2000 Braunfels, S. 179.

2001 Vgl. Braunfels, S. 179; Schneider, S. 171 f.

2002 Goepfert, S. 118 Fn. 49.

2003 Boll, S. 344.

2004 OLG Düsseldorf, OLGZ 78, 317, 318 ff. – *„Artz und de Klerk“*.

2005 Braunfels, S. 191.

2006 Heinbuch, Aktuelle Rechtsfragen, S. 210 f.

2007 Fackler/Konermann, S. 44 zu § 20 VerstV.

ohnehin wieder aufleben. Weil auch die Interessenlage beim Nachverkauf mit der einer Versteigerung vergleichbar ist, erscheint eine teleologische Extension sinnvoll. Das Haftungsmodell gilt also nicht nur bei „B2B“-Geschäften. Allerdings ist die gesetzliche Begrenzung des Nachverkaufs auf zwei Monate mit § 20 VerstV a.F. ersatzlos entfallen. Nach Ablauf von zwei Monaten ist eine Gleichbehandlung mit dem Kunsteinzelhandel geboten, so dass Privilegierungen entfallen und die Regeln des Kunsteinzelhandels gelten.

IV. AGB-Haftungsfreizeichnung (Kommissionsgeschäft/Einzelhandel)

Beim Verkauf von Kommissionsware durch Kunsteinzelhändler geht es bei der Inhaltskontrolle nach § 307 I, II BGB nur um „B2B“-Verträge. Bei „B2C“-Verträgen gilt § 475 I BGB.

1. Meinungsstand

Der BGH äußerte sich bisher nicht zur AGB-Haftungsfreizeichnung im Kunsteinzelhandel.[2008] Manche, darunter auch der BVDG und der DK,[2009] übertragen seine Grundsätze zum Kunstauktionshandel.[2010] Nach einer beachtlichen Gegenmeinung müssen jedoch Rechte verbleiben; das Risiko dürfe jedenfalls bei erheblichen Mängeln[2011] nicht nahezu vollständig auf den Käufer überlagert werden.[2012]

2008 Zwar heißt es in BGHZ 63, 369, 374 -„*Jawlensky*“, ein AGB-Gewährleistungsausschluss sei grundsätzlich „jedenfalls“ dann nicht zu beanstanden, wenn „ein Kunsthändler im Wege der Auktion als Kommissionär Kunstwerke versteigere“. Daraus folgt aber nicht die Zulässigkeit nach dem BGH für Kunsthändler, Heinbuch, NJW 1984, 15, 22; Locher, Aktuelle Fragen, S. 34; a.A. wohl Reinicke/Tiedtke, Rn. 644; Wertenbruch, NJW 2004, 1977, 1980.

2009 S.o. S. 266.

2010 Mangold, S. 247f.; Wertenbruch, NJW 2004, 1977, 1980; MünchKomm/Wurmnest, § 309 Nr. 8 Rn. 15; vgl. MünchVertrHdb, Bd. 3/Vinck, XI. 61, Anm. 3; bereits vor der „*Jawlensky*“-Entscheidung: Locher, S. 142f.

2011 Stölting, ZGS 2005, 299, 302f. So schon im früheren Recht: LG Augsburg, NJW 1977, 1543 (Gebrauchtwagen); Hager, NJW 1975, 2276ff.

2012 Chr. Berger, KUR 2003, 137, 141; zum früheren Recht: Dechow, S. 127f.; Haberstock, Die Weltkunst 1934, Heft 13, S. 1, 2; Heinbuch, NJW 1984, 15, 22; Ulmer/Brandner/Hensen, 3. Aufl. – Hensen, Anh. §§ 9–11 Rn. 442; Kühn, S. 180f.; vgl. zum Auktionshandel: v. Hoyningen-Huene, NJW 1975, 962f. Locher wollte darauf abstellen, wie risikobelastet ein Geschäft sei (Locher, Aktuelle Fragen, S. 35f.). Hätte er die Unterscheidung in neue und nicht neue Sachen aber bereits konsequent nach der Risikobelastetheit des Kaufgegenstandes ausgerichtet, hätte er einen Ausschluss wohl für zulässig gehalten (vgl. Locher, S. 142f.).

Verbleiben müsse ein Rücktritts-[2013] und nach einer Mindermeinung[2014] auch ein Minderungsrecht. Zum Teil gilt dieses als ausreichend.[2015] Der Nacherfüllungsanspruch ist nach allgemeiner Ansicht unabdingbar.[2016]

2. Klauselpraxis

BVDG und DK differenzieren in ihren AGB-Empfehlungen nach „B2C“- und „B2B“-Geschäften. Für erstere gilt § 475 BGB. Bei „B2B“-Geschäften lautet § 10.2 der Empfehlungen des BVDG für Geschäftsbedingungen von Galerien:

> „Verkauft die Galerie die Ware (…), so sind die Mängelgewährleistungsansprüche ausgeschlossen (…), soweit der Galerie die mangelnde Echtheit des Werkes nicht hätte bekannt sein müssen (…). Liegt ein Gewährleistungsfall vor, für den die Galerie gem. der vorstehenden Bestimmung nicht haftet, so tritt die Galerie ihre gegebenenfalls gegen den Kommittenten bestehenden Ansprüche an den Käufer ab. Die Galerie kann aber (…) nach ihrer Wahl den Kaufgegenstand auch zurücknehmen und den Kaufpreis erstatten.“

und Ziff. 5 III der AGB-Empfehlungen des DK lautet:

> „Handelt der Verkäufer als Kommissionär im eigenen Namen für fremde Rechnung, so ist seine Haftung für Sach- und Rechtsmängel (…) ausgeschlossen, es sei denn, dem Verkäufer viele grobes Verschulden zur Last; die gegebenenfalls gegen seinen Auftraggeber (…) bestehenden Ansprüche wird der Verkäufer an den Käufer abtreten.“

3. Stellungnahme

Umfangreiche AGB-Haftungsfreizeichnungen sind im Kunsteinzel- anders als im Kunstauktions- und im Gebrauchtwagenhandel kein allgemein bekannter Standard. Das indiziert das Fehlen eines Freizeichnungsbedürfnisses. Der Telos des § 305 c I BGB, Schutz vor Überrumpelung und Intransparenz, gebietet es, umfangreiche Freizeichnungen nur dann als Vertragsbestandteil zu sehen, wenn der Verkäufer sie deutlich zum Ausdruck gebracht hat.[2017] Wegen des hohen Kostenrisikos würden Kunden dann eher auf andere Händler ausweichen oder auf einen Erwerb verzichten.

2013 So zur Wandlung: Dechow, S. 127 f.; Haberstock, Die Weltkunst 1934, Heft 13, S. 1, 2; Heinbuch, NJW 1984, 15, 22; Ulmer/Brandner/Hensen, 3. Aufl. – Hensen, Anh. §§ 9–11 Rn. 442; Kühn, S. 180 f.; vgl. zum Auktionshandel: v. Hoyningen-Huene, NJW 1975, 962 f.; aA Locher, Aktuelle Fragen, S. 35 f., der auf die Risikobelastung des Geschäfts abstellt, den Ausschluss aber wohl zugelassen hätte (vgl. Locher, S. 142 f.), hätte er die Unterscheidung in neu hergestellte und sonstige Sachen bereits voll nach diesem Kriterium ausgerichtet.

2014 Peters, JZ 1991, 385 ff., 388, 390 f.; vgl. aber S. 391.

2015 Chr. Berger, KUR 2003, 137, 141.

2016 Stölting, ZGS 2005, 299, 303; vgl. o. S. 202; dazu s.o. S. 224.

2017 Vgl. Ulmer/Brandner/Hensen/P. Ulmer/C. Schäfer, § 305 c Rn. 11, 20, 23 ff.

Die Gruppe der Unternehmer ist heterogen. Nicht alle sind Kunsthändler und Museen; viele sind schutzbedürftig. Mögen Haftungsfreizeichnungen in Fällen, in denen die Echtheit nicht sicher und auch nicht zu sichern ist, erwägenswert erscheinen,[2018] sind doch relativierende Beschaffenheitsvereinbarungen der angemessene Weg. Das Äquivalenzinteresse ist hoch.

a) Risikolage und Versicherbarkeit

Die Risikolage der Kunsthändler unterscheidet sich erheblich von der der Versteigerer.[2019] Sie können Gewährleistungsrisiken zwar nicht grundsätzlich besser versichern,[2020] mit Zuordnungsschwierigkeiten aber besser umgehen. Denn sie betreiben kein Massen-, sondern ein Spezial- und Selektionsgeschäft und können sich zumindest auf einzelne Künstler und ihr Schaffen konzentrieren.[2021] Bei einer recht geringen Umschlagsmenge und Umschlagsdauer immerhin von etwa fünf Jahren[2022] besteht hinreichend Zeit, Einlieferangaben und insbesondere die Echtheit zumindest durch Dritte genau zu prüfen.[2023] Dies ist Käufern nur in geringem Maße zumutbar.[2024]

Der Erwerb bei Kunsthändlern[2025] ist mit gesteigerten Erwartungen verbunden. Die Spezialhändler beanspruchen Angabevertrauen[2026] und lassen sich ihre Kennerschaft mit einer Gewinnspanne zwischen 75 und 150 %[2027] nicht eben niedrig bezahlen. Sie ist der Gegenwert vertragsgemäßer Kunstwerke und erst gerechtfertigt, wenn für die Angabenrichtigkeit und Mängelfreiheit Gewähr geleistet wird. Der Käufer darf davon ausgehen, ein geringeres Risiko einzugehen als beim Erwerb in Auktionen und geringwertiger Gebrauchtwaren.[2028] Entsprechend bieten seriöse Händler die Rücknahme von Fälschungen auch nach Eintritt der Verjährung an.[2029]

2018 MünchVertrHdb, Bd. 3/Vinck, XI. 61, Anm. 3.

2019 Chr. Berger, KUR 2003, 137, 141; Braunfels, S. 156 ff., 184; Dechow, S. 127; Kühn, S. 181; vgl. Schneider, S. 164 f.

2020 So aber wohl: Braunfels, S. 160 f.; v. Hoyningen-Huene, Rn. 216.

2021 Braunfels, S. 156 ff., 184; Kühn, S. 181; vgl. Schneider, S. 164 f., 178.

2022 Picker, S. 50; vgl. Braunfels, S. 92 f.; Dechow, S. 127.

2023 Chr. Berger, KUR 2003, 137, 141; Dechow, S. 127; Heinbuch, NJW 1984, 15, 22 Kühn, S. 180 f.

2024 Vgl. Dechow, S. 127.

2025 Trödler ausgenommen, vgl. Kühn, S. 181; Schneider, S. 178 Fn. 118.

2026 Chr. Berger, KUR 2003, 137, 141; Heinbuch, NJW 1984, 15, 22; Ulmer/Brandner/Hensen, 3. Aufl.- Hensen, Anh. §§ 9–11 Rn. 442; Kühn, S. 181; vgl. v. Hoyningen-Huene, Rn. 230, 261.

2027 Braunfels, S. 157, 184; Picker, S. 72.

2028 Vgl. Ulmer/Brandner/Hensen/G. Christensen, Teil 2 (17) Rn. 7.

2029 Chr. Berger, KUR 2003, 137, 141; Boll, S. 312; Müller-Katzenburg, NJW 2006, 553, 556.

b) Geschäftsinteressen

Die Geschäftsinteressen der Kunsthändler sind nach den vorstehenden Ausführungen weniger gewichtig als die der Versteigerer.[2030] Dies gilt insbesondere für das Interesse, mangels Verschuldens nicht belangt zu werden. Von den scharfen Haftungsvorgaben des Verbrauchsgüterkaufs (§§ 474ff. BGB) nimmt das reformierte Schuldrecht selbst Versteigerungen nur zum Teil aus (vgl. § 474 I 2 BGB).[2031] Händler können ihr Risiko mit Beschaffenheitsvereinbarungen gering halten. Objektbezogene individualvertragliche Ausschlüsse sind ebenfalls möglich.

c) Kompensationsmöglichkeit

Angesichts der Vertrauenssituation scheidet zur Kompensation umfangreicher AGB-Haftungsfreizeichnungen die Möglichkeit unwahrscheinlicher[2032] Zusicherungsgarantien aus. Nicht nur die Inanspruchnahmemöglichkeit arglistiger Händler ist ungenügend,[2033] auch eine verbleibende Haftung in Verschuldensfällen. Dies zumal dann, wenn sie nur ab grober Fahrlässigkeit bestünde.

Trotz eines scharfen Sorgfaltsmaßstabs im Kunsteinzelhandel wären Händler nicht selten von jeder Haftung freigestellt. Sorgfaltsverstöße sind aus Erwerbersicht schwer einschätzbar, eine Prozessniederlage mit entsprechender Kostenfolge schwer ausschließbar. Eine Inanspruchnahme des Einlieferers ist unzumutbar. Der Erwerber hat ihn nicht als Vertragspartner ausgesucht, er ist möglicherweise insolvent oder flüchtig.

d) Verbleibende Ausschlussmöglichkeiten

Das aufgrund seines hohen Gerechtigkeitsgehalts zu den wesentlichen Grundgedanken der gesetzlichen Regelung zählende Rücktrittsrecht dürfen Kunsthändler in AGB nicht ausschließen. Eine Rücknahme ist ihnen eher zumutbar als nicht gewerblichen Verkäufern, die typischerweise ein größeres Interesse an einer endgültigen Entäußerung haben.[2034] Die Erheblichkeitsschwelle (§ 323 V 2 BGB)

2030 Vgl. Schneider, S. 178; Thomsen, S. 116.

2031 S.o. S. 169ff.

2032 S.o. S. 123ff.

2033 Vgl. zum früheren Recht: Peters, JZ 1991, 385, 388; a.A. zum Gebrauchtwagenhandel: BGHZ 74, 383, 391f. (Gebrauchtwagen); vgl. Ulmer/Brandner/Hensen/Fuchs, § 307 Rn. 230 Fn. 920.

2034 Hier ist ein Ausschuss des Rücktritts in AGB denkbar, vgl. Peters, JZ 1991, 385, 388, 390.

kann angehoben werden.[2035] Scheitert dann ein Rücktritt, muss ein Minderungsrecht verbleiben. Ansonsten ist es abdingbar.[2036]

Die Klauseln des BVDG und DK sind nach hier vertretener Ansicht nach § 307 I, II BGB unwirksam. Sie bevorzugen einseitig die Interessen der Kunsthändler und gefährden die Erreichung des Vertragszwecks.[2037]

V. AGB-Haftungsfreizeichnung (Eigenware/Auktion)

Was gilt für die Versteigerung von Eigenware?

1. Meinungsstand

Der BGH beschränkte seine Grundsätze auf den Kommissionsverkauf.[2038] Das OLG Düsseldorf übertrug sie auf die Versteigerung von Eigenware und befand eine umfängliche AGB-Haftungsfreizeichnung für wirksam.[2039] Immerhin, der Versteigerer besaß den versteigerten „Barockschrank" nicht privat. Die Literatur ist uneins.[2040]

2. Stellungnahme

Der Versteigerer ist bei der Versteigerung gebrauchter Eigenware in öffentlicher Versteigerung von § 474 I 2 BGB privilegiert. Man wird aber die Wertung des § 475 I BGB bei der Inhaltskontrolle berücksichtigen müssen (§ 307 I, II BGB).[2041] Die Versteigerung von Eigenware unterscheidet sich grundlegend von der von Kommissionsware. Die rechtliche und wirtschaftliche Zuordnung erfolgt allein zum Versteigerer, der sich in besonderer Form hinter den Gegenstand stellt und Vertrauen beansprucht.[2042] Eigenware ist im Auktionskatalog kenntlich (§ 2 I 3 VerstV) und betrifft nur wenige Objekte (i.d.R. unter 10 %). Gründliche Untersuchungen sind zu erwarten, weil der Gesamterlös dem Versteigerer zukommt.[2043]

2035 Vgl. zum früheren Recht: Peters, JZ 1991, 385, 388 f., 390 f.

2036 Vgl. bereits o. S. 202; aA Peters, JZ 1991, 390 f.

2037 Vgl. Peters, JZ 1991, 385, 388 einen Verstoß gegen § 307 II Nr. 1 und 2 BGB bejahend.

2038 BGH, NJW 1980, 1619, 1621 – *„Bodensee-Kunstauktion"*.

2039 OLG Düsseldorf, NJW-RR 1993, 1522, 1523 – *„Barockschrank"*.

2040 Wirksam: Flume, JZ 1991, 633, 636; Kühn, S. 189; Unwirksam: Braunfels, S. 190 f.; Kappus (Stand: 1998), Rn. 41; MünchVertrHdb, Bd. 4,1(1998)/Locher, VI. 13, Anm. 4; Schneider, S. 184 f.

2041 Vgl. o. S. 183, 207.

2042 Braunfels, S. 191; aA Kühn, S. 189.

2043 Braunfels, S. 190; Kappus (Stand: 1998), Rn. 41; Schneider, S. 184.

Rückabwicklungsrisiken entfallen.[2044] Entsprechenden Erwartungen wird eine Verschuldenshaftung auch mit verschärften Sorgfaltsanforderungen nicht mehr gerecht. Auch nicht eine Abtretung eventuell durchsetzbarer Gewährleistungsrechte gegen den früheren Verkäufer.[2045] Ist der Rücktritt ausgeschlossen, sind Freizeichnungen nach § 307 I, II BGB unwirksam.

VI. AGB-Haftungsfreizeichnung (Eigenware/Einzelhandel)

Beim Verkauf von Eigenware im Kunsteinzelhandel gelten die Vorgaben für Versteigerer erst recht.[2046] Der BVDG schließt in Ziff. 10.1 S. 2 seiner AGB-Empfehlungen bei Eigenware im Verhältnis „B2B" die Haftung aus, soweit die Unrichtigkeit oder Unvollständigkeit der Angaben nicht hätte bekannt sein müssen.[2047] Diese Bestimmung hält einer Inhaltskontrolle nach § 307 I, II BGB nicht stand. Aufgrund hohen finanziellen Eigeninteresses und gesteigerter Sachnähe ist eine gesteigerte Richtigkeitsgewähr angemessen.

F. AGB-Haftungsfreizeichnung (Agenturgeschäft)

Und was gilt für AGB-Haftungsfreizeichnungen beim Agenturgeschäft?

I. Zulässigkeit des Agenturgeschäftes

Das Agenturgeschäft könnte schon eine unzulässige Umgehung des Verbrauchsgüterkaufs darstellen (§ 475 I 2 BGB; vgl. Art. 7 I 1 VerbrGKRL);[2048] bei Versteigerungen freilich nur, wenn sie nicht § 474 I 2 BGB unterfallen. Bei Umgehungen rechnet der BGH dem Verkäufer nicht – wie teilweise für richtig befunden[2049] – die Unternehmereigenschaft des Stellvertreters zu. Er behandelt den Stellvertreter gem. § 475 I 2 BGB als wäre er der Verkäufer. Die §§ 474 ff. BGB gelten also ihm gegenüber.[2050]

2044 Braunfels, S. 190; Schneider, S. 184.

2045 Braunfels, S. 190 und Schneider, S. 184; aA Flume, JZ 1991, 633, 636.

2046 Vgl. Dechow, S. 127 f.; sowie bereits o. S. 265 ff. zum Kunsthändler als Kommissionär.

2047 Ziff. 5 II der AGB-Empfehlungen des DK schließt nur die Schadensersatzhaftung bei leichter Fahrlässigkeit aus.

2048 Chr. Berger, KUR 2003, 137, 143.

2049 Vgl. MünchKomm/Lorenz, § 475 Rn. 36.

2050 Vgl. BGH, NJW 2007, 759, 760 f. (Gebrauchtwagen); BGH, ZGS 2005, 150, 151 (Gebrauchtwagen); OLG Saarbrücken, MDR 2006, 1108, 1109 (Gebrauchtwagen); OLG Celle, ZGS 2007, 79 (Gebrauchtwagen); Czaplinski, ZGS 2007, 92, 94 f.; Bamberger/Roth/Faust, § 474 Rn. 7; M. Müller, NJW 2003, 1975, 1980; Hofmann, JuS 2005, 8, 11.

Eine Umgehung i.S.d. § 475 I 2 BGB ist aber im Kunsthandel grundsätzlich zu verneinen. Der Gesetzgeber stufte das Agenturgeschäft bewusst nicht generell als Umgehung ein. Es ist eine übliche Vertriebsmethode, für die anerkennenswerte Gründe sprechen.[2051] Nicht ausgeschlossen, dass es zur Umgehung missbraucht wird,[2052] ein Missbrauch ist aber nur zu bejahen, wenn nach wirtschaftlicher Betrachtungsweise nicht der Privatverkäufer, sondern der als Stellvertreter auftretende Unternehmer das wirtschaftliche Risiko der Weiterveräußerung trägt.[2053] Das ist im Kunsthandel regelmäßig nicht der Fall. Der Einlieferer ist keine beliebig austauschbare Person, die nur formal die Rolle der Vertragspartei übernimmt. Er ist Eigentümer und der eigentlich Betroffene.

II. AGB-Haftungsfreizeichnung beim Agenturgeschäft des Versteigerers

Zunächst zur Freizeichnung beim Agenturgeschäft des Versteigerers:

1. AGB-Haftungsfreizeichnung zugunsten des Einlieferers

Da gegen Stellvertreter keine Mängelrechte bestehen, schützen Gewährleistungsausschlüsse nur die Einlieferer. Sie sind deshalb etwas seltener.[2054] Zum Teil finden sich Gewährleistungsausschlüsse[2055] mit Verweis auf § 474 I 2 BGB.[2056] Zum Teil werden begründete Mängelrügen berücksichtigt, wenn sie bis drei Wochen nach Versteigerung erfolgen.[2057] Mitunter wird die Haftung nur für Verbraucher-Einlieferer ausgeschlossen. Davon ausgenommen – wie meist[2058] – Schäden, die auf

2051 Vgl. RegE, BT-Drucks. 14/6040, S. 244; Erwägungsgrund 22 der VerbrGKRL; vgl. BGH, ZGS 2005, 150 f. (Gebrauchtwagen); OLG Stuttgart, NJW 2004, 2169, 2170; MünchKomm/Lorenz, § 475 Rn. 29; ders., NJW 2007, 1, 7.

2052 AA Jauernig/Chr. Berger, 10. Aufl., § 475 Rn. 6; Maultzsch, ZGS 2005, 175 ff.; Ziegler/Rieder, ZIP 2001, 1789, 1791.

2053 BGH, ZGS 2005, 150, 151 f. (Gebrauchtwagen); Bamberger/Roth/Faust, § 474 Rn. 7; MünchKomm/Lorenz, § 475 Rn. 30; Staudinger/Matusche-Beckmann, § 475 Rn. 45 ff.; aA Hermanns, ZfS 2001, 437, 440 (es komme auf vernünftige und wirtschaftlich verständliche Gründe an); Hofmann, JuS 2005, 8, 10 (der Unternehmer müsse sich auf Vermittlungstätigkeiten beschränken); M. Müller, NJW 2003, 1975, 1979 (der Unternehmer müsse hinreichend transparent machen, dass er für bestimmte Waren nur als Vertreter handle).

2054 Vgl. Versteigerungsbedingungen Leo Spik, Ziff. 9, 12 (http://www.leo-spik.de/service.html; abgerufen am 1.4.2012); vgl. Braun, WM 1992, 893, 895; ders., JZ 1993, 855; Braunfels, S. 181.

2055 Vgl. Versteigerungsbedingungen Auktionshaus Fine Art, Ziff. 3 S. 4.

2056 Vgl. Versteigerungsbedingungen Hampel, Ziff. 11.2 S. 1.

2057 Vgl. Versteigerungsbedingungen Kastern, Ziff. 2.4.

2058 Vgl. Versteigerungsbedingungen Hampel, Ziff. 11.3.

grob fahrlässiger Einlieferer-Pflichtverletzung beruhen.[2059] Zusicherungsgarantien sind i.d.R. ausgeschlossen.[2060] Für die vertragswidrige Einräumung würde der Versteigerer dem Einlieferer aus § 98 HGB haften.[2061]

a) Meinungsstand

Die Wirksamkeit von Freizeichnungen zugunsten der Einlieferer ist umstritten.[2062] Die Rechtsprechung hat hierzu soweit ersichtlich nicht entschieden. *Kühn* meint, Versteigerer seien aus vertraglicher Nebenpflicht verpflichtet, Einlieferer mit Freizeichnungen vor unerkannten Risiken zu schützen.[2063]

b) Stellungnahme

Bei „B2C"-Geschäften gelten die strengen Regeln des Verbrauchsgüterkaufs. Nach § 474 I 2 BGB ist aber bei einer öffentlichen Versteigerung auch der Einlieferer privilegiert.[2064] Wer sich jedoch auf das Agenturmodell einlässt, ist Verkäufer. Er kann „gutes Geld für schlechte Ware" noch weniger erwarten als beim Kommissionsgeschäft. Für den Kunsthändler ist unerheblich, ob er in Erscheinung tritt oder einen Vertreter zwischenschaltet.[2065] Seine Sachnähe bleibt bestehen. Die Zwischenschaltung von Versteigerern rechtfertigt keine Sonderbehandlung gegenüber dem Direkt- und Agenturverkauf im Einzelhandel.[2066] Das Äquivalenzinteresse ist unverändert hoch.[2067] Man wird daher die Wertung des § 475 BGB berücksichtigen müssen.

Auch für Privateinlieferer ist eine Haftung angemessen. Sie haben bei längeren Prozessen nicht das Risiko steigender Personal- und Organisationskosten.[2068] Gegen sorgfaltswidrige Versteigerer haben auch sie Schadensersatzansprüche aus §§ 280 I, 311 II Nr. 1, 241 II BGB (c.i.c.) bzw. aus § 98 HGB.[2069]

2059 Vgl. Versteigerungsbedingungen Schopmann, Ziff. 5 [seit 2010 insolvent].

2060 Vgl. nur Versteigerungsbedingungen: Kastern, Ziff. 2.2 S. 1 f.; Schopmann, Ziff. 4 S. 2 f.

2061 So Braunfels, S. 115; vgl. dort Fn. 436.

2062 Bejahend: Kühn, S. 187 ff.; verneinend: Braunfels, S. 183 f.; Schneider, S. 177 ff.; Thomsen, S. 116.

2063 Kühn, S. 188.

2064 S.o. S. 182 f.

2065 Vgl. Braunfels, S. 184; Schneider, S. 178; a.A. Kühn, S. 188.

2066 Kühn, S. 188, hingegen stellt bei der Inhaltskontrolle von Haftungsausschlüssen für Einlieferer selbst einliefernde Fachhändler Kommissionsversteigerern gleich.

2067 Braunfels, S. 184; Schneider, S. 179.

2068 Schneider, S. 178.

2069 S.o. S. 230.

Ohne Rücktrittsrecht wäre der Ersteigerer bei sorgfaltsgemäßem Versteigerer- und Einliefererverhalten rechtlos gestellt und stünde sich somit selbst mit einer in den Versteigerungsbedingungen verankerten Sachwalterhaftung schlechter als bei der Kommission. Der Sachwalter haftet nach der Rechtsprechung nicht stärker als der Geschäftsherr.[2070] Es bestünde bei einer Haftungsfreizeichnung grundsätzlich nur ein Anspruch auf Schadensersatz aus § 98 HGB.[2071]

Daher erweisen sich Gewährleistungsausschlüsse als unangemessene Ersteigerer-Benachteiligung gem. § 307 I, II BGB. Sofern nicht schon § 475 BGB gilt, muss das Rücktrittsrecht verbleiben. Außerhalb der Regeln des Verbrauchsgüterkaufs ist eine Verkürzung der „Verjährungsfrist" auf sechs Monate denkbar (vgl. § 477 I 1 BGB a.F.).

2. AGB-Haftungsfreizeichnung zugunsten des Versteigerers

Beim Agenturgeschäft hat der Ersteigerer gegen den Versteigerer einen Schadensersatzanspruch aus § 98 HGB, wenn er durch dessen Verschulden einen mangelhaften Gegenstand erwirbt.[2072] Würde der Versteigerer als Geschäftsbesorger des Ersteigerers handeln, hätte dieser einen Schadensersatzanspruch aus §§ 280 I, 311 II Nr. 1, 241 II BGB (c.i.c.).[2073] Einer Sachwalterhaftung bedarf es an sich nicht.[2074] Nach dem von der Rechtsprechung[2075] zur Ausdehnung der Vertreter-Eigenhaftung entwickelten und in § 311 III BGB teilweise kodifizierten Grundsatz der Sachwalterhaftung (§§ 280 I, 311 III, 241 II BGB)[2076] haftet der Versteigerer aber weiterhin. Voraussetzung ist die erhebliche Beeinflussung der Vertragsverhandlungen oder -abschlüsse durch Vertrauensinanspruchnahme in besonderes hohem Maße. Es genügt auch ein eigenes wirtschaftliches Interesse am Vertragsabschluss.[2077]

2070 BGHZ 63, 382, 388 (Kfz); BGH, NJW 1977, 1914, 1915 (Gebrauchtwagen); BGHZ 79, 281, 287 (Gebrauchtwagen); vgl. auch Bamberger/Roth/Grüneberg, § 311 Rn. 119; Erman/Kindl, § 311 Rn. 27, 47, 51; Staudinger/Matusche-Beckmann, § 437 Rn. 72; Staudinger/Löwisch, § 311 Rn. 158; HK-BGB/Schulze, § 311 Rn. 24; Jauernig/Stadler, § 311 Rn. 51.

2071 S.u.

2072 Braunfels, S. 185.

2073 HansOLG Hamburg, MDR 1967, 124, 125 – „*A. Cuyp*"; Schneider, S. 156 f.; vgl. Braunfels, S. 185.

2074 Vgl. KG, NJW-RR 2001, 1098 f. (Grundstücksauktionator) mit Verweis auf BGH, NJW 1980, 1619 ff. = JuS 1980, 678 – „*Bodensee-Kunstauktion*".

2075 BGHZ 56, 81, 85 ff. (Baubetreuung); vgl. Nirk, FS Hauß, S. 267, 271 ff.; Erman/Kindl, § 311 Rn. 48.

2076 Chr. Berger, KUR 2003, 137, 144; Bamberger/Roth/Grüneberg, § 311 Rn. 116.

2077 Vgl. RegE, BT-Drucks. 14/6040, S. 163; Chr. Berger, KUR 2003, 137, 144 Fn. 57; Palandt/Grüneberg, § 311 Rn. 60 ff.; Schack, KuR, Rn. 407; HK-BGB/Schulze, § 311 Rn. 19. Zum früheren Recht: OLG Düsseldorf, OLGZ 78, 317 f. – „*Artz und de Klerk*"; OLG München,

Ob hierfür das Provisionsinteresse genügt, ist umstritten.[2078] Für ein Genügen spricht, dass der Versteigerer als selbständiger Gewerbetreibender mit seinem Handeln wirtschaftlich allein und gerade die Provision erstrebt.[2079] Der Vertreter muss aber, um die Haftung nicht ausufern zu lassen, wirtschaftlich Herr des Geschäfts sein, also das unternehmerische Risiko tragen.[2080] Dies ist selbst bei hohen Provisionsleistungen nicht der Fall.[2081] Risikoträger ist der Einlieferer.[2082]

Der Versteigerer nimmt in Bezug auf seine Sachkunde, Seriosität und Sorgfalt jedoch in besonderem Maße Vertrauen in Anspruch und beeinflusst die Vertragsabschlüsse erheblich.[2083] Nicht den Einlieferern, sondern ihm vertrauen die Ersteigerer, so dass eine verschuldensabhängige Haftung gerechtfertigt ist.[2084]

Komplette Freizeichnungen[2085] sind mithin unzulässig. Freizeichnungen für grobe Fahrlässigkeit sind schon nach § 309 Nr. 7 b BGB unwirksam.

Eine Freizeichnung für leichte Fahrlässigkeit ist indes zulässig. So ist es grundsätzlich zulässig, wenn Versteigerer ihre Haftung gegenüber Ersteigerern – wie regelmäßig[2086] – auf Vorsatz und grobe Fahrlässigkeit beschränken. Der Versteigerer muss aber, wenn die Inanspruchnahme des Einlieferers wegen Aussichtslo-

---

OLG-Report München 1992, 97 (Teppich); OLG Köln, VuR 2002, 34, 35f. (Violine); KG, NJW-RR 2001, 1098f. (Grundstücksauktionator); Braunfels, S. 185; Schneider, S. 154f.; Heinbuch, Aktuelle Rechtsfragen, S. 210; Kühn, S. 86ff.

2078 Bejahend: OLG Düsseldorf, OLGZ 78, 317f. – *„Artz und de Klerk"*; Chr. Berger, KUR 2003, 137, 144; Heinbuch, Aktuelle Rechtsfragen, S. 210f.; Kühn, 86ff.; Marx/Ahrens, 6. Teil. Rn. 37; Thomsen, 116. Verneinend: Braunfels, S. 185; Bamberger/Roth/Grüneberg, § 311 Rn. 118; Erman/Kindl, § 311 Rn. 50; Schneider, S. 154f.; HK-BGB/Schulze, § 311 Rn. 19; vgl. BGH, NJW 1990, 506 (Anlageberatung); BGH, NJW-RR 1991, 1241, 1242 (Versicherungsvertrag); BGH, NJW-RR 1992, 605 (Kapitalanlagegeschäft).

2079 Kühn, S. 88.

2080 BGH, NJW-RR 1991, 1241, 1242 (Versicherungsvertrag); Bamberger/Roth/Grüneberg, § 311 Rn. 118; Erman/Kindl, § 311 Rn. 50.

2081 Vgl. BGH, NJW-RR 1992, 605 (Kapitalanlagegeschäft, 200.000 DM Vermittlungsprovision).

2082 Schneider, S. 154f.

2083 BGH, NJW 1996, 527, 528 (Versteigerung von Immobilien); OLG Düsseldorf, OLGZ 78, 317f. – *„Artz und de Klerk"*; OLG Köln, VuR 2002, 34, 35f. (Violine); Chr. Berger, KUR 2003, 137, 144; Braunfels, S. 185f.; Wolf/Lindacher/Pfeiffer/Dammann, Klauseln, Rn. A 241; Heinbuch, Aktuelle Rechtsfragen, S. 210f.; Kühn, S. 88; Marx/Ahrens, 6. Teil. Rn. 37; Schack, KuR, Rn. 407; Schneider, S. 116f. 179.

2084 Braunfels, S. 185f.; Kühn, S. 88.

2085 Vgl. Versteigerungsbedingungen Leo Spik, Ziff. 9 S. 5.

2086 Vgl. Versteigerungsbedingungen Auktionshaus Fine Art, Ziff. 3 bis 5; Hampel, Ziff. 11.3; Kastern, Ziff. 2.4f. Haftung ab leichter Fahrlässigkeit: Schopmann, Ziff. 10 (gegenüber Verbrauchern).

sigkeit oder Unzumutbarkeit fehlschlägt, eine subsidiäre Eigenhaftung bei leichter Fahrlässigkeit vorsehen.[2087]

Die Sorgfaltspflichten entsprechen denen beim Handeln im eigenen Namen.[2088] Die Haftung ist vom Gewährleistungsrecht nicht verdrängt.[2089] Ist aber eine Nacherfüllung möglich, muss sich der Käufer erst an den Verkäufer halten, um das Recht auf zweite Andienung nicht zu unterlaufen.[2090]

III. AGB-Haftungsfreizeichnung beim Agenturgeschäft des Einzelhändlers

Die vorstehenden Ausführungen gelten entsprechend für Agenturgeschäfte der Kunsthändler.

2087 S.o. S. 228 ff.

2088 Chr. Berger, KUR 2003, 137, 144.

2089 Chr. Berger KUR 2003, 137, 144; Staudinger/Matusche-Beckmann, § 437 Rn. 72; vgl. BGHZ 63, 382, 387 f. (Kfz); OLG Düsseldorf, OLGZ 78, 317 ff. – „*Artz und de Klerk*"; Braunfels, S. 186; Schneider, S. 116 f.; Wolf/Horn/Lindacher/Wolf, § 11 Nr. 10 Rn. 25.

2090 Chr. Berger, KUR 2003, 137, 144.

Kapitel 4: Zusammenfassung wesentlicher Ergebnisse

A. Für den Erwerb von Kunstwerken gilt das Primat des Rechts. Es schützt ideelle und vermögensrechtliche Interessen. Das Recht muss auf die Bedürfnisse des Kunsthandels abgestimmt werden. Für den Handel mit serieller Kunst ist für einen angemessenen Käuferschutz die gesetzliche Verankerung von Informationspflichten sinnvoll.[2091] Es gilt ein uneingeschränkt subjektiver Beschaffenheitsbegriff. Ohne weitere Einschränkung ist jeder mit der Sache selbst in Verbindung zu bringende Umstand beschaffenheitstauglich. Das Rechtsverhältnis der Vertragsverhandlung ist Grundlage der c.i.c.-Haftung, ist aber bei möglichen Vertragsabsprachen vorrangig im Gewährleistungsrecht geregelt.[2092] Bei Zuschreibungsänderungen nach Gefahrübergang besteht als gesetzlicher Regelfall ein Sachmangel. Das Gesetz kompensiert das Endgültigkeitsdefizit mittels der Verjährung und der Rechtskraft.[2093]

B. Der Verdacht der Unechtheit begründet einen Mangel nur, wenn dies von den Parteien ausdrücklich festgelegt wurde.[2094] Haben die Parteien nicht bestimmt, welche Zweifel relevant sein sollen, muss sich der Verdacht auf konkrete und gewichtige Tatsachen stützen. Der Käufer darf die Tatsachen, auf denen ein Mangelverdacht beruht, durch zumutbare eigene Untersuchungen nicht ausräumen können. Unter diesen Umständen ist ein Sachmangel grundsätzlich gegeben, wenn das Werk seine vertraglich vereinbarte Zweckeignung einbüßt, in einer Ausstellung zweifelsfrei echter Werke gezeigt zu werden.[2095]

C. Zusicherungsgarantien müssen grundsätzlich ausdrücklich erfolgen. Konkludente Garantien sind insbesondere bei Versteigerungen äußerst zurückhaltend zu bejahen. Bei Direktverkäufen des Künstlers und bei Auflagenangaben des Verkäufers im Exklusivvertrieb ist angesichts besonderer Werknähe und Kontrollmöglichkeit weniger Zurückhaltung geboten.[2096]

2091 Vgl. o. S. 45 f.
2092 Vgl. o. S. 59 ff.
2093 Vgl. o. S. 117 f.
2094 Vgl. o. S. 96 ff.
2095 Vgl. o. S. 108 ff.
2096 Vgl. o. S. 121 ff.

D. Was die gesetzlichen Gewährleistungsausschlüsse anbelangt, ist § 377 HGB eine für den Kunsthandel nicht zu rechtfertigende faktische Verkürzung der angemessenen Verjährung.[2097]

E. Zur Haftungsbegrenzung ist die Beschaffenheitsvereinbarung das transparenteste Mittel. Es besteht ein hohes Maß an Privatautonomie. Sondervereinbarungen sind möglich und als Beweiserleichterung beim Unechtheitsnachweis nutzbar.[2098]

F. AGB-Verwahrungen gegen Beschaffenheitsvereinbarungen sind unwirksam.[2099] AGB-Verwahrungen gegen Garantien treten wegen § 305 b BGB zurück, wenn sie ausschließlich in den Geschäftsbedingungen enthalten und nicht hervorgehoben sind.[2100] Pauschale Gewährleistungsausschlüsse sind so auszulegen, dass sie sich nicht auf Beschaffenheitsvereinbarungen (§ 434 I 1 BGB), sondern nur auf Mängel nach § 434 I 2 Nr. 1 und 2 BGB erstrecken. Sie erfassen nicht den Nacherfüllungsanspruch bei Aliudlieferungen i.S.v. § 434 III Alt. 1 BGB.[2101]

G. Der Begriff der öffentlichen Versteigerung in § 474 I 2 BGB richtet sich nach § 383 III 1 BGB.[2102]

H. Die Begriffe „neu hergestellt“ und „gebraucht“ sind in den Haftungsnormen komplementär verwandt. Es geht um eine Abgrenzung nach Risikoaspekten danach, ob schwer erkennbare bzw. schwer beherrschbare Mängelrisken bestehen, die es gerechtfertigt erscheinen lassen, den Verkäufer haftungsrechtlich zu privilegieren. Neu hergestellt sind Kunstwerke grundsätzlich von ihrer Fertigstellung bis zur Zweitveräußerung. Benutzbare Kunstwerke werden durch verschleißrelevante Benutzung bzw. Aktivierung zu Gebrauchtsachen. Längere Ausstellungen ohne Verkaufszweck können bei materialanfälligen Werken und längeren Transportwegen Gebrauchseigenschaften begründen. Auch konzeptionell erwünschte Umgestaltungen genügen. Die reine Lagerung begründet einen Gebrauch erst, wenn sie nach geraumer Zeit das Erhaltungszustandsrisiko so signifikant erhöht, dass der Verkäufer es nicht mehr ohne Weiteres in Beschaffenheitsvereinbarungen spezifizieren kann. Antiquitäten sind Gebrauchtsachen. Auf alt gemachte neue Fälschungen stehen Gebrauchtsachen gleich.[2103]

2097 Vgl. o. S. 141 ff.
2098 Vgl. o. S. 146 ff.
2099 Vgl. o. S. 152 ff.
2100 Vgl. o. S. 155 ff.
2101 Vgl. o. S. 166 ff.
2102 Vgl. o. S. 169 ff.
2103 Vgl. o. S. 183 ff.

Die Abgrenzung von „neu hergestellt" und „gebraucht" erfolgt im Rahmen der §§ 309 Nr. 8 b, 474 I 2 BGB und 475 II BGB einheitlich. §§ 478 I, II, 479 II 1 BGB gehen davon aus, dass Kunstwerke auch bei längerer Lagerung oder Veräußerung stets neu hergestellt bleiben. Auch § 474 I 2 BGB gilt nicht ausschließlich für Fund- und geringwertige Sachen. Er gilt ebenfalls für Kunst und Antiquitäten, sofern sie nach den Grundsätzen, die auch für § 475 II BGB gelten, gebrauchte Sachen sind. Der Begriff der Ungebrauchtheit in § 34 b VI Nr. 5 b GewO bestimmt sich nach eigenständigen Kriterien.[2104]

I. Die Minderung ist bei neu hergestellten Kunstwerken das – und auch nur beim Nichtverbrauchsgüterkauf – einzige in AGB vollständig abdingbare Mangelrecht.[2105] Versteigerer können sich von einer Haftung auf Schadensersatz bei leichter Fahrlässigkeit freizeichnen. Kommissionäre müssen, da sonst die Verletzung einer Kardinalpflicht sanktionslos bliebe, bei leichter Fahrlässigkeit zur Kompensation ein Rücktrittsrecht einräumen.[2106]

J. Bei der möglichen Durchbrechung der Haftungsausschlüsse wegen Sorgfaltswidrigkeiten ist der herausgehobenen Stellung des öffentlich bestellten Versteigerers mit einem scharfen Sorgfaltsmaßstab Rechnung zu tragen.[2107] Gelten die Regeln des Verbrauchsgüterkaufs nicht, gilt bei Kunstauktionen die Rechtsprechung des BGH zum Haftungsausschluss bei Kunstauktionen. Dafür spricht die Risiko- und Interessenlage und das in Anspruch genommene Vertrauen. Ersteigerer dürfen nicht ohne Not rechtlos gestellt werden. Sie sind schutzwürdiger als Einlieferer.

   AGB-Haftungsfreizeichnungen sind nur wirksam, wenn der Versteigerer danach zumindest dann haftet, wenn er den Mangel ab leichter Fahrlässigkeit verschuldet hat. Es muss deutlich sein, dass dann wenigstens ein Rücktrittsrecht besteht und ab grob fahrlässigen Sorgfaltspflichtverletzungen auch ein Schadensersatzanspruch.[2108]

K. Für Fälle pflichtgemäßen Handelns, also einer effektiven Haftungsfreizeichnung, muss der Versteigerer dem Käufer eine Rechtsposition gegen den Einlieferer verschaffen.[2109] Die Einlieferungsbedingungen können die Geltung kaufrechtlichen Gewährleistungsrechts bestimmen.[2110] Eine vollumfängliche Inanspruchnahme des Einlieferers muss ausgeschlossen sein, wenn der Ver-

2104 Vgl. o. S. 195 ff.
2105 Vgl. o. S. 201 ff.
2106 Vgl. o. S. 224 ff.
2107 Vgl. o. S. 180.
2108 Vgl. o. S. 207 ff.
2109 Vgl. o. S. 239 ff.
2110 Vgl. o. S. 246 ff.

steigerer den Mangel verschuldet hat.[2111] Haftungsbrücken sind ineffektiv, wenn sich der Versteigerer nicht zur Einlieferernennung verpflichtet. Er kann sich für von ihm unverschuldete Mängel ein Wahlrecht einräumen: Entweder er tritt seine Mängelrechte (eventuell antizipiert) ab, damit der Ersteigerer sie gegen den zu benennenden Einlieferer durchsetzen kann (Haftungsbrücke) oder er hält den Ersteigerer selbst schadlos. Dann kann er gegebenenfalls beim Einlieferer Regress nehmen. Alternativ muss er dem Ersteigerer ein Rücktrittsrecht von nicht unter drei Monaten belassen.[2112]

L. Das Haftungskonzept ist auf alle Mängel anwendbar.[2113]

M. Beim Nachverkauf des Kommissionärs ist die Haftungsfreizeichnung nach demselben Konzept zulässig. § 474 I 2 BGB greift im Wege einer teleologischen Extension. Das Haftungsmodell gilt nicht nur bei „B2B“-Geschäften. Allerdings ist nach Ablauf von zwei Monaten eine Gleichbehandlung mit dem Kunsteinzelhandel geboten.[2114]

N. Auf Kunsthändler ist die BGH-Rechtsprechung unübertragbar. Sie können nach der Risiko- und Interessenlage ihre Haftung kaum einschränken. Oft greifen die Regeln des Verbrauchsgüterkaufs. Das Rücktrittsrecht ist auch bei „B2B“-Geschäften in AGB unabdingbar. Die Erheblichkeitsschwelle (§ 323 V 2 BGB) darf angehoben werden. Scheitert dann ein Rücktritt, muss ein Minderungsrecht verbleiben. Händler haben auf dem Kunstmarkt eine stabilisierende Wirkung. Mit einem eher sorglosen Erwerb können sie sich gegen Auktionshäuser positionieren.[2115]

O. Bei der Versteigerung von Eigenware muss das Rücktrittsrecht verbleiben.[2116] Dies gilt beim Verkauf von Eigenware im Einzelhandel erst recht.[2117]

P. Das Agenturgeschäft ist im Kunsthandel grundsätzlich keine Umgehung des Verbrauchsgüterkaufs i.S.d. § 475 I 2 BGB. Die §§ 474 ff. BGB gelten daher nicht dem Stellvertreter gegenüber.[2118]

Q. Bei der Inhaltskontrolle von Gewährleistungsausschlüssen beim Agenturgeschäft des Versteigerers ist bei „B2C“-Geschäften die Wertung des § 475 BGB zu berücksichtigen. Auch für Privateinlieferer ist der Verbleib eines Rücktrittsrechts angemessen. Außerhalb der Regeln des Verbrauchsgüter-

2111 Vgl. o. S. 250 ff.
2112 Vgl. o. S. 254 ff.
2113 Vgl. o. S. 262 ff.
2114 Vgl. o. S. 264 f.
2115 Vgl. o. S. 265 ff.
2116 Vgl. o. S. 269 f.
2117 Vgl. o. S. 270.
2118 Vgl. o. S. 270 f.

kaufs ist eine Verkürzung der „Verjährungsfrist“ auf sechs Monate denkbar (vgl. § 477 I 1 BGB a.F.).[2119]

R. Beim Agenturgeschäft ist für Versteigerer und Kunsthändler eine Freizeichnung für leichte Fahrlässigkeit zulässig. Sie müssen, wenn die Inanspruchnahme des Einlieferers wegen Aussichtslosigkeit oder Unzumutbarkeit fehlschlägt, eine subsidiäre Eigenhaftung bei leichter Fahrlässigkeit vorsehen. Ist eine Nacherfüllung möglich, muss sich der Käufer erst an den Verkäufer halten, um das Recht auf zweite Andienung nicht zu unterlaufen.[2120]

2119 Vgl. o. S. 271 ff.

2120 Vgl. o. S. 273 ff.

Abkürzungen

a.A.	anderer Ansicht
ABL.	Amtsblatt der Europäischen Gemeinschaften
abl.	ablehnend
Abs.	Absatz
AcP	Archiv für die civilistische Praxis
a.E.	am Ende
a.F.	alte Fassung
AG	Amtsgericht
AGB	Allgemeine Geschäftsbedingungen
AGBG	Gesetz zur Regelung des Rechts der Allgemeinen Geschäftsbedingungen
Alt.	Alternative
Anm.	Anmerkung
AnwBl	Anwaltsblatt
Art.	Artikel
Artt.	Artikel
AS	Allgemeines Schuldrecht
AT	Allgemeiner Teil
AUR	Agrar- und Umweltrecht
AVB	Allgemeine Versicherungsbedingungen
Az.	Aktenzeichen
B2B	business to business
B2C	business to consumer
BAG	Bundesarbeitsgericht
BB	Der Betriebsberater
Bd.	Band
BDK	Bundesverband Deutscher Kunstversteigerer
BDKA	Bundesverband des Deutschen Kunst- und Antiquitätenhandels
BeckRS	Beck-Rechtsprechung
Begr.	Begründung / Begründer
Betr.	Betreffend
Beschl.	Beschluss
BGB	Bürgerliches Gesetzbuch

BGBl.	Bundesgesetzblatt
BGE	Entscheidungen des Schweizer Bundesgerichts
BGH	Bundesgerichtshof
BGHZ	Entscheidungen des Bundesgerichtshofs in Zivilsachen
BS	Besonderes Schuldrecht
BT-Drucks.	Bundestagsdrucksache
BMJ	Bundesministerium der Justiz
BNotO	Bundesnotarordnung
bspw.	beispielsweise
BT	Besonderer Teil
BVDG	Bundesverband Deutscher Galerien und Editionen e.V.
BVerfG	Bundesverfassungsgericht
BVerwG	Bundesverwaltungsgericht
bzw.	beziehungsweise
c.	contre
C2B	consumer to business
C2C	consumer to consumer
CA Paris	Cour d'Appel de Paris
ch.	chapitre
Ct. Cl.	United States Court of Claims
CR	Computer und Recht
c.i.c.	culpa in contrahendo
CISG	United Nations Convention on Contracts for the International Sale of Goods
DAR	Deutsches Autorecht
d.Ä.	der Ältere
DB	Der Betrieb
ders.	derselbe
d.h.	das heißt
dies.	dieselbe / dieselben
Diss.	Dissertation
DJ	Deutsche Justiz
DJZ	Deutsche Juristenzeitung
DK	Deutsche Kunsthandelsverband e.V.
DNotZ	Deutsche Notarzeitschrift
DR	Deutsches Recht
E.A.	Epreuve d'artiste
EBV	Eigentümer-Besitzer-Verhältnis
EG	Europäische Gemeinschaft / Vertrag zur Gründung der Europäischen Gemeinschaften

Einf.	Einführung
EU	Europäische Union
EuGH	Gerichtshof der Europäischen Gemeinschaften
e.V.	eingetragener Verein
etc.	et cetera
EWG	Europäische Wirtschaftsgemeinschaft
EWiR	Entscheidungen zum Wirtschaftsrecht
f.	folgende
FAS	Frankfurter Allgemeine Sonntagszeitung
FAZ	Frankfurter Allgemeine Zeitung
FEAGA / F.E.A.G.A.	Federation of European Art Gallery Associations
ff.	folgende
FIVA	Fédération Internationale des Véhicules Anciens
Fn.	Fußnote
FS	Festschrift
FuR	Film und Recht
GewArch	Gewerbearchiv
GewO	Gewerbeordnung
GG	Grundgesetz
ggf.	gegebenenfalls
GK	Gemeinschaftskommentar
Gruch.	Beiträge zur Erläuterung des Deutschen Rechts, begründet von Gruchot
GRUR	Gewerblicher Rechtsschutz und Urheberrecht
GRUR-RR	Gewerblicher Rechtsschutz und Urheberrecht–Rechtsprechungs-Report
GVGA	Geschäftsanweisung für Gerichtsvollzieher
HansgGZ. Beibl.	Hanseatische Gerichtszeitung, Beiblatt
h.c.	hors de commerce
h.M.	herrschende Meinung
HGB	Handelsgesetzbuch
HRR	Höchstrichterliche Rechtsprechung
Hrsg.	Herausgeber
hrsgg.	herausgegeben
Hs.	Halbsatz
IAA/AIAP	International Association of Art bzw. Association Internationale des Arts Plastiques
i.d.R.	in der Regel

i.e.S.	im engeren Sinne
insb.	insbesondere
i.S.	im Sinne
i.S.d.	im Sinne des / im Sinne der
i.S.v.	im Sinne von
i.Ü.	im Übrigen
i.V.m.	in Verbindung mit
JA	Juristische Arbeitsblätter
Jher. Jb.	Jherings Jahrbücher für die Dogmatik des bürgerlichen Rechts
Jg.	Jahrgang
JR	Juristische Rundschau
Jura	Juristische Ausbildung
JuS	Juristische Schulung
JW	Juristische Wochenschrift
JZ	JuristenZeitung
Kap.	Kapitel
KfZ	Kraftfahrzeug
Krad	Kraftrad
KG	Kammergericht Berlin
KUG	Gesetz betreffend das Urheberrecht an Werken der bildenden Künste und der Photographie
KultgSchG	Kulturgutschutzgesetz
KultGüRückG	Kulturgüterrückgabegesetz
KUR	Kunst und Recht
KuR	Kunst und Recht
lat.	lateinisch
LG	Landgericht
LM	Lindenmaier-Möhring
LZ	Leipziger Zeitschrift für Deutsches Recht
MDR	Monatsschrift für Deutsches Recht
m.E.	meines Erachtens
MittHV	Mitteilungen des Hochschulverbandes
m.V.a.	mit Verweis auf
m.w.N.	mit weiteren Nachweisen
n.F.	neue Fassung
NJ	Neue Justiz
NJW	Neue Juristische Wochenschrift
NJW-RR	NJW-Rechtsprechungs-Report
Nr.	Nummer
n.v.	nicht veröffentlicht

NZG	Neue Zeitschrift für Gesellschaftsrecht
NZM	Neue Zeitschrift für Miet- und Wohnungsrecht
o.	oben
o.ä.	oder ähnlich
OLG	Oberlandesgericht
OLGZ	Entscheidungssammlung der Oberlandesgerichte in Zivilsachen
OR	Schweizer Obligationenrecht
PangV	Preisangabenverordnung
ProdHaftG	Gesetz über die Haftung für fehlerhafte Produkte
pVV	positive Vertragsverletzung
RC	Recueil des Cours
RegE	Regierungsentwurf
RG	Reichsgericht
RG No.	numéro de registre général
RGZ	Entscheidungen des Reichsgerichts in Zivilsachen
RL	Richtlinie
Rn.	Randnummer
Rspr.	Rechtsprechung
S.	Satz / Seite
s.	siehe
sect.	section
SeuffArch.	Seufferts Archiv f. d. Entsch. d. oberst. Gerichte i. d. deutsch. Staaten
s.o.	siehe oben
sog.	sogenannt
st.	ständige
StGB	Strafgesetzbuch
s.u.	siehe unten
SZ	Süddeutsche Zeitung
u.	unten
u.a.	und andere / unter anderem
Überbl.	Überblick
Univ.	Universität
Unterabs.	Unterabsatz
UrhG	Urhebergesetz
URL	Uniform Resource Locator
Urt.	Urteil
UWG	Gesetz gegen den unlauteren Wettbewerb
v.	versus / vom / von / vor

Var.	Variante
VerbrGKRL	Verbrauchsgüterkaufrichtlinie
VerstV	Verordnung über gewerbsmäßige Versteigerungen
vgl.	vergleiche
VuR	Verbraucher und Recht
WarnRspr.	Warneyers Jahrbuch der Entscheidungen: Rechtsprechung des Reichsgerichts auf dem Gebiete des Zivilrechts, hrsgg. von Warneyer
WCT	WIPO Copyright Treaty
WIB	Wirtschaftsrechtliche Beratung
WM	Wertpapier-Mitteilungen
WRP	Wettbewerb in Recht und Praxis
z.B.	zum Beispiel
ZfB	Zeitschrift für Betriebswirtschaft
ZfBR	Zeitschrift für deutsches und internationales Bau- und Vergaberecht
ZGS	Zeitschrift für das gesamte Schuldrecht
ZHR	Zeitschrift für das gesamte Handelsrecht und Wirtschaftsrecht
Ziff.	Ziffer
ZIP	Zeitschrift für Wirtschaftsrecht
ZPO	Zivilprozessordnung
ZRP	Zeitschrift für Rechtspolitik
zugl.	zugleich
ZUM	Zeitschrift für Urheber- und Medienrecht
ZUM-RD	Zeitschrift für Urheber- und Medienrecht-Rechtsprechungsdienst

Literaturverzeichnis

Achelis, Hans-Thoma, Der Ausschluss der Haftung für die Echtheit, Die Weltkunst 1963, Heft 17, S. 19 f.

Ackermann, Tim, Beltracchi zahlt endlich, Die Welt vom 8.12.2012, S. 25

Adolphsen, Jens, Die Schuldrechtsreform und der Wegfall des Viehgewährleistungsrechts, Agrarrecht 2001, S. 203 ff.

Almeroth, Thomas, Kunst und Antiquitätenfälschungen: Eine strafrechtliche, kriminologische und kriminalistische Studie über die Techniken der Kunstfälscher und ihre Absatzpraktiken, Diss. Franfurt am Main 1986 (zit.: Almeroth)

Arntz, Wilhelm F., Visitenkarte des Händlers: Der Auktionskatalog – und was man aus ihm lesen kann und muß, Handelsblatt, 1./2. April 1960, S. 17

Artz, Markus, Schuldrechtsmodernisierung 2001/2002 – Integration der Nebengesetze in das BGB, JuS 2002, S. 528 ff.

Aulinger, Barbara, Kunstgeschichte und Soziologie: eine Einführung, Berlin 1992 (zit.: Aulinger)

Ayad, Patrick, Das Gesetz zur Modernisierung des Schuldrechts in der Vertragspraxis, DB 2001, S. 2697 ff.

Bamberger, Heinz Georg; Roth, Herbert, Kommentar zum Bürgerlichen Gesetzbuch:

Band 1, Gesamtsachverzeichnis §§ 1–610, München 2003 (zit.: Bamberger/Roth, 1. Aufl. – Bearbeiter);

Band 1, §§ 1–610, CISG, 2. Aufl., München 2007 (zit.: Bamberger/Roth/Bearbeiter)

Barbanera, Marcello, Original und Kopie, in: *Junker, Klaus/Stähli, Adrian (Hrsg.),* Original und Kopie. Formen und Konzepte der Nachahmung in der antiken Kunst. Akten des Kolloquiums in Berlin 17.-19. Februar 2005, Wiesbaden 2008, S. 35 ff. (zit.: Barbanera in Junker/Stähli)

Barlach, Hans/Beaucamp, Eduard, Seltsame Originale: Darf man das Werk Ernst Barlachs „weiterentwickeln"?, FAZ vom 22.5.1984, S. 23

Barnert, Thomas, Mängelhaftung beim Unternehmenskauf zwischen Sachgewährleistung und Verschulden bei Vertragsschluss im neuen Schuldrecht, WM 2003, S. 416 ff.

Baumbach, Adolf/Hopt, Klaus J., Handelsgesetzbuch, 30. Aufl., München 2000 (zit.: Baumbach/Hopt, 30. Aufl.)

Baumbach, Adolf/Hopt, Klaus J./Merkt, Hanno/Roth, Markus, Handelsgesetzbuch, 35. Aufl., München 2012 (zit.: Baumbach/Hopt/Bearbeiter)

Baumer, Dorothea, Nicht nur Anni mit Fächer erfordert höchsten Einsatz, SZ, 23./24.7.2005, S. 18

Bayer, Walter, Vertraglicher Drittschutz, JuS 1996, S. 473 ff.

Becker-Eberhard, Ekkehard, Der nicht beweisbar echte Elvis – OLG Düsseldorf NJW 1992, 1326, JuS 1992, S. 461 ff.

Beckmann, Michael/Kräkel, Matthias/Schauenberg, Bernd, Der deutsche Auktionsmarkt: Ergebnisse einer empirischen Studie, ZfB 67. Jg. (1997), H. 1, S. 41 ff.

Behrens, Klaus/Lazzer, Dieter de (Hrsg.), Recht, Steuern, Versicherungen für den Kunstmarkt, Neuwied u.a. 1994 (zit.: Behrens/de Lazzer)

Bemmann, Kai, Die Viehauktionen nach der Schuldrechtsreform, AUR 2006, S. 189 ff.

Benjamin, Walter, Das Kunstwerk im Zeitalter seiner technischen Reproduzierbarkeit: Drei Studien zur Kunstsoziologie, 27. Aufl., Frankfurt am Main 2001 (zit.: W. Benjamin)

Berger, Christian, Kaufrechtliche Mängelrechte und Kunsthandel, KUR 2003, S. 137 ff.

ders., Der Beschaffenheitsbegriff des § 434 Abs. 1 BGB, JZ 2004, S. 276 ff.

ders./Wündisch, Sebastian (Hrsg.), Urhebervertragsrecht. Handbuch, Baden-Baden 2008 (zit.: Berger/Wündisch)

Berger, Ursel, Zum Problem der „Originalbronzen“: Deutsche Bronzeplastik im 19. und 20. Jahrhundert Pantheon 1982, S. 184 ff.

Bernet, Christian/Schönwerth, Richard, Rechtliche Aspekte der Kunstfälschung, Weltkunst 1998, S. 1531 ff.

Bernheimer, Ludwig, Die Rechtsverhältnisse der an einer Kunstversteigerung beteiligten Personen, München 1929 (zit.: Bernheimer)

Bernreuther, Friedrich, Sachmangelhaftung und Werbung, MDR 2003, S. 63 ff.

Bernsdorff, Norbert/Kleine-Tebbe, Andreas, Kulturgüterschutz in Deutschland – Ein Kommentar, Köln u.a. 1996 (zit.: Bernsdorff/Kleine-Tebbe/Bearbeiter)

Bielenberg, Anmerkung zum BGH Urteil vom 28.6.1972, GRUR 1973, S. 153 f.

Bischof, Ulf, Die öffentliche Versteigerung: Waschsalon für Diebesgut? Anmerkung zum Anwendungsbereich des § 935 Abs. 2 BGB, KUR 2007, S. 62 ff.

Bischoff, Friedrich, Zum Begriff des „Originals“ – Schwierigkeiten im Spannungsfeld zwischen Markt und Recht, Weltkunst 2001, S. 439 ff.

Bleutge, Peter, Probleme im Versteigerungsrecht, WiVerw 1987, S. 218 ff.

Blind, Sofia, Versagt der Kunstmarkt? Anmerkungen zu Christian W. Thomsen: „Medienkunst und Markt“ aus wirtschaftswissenschaftlicher Sicht, in: *Thomsen/Blind,* Medienkunst und Markt, Arbeitshefte Bildschirmmedien 58, Siegen 1996, S. 5 ff. (zit.: Blind in Thomsen/Blind)

Blinda, Antje, Teuerstes Kunstwerk der Welt: Katar kaufte Cézanne-Bild für 250 Millionen Dollar, Spiegel Online v. 4.2.2012, im Internet ansteuerbar unter http://www.spiegel.de/kultur/gesellschaft/teuerstes-kunstwerk-der-welt-katar-kaufte-cezanne-bild-fuer-250-millionen-dollar-a-813339.html

Bloch, Peter, Original – Kopie – Fälschung, Jahrbuch Preußischer Kulturbesitz, Band XVI, 1979, S. 41 ff. (zit.: Bloch)

Blume Huttenlauch, Anna, Die Haftung des Kunstexperten für seine Expertise, KUR 2004, S. 118 ff.

Boerner, Dietmar, Kaufrechtliche Sachmängelhaftung und Schuldrechtsreform, ZIP 2001, S. 2264 ff.

Bonus, Holger/Ronte, Dieter, Die Wa(h)re Kunst: Markt, Kultur und Illusion, Erlangen u.a. 1991 (zit.: Bonus/Ronte)

Boll, Dirk, Der Kampf um die Kunst – Handel und Auktionen positionieren sich auf dem Kunstmarkt, Diss. Ludwigsburg 2004, Halle 2005 (im Internet ansteuerbar unter http://deposit.ddb.de/cgi-bin/dokserv?idn=980147336) (zit.: Boll)

Boochs, Wolfgang/Ganteführer, Felix, Kunstbesitz, Kunsthandel, Kunstförderung im Zivil- und Steuerrecht, Neuwied, Kriftel, Berlin 1992 (zit.: Boochs/Ganteführer)

Bossmann, Nadja, Im Netz der Fälscher, Die Zeit vom 15.10.1998, S. 77

Braun, Johann, Birgit Thomsen: Käuferschutz bei Kunstauktionen, AcP 190 (1990), S. 182 ff.

ders., Die Freizeichnung des kommissarischen Kunstauktionators von der Haftung für Sachmängel, WM 1992, S. 893 ff.

ders., Anmerkung zum Urteil des OLG Frankfurt am Main vom 20.1.1993, JZ 1993, S. 855 f.

ders., Kunstprozesse von Menzel bis Beuys, 13 Fälle aus dem Privatrecht, München 1995 (zit.: Braun, Kunstprozesse, 1. Aufl.)

ders., Kunstprozesse von Menzel bis Beuys, 18 Fälle aus dem Privatrecht, 2. Aufl., München 2009 (zit.: Braun, Kunstprozesse)

ders., Anmerkung zum Urteil des BGH vom 15.2.1995, JZ 1995, S. 1017 ff.

ders., Anmerkung zum Urteil des OLG Zweibrücken vom 7.5.1997, JZ 1998, S. 197 ff.

Braunfels, Florian, Die Haftung für Fehler und zugesicherte Eigenschaften bei Kunstauktionen: Ein Beitrag zur Rechtsstellung des Ersteigerers beim Erwerb unechter Kunstgegenstände, München, 1994 (zit.: Braunfels)

Brenken, Anna, Was tun, wenn die Fettecke schmilzt?, Art 2/94, S. 34 ff.

Brockhaus Lexikonredaktion (Hrsg.), Der Brockhaus Kunst: Künstler, Epochen, Sachbegriffe, 2. Aufl. Mannheim, Leipzig 2001 (zit.: Der Brockhaus Kunst)

Brocki, Der öffentlich bestellte Versteigerer (nach früherem preußischen Recht und nach neuem Bundesrecht), GewArch 1961, S. 27 ff.

Brox, Hans/Henssler, Martin, Handelsrecht mit Grundzügen des Wertpapierrechts, 21. Aufl. München 2011 (zit.: Brox/Henssler)

Brox, Hans/Walker, Wolf-Dietrich, Allgemeines Schuldrecht, 35. Aufl., München 2011 (zit.: Brox/Walker, AS)

dies., Besonderes Schuldrecht, 26. Aufl., München 2001 (zit.: Brox/Walker, BS, 26. Aufl.)

dies., Besonderes Schuldrecht, 35. Aufl., München 2011 (zit.: Brox/Walker, BS)

Brückner, Sascha/Böhme, Antje, Neues Kaufrecht – Wann ist ein Tier „gebraucht"?, MDR 2002, S. 1406 ff.

Brüggemeier, Gert, Das neue Kaufrecht des Bürgerlichen Gesetzbuches: Eine kritische Bestandsaufnahme, WM 2002, S. 1376 ff.

Gräfin v. Brühl, Friederike, Marktmacht von Kunstexperten als Rechtsproblem. Der Anspruch auf Erteilung einer Expertise und auf Aufnahme in ein Werkverzeichnis, Lausanne 2008 (zugl. Lausanne, Univ., Diss. 2007) (zit.: v. Brühl)

Brunn, Burkhard, Charlotte Posenenske: Widerstand in Serie, artnet vom 14.4.2010, im Internet ansteuerbar unter http://www.artnet.de/magazine/charlotte-posenenske/

Bülow, Peter/Artz, Markus (Hrsg.), Handbuch Verbraucherprivatrecht, Heidelberg u.a. 2005 (zit.: Bülow/Artz)

Bullinger, Winfried, Urheberrechtlicher Originalbegriff und digitale Technologien, KUR 2006, 106 ff.

Bunz, Mercedes, Zum Projekt einer economical correctness. Ein Kommentar zu Volker Grassmuck, in: *Fehrmann, Gisela/Linz, Erika/Schumacher, Eckhard/Weingart, Brigitte (Hrsg.),* Originalkopie, Praktiken des Sekundären, Köln 2004, S. 304 ff. (zit.: Bunz in Fehrmann/Linz/Schumacher/Weingart)

Burg, Tobias, Die Signatur: Formen und Funktionen vom Mittelalter bis zum 17. Jahrhundert, Berlin 2007 (zugl. Dresden, Univ., Diss. 2003) (zit.: Burg)

Cahn, Joshua Binion (Hrsg.), What is an Original Print? Principles recommended by the Print council of America, New York 1961 (zit.: Cahn)

Canaris, Claus-Wilhelm, Die Vertrauenshaftung im Deutschen Privatrecht, München 1971 (zit.: Canaris)

ders., Die Neuregelung des Leistungsstörungs- und des Kaufrechts – Grundstrukturen und Problemschwerpunkte, in: *Lorenz, Egon (Hrsg.),* Karlsruhe 2003 – Karlsruher Forum 2002: Schuldrechtsmodernisierung, mit Vorträgen von Claus-Wilhelm Canaris und Manfred Wolf und Dokumentation der Diskussion, S. 5 ff. (zit.: Canaris, Karlsruher Forum 2002)

ders., Handelsrecht, 24. Aufl., München 2006 (zit.: Canaris, Handelsrecht)

Chevalier, Claus, Der Anspruch auf Aufnahme von Werken der bildenden Kunst in das Werkverzeichnis, Weltkunst 2002, S. 1753 ff.

ders./Viehweger, Klaus, Der Echtheitsnachweis im Kunstrecht – 1. Teil/Einleitung, Weltkunst 2002, S. 191 f.

dies., Der Echtheitsnachweis im Kunstrecht – 3. Teil, Weltkunst 2002, 560 f.

Chih-Ming, Chang, Die Eigenschaftszusicherung beim Kauf, München 1989 (zugl. München, Univ., Diss. 1984) (zit.: Chih-Ming)

Crawford, Tad, Legal Guide for the Visual Artist, 4. Aufl., New York 2001 (zit.: Crawford)

Christoffel, Roman, Die Garantie im Rahmen kaufrechtlicher Sachmängelgewährleistung unter Berücksichtigung des Schuldrechtsreformvorschlags, Frankfurt am Main 1984 (zugl. Köln, Univ., Diss. 1983) (zit.: Christoffel)

Christophersen, Doris, Die Umfeldanalyse von Kunsthandels- und Kunstauktionsunternehmen, Bergisch Gladbach 1995 (zit.: Christophersen)

Claus, Jürgen, Barney, billig, Kunstzeitung Nr. 103, März 2005, S. 9

Coester, Michael, Kaufmännisches Bestätigungsschreiben und Allgemeine Geschäftsbedingungen: Zum Vorrang der Individualabrede nach § 4 AGBG, DB 1982, S. 1551 ff.

Coester-Waltjen, Dagmar, Der Kaufvertrag, Jura 2002, S. 534 ff.

College Art Association, Standards for Sculptural Reproduction and Preventative Measures against Unethical Casting, 27.4.1974, im Internet ansteuerbar unter http://www.college-art.org/guidelines/sculpture.html

Crow, Kelly, 'The Scream' Fetches Record $ 119.9 Million in New York Auction, The Wall Street Journal vom 3.5.2012, im Internet ansteuerbar unter http://online.wsj.com/article/SB10001424052702304743704577380681484724806.html

Curti, Nelly Q., Lockvögel, ein Herzstück amerikanischer Volkskunst, Weltkunst 2003, S. 882 ff.

Czaplinski, Paul, Strohmanngeschäfte im Gebrauchtwagenhandel als Umgehung nach § 475 Abs. 1 Satz 2 BGB, ZGS 2007, S. 92 ff.

Darraby, Jessica L., Art Fraud and the Farr Act, Los Angeles Lawyer, October 1989, S. 28 ff. (im Internet ansteuerbar unter http://www.artlawfirm.com/los_angeles_lawyer.pdf.)

Dauner-Lieb, Barbara/Arnold, Arnd, Noch einmal: Die Falschlieferung beim Stückkauf, JuS 2002, S. 1175 ff.

Dauner-Lieb, Barbara/Heidel, Thomas/Lepa, Manfred/Ring, Gerhard (Hrsg.), Anwaltkommentar: Schuldrecht, Bonn 2002 (zit.: AnwKomm 2002/Bearbeiter)

Dauner-Lieb, Barbara/Heidel, Thomas/Ring, Gerhard, Anwaltkommentar BGB, Band 2: Schuldrecht, Teilband 1: §§ 241 bis 610, Bonn 2005 (zit.: AnwKomm/Bearbeiter)

Dauner-Lieb, Barbara/Thiessen, Jan, Garantiebeschränkungen in Unternehmenskaufverträgen nach der Schuldrechtsreform, ZIP 2002, S. 108 ff.

Dechow, Angela, Die Anwendbarkeit des UN-Kaufrechts im Internationalen Kunsthandel, Münster, Hamburg, London 2000 (zugl. Münster, Univ., Diss. 1999) (zit.: Dechow)

Deckenbrock, Christian/Dötsch, Wolfgang, Geltungserhaltende Reduktion bei § 475 Abs. 3 BGB?, ZGS 2004, S. 62 ff.

Dernburg, Heinrich, Lehrbuch des Preußischen Privatrechts, Band 1, Halle 1875 (zit.: Dernburg)

Diederichsen, Uwe, „Schadensersatz wegen Nichterfüllung" und Ersatz von Mangelfolgeschäden, AcP 165 (1965), S. 150 ff.

ders., Das Zusammentreffen von Ansprüchen aus Verschulden beim Vertragsschluß und Sachmängelgewährleistung, BB 1965, S. 401

Dietlein, Max Josef, Haftungsprobleme in den Kunstversteigererbedingungen, Weltkunst 1978, S. 2867 ff.

Dittmann, Klaus, Die Haftung der Auktionatoren: Sind Katalogbeschreibungen zugesicherte Eigenschaften?, Handelsblatt, 9./10.6.1978, S. 26

Dittmar, Peter, „Braghettone" – Wie man unschickliche, unverkäufliche und politisch nicht mehr korrekte Bilder korrigiert hat, Weltkunst 2002, S. 1725 ff.

ders., Kunstwerke, die ihr Schöpfer nie sah, Die Welt vom 1.9.2007, S. 31

Dorff, Peter, Der Versteigerungserwerb und seine Rechtmäßigkeit bei abhanden gekommenen Sachen, Hamburg 1999 (zugl. Hamburg, Univ., Diss 1999) (zit.: Dorff)

Dreier, Thomas, Urheberpersönlichkeitsrecht und die Restaurierung von Werken der Architektur und der bildenden Kunst, in: *Straus, Joseph (Hrsg.),* Aktuelle Herausforderungen des geistigen Eigentums: Festgabe von Freunden und Mitarbeitern für Friedrich-Karl Beier zum 70. Geburtstag, Köln u.a. 1996, S. 365 ff. (zit.: Dreier, FS Beier)

Drey, Paul, Die wirtschaftlichen Grundlagen der Malkunst. Versuch einer Kunstökonomie, Stuttgart, Berlin 1910 (zit.: Drey)

Drinkuth, Friederike Sophie, Der moderne Auktionshandel: Die Kunstwissenschaft und das Geschäft mit der Kunst, Köln u.a. 2003 (zit.: Drinkuth)

Dünkel, Hans Peter, Öffentliche Versteigerung und gutgläubiger Erwerb, Karlsruhe 1970 (zit.: Dünkel)

Dürr, Heidi, Nach dem Tod der Künstler vermehrt sich das Werk, Art 12/1982, S. 68 ff.

Ebel, H., Anspruch auf Lieferung einer mangelfreien Ersatzsache bei einem Stückkauf, JA 2004, S. 566 ff.

Ebenroth/Boujong/Joost/Strohn – Handelsgesetzbuch, Band 2, §§ 343–475 h, Transportrecht, Bank- und Börsenrecht, hrsgg. v. *Joost, Detlev/Strohn, Lutz*, 2. Aufl., München 2009 (zit.: E/B/J/S/Bearbeiter)
Ebling, Klaus/Schulze, Marcel (Hrsg.), Kunstrecht, München 2007 (zit.: Ebling/ Schulze)
Eco, Umberto, Die Grenzen der Interpretation, 3. Aufl., München 2004 (zit.: Eco)
Eggers, Hans Jürgen, Einführung in die Vorgeschichte, neu hrsgg. v. *Krauskopf, Christof*, 6. Aufl., Berlin 2010 (zit.: Eggers)
Ehmann, Horst/Sutschet, Holger, Schadensersatz wegen kaufrechtlicher Schlechtleistungen – Verschuldens- und/oder Garantiehaftung?, JZ 2004, S. 62 ff.
dies./Finkenauer, Thomas/Hau, Wolfgang, Modernisiertes Schuldrecht: Lehrbuch der Grundsätze des neuen Rechts und seiner Besonderheiten, München 2002 (zit.: Ehmann/Sutschet)
Eichhorn, Maria, The Artist's Contract. Interviews with Carl Andre, Daniel Buren, Paul Cooper, Hans Haacke, Jenny Holzer, Adrian Piper, Robert Projansky, Robert Ryman, Seth Siegelaub, John Weber, Lawrence Weiner, Jackie Winsor, in: *Fietzek, Gerti (Hrsg.)*, The Artist's Contract, Köln 2009 (zit.: Eichhorn in Fietzek)
Eidenmüller, Horst, Rechtskauf und Unternehmenskauf, ZGS 2002, S. 290 ff.
Eisenbeis, Markus, BDK Pressemitteilung Januar 2011: Hauptversammlung des Bundesverbands deutscher Kunstversteigerer (BDK) am 14. Dezember 2010 – Novum im internationalen Kunsthandel: Die Datenbank kritischer Werke, http://www.van-ham.com/fileadmin/aktuelle_meldungen/VAN_HAM_Datenbank_der_kritischen_Werke.pdf
Eckert, Hans-Werner; Maifeld, Jan; Matthiessen, Michael, Handbuch des Kaufrechts, München 2007 (zit.: Eckert/Maifeld/Matthiessen)
Ekkart, Rudolf E.O., Das reduzierte Oeuvre, Kunst und Antiquitäten, 9/1991, S. 17 ff.
Elmenhorst, Lucas; Decker, Pascal, Sorgfaltsstandards für Auktionshäuser bei der Echtheitsprüfung von Kunstwerken für Versteigerungen – Zugleich Besprechung von LG Köln, Urt. v. 28.9.2012 – 2 O 457/08 – Campendonk, GRUR-RR 2012, 417 ff.
Emmerich, Volker, Anmerkung zum BGH Urteil vom 13.2.1980, JuS 1980, S. 678 f.
ders., BGB – Schuldrecht Besonderer Teil, 9. Aufl., Heidelberg 1999 (zit.: Emmerich, 9. Aufl.)
ders., BGB – Schuldrecht Besonderer Teil, 12. Aufl. Heidelberg 2009 (zit.: Emmerich)
Emmert, Reinhold, Vereinbarte Beschaffenheit der Kaufsache und Haftungsausschluss des Verkäufers, NJW 2006, S. 1765 ff.

Ensthaler, Jürgen (Hrsg.), Gemeinschaftskommentar zum Handelsgesetzbuch mit UN-Kaufrecht, Neuwied 2007 (zit.: Ensthaler/Bearbeiter, GK-HGB)
Erman, Walter (Begr.), Handkommentar zum Bürgerlichen Gesetzbuch:
Band 1, §§ 1–853, HausTWG, ProdHaftG, SchuldRAnpG, VerbrKrG, 10. Aufl., Münster, Köln 2000 (zit.: Erman, 10. Aufl. – Bearbeiter);
Band 1, §§ 1–811, UKlaG, 11. Aufl., Münster, Köln 2004 (zit.: Erman, 11. Aufl.- Bearbeiter);
Band 1, §§ 1–758, 13. Aufl., Köln 2011 (zit.: Erman/Bearbeiter)
Esser, Josef/Weyers, Hans-Leo, Schuldrecht: Ein Lehrbuch, Band 2, Besonderer Teil, Teilband 1: Verträge, 8. Aufl., Heidelberg 1998 (zit.: Esser/Weyers)
Fabricius, Fritz, Schlechtlieferung und Falschlieferung beim Kauf: 1. Teil. Vertragswidrige Lieferung beim Spezieskauf, JuS 1964, S. 1 ff.
ders., Anmerkung zum BGH Urteil vom 16.4.1969, JZ 1970, S. 29 ff.
Fackler, Hartmut/Konermann, Peter, Praxis des Versteigerungsrechts: Ein Leitfaden für Verwaltungsbehörden, Kammern, Verbände und gewerbliche Versteigerer, München 1991 (zit.: Fackler/Konermann)
Faust, Florian, Garantie und Haftungsbeschränkung in § 444 BGB, ZGS 2002, S. 271 ff.
ders., Bürgerliches Gesetzbuch, Allgemeiner Teil, 2. Aufl., Baden-Baden 2007 (zit.: Faust, AT)
Feißel, Anette/Fesel, Bernd, Informationen für die Mitglieder des Bundesverbandes Deutscher Galerien e.V. BVDG Info 8: Schuld- und Kaufrecht ab 01.01.2002, hrsgg. v. *Bundesverband Deutscher Galerien e.V. Köln* (zit.: Feißel/Fesel, BVDG Info 8)
Fikentscher, Wolfgang, Schuldrecht, 9. Aufl., Berlin, New York 1997 (zit.: Fikentscher, 9. Aufl.)
ders./Heinemann, Andreas, Schuldrecht, 10. Aufl., Berlin 2006 (zit.: Fikentscher/Heinemann)
Flume, Werner, Eigenschaftsirrtum und Kauf, Darmstadt 1975 (Nachdruck der 1948 veröffentlichten Arbeit) (zit.: Flume)
ders., Der Kauf von Kunstgegenständen und die Urheberschaft des Kunstwerks, JZ 1991, S. 633 ff.
ders., Allgemeiner Teil des Bürgerlichen Rechts, Zweiter Band: Das Rechtsgeschäft, 4. unveränderte Aufl., Berlin u.a. 1992 (zit.: Flume AT)
ders., Anmerkung zu BGH, Urt. v. 16.10.1991 – VIII ZR 140/90, JZ 1992, 367 f.
Frank, Rainer/Veh, Herbert, Gutgläubiger Erwerb beweglicher Sachen im Wege öffentlicher Versteigerung, JA 1983, 249 ff.
Franken, Michiel, Lernen durch Nachahmung: Über das Kopieren von Gemälden in Rembrandts Werkstatt, in: Gemäldegalerie Staatliche Museen zu Berlin

(Hrsg.), Rembrandt – Genie auf der Suche, Köln, Berlin 2006, S. 145 ff. (zit.: Franken, Rembrandt)

Fricke, Christiane, Kampfansage an Betrüger, Handelsblatt v. 25.1.2011, http://www.van-ham.com/fileadmin/aktuelle_meldungen/Handelsblatt_Kampfansage_an-_Betrueger_25.1.2011.pdf.

Friedländer, Max J., Echt und unecht, Berlin 1929 (zit.: Friedländer, Echt und Unecht)

ders., Von Kunst und Kennerschaft, Berlin 1955 (zit.: Friedländer, Kunst und Kennerschaft)

Froehlich, Jan, Das Recht der elektronischen Galerie: Die digitale Nutzung von Werken der bildenden Kunst – die Änderungen des Urheberrechtsgesetzes und die Nutzung des Elektronischen Geschäftsverkehres für Galeristen, ZUM 2003, 453 ff.

Frohlich-Bume, Lili, Der Kunsthandel in Berlin zwischen 1917 und 1933, DU – Kulturelle Monatsschrift 1959, Nr. 224, S. 62 ff.

Fromm, Friedrich Karl/Nordemann, Wilhelm/Nordemann, Axel/Nordemann, Jan Bernd, Urheberrecht: Kommentar, 10. Aufl., Stuttgart 2008 (zit.: Fromm/Nordemann/Bearbeiter)

Gaul, Björn, Schuldrechtsmodernisierung und Unternehmenskauf, ZHR 166 (2002), S. 35 ff.

Gerlach, Tilo, Die Haftung für fehlerhafte Kunstexpertisen, Baden-Baden 1998 (zugl. Freiburg (Breisgau), Univ., Diss., 1997) (zit.: Gerlach)

Gerstenberg, Ekkehard, Die Urheberrechte an Werken der Kunst der Architektur und der Photographie, München 1968 (zit.: Gerstenberg)

Gertz, Ulrich, Ernst Barlach – 51 Bronzen, Weltkunst 1981, S. 2376 f.

Giesen, Dieter, Grundsätze der Konfliktlösung im Besonderen Schuldrecht, Jura 1993, 354 ff.

Gillig, Franz-Peter, Nichterfüllung und Sachmängelgewährleistung – Ein Beitrag zum System der Vertragshaftung, Tübingen 1984 (zit.: Gillig)

Glanegger, Peter/Kirnberger, Christian/Kusterer, Stefan/Ruß, Werner/Selder, Johannes/Stuhlfelner, Ulrich, Heidelberger Kommentar zum Handelsgesetzbuch. Handelsrecht, Bilanzrecht, Steuerrecht, 7. Aufl. Heidelberg 2007 (zit.: HK/HGB-Bearbeiter)

Glaus, Bruno, Die Haftung des Experten, in: *Schwander, Ivo/Studer, Peter (Hrsg.)*, Neuigkeiten im Kunstrecht, St. Gallen 2008, S. 109 ff. (zit.: Glaus in Schwander/Studer)

Goepfert, Alexander, Haftungsprobleme im Kunst- und Auktionshandel, Berlin, 1991 (zugl. Köln, Univ., Diss. 1989) (zit.: Goepfert)

Goodman, Nelson, Die Sprachen der Kunst. Ein Ansatz zu einer Symboltheorie, Frankfurt am Main 1973 (zit.: Goodman) *v. Graffenried, Christoph*, Kauf und Verkauf von Kunstwerken, in: *Schwander, Ivo/Studer, Peter (Hrsg.)*, Neuigkeiten im Kunstrecht, St. Gallen 2008, S. 53 ff. (zit.: v. Graffenried in Schwander/Studer)

Grigoleit, Hans Christoph/Herresthal, Carsten, Grundlagen der Sachmängelhaftung im Kaufrecht, JZ 2003, S. 118 ff.

ders./Herresthal, Carsten, Die Beschaffenheitsvereinbarung und ihre Typisierungen in § 434 I BGB, JZ 2003, S. 233 ff.

Gröschler, Peter, Die Pflicht des Verkäufers zur Aufklärung über Mängel nach neuem Kaufrecht, NJW 2005, S. 1601 ff.

Gronstedt, Sebastian/Jörgens, Stefan, Die Gewährleistungshaftung bei Unternehmensverkäufen nach dem neuen Schuldrecht, ZIP 2002, S. 52 ff.

Grunewald, Barbara, Kaufrecht, Tübingen 2006 (zit.: B. Grunewald)

dies., Der Verdacht als Mangel, in: *Dauner-Lieb, Barbara/Hommelhoff, Peter/Jacobs, Matthias/Kaiser, Dagmar/Weber, Christoph (Hrsg.)*, Festschrift für Horst Konzen zum siebzigsten Geburtstag, Tübingen 2006, S. 131 ff. (zit.: B. Grunewald, FS Konzen)

Grunsky, Wolfgang, Anmerkung zum Urteil des BGH vom 15.2.1995 – VIII ZR 126/94 (Düsseldorf), LM § 459 Nr. 124, Bl. 3 f.

Gursky, Karl-Heinz, Schuldrecht Besonderer Teil, 3. Aufl., Heidelberg 1999 (zit.: Gursky, 3. Aufl.)

ders., Schuldrecht Besonderer Teil, 5. Aufl., Heidelberg 2005 (zit.: Gursky)

Haas, Lothar/Medicus, Dieter/Rolland, Walter/Schäfer, Carsten/Wendtland, Holger, Das neue Schuldrecht, München 2002 (zit.: Haas/Medicus/Rolland/Schäfer/Wendtland)

Gutzeit, Martin, Anmerkung zum Teilversäumnis- und Schlussurteil des BGH vom 29.11.2006 – VIII ZR 92/06, NJW 2007, S. 1350 f.

Haberstock, Karl, Zur Frage der Garantieleistung der Versteigerer, Die Weltkunst 1934, Heft 13, S. 1 f.

Haedicke, Maximilian, Rechtskauf und Rechtsmängelhaftung: Forderungen, Immaterialgüterrechte und sonstige Gegenstände als Kaufobjekte und das reformierte Schuldrecht, Tübingen 2003 (zit.: Haedicke)

Häublein, Martin, Der Beschaffenheitsbegriff und seine Bedeutung für das Verhältnis der Haftung aus culpa in contrahendo zum Kaufrecht, NJW 2003, S. 388 ff.

Hager, Günter, Die Zulässigkeit von Freizeichnungsklauseln im Gebrauchtwagenhandel, NJW 1975, 2276 ff.

ders., Die Prinzipien der mittelbaren Stellvertretung, AcP 180 (1980), S. 239 ff.

Hamann, Wolfram, Der urheberrechtliche Originalbegriff in der bildenden Kunst, Frankfurt am Main 1980 (zit.: Hamann)

Hammel, Frank A., OLG Zweibrücken: Folgen formularmäßiger Gestaltungsvereinbarungen des BGB-Kaufrechts zwischen Kunstauktionator und Einlieferer – Purrmanns „Porto d'Ischia", WiB 1997, 1318

Hartje, Nicole, Katalog mit einer Vorbemerkung von Jürgen Harten und Beiträgen von Sivigliano Alloisi, Paola Caretta, Andrea G. De Marchi u.a., in: *Harten, Jürgen/Martin, Jean-Hubert (Hrsg.)*, Caravaggio. Originale und Kopien im Spiegel der Forschung, Ostfildern 2006, S. 204 ff. (zit.: Hartje u.a. in Harten/Martin)

Hassemer, Michael, Kaufverträge nach der Schuldrechtsreform – Vertragsgestaltung gegenüber Verbrauchern und im Handelgeschäft, ZGS 2002, S. 95 ff.

Hattenhauer, Christian, Stillschweigende Eigenschaftszusicherung und Mangelschaden – BGH, NJW 1993, 2103 („Burra I") und BGH, NJW 1995, 1673 („Burra II"), JuS 1998, S. 684 ff.

Hauser, Arnold, Soziologie der Kunst, München, 1974 (zit.: Hauser, Soziologie der Kunst)

Haymann, Franz, Fehler und Zusicherung beim Kauf, in: *Schreiber, Otto (Hrsg.)*, Die Reichsgerichtspraxis im deutschen Rechtsleben, Festgabe der juristischen Fakultäten zum 50 jährigen Bestehen des Reichsgerichts (1. Oktober 1929), Band 3, Berlin, Leipzig 1929 (zit.: Haymann, RG-Festgabe 1929, Band 3)

ders., Anmerkung zum Urteil des Reichsgerichts vom 11.3.1932, JW 1932, S. 1862 ff.

Hein, Barbara, Der weltweit schönste Schein, Art 2/05, S. 32 ff.

Heinbuch, Holger, Kunsthandel und Kundenschutz, NJW 1984, S. 15 ff.

ders., Aktuelle Rechtsfragen des Kunsthandels in der Bundesrepublik Deutschland, International Sales of Works of Art, in: *Institute of International Business Law and Practice/International Chamber of Commerce/Lalive, Pierre (Hrsg.)*, Geneva Workshop 11–13 April 1985, Paris 1985, S. 195 ff. (zit.: Heinbuch, Aktuelle Rechtsfragen)

Heinze, M., Anmerkung zum Urteil des BGH vom 25.6.1975 – VIII ZR 244/73, JR 1975, S. 506

Henseler, Peter, Anmerkung zum Urteil des OLG Köln vom 19.10.1971 – 15 U 67/71, NJW 1972, S. 829 f.

Henssler, Martin/Graf v. Westphalen, Friedrich, Praxis der Schuldrechtsreform, 2. Aufl., Recklinghausen 2003 (zit.: Henssler/v. Westphalen/Bearbeiter)

Herberger, Klaus, Rechtsnatur, Aufgabe und Funktion der Sachmängelhaftung nach dem Bürgerlichen Gesetzbuch, Berlin 1974 (zit.: Herberger)

Herberger, Maximilian/Martinek, Michael/Rüßmann, Helmut/Weth, Stephan (Hrsg.), juris PraxisKommentar BGB Band 2.1 Schuldrecht (Teil 1: §§ 241 bis 432), 2. Aufl., Saarbrücken 2004 (zit.: jurisPK–BGB/Bearbeiter)

Herchenröder, Christian, Die Kunstmärkte, Düsseldorf, Wien 1979 (zit.: Herchenröder, Die Kunstmärkte)
ders., Die neuen Kunstmärkte, Düsseldorf 1990 (zit.: Herchenröder, Die neuen Kunstmärkte)
ders., Kunstmärkte im Wandel: Vom Jahrzehnt des Umbruchs bis zur Gegenwart, Düsseldorf 2000 (zit.: Herchenröder, Kunstmärkte im Wandel)
Hermanns, Monika, Gewährleistungsvorschriften und Gebrauchsgüterrichtlinie: Verkäuferhaftung – Haftungsumfang – Gewährleistungsfristen beim Gebrauchtwagenverkauf, ZfS 2001, S. 437 ff.
Herms Draht, Viola, Fälschungen und Zuschreibungen/Die Museen der USA wurden kritischer – Neue Forschungsergebnisse stützen sich auf technologische Fakten, Handelsblatt vom 7./8.9.1984, S. 20
Heydenreich, Gunnar: Lucas Cranach the Elder. Painting materials, techniques and workshop practice, Amsterdam 2007 (zit.: Heydenreich)
Hilgard, Mark C./Kraayvanger, Jan, Unternehmenskauf – Rechtsfolgen eines selbständigen Garantieversprechens nach der Reform, MDR 2002, S. 678 ff.
Hoeren, Thomas/Martinek, Michael, Systematischer Kommentar zum Kaufrecht, Recklinghausen 2002 (zit.: Hoeren/Martinek/Bearbeiter)
Hofman, Christian, Agenturverträge im Gebrauchtwagenhandel, JuS 2005, S. 8 ff.
Hogrebe, Wolfgang, Mimesis und Mimik. Bildprobleme der Moderne, in: *Gamm, Gerhard/Schürmann, Eva (Hrsg.)*, Das unendliche Kunstwerk. Von der Bestimmtheit des Unbestimmten in der ästhetischen Erfahrung, Hamburg 2007, S. 157 ff. (zit.: Hogrebe in Gamm/Schürmann)
Hollein, Max, Zeitgenössische Kunst und der Kunstmarktboom, Wien, Köln, Weimar 1999 (zit.: Hollein)
Homann, Jens, Werbeaussagen und Käufererwartungen: Der Schutz durch Werbung geweckter Erwartungen des Käufers, Köln, Berlin, München 2004 (zit.: Homann)
Honsell, Heinrich, Anmerkung zum BGH Urteil vom 8.6.1988, JZ 1989, S. 44 f.
ders., Sachmängel und Kunsthandel, in: *Meier, Isaak/Siehr, Kurt (Hrsg.)*, FS Heini, Zürich 1995, S. 213 ff. (zit.: Honsell, FS Heini)
ders., Die EU-Richtlinie über den Verbrauchsgüterkauf und ihre Umsetzung ins BGB, JZ 2001, S. 278 ff.
Horn, Norbert (Hrsg.), Sammlung Guttentag, Heymann Handelsgesetzbuch (ohne Seerecht), Band 4, Viertes Buch, §§ 343–475h, 2. Aufl., Berlin 2005 (zit.: Horn/HGB-Bearbeiter)
v. Hoyningen-Huene, Gerrik, Die vertragliche Stellung des Versteigerers, NJW 1973, S. 1473 ff.

ders., Zur Haftung des Versteigerers und Sachverständigen: Zugleich Besprechung des BGH-Urteils vom 15.1.1975, NJW 1975, S. 962 ff.
ders., Die Inhaltskontrolle nach § 9 AGB-Gesetz Heidelberg 1991 (zit.: v. Hoyningen-Huene)
Huber, Hans Dieter, Netzkunst und die Sammeltätigkeit der Kunstmuseen, in: netz.kunst, Institut für moderne Kunst Nürnberg, Jahrbuch '98/'99, S. 134 ff. (zit.: Huber, netz.kunst)
Huber, Peter, Irrtumsanfechtung und Sachmängelhaftung: Eine Studie zur Konkurrenzfrage vor dem Hintergrund der internationalen Vereinheitlichung des Vertragsrechts, Tübingen 2001 (zit.: P. Huber)
ders./Faust, Florian, Schuldrechtsmodernisierung: Einführung in das neue Recht, München 2002 (zit.: Huber/Faust)
Huber, Ulrich, Einige Probleme des Rechts der Leistungsstörungen im Licht des Haager einheitlichen Kaufrechts, JZ 1974, S. 433 ff.
ders., Wandlungen im Recht des Handelskauf, ZHR 161 (1997) 160 ff.
ders., Aufklärungspflichten vor Vertragsschluss, in: *Lorenz, Egon (Hrsg.)*, Karlsruher Forum 2000, Karlsruhe 2001, S. 5 ff. (zit.: Huber, Karlsruher Forum 2000)
ders., Die Praxis des Unternehmenskaufs im System des Kaufrechts, AcP 202 (2002), S. 179 ff.
Hübner, Heinz, Der Rechtsverlust im Mobiliarsachenrecht: Ein Beitrag zur Begründung und Begrenzung des sachenrechtlichen Vertrauensschutzes – dargestellt an der Regelung nach §§ 932 ff. BGB, Erlangen 1955 (zit.: Hübner)
imai (inter media art institute), case study 1: Studio Azzurro, Il nuotatore (va troppo spesso ad Heidelberg), 1984, im Internet ansteuerbar unter http://www.imaionline.de/content/view/39/15/lang,/ (zit.: imai, case study 1)
Immenga, Ulrich, Fehler oder zugesicherte Eigenschaft?, AcP 171 (1971), S. 1 ff.
Jahn, Johannes/Lieb, Stefanie, Wörterbuch der Kunst, 13. Aufl., Stuttgart 2008 (zit.: Jahn/Lieb)
Jakobs, Horst Heinrich, Gesetzgebung im Leistungsstörungsrecht: Zur Ordnung im Bürgerlichen Gesetzbuch und nach Einheitlichem Kaufrecht, Paderborn u.a. 1985 (zit.: Jakobs)
Jaquet, Christian, Über die Preisbildung bei Kunstgütern, Du – Kulturelle Monatsschrift 1959, Nr. 224, S. 38, 82 ff.
Jarras, Hans/Pieroth, Bodo, Grundgesetz für die Bundesrepublik Deutschland – Kommentar, 11. Aufl., München 2011 (zit.: Jarass/Pieroth/Bearbeiter)
Jauernig, Othmar (Hrsg.), Bürgerliches Gesetzbuch:
9. Aufl., München 1999 (zit.: Jauernig, 9. Aufl. – Bearbeiter);
14. Aufl., München 2011 (zit.: Jauernig/Bearbeiter)

Jayme, Erik, Kulturgüterschutz in ausgewählten europäischen Ländern, in: Nationales Kunstwerk und Internationales Privatrecht. Vorträge, Aufsätze, Gutachen, Gesammelte Schriften, Band 1, Heidelberg 1999 (zit.: Jayme, Nationales Kunstwerk)

ders., Rechtsbegriffe und Kunstgeschichte, in: *Jayme, Erik*: Wiener Vorträge: Internationales Privat- und Verfahrensrecht, Rechtsvergleichung, Kunst- und Kulturrecht, Wien 2001, S. 223 ff. (zit.: Jayme, Wiener Vorträge (2001))

ders., Narrative Normen im Kunstrecht, in: *Becker, Jürgen/Hilty, Reto M./Stöckli, Jean-Fritz/Würtenberger, Thomas (Hrsg.)*, Recht im Wandel seines sozialen und technologischen Umfeldes. Festschrift für Manfred Rehbinder, München 2002, S. 539 ff. (zit.: Jayme, FS Rehbinder)

ders., Original und Fälschung – Beiträge des Rechts zu den Bildwissenschaften, in: *Reichelt, Gerte (Hrsg.)*, Original und Fälschung im Spannungsfeld von Persönlichkeitsschutz, Urheber-, Marken- und Wettbewerbsrecht, Symposium Wien 12. Mai 2006, Wien 2007, S. 23 ff. (zit.: Jayme in Reichelt)

Jorden, Simone/Lehmann, Michael, Verbrauchsgüterkauf und Schuldrechtsmodernisierung – Zur geplanten Umsetzung der Richtlinie 1999/44/EG im Rahmen eines Gesetzes zur Modernisierung des Schuldrechts, JZ 2001, S. 952 ff.

Kamanabrou, Sudabeh, Der Nachlieferungsanspruch beim Stückkauf, ZGS 2004, S. 57 ff.

Kappus, Andreas, Auktionsbedingungen, Stand: Juli 1998, in: *Graf v. Westphalen, Friedrich (Hrsg.)*, Vertragsrecht und AGB-Klauselwerke, München 2000 (Loseblatt) (zit.: Kappus (Stand: 1998))

ders., Auktionsbedingungen, Überarbeitung, Stand: Oktober 2006, in: *Graf v. Westphalen, Friedrich/Thüsing, Gregor (Hrsg.)*, Vertragsrecht und AGB-Klauselwerke, München 2011 (Loseblatt) (zit.: Kappus (Stand: 2006))

Karich, Swantje, Qulz? Qwertz! – Sofamann: Dem Künstler Franz West zum Sechzigsten, FAZ vom 16.2.2007, S. 34

Katz, Hans-Peter, Sachmängel beim Kauf von Kunstgegenständen und Antiquitäten, Zürich 1973 (zugl. Zürich, Univ., Diss. 1973) (zit.: Katz)

Kaufmann, W., Die Freizeichnung im Auktionshandel, JW 1931, S. 3034 ff.

Kegel, Sandra, Kunstversicherungen: Blut, Schweiß und Tränen, Schokolade, ein Haifisch oder Elefantenhaar, FAZ Redaktionsbeilage Kunstmarkt extra vom 17.6.2005, S. B 2

Kelch, Jan, Rembrandt damals und heute. Kunstkritik und Kennerschaft, in: *Gemäldegalerie Staatliche Museen zu Berlin (Hrsg.)*, Rembrandt – Genie auf der Suche, Köln, Berlin 2006, S. 203 ff. (zit.: Kelch, Rembrandt)

Kemp, Martin, Der Blick hinter die Bilder: Text und Kunst in der italienischen Renaissance, Köln 1997 (zit.: Kemp)

Kinkel, Hans, Die zweite Welle der Barlach-Nachgüsse, FAZ vom 25.4.1984, S. 28

Kishtwari, Soraya, Is it really an old master? Is it even real? Can we ever know for certain?, The Observer, 18.4.2010, S. 34

Klein, Ulrike, Der Kunstmarkt: Zur Interaktion von Ästhetik und Ökonomie, Franfurt am Main u.a. 1993 (zugl. St. Gallen, Diss. 1993) (zit.: Klein)

Knöfel, Ulrike, Kujau in Nadelstreifen, Der Spiegel 8/1999, S. 198 f.

Knöpfle, Robert, Zur Problematik des subjektiven Fehlerbegriffs im Kaufrecht, JZ 1978, S. 121 ff.

ders., Subjektiver Fehlerbegriff und Gleichbehandlung von Schlechtlieferung und Falschlieferung beim Gattungskauf, JZ 1979, S. 11 ff.

ders., Der Begriff des Fehlers im Sinne des § 459 I BGB bei beweglichen Sachen und seine praktischen Auswirkungen, insbesondere bei Produkten mit schlechtem Testergebnis, AcP 180 (1980), S. 462 ff.

ders., Zum Inhalt des Fehlers und der Zusicherung i.S. des § 459 I, II BGB, NJW 1987, S. 801 ff.

ders., Der Fehler beim Kauf, München 1989 (zit.: Knöpfle)

Knott, Herrmann J., Unternehmenskauf nach der Schuldrechtsreform, NZG 2002, S. 249 ff.

Koch, Robert, Auswirkungen der Schuldrechtsreform auf die Gestaltung Allgemeiner Geschäftsbedingungen, WM 2002, S. 2173 ff.

Köhler, Helmut, Grundfälle zum Gewährleistungsrecht bei Kauf, Miete und Werkvertrag, JuS 1979, S. 267 ff.

ders., Anmerkung zum Urteil des BGH vom 30.1.1985, JR 1985, S. 368 ff.

ders., BGB Allgemeiner Teil, 35. Aufl., München 2011 (zit.: Köhler)

Köndgen, Johannes, Selbstbindung ohne Vertrag – Zur Haftung aus geschäftsbezogenem Handeln, Tübingen 1981 (zit.: Köndgen)

Kokoschka, Oskar, „Drei Fabriken fälschen meine Bilder" – Spiegel-Interview mit Oskar Kokoschka, Der Spiegel 44/1966, S. 170 ff.

Koldehoff, Nora/Koldehoff, Stefan, Aktenzeichen Kunst: Die spektakulärsten Kunstdiebstähle der Welt, Köln 2004 (zit.: Koldehoff/Koldehoff)

Koldehoff, Stefan, Der Fall Arp: Ein Streit um den Originalbegriff am Ende des 20. Jahrhunderts, Weltkunst 1998, S. 795 ff.

ders., Sehr großes Problem – Gefälschte Bilder Jörg Immendorffs im Kunsthandel – Galerist Michael Werner fordert juristische Schritte, SZ vom 14.6.2008, S. 16

Koller, Ingo, Umweltfehler und zugesicherte Sacheigenschaften, NJW 1981, S. 1768 f.

ders., Die Wirksamkeit formularmäßiger Haftungsfreizeichnungsklauseln zwischen Schadensausgleich und Schadensprävention, ZIP 1986, S. 1089 ff.

ders./Roth, Wulf-Henning/Morck, Winfried, Handelsgesetzbuch Kommentar, 7. Aufl., München 2011 (zit.: Koller/HGB-Bearbeiter)

Kornexl, Thomas, „Gekauft wie besichtigt“ – Gestaltungsüberlegungen zum Kaufvertrag über eine gebrauchte Immobilie, ZnotP 2002, S. 86 ff.

ders., „Gekauft wie besichtigt“ – Ist die abstrakte Beschaffenheitsvereinbarung eine untaugliche Gestaltung?, ZnotP 2002, 131

Kornfeld, Eberh. W., Rembrandts Spaziergang nach Diemen, DU – Kulturelle Monatsschrift 1959, Nr. 224, S. 43 ff.

Koschatzky, Walter, Die Kunst der Graphik: Technik, Geschichte, Meisterwerke, 14. Aufl., München 2003 (zit.: Koschatzky)

Kothe, Wolfhard/Micklitz, Hans-W./Rott, Peter/Tonner, Klaus/Willingmann, Armin, Das neue Schuldrecht – Kompaktkommentar, Neuwied, München 2003 (zit.: Kompaktkomm/Bearbeiter)

Krückmann, Norbert, Die Echtheit von Kunstwerken: Gewährschaft, Anfechtung und Kondiktion, LZ 1929, S. 986 ff.

Kügler, Bernhard, Restauratoren-Ausbildung: Der Restaurator, ein Beruf mit vielen Facetten, Weltkunst 2003, S. 1913 f.

Kühn, Bernhard, Die Sachmängelgewährleistung des Kunst- und Antiquitätenhandels, München 1987 (zugl. München, Univ., Diss. 1987) (zit.: Kühn)

Kunkel, Achim, Zu bestimmten Aspekten des Sachmangels, der Haltbarkeitsgarantie und der Nacherfüllung, Diss. Würzburg 2003 (zit.: Kunkel)

Kunth, Felicitas, Fälschungen im Kunsthandel – Vorkommen, Handhabe und Käuferschutz, in: *Reichelt, Gerte* (Hrsg.), Original und Fälschung im Spannungsfeld von Persönlichkeitsschutz, Urheber-, Marken- und Wettbewerbsrecht, Symposium Wien 12. Mai 2006, Wien 2007, S. 129 ff. (zit.: Kunth in Reichelt)

v. Landmann, Robert/Rohmer, Gustav, Gewerbeordnung und ergänzende Vorschriften, Band 1, Gewerbeordnung Kommentar, München 2011 (zit.: Landmann/Rohmer/Bearbeiter)

Langer, Freddy, Rotes Sofa, FAZ vom 11.4.1986, S. 25

Larenz, Karl, Lehrbuch des Schuldrechts, zweiter Band, Besonderer Teil, 1. Halbband, 13. Aufl., München 1986 (zit.: Larenz, SchuldR BT)

ders., Methodenlehre der Rechtswissenschaft, 6. Aufl., Berlin, Heidelberg, New York 1991 (zit.: Larenz, Methodenlehre)

ders./Wolf, Manfred, Allgemeiner Teil des Bürgerlichen Rechts, 9. Aufl., München 2004 (zit.: Larenz/Wolf)

Lenel, Otto, Der Irrtum über wesentliche Eigenschaften, Jher. Jb. 1902, 1 ff.

Locher, Horst, Das Recht der bildenden Kunst, München, 1970 (zit.: Locher)

ders., Anmerkung zum Urteil des BGH vom 15.1.1975, JZ 1975, S. 419 f.

ders., Aktuelle Fragen aus dem Recht der bildenden Kunst, Köln 1981 (Locher, Aktuelle Fragen)
ders., Das Recht der Allgemeinen Geschäftsbedingungen, 3. Aufl., München 1997 (zit.: Locher, AGB)
Loewenheim, Ulrich (Hrsg.), Handbuch des Urheberrechts, 2. Aufl., München 2010 (zit.: Loewenheim)
Löffler, Joachim, Künstlersignatur und Kunstfälschung. Zugleich ein Beitrag zur Funktion des § 107 UrhG, NJW 1993, S. 1421 ff.
Löhr, Dieter, Zu Haftungsfragen der Kunstversteigerung: Anmerkung zu OLG Frankfurt am Main Az. 21 U 13/91, Weltkunst 1993, S. 856 ff.
ders., Zur Frage der Originalqualität bei Skulpturen, Eine Entscheidung des Bundesfinanzhofs, Weltkunst 2003, S. 1439 f.
ders., Verhaltenskodex für Kunstversteigerer, KUR 2006, S. 154 ff.
Löhr, Marlies, Haftung in der Kunstauktion, GRUR 1976, S. 411 ff.
Looschelders, Dirk, Schuldrecht – Besonderer Teil, 7. Aufl., München 2012 (zit.: Looschelders)
ders., Beschaffenheitsvereinbarung, Zusicherung, Garantie, Gewährleistungsausschluss, in: *Dauner-Lieb, Barbara/Konzen, Horst/Schmidt, Karsten (Hrsg.)*, Das neue Schuldrecht in der Praxis: Akzente – Brennpunkte – Ausblick, Köln u.a. 2003, S. 395 ff. (zit.: Looschelders in Dauner-Lieb/Konzen/Schmidt)
Lorenz, Stephan, Aliud, peius und indebitum im neuen Kaufrecht, JuS 2003, S. 36 ff.
ders., Schadensersatz statt der Leistung, Rentabiltätsvermutung und Aufwendungsersatz im Gewährleistungsrecht, NJW 2004, S. 26 ff.
ders., Anmerkungen zu BGH v. 9.11.2005 – VIII ZR 116/05, EWiR 2006, S. 67 f.
ders., Fünf Jahre „neues“ Schuldrecht im Spiegel der Rechtsprechung, NJW 2007, S. 1 ff.
ders., Anmerkung zu BGH v. 29.11.2006 – VIII ZR 92/06, http://www.lrz.de/~Lorenz/ur-teile/viiizr92_06.htm
ders./Riehm, Thomas, Lehrbuch zum neuen Schuldrecht, München 2002 (zit.: Lorenz/Riehm)
Luhmann, Niklas, Das Recht der Gesellschaft, Frankfurt am Main 1993 (zit.: Luhmann)
ders., Schriften zu Kunst und Literatur, in: *Niels Werber (Hrsg.)*, Niklas Luhmann. Schriften zu Kunst und Literatur, Frankfurt am Main 2008 (zit.: Luhmann in Werber)
Maak, Niklas, Alles wirklich schön – aber leider nicht echt, FAS vom 12.9.2010, S. 25

Magnus, Ulrich, Mangelverdacht als Mangel im CISG?, in *Heldrich/Prölss/Koller u.a. (Hrsg.)*, Festschrift für Claus Wilhelm Canaris zum 70. Geburtstag, Band 2, München 2007, S. 257 ff. (zit.: Magnus, FS Canaris)

Mangold, Stephan, Verbraucherschutz und Kunstkauf im deutschen und europäischen Recht, Frankfurt am Main 2009 (zugl. Heidelberg, Univ., Diss. 2008) (zit.: Mangold)

Mankowski, Peter, Beseitigungsrechte: Anfechtung, Widerruf und verwandte Institute, Tübingen 2003 (zit.: Mankowski)

Mansel, Heinz Peter/Budzikiewicz, Christine, Das neue Verjährungsrecht, Bonn 2002 (zit.: Mansel/Budzikiewicz)

Marburger, Peter, Die Sachmängelhaftung beim Handelskauf, JuS 1983, S. 1 ff.

Marini, Maurizio, Caravaggios Doppelgänger. Unbekannte Originale, Zweitversionen und Mehrfachnennungen im Werk Michelangelo Merisis, in: *Harten, Jürgen/Martin, Jean-Hubert (Hrsg.)*, Caravaggio. Originale und Kopien im Spiegel der Forschung, Ostfildern 2006, S. 44 ff. (zit.: Marini in Harten/Martin)

Martin, Dieter J./Krautzberger, Michael (Hrsg.), Handbuch Denkmalschutz und Denkmalpflege – einschließlich Archäologie: Recht, fachliche Grundsätze, Verfahren, Finanzierung, 3. Aufl., München 2010 (zit.: Martin/Krautzberger)

Martin, Jean-Hubert, Auf der Suche nach den alten Bildern, in: *Harten, Jürgen/Martin, Jean-Hubert (Hrsg.)*, Caravaggio. Originale und Kopien im Spiegel der Forschung, Ostfildern 2006, S. 10 ff. (zit.: Martin in Harten/Martin)

Marx, Helmut/Arens, Heinrich, Der Auktionator: Kommentar zum Recht der gewerblichen Versteigerung, 2. Aufl., München 2004 (zit.: Marx/Arens)

Maultzsch, Felix, Agenturgeschäfte im Gebrauchtwagenhandel und Gesetzesumgehung, ZGS 2005, S. 175 ff.

Mayer, Rudolf, Gedruckte Kunst. Wesen, Wirkung, Wandel, Dresden 1984 (zit.: Mayer)

Medicus, Dieter, Bürgerliches Recht: Eine nach Anspruchsgrundlagen geordnete Darstellung zur Examensvorbereitung, 18. Aufl., Köln, Berlin, Bonn, München 1999 (zit.: Medicus, BR 18. Aufl.)

ders., Allgemeiner Teil des BGB, 10. Aufl., Heidelberg 2010 (zit.: Medicus, AT)

Meinhof, Renate, Blut ist dicker als Wasser, SZ vom 10.5.2011, S. 3

dies., Geirrt und getäuscht – Der Kunsthistoriker Werner Spies stürzt vom Thron, SZ vom 15.6.2011, S. 11

Mercker, Florian, Photographie: Original und Fälschung, in: *Reichelt, Gerte* (Hrsg.), Original und Fälschung im Spannungsfeld von Persönlichkeitsschutz, Urheber-, Marken- und Wettbewerbsrecht, Symposium Wien 12. Mai 2006, Wien 2007, S. 61 ff. (zit.: Mercker in Reichelt) *ders./Mues, Gabor*, Bei Licht betrachtet – Alles ohne Gewähr? Rechtsprobleme beim Handel mit Fotografien, FAZ vom 21.8.2004, S. 47

dies., Aus juristischer Sicht: Das Haftungsrisiko von Kunstsachverständigen, Trau Schau, welchem Experten! Ein Kunstwerk ohne Expertise lässt sich heute kaum noch vermitteln: Was taugt ein Gutachten?, FAZ Redaktionsbeilage Kunstmarkt extra, 27.10.04, S. B 2

Merryman, John Henry/Elsen Albert E./Urice, Stephen K., Law, Ethics and the Visual Arts, 5. Aufl., Alphen aan den Rijn 2007 (zit.: Merryman/Elsen/Urice)

Mertens, Bernd, Culpa in contrahendo beim zustande gekommenen Kaufvertrag nach der Schuldrechtsreform, AcP 203 (2003), S. 818 ff.

Mosimann, Peter/Renold, Marc-André/Raschèr, Andrea F.G. (Hrsg.), Kultur, Kunst, Recht. Schweizerisches und internationales Recht, Basel 2009 (zit.: Mosimann/Renold/Raschèr)

Mues, Gabor, Der Ausstellungsvertrag, Frankfurt am Main 2003 (zugl. Potsdam, Univ., Diss. 2003) (zit.: Mues)

Müggenborg, Hans-Jürgen, Der Kauf von Altlastengrundstücken nach der Schuldrechtsmodernisierung, NJW 2005, 2810 ff.

Müller, Gerd, Der Garantievertrag im Kaufrecht, ZIP 1981, S. 707 ff.

ders., Zur Beachtlichkeit des einseitigen Eigenschaftsirrtums beim Spezieskauf, JZ 1988, S. 381 ff.

ders., Die Rügeobliegenheit des Kaufmanns, ZIP 1997, S. 661 ff.

ders., Zu den Folgen des Rügeversäumnisses i.S.d. § 377 HGB, ZIP 2002, S. 1178 ff.

Müller, Klaus J., Unternehmenskauf, Garantie und Schuldrechtsreform – ein Sturm im Wasserglas?, NJW 2002, S. 1026 f.

Müller, Markus, Die Umgehung des Rechts des Verbrauchsgüterkaufs im Gebrauchtwagenhandel, NJW 2003, S. 1975 ff.

Müller-Katzenburg, Astrid, Das neue Schuldrecht und der Kunsthandel – Teil 1, Weltkunst 2004, Heft 1/2, S. 50 f.

dies., Das neue Schuldrecht und der Kunsthandel – Teil 3, Weltkunst 2004, Heft 4, S. 102 f.

dies., Das neue Schuldrecht und der Kunsthandel – Teil 4, Weltkunst 2004, Heft 5, S. 68 f.

dies., Erste Erfahrungen des Kunsthandels mit der Schuldrechtsreform, NJW 2006, S. 553 ff.

Müller-Mehlis, Reinhard, Streit um zweifelhafte Experten-Gutachten: Bericht über den Münchner Bilderschwindel-Prozeß (II), Handelsblatt vom 22.12.1970, S. 12

ders., Auch Sachverständige können sich irren: Expertisenschwächen, die der Münchner Bilderprozeß aufdeckte (II), Handelsblatt vom 14./15.9.1973, S. 31

Münchener Kommentar zum Bürgerlichen Gesetzbuch:
Band 2 a, Schuldrecht Allgemeiner Teil (§§ 241–432), *dies. (Hrsg.)*, 4. Aufl., München 2003 (zit.: MünchKomm, 4. Aufl. – Bearbeiter);
Band 2, Schuldrecht Allgemeiner Teil (§§ 241–432), *Säcker, Franz Jürgen/ Rixecker, Roland; Oetker, Hartmut (Hrsg.)*, 6. Aufl., München 2012 (zit.: MünchKomm/Bearbeiter);
Band 3, Schuldrecht – Besonderer Teil I (§§ 433–606) Finanzierungsleasing, VerbrKrG, HausTWG, Erbschaft- u. Schenkungssteuergesetz, MHG, HeikostenV, *Rebmann, Kurt/Säcker, Franz Jürgen (Hrsg.)*, 3. Aufl., München 1995 (zit.: MünchKomm, 3. Aufl. – Bearbeiter);
Band 3, Schuldrecht Besonderer Teil I (§§ 433–610), *Säcker, Franz Jürgen/ Rixecker, Roland (Hrsg.)*, 5. Aufl., München 2008 (zit.: MünchKomm, 5. Aufl. – Bearbeiter)
Band 3, Schuldrecht Besonderer Teil I (§§ 433–610), *Säcker, Franz Jürgen/ Rixecker, Roland (Hrsg.)*, 6. Aufl., München 2012 (zit.: MünchKomm/ Bearbeiter)

Münchener Kommentar zum Handelsgesetzbuch:
Band 1. Erstes Buch. Handelsstand. §§ 1–104 a, *Schmidt, Karsten (Hrsg.)*, 3. Aufl., München 2010 (zit.: MünchKommHGB/Bearbeiter)
Band 6. Viertes Buch. Handelsgeschäfte. Zweiter Abschnitt. Handelskauf. Dritter Abschnitt. Kommissionsgeschäft §§ 373–406, CISG, *Schmidt, Karsten (Hrsg.)*, 2. Aufl., München 2007 (zit.: MünchKommHGB/Bearbeiter)

Münchener Vertragshandbuch:
Band 4, Bürgerliches Recht, 1. Halbband, *Langenfeld, Gerrit (Hrsg.)*, 4. Aufl., München 1998 (zit.: MünchVertrHdb, Band 4,1(1998)/Bearbeiter)
Band 3, Wirtschaftsrecht II, *Schütze, Rolf A./ Weipert, Lutz (Hrsg.)*, 6. Aufl., München 2009 (zit.: MünchVertrHdb, Band 3/Bearbeiter)

Muller, Jeffrey M., Measures of Authenticity: The Detection of Copies in the Early Literature on Connoisseurship, in: *Preciado, Kathleen (Hrsg.)*, Retaining the Original: Multiple Originals, Copies and Reproductions, Washington 1989, S. 141 ff. (zit.: Muller in Preciado)

Musielak, Hans-Joachim, Grundkurs BGB, 6. Aufl., München 1999 (zit.: Musielak, GK BGB, 6. Aufl.)

ders., Grundkurs BGB, 12. Aufl., München 2011 (zit.: Musielak, GK BGB)

ders., Examenskurs BGB, 2. Aufl., München 2010 (zit.: Musielak, EK BGB)

Muthers, Christof/Ulbrich, Martin, Beschaffenheitszusage und Gewährleistungsausschluss, ZGS 2004, S. 289 ff.

Nirk, Rudolf, Vertrauenshaftung Dritter bei Vertragsdurchführung? Bemerkungen zu BGHZ 70, 337, Festschrift für Fritz Hauß, Karlsruhe 1978, S. 267 ff. (zit.: Nirk, FS Hauß)

Odendahl, Kerstin, Kulturgüterschutz. Entwicklung, Struktur und Dogmatik eines ebenenübergreifenden Normensystems, Tübingen 2005 (zit.: Odendahl)

Oechsler, Jürgen, Schuldrecht, Besonderer Teil: Vertragsrecht, München 2003 (zit.: Oechsler)

Oetker, Hartmut (Hrsg.), Kommentar zum Handelsgesetzbuch (HGB), 2. Aufl., München 2011 (zit.: Oetker/HGB-Bearbeiter)

Oetker, Hartmut/Maultzsch, Felix, Vertragliche Schuldverhältnisse, 3. Aufl., Berlin, Heidelberg 2007 (zit.: Oetker/Maultzsch)

Ohly, Ansgar, Verwertungsverträge im Bereich der bildende Kunst, in *Beier/ Götting/Lehmann/Moufang (Hrsg.)*, Festgabe für Gerhard Schricker zum 60. Geburtstag, München 1995, S. 427 ff. (zit.: Ohly, FS Schricker)

Ostendorf, Patrick, Zur Wirksamkeit von Haftungsbeschränkungen in Standardverträgen nach der jüngeren Rechtsprechung des BGH – Auswirkungen auf die Vertragsgestaltung, ZGS 2006, S. 222 ff.

Palandt, Otto (Begr.), Bürgerliches Gesetzbuch:
61. Aufl., München 2002 (zit.: Palandt, 61. Aufl. – Bearbeiter);
64. Aufl., München 2005 (zit.: Palandt, 64. Aufl. – Bearbeiter);
70. Aufl., München 2011 (zit.: Palandt, 70. Aufl. – Bearbeiter);
71. Aufl., München 2012 (zit.: Palandt/Bearbeiter)

Parnes, Ohad, Paul Kammerer und die moderne Genetik. Erwerbung und Vererbung verfälschter Eigenschaften, in: *Reulecke, Anne-Kathrin (Hrsg.)*, Fälschungen. Zu Autorschaft und Beweis in Wissenschaft und Künsten, Frankfurt a.M. 2006, S. 216 ff. (zit.: Parnes in Reulecke)

Partsch, Susanna, Kunst-Epochen, Band 11, 20. Jahrhundert I, Stuttgart 2002 (zit.: Partsch)

Paschke, Marian, Rechtliche Aspekte beim Erwerb von Kunstgegenständen, in: Mitteilungen des Hochschulverbandes (MittHV) 1979, S. 166 f.

Peege, Markus, Gutgläubiger Eigentumserwerb gem. § 935 Abs. 2 BGB: Ein Bedürfnis der Rechtssicherheit, Kommentar zum Beitrag „Die öffentliche Versteigerung: Waschsalon für Diebesgut?“ in KUR 3/4 2007, KUR 2007, 111 ff.

Peters, Frank, Der Gewährleistungsausschluß beim Verkauf gebrauchter Sachen durch Allgemeine Geschäftsbedingungen, JZ 1991, S. 385 ff.

Pfeiffer, Thomas, Systemdenken im neuen Leistungsstörungs- und Gewährleistungsrecht, ZGS 2002, S. 23 ff.

Picker, Günther, Das Recht des Auktionators im Kunsthandel, Weltkunst 1975, S. 443

ders., Alles über unechte oder sonst wie fehlerhafte Gegenstände, Weltkunst 1982, S. 3117 f.

ders., Praxis des Kunstrechts, München 1990 (zit.: Picker, Kunstrecht) *ders.*, Kunstgegenstände & Antiquitäten – Kauf, Recht, Steuern, Versicherung, 4. Aufl., München 2000 (zit.: Picker)

Pohlmann, Albrecht, Rezension zu Gunnar Heydenreich: Lucas Cranach the Elder. Painting Materials, Techniques and Workshop Practice, Amsterdam: Amsterdam University Press 2007, in: sehepunkte 9 (2009), Nr. 4 [15.04.2009], im Internet ansteuerbar unter URL://http://www.sehepunkte.de/2009/04/14247.html

Posner, Richard A., Vertragliche Rechtspositionen und Rechtsbehelfe, in: Assmann/Kirchner/Schanze, Ökonomische Analyse des Rechts mit Beiträgen von Calabresi, Coase, Posner und anderen, Tübingen 1993, S. 184 ff. (zit.: Posner in Assmann/Kirchner/Schanze)

Prütting, Hanns/Wegen, Gerhard/Weinreich, Gerd, BGB Kommentar, 2. Aufl., Neuwied 2007 (zit.: PWW, 2. Aufl. – Bearbeiter)

dies., BGB Kommentar, 6. Aufl., Köln 2011 (zit.: PWW/Bearbeiter)

Prölss/Martin, Versicherungsvertragsgesetz, Kommentar zu VVG und EGVVG mit Rom I–VO, VVG-InfoV und Vermittlerrecht sowie Kommentierung wichtiger Versicherungsbedingungen, hrsgg. v. *Prölss, Jürgen u.a.*, 28. Aufl., München 2010 (zit.: Prölss/Martin/Bearbeiter)

Raape, Leo, Sachmängelhaftung und Irrtum beim Kauf, AcP 150 (1949), S. 481 ff.

Rabel, Ernst, Das Recht des Warenkaufs – Eine rechtsvergleichende Darstellung, Band 2, Berlin, Tübingen 1958 (zit.: Rabel)

Radnóti, Sándor, Originalität/Authentizität bei Winkelmann, in: *Knaller, Susanne/Müller, Harro (Hrsg.)*, Authentizität. Diskussion eines ästhetischen Begriffs, München 2006, S. 209 ff. (zit.: Radnóti in Knaller/Müller)

Ramming, Klaus, Abweichung von selbständiger Beschaffenheitsvereinbarung als 3. Kategorie des Sachmangels bei Kauf- und Mietverträgen, MDR 1994, S. 330 f.

Rauch, Alexander, „In restauro": Gedanken über Gut und Böse im Restaurierungswesen, Weltkunst 2003, S. 1908 ff.

Raue, Benjamin, Diskretion im Kunsthandel? Der Auskunftsanspruch des Künstlers gegenüber dem Kommissionär auf Nennung des Erwerbernamen – Anmerkung zum Urteil des Landgerichts Hamburg (332 O 275/05) vom 30. Juni 2006, KUR 2007, 16 ff.

Raue, Peter, Der postmortale Guss – (k)ein Rechtsproblem?, in: *Blaurock, Uwe/Bornkamm, Joachim/Kirchberg, Christian (Hrsg.)*, Festschrift für Achim Krämer, Berlin 2009, S. 651 ff. (zit.: P. Raue, FS Krämer)

Rebel, Ernst, Druckgraphik: Geschichte, Fachbegriffe, Stuttgart 2003 (zit.: Rebel)

Rebbelmund, Romana, Appropriation Art: die Kopie als Kunstform im 20. Jahrhundert, Frankfurt am Main u.a. 1999 (zugl. Köln, Univ., Diss. 1998) (zit.: Rebbelmund)

Reck, Hans Ulrich, Authentizität als Hypothese und Material – Transformation eines Kunstmodells, in: *Knaller, Susanne/Müller, Harro (Hrsg.)*, Authentizität. Diskussion eines ästhetischen Begriffs, München 2006, S. 249 ff. (zit.: Reck in Knaller/Müller)

Redaktion beck-aktuell, LG Köln: Haftstrafen bis zu sechs Jahren für Kunstfälscher um Wolfgang Beltracchi; becklink 1016871, Meldung vom 27.10.2011

Reimer, Dietrich, Anmerkung zum BGH Urteil vom 15.1.1975, GRUR 1975, S. 612 ff.

Reinking, Kurt/Eggert, Christoph, Der Autokauf. Rechtsfragen beim Kauf neuer und gebrauchter Kraftfahrzeuge sowie beim Leasing, 11. Aufl., Köln 2012 (zit.: Reinking/Eggert)

Reinicke, Dietrich/Tiedke, Klaus, Kaufrecht, 6. Aufl., Neuwied, Kriftel, Berlin 1997 (zit.: Reinicke/Tiedke, 6. Aufl.)

dies., Kaufrecht, 8. Aufl., Köln, München 2009 (zit.: Reinicke/Tiedke)

Reischl, Klaus, Grundfälle zum neuen Schuldrecht, JuS 2003, S. 1076 ff.

Reuter, Alexander, Anmerkung zum Urteil des LG Bochum vom 13.4.1988 – 2 O 255/87, BB 1989, S. 652 f.

Reuther, Annette, Hirst übertrifft alle Erwartungen, Art, 16.9.2008, im Internet ansteuerbar unter: http://www.art-magazin.de/kunstmarkt/10454/damien_hirst_sotheby_s

RGRK Das Bürgerliche Gesetzbuch mit besonderer Berücksichtigung der Rechtsprechung des Reichsgerichts und des Bundesgerichtshofs, Kommentar, herausgegeben von Reichsgerichtsräten und Bundesrichtern, Band II 2, §§ 414–610, 12. Aufl., Berlin, New York 1978 (zit.: RGRK/Bearbeiter)

Riezler, Erwin, Anmerkung zum RG Urteil vom 6.7.1926; 496/25 II – Berlin, JW 1926, S. 2531 f.

Ringstmeier, Andreas/Homann, Stefan, Die Auswirkungen der Schuldrechtsreform auf die Insolvenzverwaltung, ZIP 2002, S. 505 ff.

Roditi, Edouard, Die Geschichte des Hauses Sotheby, DU – Kulturelle Monatsschrift 1959, Nr. 224, S. 57 ff., 90 f.

Röhl, Klaus F./Röhl, Hans Christian, Allgemeine Rechtslehre, 3. Aufl., München 2008 (zit.: Röhl/Röhl)

Röhricht, Volker/Graf v. Westphalen, Friedrich (Hrsg.), Handelsgesetzbuch Kommentar zu Handelsstand, Handelsgesellschaften, Handelsgeschäften und besonderen Handelsverträgen (ohne Bilanz-, Transport- und Seerecht), 3. Aufl., Köln 2008 (zit.: Röhricht/HGB-Bearbeiter)

Römer, Stefan, Fake, in: *Hubertus Butin (Hrsg.)*, DuMonts Begriffslexikon zur zeitgenössischen Kunst, Köln 2006, S. 78 ff. (zit.: Römer in Butin)

Rosen, Randy, Druckgrafik – Kunst, die jeder haben kann, Teil II, Art 11/1980, S. 81 ff.

Roth, Herbert, Standzeit von Kraftfahrzeugen als Sachmangel, NJW 2004, S. 330 f.
Rust, Ulrich, Das kaufrechtliche Gewährleistungsrecht: Eine kritische Untersuchung der Reformvorschläge der Schuldrechtskommission, Berlin 1997 (zugl. Trier, Univ., Diss. 1996–1997) (zit.: Rust)
Schack, Haimo, Die Zusicherung beim Kauf, AcP 185 (1985), S. 333 ff.
ders., BGB – Allgemeiner Teil, 13. Aufl., Heidelberg 2011 (zit.: Schack, AT)
ders., Kunst und Recht: Bildende Kunst, Architektur, Design und Fotografie im deutschen und internationalen Recht, 2. Aufl., Tübingen 2009 (zit.: Schack, KuR)
ders., Urheber- und Urhebervertragsrecht, 5. Aufl., Tübingen 2010 (zit.: Schack, Urheberrecht)
Schaub, Renate, Beratungsvertrag und Sachmängelgewährleistung nach der Schuldrechtsmodernisierung, AcP 202 (2002), S. 757 ff.
Schaumburg, Heide, Haftung des Verkäufers für fahrlässige Falschangaben bei Kaufabschluss? – Zum „inneren" System der §§ 459 ff. BGB, MDR 1975, S. 105 ff.
Schellhammer, Kurt, Die Haftung des Verkäufers für Sach- und Rechtsmängel – Neue Struktur und neuer Mangelbegriff, MDR 2002, S. 241 ff.
ders., Das neue Kaufrecht – Die Sachmängelrechte des Käufers, MDR 2002, S. 301 ff.
ders., Schuldrecht nach Anspruchsgrundlagen samt BGB Allgemeiner Teil, 8. Aufl., Heidelberg 2011 (zit.: Schellhammer)
Schimmel, Roland/Buhlmann, Dirk, Frankfurter Handbuch zum neuen Schuldrecht, Neuwied, Kriftel 2002 (zit.: Schimmel/Buhlmann)
dies., Fehlerquellen im Umgang mit dem neuen Schuldrecht, Neuwied, Kriftel 2002 (zit.: Schimmel/Buhlmann, Fehlerquellen)
Schlegelberger, Handelsgesetzbuch Kommentar, hrsgg. v. *Geßler, Ernst, Hefermehl, Wolfgang u.a.* (zit.: Schlegelberger/Bearbeiter):
Band V, §§ 373–382, 5. Aufl., München 1982;
Band VI, §§ 383–460, 5. Aufl., München 1977
Schlechtriem, Peter, Schuldrecht, Besonderer Teil, 5. Aufl., Tübingen 1998 (zit.: Schlechtriem, SchR BT, 5. Aufl.)
ders., Schuldrecht, Besonderer Teil, 6. Aufl., Tübingen 2003 (zit.: Schlechtriem, SchR BT)
Schlosser, Peter/Coester-Waltjen, Dagmar/Graba, Hans-Ulrich, Kommentar zum Gesetz des Rechts der Allgemeinen Geschäftsbedingungen, Bielefeld 1977 (zit.: Schlosser/Coester-Waltjen/Graba/Bearbeiter)
Schmalenbach, Werner, Kunst und Gesellschaft, Frankfurt am Main 1969 (zit.: Schmalenbach)

Schmidt, Detlef, Qualitätssicherungsvereinbarungen und ihr rechtlicher Rahmen, NJW 1991, S. 144 ff.
ders., Die Beschaffenheit der Kaufsache – Dogmatik und vertragliche Gestaltung von Vereinbarungen und Garantien der Beschaffenheit, BB 2005, S. 2763 ff.
Schmidt, Gerold, Anmerkung zum Urteil des OLG Stuttgart vom 19.4.1968, NJW 1969, S. 1118 f.
Schmidt, Karsten, Handelsrecht, 5. Aufl., Köln, Berlin, Bonn, München 1999 (zit.: K. Schmidt)
Schmidt, Petra, Der neue Markt, Art 4/07, S. 60 ff.
Schmidt, Rudolf, Die Falschlieferung beim Kauf, NJW 1962, S. 710 ff.
Schmidt-Räntsch, Jürgen, Die Haftung des Verkäufers nach der Schuldrechtsreform am Beispiel des Unternehmenskaufs, AnwBl 2003, S. 529 ff.
Schmidt-Salzer, Joachim, Allgemeine Geschäftsbedingungen, 2. Aufl. München 1977 (zit.: Schmidt-Salzer)
Schmücker, Reinold, Sind Fälschungen Originale?, in: *Moulines, Carlos Ulises/ Niebergall, Karl-Georg (Hrsg.),* Argument und Analyse, Paderborn 2002, S. 357 ff. (zit.: Schmücker in Moulines/Niebergall)
Schneede, Uwe M. (Hrsg.), Im Blickfeld: Die Jahre 2001/2002 in der Hamburger Kunsthalle, Themenschwerpunkt: Die Forschung (zit.: Schneede)
Schneider, Annette, Auktionsrecht: Das Rechtsverhältnis zwischen Einlieferer, Versteigerer und Ersteigerer, Baden-Baden 1999 (zugl. Erlangen, Nürnberg, Univ., Diss. 1998) (zit.: Schneider)
Schneider, Ernst, Rechtliche Risiken beim Erwerb von Antiquitäten und Kunstgegenständen, DB 1981, S. 199 ff.
Schrader, Henning, Die Haftung des Versteigerers für seine Katalogangaben, in: *Dietz, Wolfgang/Pannier, Dietrich (Hrsg.),* Festschrift für Hildebert Kirchner, München 1985, S. 343 ff. (zit.: Schrader, FS Kirchner)
Schricker, Gerhard/Loewenheim, Ulrich (Hrsg.), Urheberrecht – Kommentar, 4. Aufl., München 2010 (zit.: Schricker/Loewenheim/Bearbeiter)
Schröder, Jochen, Irrtumsanfechtung und Sachmängelhaftung beim Kunsthandel nach deutschem und Schweizer Recht, in: *Lüderitz, Alexander/Schröder, Jochen (Hrsg.),* Festschrift für Gerhard Kegel. Internationales Privatrecht und Rechtsvergleichung im Ausgang des 20. Jahrhunderts, Frankfurt am Main 1977, S. 397 ff. (zit.: Schröder, FS Kegel)
Schubert, W., Anmerkung zu BGH, Urteil vom 15.1.1975, JR 1975, S. 373 f.
Schütte, Reiner, Zur Versteigerung von Kunst und Büchern, Kulturgeschichtliche, wirtschaftliche und rechtliche Aspekte in: *Felix Hartung u.a. (Hrsg.),* Varia Antiquaria, Festschrift für Karl Hartung zum 80. Geburtstag, München 1994, S. 117 ff. (zit.: Schütte, FS Hartung)

Schulze, Götz, Falschlieferung beim Spezieskauf – Unzulänglichkeiten des Gesetzes?, NJW 2003, S. 1022 f.

Schulze, Reiner/Ebers, Martin, Streitfragen im neuen Schuldrecht, JuS 2004, S. 462 ff.

Schulze, Reiner/Dörner, Heinrich/Ebert, Ina/Hoeren, Thomas/Kemper, Rainer/Saenger, Ingo/Schreiber, Klaus/Schulte-Nölke, Hans/Staudinger, Ansgar, Bürgerliches Gesetzbuch, Handkommentar, 7. Aufl., Baden-Baden 2012 (zit.: HK-BGB/Bearbeiter)

Schumacher, Ulrich, Materielle Neuregelungen im Recht der Allgemeinen Geschäftsbedingungen, MDR 2002, S. 973 ff.

Schwab, Martin/Witt, Carl-Heinz, Einführung in das neue Schuldrecht, München 2002 (zit.: Schwab/Witt)

Schwark, Eberhard, Auswirkungen einer Verletzung der Rügeobliegenheit des § 377 HGB auf deliktsrechtliche Ansprüche, JZ 1990, S. 374 ff.

Schwartz, Gary, Kleine Worte, große Wirkung: Alles über „zugeschrieben…“, FAZ vom 20.8.2005, S. 45

Seibt, Christoph H./Reiche, Felix, Unternehmens- und Beteiligungskauf nach der Schuldrechtsreform (Teil II), DStR 2002, S. 1181 ff.

Seipel, Wilfried, Original – Kopie – Fälschung. Über das Authentische im Zeitalter der virtuellen Wirklichkeit, in: *Reichelt, Gerte* (Hrsg.), Original und Fälschung im Spannungsfeld von Persönlichkeitsschutz, Urheber-, Marken- und Wettbewerbsrecht, Symposium Wien 12. Mai 2006, Wien 2007, S. 5 ff. (zit.: Seipel in Reichelt)

Selke, Raimond, August Becker, Falschzuschreibungen am Beispiel des Düsseldorfer Malers, Weltkunst 2003, S. 1109 ff.

Senatsverwaltung für Wirtschaft, Kultur und Stadtentwicklung Berlin (Hrsg.), Zweiter Kulturwirtschaftsbericht Berlin 2008, Berlin 2009 (zit.: Senatsverwaltung Berlin: Zweiter Kulturwirtschaftsbericht Berlin 2008)

Siehr, Kurt, International Art Trade and the Law, Recueil des Cours 1993 VI, S. 9 ff. (zit.: Siehr, RC 1993 VI)

Singer, Reinhard, Fehler beim Kauf – Zum Verhältnis von Mängelgewährleistung, Irrtumsanfechtung und culpa in contrahendo, in: *Claus-Wilhelm Canaris (Hrsg.)*, 50 Jahre Bundesgerichtshof, Festgabe aus der Wissenschaft, München 2000, S. 381 ff. (zit.: Singer, FS 50 Jahre BGH)

Soergel, Hans Th. (Begr.), Bürgerliches Gesetzbuch mit Einführungsgesetzen und Nebengesetzen:
Band 5/2, Schuldrecht 3/2, §§ 320–327, 13. Auf., Stuttgart 2005 (zit.: Soergel/Bearbeiter);

Band 3, Schuldrecht II, §§ 433–515; AGB-Gesetz, AbzG, EAG, EKG, UN-KaufAbk, 12. Aufl., Stuttgart, Berlin, Köln 1991 (zit.: Soergel, 12. Aufl. – Bearbeiter);
Band 6/2, Schuldrecht 4/2, §§ 454–480, Stuttgart, 13. Aufl. 2009 (zit.: Soergel/Bearbeiter)

Staub, Hermann (Begr.), Handelsgesetzbuch Großkommentar:
2. Band, §§ 48–104, 5. Aufl., Berlin 2008 (zit.: Staub/Bearbeiter);
6. Band, §§ 383–424, 4. Aufl., Berlin 2004 (zit.: Staub/Bearbeiter)

v. Staudinger, Julius (Begr.), Kommentar zum Bürgerlichen Gesetzbuch mit Einführungsgesetz und Nebengesetzen:
Buch 2, Recht der Schuldverhältnisse, §§ 305–310; UklaG (Recht der Allgemeinen Geschäftsbedingungen), Berlin 2006 (zit.: Staudinger/Bearbeiter);
Buch 2, Recht der Schuldverhältnisse, §§ 311, 311 a, 312, 312 a-f (Vertragsschluss), Berlin 2005 (Staudinger/Bearbeiter);
Buch 2, Recht der Schuldverhältnisse, §§ 433–534, 13. Aufl., Berlin 1995 (zit.: Staudinger (1995) – Bearbeiter);
Buch 2, Recht der Schuldverhältnisse §§ 433–487; Leasing (Kaufrecht und Leasingrecht), Berlin 2004 (zit.: Staudinger/Bearbeiter);
Gesetz zur Regelung des Rechts der Allgemeinen Geschäftsbedingungen (AGBG), 13. Aufl., Berlin 1998 (zit.: Staudinger (1998) – Bearbeiter)

Stelzl, Hans-Joachim, Das Recht der Galerien, Bielefeld, Univ., Diss. 1974 (zit.: Stelzl)

Stöber, Michael, Beschaffenheitsgarantien im Gebrauchtwagenhandel nach neuem Schuldrecht, DAR 2004, S. 570 ff.

ders., Beschaffenheitsgarantien des Verkäufers, Berlin 2006 (zugl. Marburg, Univ., Diss. 2004–2005) (zit.: Stöber)

Stoffels, Markus, AGB-Recht, 2. Aufl., München 2009 (zit.: Stoffels)

Stoppel, Jan, Untersuchungspflichten auf Verkäuferseite im Zusammenspiel mit Untersuchungsobliegenheiten auf Käuferseite, ZGS 2006, S. 49 ff.

Strang, Thomas, Rechtsfragen rund um Multimediakunst. Versuch einer systemtheoretisch fundierten Bestimmung der gesellschaftlichen Position des Rechts im Hinblick auf die historischen und aktuellen Entwicklungen in den elektronischen multimedialen Künsten, Freiburg (Breisgau), Univ., Diss. 2007 (zit.: Strang)

Straube, Manfred (Hrsg.), Kommentar zum Handelsgesetzbuch mit einschlägigen Rechtsvorschriften, Wien 1987 (zit.: Straube/HGB-Bearbeiter)

Strauss, Gerhard (Begr.), Lexikon der Kunst: Architektur, Bildende Kunst, Angewandte Kunst, Industrieformgestaltung, Kunsttheorie, hrsgg. v. *Olbrich, Harald (Hrsg.)*, Leipzig 2004 (zit.: Strauss):
Band I: A-Cim, Bearbeitung von 1987;

Band II: Cin-Gree, Bearbeitung von 1989;
Band IV: Kony-Mosa, Bearbeitung von 1992;
Band VI: R-Stad, Bearbeitung von 1994;
Band VII: Stae-Z, Bearbeitung von 1994

Sturm, Birgit Maria, Eine Entscheidung des Bundesfinanzhofs – Originalqualität bei Skulpturen: Zum Beitrag von RA Dieter Löhr in Weltkunst, Heft 10/2003, Weltkunst 2003, S. 2122

Teichmann, Arndt, Kauf und Werkvertrag in der Schuldrechtsreform, ZfBR 2002, S. 13 ff.

ders./Hansen, Ralph, Zur Zusicherung nach § 463, NJW 1973, S. 20 ff.

Teichmann, Michael, Von und nach Schnorr, Anmerkungen zur Rezeption und Zuschreibung von Gemälden Schnorrs von Carolsfeld, Weltkunst 2003, S. 1433 ff.

Tengelmann, Curt, Gewährleistung und Garantie und deren Fristen beim Kauf, NJW 1966, S. 2195 ff.

Tettinger, Peter Wolfgang, Zu den Freizeichnungsmöglichkeiten des Verkäufers einer mangelhaften Sache, AcP 205 (2005), S. 1 ff.

The European Fine Art Foundation (TEFAF) (Hrsg.), The International Art Market 2007–2009, Trends in the Art Trade during Global Recession, Maastricht, 2010 (zit.: TEFAF, The Internation Art Market 2007–2009)

Thier, Andreas, Aliud- und Minus- Lieferung im neuen Kaufrecht des Bürgerlichen Gesetzbuches, AcP (203) 2003, S. 399 ff.

Thomsen, Birgit, Käuferschutz bei Kunstauktionen. Vergleich der Rechte Deutschlands, Frankreichs, der Schweiz und Perspektiven spezialgesetzlicher Regelungen in den USA, Bielefeld 1989 (zugl. Marburg, Univ., Diss. 1988) (zit.: Thomsen)

Thon, Ute, Kontrollverlust für Galeristen – Markt-Trends: Künstler wie Daniel Richter erzielen mit neuen Werken Höchstpreise bei Auktionen in New York, Art 7/04, S. 121

Thurn, Hans Peter, Der Kunsthändler: Wandlungen eines Berufes, München, 1994 (zit.: Thurn)

Tiedtke, Klaus/Burgmann, Roland, Gewährleistungs- und Haftungsausschluss beim Verkauf gebrauchter Sachen an und zwischen Verbrauchern, NJW 2005, S. 1153 ff.

Tiedke, Klaus/Schmitt, Marco, Die Falschlieferung durch den Verkäufer, JZ 2004, S. 1092 ff.

Trinks, Peter, Die Online-Auktion in Deutschland: Eine rechtliche Darstellung wesentlicher Problemkonstellationen, Hamburg 2004 (zugl. Rostock, Univ., Diss. 2002–2003) (zit.: Trinks)

Turner, Jane (Hrsg.), The Dictionary of Art [in thirty-four volumes], Band II: Ancona-Azzolino, London 1996 (zit.: Turner)

Ulmer, Peter/Brandner, Hans Erich/Hensen, Horst-Diether, AGB-Gesetz: Kommentar zum Gesetz zur Regelung des Rechts der Allgemeinen Geschäftsbedingungen:
3. Aufl., Köln 1978 (zit.: Ulmer/Brandner/Hensen, 3. Aufl. – Bearbeiter);
8. Aufl., Köln 1997 (zit.: Ulmer/Brandner/Hensen, 8. Aufl. – Bearbeiter);
9. Aufl., Köln 2001 (zit.: Ulmer/Brandner/Hensen, 9. Aufl. – Bearbeiter)

Ulmer, Peter/Brandner, Hans Erich/Hensen, Horst-Diether, AGB-Recht: Kommentar zu den §§ 305–310 BGB und zum UklaG:
10. Aufl., Köln 2006 (zit.: Ulmer/Brandner/Hensen, 10. Aufl. – Bearbeiter);
11. Aufl., Köln 2011 (zit.: Ulmer/Brandner/Hensen/Bearbeiter)

Ulrich, Wolfgang, Mit dem Rücken zur Kunst: Die neuen Statussymbole der Macht, Berlin 2001 (zit.: Ulrich)

Vogt, Susanne, Gebrauchtwagenkauf, Neubearbeitung, Stand: März 2009, in: *Graf v. Westphalen, Friedrich/Thüsing, Gregor (Hrsg.)*, Vertragsrecht und AGB-Klauselwerke, München 2011 (Loseblatt) (zit.: Vogt)

Wagner, Joachim, Zur Zulässigkeit von Klauseln, nach denen Angaben bei Vertragsabschluß keine zugesicherten Eigenschaften sein sollen, DB 1991, S. 2325 ff.

Wandtke, Arthur-Axel/Bullinger, Winfried, Praxiskommentar zum Urheberrecht, 3. Aufl., München 2009 (zit.: Wandtke/Bullinger/Bearbeiter)

Wank, Rolf, Lieferung von Glykolwein als Falschlieferung – BGH NJW 1989, 218, JuS 1990, S. 95 ff.

Weiler, Frank, Culpa in Contrahendo, Anfechtung und Kaufrecht – alte Konkurrenzfragen in neuem Licht, ZGS 2002, S. 249 ff.

Weisner, Arnd, Die EG-Kaufrechtsgewährleistungsrichtlinie, JuS 2001, S. 759 ff.

Weitnauer, Wolfgang, Der Unternehmenskauf nach neuem Kaufrecht, NJW 2002, S. 2511 ff.

Werner, Alfred, Anmerkung zum Urteil des RG vom 27.11.1926, JW 1927, S. 668

ders., Anmerkung zum Urteil des RG vom 19.11.1926, JW 1927, S. 764 f.

Wertenbruch, Johannes, Gewährleistung beim Kauf von Kunstgegenständen nach neuem Schuldrecht, NJW 2004, S. 1977 ff.

Gräfin v. Westerholt, Margot /Graupner, Rudolf, Zur Haftung für die Echtheit von Kunstgegenständen, NJW 1978, S. 794 ff.

Westermann, Harm Peter (Hrsg.), Das Schuldrecht 2002 – Systematische Darstellung der Schuldrechtsreform, Stuttgart, München, Hannover, Berlin, Weimar, Dresden 2002 (zit.: Das Schuldrecht 2002/Bearbeiter)

ders., Das neue Kaufrecht, NJW 2002, S. 241 ff.

ders./Baltes, Joachim, Bürgerliches Recht: Ein Meerschwein bleibt selten allein, JuS 1983, S. 691 ff.

Graf v. Westphalen, Friedrich, „Garantien“ bei Lieferung von Maschinen und Anlagen – Todesstoß für Haftungsbegrenzungen durch §§ 444, 639 BGB?, ZIP 2002, S. 545 ff.

ders., Allgemeine Verkaufsbedingungen, 6. Aufl., München 2007 (zit.: v. Westphalen, Verkaufsbedingungen)

ders., Vertragsrecht, in: *Graf v. Westphalen, Friedrich/Thüsing (Hrsg.)*, Vertragsrecht und AGB-Klauselwerke, München 2011 (Loseblatt) (zit.: v. Westphalen, VertragsR)

Weyers, Hans-Leo/Wandt, Manfred, Versicherungsvertragsrecht, 3. Aufl., München 2003 (zit.: Weyers/Wandt)

Wilhelm, Karl, Wirtschafts- und Sozialgeschichte des Kunstauktionswesens in Deutschland vom 18. Jahrhundert bis 1945, München 1990 (zugl. München, Univ., Diss. 1989) (zit.: Wilhelm)

Willemsen, Heinz Josef, Zum Verhältnis von Sachmängelgewährleistungshaftung und culpa in contrahendo beim Unternehmenskauf, AcP 182 (1982), S. 515 ff.

Wind, Edgar, Kunst und Anarchie. Die Reith Lectures 1960. Durchgesehene Ausgabe mit den Zusätzen von 1968 und späteren Ergänzungen, Frankfurt am Main 1979 (zit.: Wind)

Windel, Peter A., Mankoleistung im modernisierten Schuldrecht, Jura 2003, S. 793 ff.

ders., Was nie sich fügt, was nie gelingt – Systematisierungsversuche zu § 311 a BGB, JR 2004, S. 265 ff.

Winkler, Matthias, Anmerkung zu BGH, Urt. v. 9.11.2005 – VIII ZR 116/05 (LG Berlin), NJ 2006, S. 267 f.

Wolf, Andreas, Die Expertise – Inhalt, Form und Rechtswirkungen von Kunstgutachten, Bonn, Univ., Diss. 2001 (zit.: Wolf)

Wolf, Manfred, BGH-Rechtsprechung aktuell: Kaufvertrag, Mietvertrag, Mietverwaltungstreuhand und Leasing – Entscheidungen und LM-Anmerkungen 1992–1993, NJW 1994, S. 298 ff.

ders.*/Horn, Norbert/Lindacher, Walter F.*, AGB-Gesetz: Kommentar, 4. Aufl., München 1999 (zit.: Wolf/Horn/Lindacher/Bearbeiter)

Wolf, Manfred//Lindacher, Walter F./Pfeiffer, Thomas, AGB-Recht: Kommentar, 5. Aufl., München 2009 (zit.: Wolf/Lindacher/Pfeiffer/Bearbeiter)

Wolf, Manfred/Kaiser, Jochen, Die Mängelhaftung beim Unternehmenskauf nach neuem Recht, DB 2002, S. 411 ff.

Wrede, Christian, Kopien – Imitationen – Fälschungen, Kunst und Kaufrecht. Zur Entwicklung der Kunstmängelhaftung und dem Phänomen der Krypto-Regeln, Juristische Reihe TENEA/www.jurawelt.com; Band 99, Berlin 2005

(zugl. Heidelberg, Univ., Diss. 2004; im Internet ansteuerbar unter http://www. Jurawelt.com/dissertationen/10659; zit.: Wrede)

Würtenberger, Thomas, Betrug durch Schweigen im Kunsthandel, NJW 1951, S. 176 ff.

ders., Das Kunstwerk als Ware, in: *Hürlimann, Martin (Hrsg.)*, Das Atlantisbuch der Kunst – Eine Enzyklopädie der bildenden Künste, Zürich 1952, S. 737 ff. (zit.: Würtenberger in Hürlimann)

ders., Das Kunstfälschertum, Entstehung und Bekämpfung eines Verbrechens vom Anfang des 15. bis zum Ende des 18. Jahrhunderts, Weimar 1940, 2., im Text unveränderte, durch einen Anhang vermehrte Auflage, Nachdr. [der Ausg.] Weimar 1940, Leipzig 1970 (zit.: Würtenberger)

ders., Soziale Lebensformen des Künstlers und die Entstehung des Kunstfälschertums, NJW 1985, S. 1586 ff.

Zacher, Inge, Aufgaben eines zentralen Fälschungsarchivs, in: *Althöfer, Heinz (Hrsg.)*, Fälschung und Forschung – Ausstellung Museum Folkwang Essen, Oktober 1976 – Januar 1977, Skulpturengalerie Staatliche Museen Preußischer Kulturbesitz Berlin, Januar – März 1977, S. 199 ff. (zit.: Zacher in Althöfer)

Zoller, Edgar, Dogmatik, Anwendungsprobleme und die ungewisse Zukunft des Vorrangs individueller Vertragsvereinbarungen vor Allgemeinen Geschäftsbedingungen (§ 4 AGBG), JZ 1991, S. 850 ff.

N.N., Das Auktionshaus Christie's, DU – Kulturelle Monatsschrift 1959, Nr. 224, S. 73